财政部规划教材
全国高职高专院校会计专业立体化教材

财务管理

（第二版）

谭函梅　主　编
彭习锋　副主编

中国财经出版传媒集团
中国财政经济出版社

图书在版编目（CIP）数据

财务管理／谭函梅主编．－－2版．－－北京：中国财政经济出版社，2022.9（2025.7重印）

财政部规划教材　全国高职高专院校会计专业立体化教材

ISBN 978－7－5223－1028－2

Ⅰ.①财… Ⅱ.①谭… Ⅲ.①财务管理－高等职业教育－教材 Ⅳ.①F275

中国版本图书馆CIP数据核字（2021）第256230号

责任编辑：张　军　　　　　　　责任校对：张　凡
封面设计：育林华夏

中国财政经济出版社　出版

URL：http：//www.cfeph.cn

E－mail：cfeph@cfeph.cn

（版权所有　翻印必究）

社址：北京市海淀区阜成路甲28号　邮政编码：100142

营销中心电话：010－88191522

天猫网店：中国财政经济出版社旗舰店

网址：https：//zgczjjcbs.tmall.com

北京鑫海金澳胶印有限公司印刷　各地新华书店经销

成品尺寸：185mm×260mm　16开　19.5印张　391 000字

2022年9月第1版　2025年7月北京第4次印刷

定价：53.00元

ISBN 978－7－5223－1028－2

（图书出现印装问题，本社负责调换，电话：010－88190548）

本社质量投诉电话：010－88190744

打击盗版举报热线：010－88191661　　QQ：2242791300

编写说明

本书是财政部规划教材、全国财政职业教育教学指导委员会推荐教材，由财政部教材编审委员会审定，作为全国高职高专院校经管类专业教材使用。

财务管理是企业管理的核心，企业的生存与发展离不开良好的财务管理环境和先进的财务管理手段。随着资本市场的日益发展与完善，企业管理水平的不断提高，财务管理越发重要，科学有效的财务管理是企业价值保持持续增长的基本前提。作为一门应用性很强的经济管理科学，财务管理在财务管理学科体系中处于十分重要的地位，是高等职业院校会计、财务管理等专业的主干课程，也是经管专业学生的必修课程之一。

本教材依据教育部发布的《关于全面提高高等职业教育教学质量的若干意见》及高等职业教育"十三五"规划纲要等文件精神，在编写过程中注重将多年的课程教学研究成果和经验融入书中。本教材的特色主要在于：思政引领，立德树人。依据课程性质，坚持落实社会主义人才培养观，在体系构建和内容安排上不仅注重学识和能力培养，而且还在思想、文化、道德等方面落实思政引领和育人导向，体现课程思政教育教学改革要求，提升教材的思想性、科学性。在致力于培养学生的专业素养和职业能力的同时嵌入课程思政、文化元素，帮助学生树立正确世界观、价值观和人生观，彰显立德树人育人成效。内容务实、案例丰富：在教材内容的安排上，突出财务管理理论基础与财务管理实务的有机结合，同时尽量为学习者将来参加相关考试提供支持，各部分内容均融入相关案例，总结、剖析当今中外企业财务管理成功的经验或失败的教训，达到理论阐述与案例解析融为一体。因时制宜、吐故纳新：面对全球经济一体化的深入发展，金融市场瞬息万变、市场竞争加剧、信息技术日新月异、财务信息急剧膨胀的当今社会，在编写教材过程中，密切关注经济环境、财务管理理论与实践的最新发展动态，深入探究企业财务管理活动的发展脉络，吸收国内外新的研究成果，注重向学习者介绍前瞻性的理论与实践知识，最大限度提升教材品质。深入浅出，循序渐进：在教材内容的组织安排和编写过程中，力求趣味性与科学性相结合，理论性与实践性相统一，从财务管理学科特点出发，有效激发学生学习兴趣。无论是整体内容还是局部章节，都尽可能做到深入浅出、循序渐进，以达到理想的教学效果。体例独特、形式灵活：每个项目由"项目导航""案例导入""正文""相关链接二维码""项目总结""拓展阅读"等构成，为学习者构造了多维度、系统化的财务管理学习情境。

本教材由江苏财会职业学院谭函梅主编，江苏财会职业学院彭习锋担任副主编，郑州财税金融职业学院冯彩红和云南财经职业学院杨雨杉参编。具体分工如下：谭函梅编写项目一、二、八、九、十，彭习锋编写项目三、七，冯彩红编写项目四、六，杨雨杉编写项目五，最后由谭函梅、彭习锋总纂定稿。

本教材可以作为高等职业院校经济与管理类专业学生的教学用书，也可以作为企业财务管理活动的培训教材，针对不同的学习需求，教学中可根据不同教学对象有针对性地选择教学内容。

用书学校老师如需要本教材的答案，请以电子邮件的形式向中国财政经济出版社索取，Email：caijingjiaocai@163.com。本教材还制作了电子课件，如有需要，请登录以下网址下载：http://jiaocai.cfeph.cn。

在教材的编写过程中，编者参阅了大量的相关教材、论著和网络资料，在此向这些作者致以诚挚的感谢。由于时间仓促，编者水平有限，书中难免存在疏漏和不足，恳请专家批评并多提宝贵意见。

编者
2021年10月

目　录

项目一　财务管理总论 ·· 1
　　任务一　企业财务管理概述 ·· 2
　　任务二　企业财务管理目标与社会责任 ···················· 7
　　任务三　企业财务管理环节 ······································ 11
　　任务四　财务管理环境 ·· 12

项目二　财务管理的基本观念 ·································· 21
　　任务一　货币时间价值 ·· 22
　　任务二　风险与收益 ·· 34

项目三　预算管理 ·· 49
　　任务一　财务预算概述 ·· 50
　　任务二　现金预算 ·· 57
　　任务三　预计财务报表的编制 ································ 66

项目四　筹资管理 ·· 74
　　任务一　筹资管理概述 ·· 75
　　任务二　资金需求量的预测 ···································· 81
　　任务三　权益筹资管理 ·· 85
　　任务四　债务筹资管理 ·· 94

项目五　资本成本决策 ··· 113
　　任务一　资本成本的测算 ······································ 114
　　任务二　成本性态分析 ·· 120
　　任务三　杠杆效应 ·· 127
　　任务四　资本结构决策 ·· 132

项目六 投资管理 ··· 144
任务一 投资管理概述 ··· 146
任务二 投资项目财务评价指标 ··· 149
任务三 项目投资管理 ··· 160
任务四 证券投资管理 ··· 167

项目七 营运资金管理 ·· 184
任务一 现金管理 ··· 185
任务二 应收账款管理 ··· 192
任务三 存货管理 ··· 199

项目八 利润分配管理 ·· 214
任务一 利润分配概述 ··· 215
任务二 利润分配管理 ··· 220

项目九 企业内部控制 ·· 237
任务一 内部控制概述 ··· 238
任务二 企业内部控制基本规范 ··· 243
任务三 企业内部控制的主要业务节点 ·· 253

项目十 财务分析 ··· 263
任务一 财务分析概述 ··· 264
任务二 基本财务比率分析 ··· 272
任务三 财务综合分析 ··· 284

附录 ·· 296
1. 复利终值系数表 ··· 296
2. 复利现值系数表 ··· 298
3. 年金终值系数表 ··· 300
4. 年金现值系数表 ··· 302

参考文献 ·· 304

项目一
财务管理总论

项目导航

知识目标	能力目标
• 理解财务管理的概念、特点和主要内容,掌握企业各种财务关系 • 掌握企业财务管理目标的各种观点,了解企业履行社会责任与企业财务绩效之间的关系 • 熟悉财务管理环节,并明确各环节基本功能与任务 • 掌握影响企业财务管理活动的环境因素	• 能够理解财务管理的概念及特点 • 能描述各种财务关系 • 能够正确表达各财务管理目标的基本原理,并正确区分各财务管理目标的优缺点 • 能说出财务管理环节,并知晓每个环节的具体任务 • 能够独立思考财务管理活动的内外环境对企业财务活动的影响及相应的解决对策

财务管理课程中的理想信念

儒家的"和"思想和企业财务管理活动

  财务管理作为一门经济管理学科,既具有很强的技术性,又具有很强的理论性。财务管理的基本理论,既是理解掌握财务管理基本理论的前提,也是建立财务管理方法体系的基础。本项目主要介绍财务管理概念和内容、财务管理目标和社会责任、财务管理环节及财务管理环境。

案例导入

充足的现金流才是企业生存的"王道"

  以电信、IT和互联网为代表的信息产业已取代或正在取代以石油、电力、机械制造为代表的传统产业在中国国民经济发展中的龙头地位，互联网已经成为越来越多的人生活、工作和学习不可或缺的重要工具。在此背景下，京东自2004年正式进军电商领域以来，凭借其卓越的战略发展目标——"成为最受全球消费者信赖和尊敬的企业"，依托科学的财务管理理念"充足的现金流才是企业生存的王道"，于2016年跻身《财富》世界500强，位列第366位，成为中国第一家入选财富500强的互联网企业，打破中国互联网企业长期缺位全球500强榜单的局面。

通过分析其账面信息：京东2013年净亏损5 000万元，2014年净亏损50亿元，2015年净亏损94亿元，即便是连续亏损，京东2015年6月在美国市场的市值一度突破500亿美元，2016年跻身世界《财富》500强。巨额亏损的京东，借助科学的财务管理理念"充足的现金流才是企业生存的王道"，合理保证了企业的正常运营。充足的现金保证了京东战略目标的顺利实施：京东在多领域布局，涉及跨境电商、互联网金融、生活服务、云技术等，形成了以电商为中心的京东生态圈。截至2016年6月30日，在中国范围内拥有7大物流中心，234个大型仓库，6 780个配送站和自提点，覆盖中国范围内的2 646个区县，仓储设施占地面积约550万平方米。京东配送机器人是智慧物流体系生态链中的终端，自2017年6月18日，京东配送机器人陆续投入人民大学、清华大学、浙江大学、长安大学等高校内执行配送任务，穿梭在校园的道路间，自主规避障碍和往来的车辆行人，安安稳稳地将货物送达目的地，并通过京东APP、手机短信等方式通知客户货物送达的消息。客户输入提货码打开配送机器人的货仓，取走自己的包裹。只要拥有充足的现金流，企业短期内的亏损，不会影响企业战略目标的实现；反之，即使企业账面连续盈利，现金流枯竭，企业则处于随时倒闭的境地。

请思考：通过阅读上述案例，我们获取了哪些财务管理信息？

任务一　企业财务管理概述

在激烈的市场竞争中，面对复杂的经济环境，企业需要应用企业财务管理的基本原理，采取科学有效的技术方法帮助企业获得竞争优势，从而使企业在市场竞争的角逐中立于不败之地。企业财务管理的主要目的是以最少的资金占用和消耗，获取尽可能大的经济利益，促使企业保持良好的运行状况。

一、财务管理的产生及概念

随着我国市场经济的迅速发展，尤其是资本市场的不断完善，财务管理在我国企业管理乃至经济领域中正发挥着前所未有的重要作用，也因此大大激发了人们了解和学习财务管理的兴趣和动力。美国学者霍恩在其著作《现代企业财务管理》一书中指出:"企业财务管理是在一定的整体目标下,关于资产的购置、融资和管理。"基文在其著作《现代财务管理基础》中则认为:"财务管理与经济价值或财富的保值增值有关,是有关创造财富的决策。"国内学者徐光华在《财务管理》一书中给出的财务管理的定义是:"财务管理是运用专门方法,组织资金融通(筹资)、资产购置(投资)和经营收益处置(分配)等财务活动,同时处理财务活动过程中所发生的各种财务关系,以期达到财务管理目标乃至企业目标的管理活动。"王化成在《公司财务管理》一书中提出:"公司在生产经营过程中不断发生资金的收入和支出,资金收支构成了公司经济活动的一个独立方面,即财务活动,这便是财务管理的内容。"

本书所应用的财务管理的概念为:**财务管理(Financial Management)是在一定的整体目标下,关于资产的购置(投资),资本的融通(筹资)和经营中现金流量(营运资金),以及利润分配的管理**。财务管理是企业管理的一个组成部分,它是根据财经法规制度,按照财务管理的原则,组织企业财务活动,处理财务关系的一项经济管理工作。简单地说,财务管理是组织企业财务活动,处理企业财务关系的一项经济管理工作。

二、财务管理的特点

企业管理包含多方面内容,如生产管理、劳动人事管理、技术管理、客户关系管理、财务管理等。各项工作之间是互相联系、紧密配合的,同时又科学分工,各具特点。财务管理的特点主要表现在:

第一,财务管理是一种价值管理。与企业其他管理活动相比,财务管理侧重于资金管理,通过资金的收付及流动的价值形态,可以及时全面地反映生产经营活动的运行状况,将价值形态管理渗透到企业全部经营活动之中。

第二,财务管理是一种综合管理。现代企业财务管理涉及企业内外多个部门的各个方面经营活动。就企业内部而言,财务管理活动涉及企业生产、供应、销售等各个环节,每个部门都需要合理使用资金、节约资金支出,注重提高资金使用效率,自觉接受财务管理部门的监督和约束;同时,财务管理活动也涉及企业外部的各种关系,如企业与股东、债权人、政府等之间都有着千丝万缕的关系,需要财务管理活动处理并协调好各种关系,以期实现企业目标。

第三,财务管理是一种动态管理,财务管理作为组织资金运动的一种管理活动,本身就具有了管理的动态性特征,财务管理活动涉及大量的不确定性事件的决策,财务决策需要在不断发展变化的客观环境中寻找信息,同时,企业财务管理的内外环境也处于不断发展变化中。因此,财务管理活动应该经常了解、分析企业生产经营过程或资金运动过程中存在的问题,随时掌握动态信息,及时进行必要的调控。总之,从财务管理的特点来看,财务管理是企业管理的核心;从财务管理的内容来看,资金管理又是财务管理的核心。

1-1 财务管理的主要学术理论

三、财务管理的内容

在企业的生产经营过程中，实物商品或者服务在不断转移和变化，它们的价值形态也在不断地发生变化，由一种形态转化为另一种形态，周而复始，不断循环，形成了资金运动。所以，企业的生产经营过程，一方面表现为实物商品或服务的运动过程，另一方面表现为资金的运动过程。资金运动不仅以资金循环的形式存在，而且伴随生产经营过程的不断进行，资金运动也表现为一个周而复始的周转过程，它以价值形式综合地反映着企业的生产经营过程。企业的资金运动，构成企业生产经营的一个独立方面，且有自己的运动规律，这就是企业财务活动。在企业财务活动过程中与有关各方之间发生的经济利益关系，就是企业财务关系。

企业的基本活动可以分为投资、筹资、营运和分配活动四个方面，对于生产企业而言，还需进行有关生产成本的管理与控制。企业财务活动，又称企业资金运动，是指企业资金形态周而复始的转换。

1. 筹资活动

筹集资金是企业资金运动的前提，也是企业资金活动的起点。在市场经济条件下，企业从事生产经营活动，首先必须筹集或融通一定数量的资金。企业通常通过吸收直接投资、发行股票、发行债券、银行借款等方式筹集所需要的资金，企业偿还借款，支付利息、股利以及付出各种费用，则导致资金流出企业。因为资金筹集而产生的资金收支，便是由企业筹资而引起的财务活动。在筹资活动中，需要企业运用多种方式，以尽可能低的成本和风险，及时筹集到生产经营所需要的资金。

一般来说，权益资金的成本高于负债资金，但财务风险小于负债资金。因此，筹资管理的一个重要内容是确定最佳资本结构，即使权益资金和负债资金的比例关系合理优化。由于长期资金和短期资金的筹资成本、筹资风险以及借款时企业所受到的限制不同，因此筹资管理要解决的另一个重要内容是合理安排长期资金与短期资金的比例关系。

2. 投资活动

投资活动，是企业从事生产经营和获取利润的前提条件。企业将筹集到的资金投资于企业内部用于购置固定资产、无形资产等，形成企业的对内投资；企业将筹集到的资金投资于其他企业的股票、债券或与其他企业联营进行投资，形成企业的对外投资。投资改变了资金的存在形态，形成企业生产经营的物质条件。这种因企业投资而产生的资金的收支，便是由投资而引起的财务活动。

投资管理是指企业为了获得收益或避免风险而将从不同途径筹集来的资金投放到生产经营的各项资产及其营运的过程。投资是企业财务管理的重要环节。因此，在投资过程中，企业必须考虑到投资规模；同时企业还必须通过投资方向和投资方式的选择，确定合理的投资结构，以提高投资效益、降低投资风险。

3. 资金营运活动

资金营运活动，是因企业日常经营而引起的财务活动。在资金营运活动中，首先，企业需要采购材料或商品，从事生产与销售，并且支付工资和其他营业费用；其次，当企业把商品或产品售出后，取得收入，收回资金；最后，如果现有资金不能满足企业经营的需要，还要采取短期借款等方式来筹集所需资金，并加速资金周转提高资金利用效果。这种经营中资金的收付及管理便是由经营而引起的财务活动。

资金营运是企业财务管理的重要环节。因此，必须在认真分析市场经营情况之后，合理确定营运资金需要的数量；在保证市场经营需要的情况下，节约使用资金；加速营运资金周转，提高资金利用效率；合理安排流动资产与流动负债比例关系，保证企业有足够的短期偿债能力。

4. 收益分配活动

分配是作为投资的结果而出现的，它是对投资成果的分配。利润分配是将企业实现的净利润，按照国家财务制度规定的分配形式和分配顺序在企业和投资者之间进行的分配。首先，要依法纳税；其次，要用来弥补亏损，提取公积金；最后，要向投资者分配利润。

在收益分配过程中，首先按照国家相关规定缴纳所得税，税后利润在提取公积金和公益金后余下的部分作为投资收益分配给投资者或留存企业。通过资金的分配，一部分资金将继续留在企业内部，另一部分资金将流出企业。企业必须要妥善处理各方面的利益关系，尤其是要综合考虑国家、股东、经营者和员工之间的利益均衡与协调，使与企业相关的各个利益主体的经济利益得到一定程度的保证。

企业财务管理的上述四个部分内容是相互联系、相互制约的。筹资是基础，离开企业生产经营所需的资金筹措，企业就不能生存与发展；而且公司筹资数量还制约着公司投资的规模。企业所筹措的资金只有有效地投放出去，才能实现筹资的目的，并不断增值与发展；而且投资反过来又决定了企业需要筹资的规模与时间。投资和筹资的成果都需要依赖资金的营运才能实现，筹资和投资在一定程度上决定了公司日常经营活动的特点和方式；但企业日常活动还需要对营运资金进行合理的管理与控制，努力提高营运资金的使用效率与效果。收入与分配影响着筹资、投资、营运资金和成本管理的各个方面，收入与分配的来源是企业上述各方面共同作用的结果，同时又会对上述各方面产生反作用。因此，投资管理、筹资管理、营运资金管理、收入与分配管理都是企业价值创造的必要环节，是保障企业健康发展、实现可持续发展的重要内容。

四、企业财务关系

企业财务关系是指企业在开展经济活动过程中与有关各方面发生的经济

1-2
价值链理论

利益关系。企业的筹资活动、投资活动、经营活动、利润及其分配活动均与企业内外各方面有着广泛联系。企业的财务关系可以概括为七个方面。

（一）企业与投资者之间的财务关系

企业与投资者之间的财务关系是各种财务关系中最根本的财务关系，主要是指企业的投资者向企业投入资金，企业向投资者支付报酬所形成的经济关系。资金的投资者按投资合同、协议、章程的约定履行出资义务，及时形成企业的资本金。作为企业所有者，有权参与企业经营管理，按出资比例或合同、章程的规定参加利润分配，同时对企业的生产经营承担经济责任，企业与投资者之间的财务关系体现了所有权的性质，反映了投资与受资的关系。

（二）企业与债权人之间的财务关系

企业除利用资本金进行经营活动外，还需要借入一定数量的资金，以扩大企业经营规模。企业向债权人借入资金，并按借款合同的规定按时支付利息和归还本金所形成的经济关系。企业的债权人主要有：债券持有人、贷款机构、商业信用提供者、其他出借资金给企业的单位或个人。企业利用债权人资金，要按约定的利息率，及时向债权人支付利息；债务到期时，要合理调度资金，按时向债权人归还本金。企业同债权人的关系体现的是债务与债权关系。

（三）企业与被投资单位之间的财务关系

企业以购买股票或直接投资的形式向其他企业投资所形成的经济关系。企业向其他单位投资，应按约定履行出资义务，参与被投资单位的利润分配。企业与被投资单位的关系是体现所有权性质的投资与受资的关系。

（四）企业与债务人之间的财务关系

企业将其资金以购买债券、提供借款或商业信用等形式出借给其他单位所形成的经济关系。企业将资金借出后，有权要求债务人按约定的条件支付利息和归还本金。企业与债务人之间的关系体现的是债权与债务关系。

（五）企业内部各单位之间的财务关系

企业内部各单位之间在生产经营各环节中相互提供产品或劳务所形成的经济关系。企业供、产、销各部门以及各生产单位之间，相互提供产品或劳务要进行计价结算。这种在企业内部形成的资金结算关系，体现了企业内部各单位之间的利益关系。

（六）企业与职工之间的财务关系

企业向职工支付劳动报酬过程中所形成的经济利益关系。企业要用自身的产品销售收入，向职工支付工资、津贴、奖金等，按照提供的劳动数量和质量支付职工的劳动报酬。这种企业与职工之间的财务关系，体现了职工和企业在劳动成果上的分配关系。

（七）企业与政府之间的财务关系

企业与政府之间的财务关系主要是指政府作为社会管理者，强制和无偿参与企业利润分配所形成的经济关系。任何企业，都要按照国家税法的规定缴纳各种税款，以保证国家财政收入的实现，满足社会各方面的需要。及时、足额地纳税是企业对国家的贡献，也是对国家应尽的义务。因此，企业与税务机关的关系反映的是依法纳税和依法征税的权利义务关系。

任务二　企业财务管理目标与社会责任

企业的目标就是创造财富（或价值）。一般而言，企业财务管理的目标就是为实现企业创造财富或价值这一目标服务。鉴于财务活动直接从价值方面反映企业的商品或服务提供过程，因而财务管理可为企业的价值创造发挥重要作用。

一、企业财务管理目标理论

企业财务管理目标有如下三种具有代表性的理论：

（一）利润最大化

利润最大化就是假定企业财务管理以实现利润最大化为目标。以利润最大化作为财务管理目标，其主要原因有三：一是人类从事生产经营活动的目的是为了创造更多的剩余产品，在市场经济条件下，剩余产品的多少可以用利润这个指标来衡量；二是在自由竞争的资本市场中，资本的使用权最终属于获利最多的企业；三是只有每个企业都最大限度地创造利润，整个社会的财富才可能实现最大，从而带来社会的进步和发展。

利润最大化目标的主要优点是：企业追求利润最大化，就必须讲求经济核算、加强管理、改进技术、提高劳动生产率、降低产品成本。这些措施都有利于企业资源的合理配置，有利于企业整体经济效益的提高。

但是，以利润最大化作为财务管理目标存在以下缺陷：

（1）没有考虑利润实现的时间和资金时间价值。比如，今年10万元的利润和10年以后同等数量的利润其实际价值是不一样的。10年间还会有资金时间价值的增加，而且这一数值会随着贴现率的不同而有所不同。

（2）没有考虑风险问题。不同行业具有不同的风险，同等利润值在不同行业中的意义也不相同，如风险较高的高科技企业和风险相对较小的制造业就不能简单地进行比较。

（3）没有反映创造的利润与投入资本之间的关系。

（4）可能导致企业短期财务决策倾向，影响企业长远发展。由于利润指标通常按年计算，因此，企业决策也往往会服务于年度指标的完成或实现。

利润最大化的另一种表现形式是每股收益最大化。每股收益最大化的观点认为，应当把企业的利润和股东投入的资本联系起来考察，用每股收益来反映企业的财务目标。除了反映所创造利润与投入资本之间的关系外，每股收益最大化与利润最大化目标的缺陷基本相同。

（二）股东财富最大化

股东财富最大化是指企业财务管理以实现股东财富最大为目标。在上市公司，股东财富是由其所拥有的股票数量和股票市场价格两方面决定的。在股票数量一定时，股票价格达到最高，股东财富也就达到最大。

与利润最大化相比，股东财富最大化的主要优点是：

（1）考虑了风险因素，因为通常股价会对风险做出较敏感的反应。

（2）在一定程度上能避免企业的短期行为，因为不仅目前的利润会影响股票价格，预期未来的利润同样会对股价产生重要影响。

（3）对上市公司而言，股东财富最大化目标比较容易量化，便于考核和奖惩。

以股东财富最大化作为财务管理目标也存在以下缺点：

（1）通常只适用于上市公司，非上市公司难以应用，因为非上市公司无法像上市公司一样随时准确获得公司股价。

（2）股价受多种因素影响，特别是企业外部的因素，有些还可能是非正常因素。股价不能完全准确反映企业经营管理水平或财务状况等，如有的上市公司处于破产边缘，但由于可能存在某些机会，其股票价格可能还在走高。

（3）更多强调股东利益，导致对其他相关者的利益重视不够。

（三）企业价值最大化

企业价值最大化是指企业财务管理行为以实现企业的价值为目标。企业价值可以理解为企业所有者权益和债权人权益的市场价值，或者是企业所能创造的预计未来现金流量的现值。未来现金流量的现值包含资金的时间价值和风险价值两个方面因素，是以资金的时间价值为基础对现金流量进行折现计算得出的。

企业价值最大化目标要求企业通过采用最优的财务决策，充分考虑资金的时间价值和风险与报酬的关系，在保证企业长期稳定发展的基础上使企业总价值达到最大。

以企业价值最大化作为财务管理目标，具有以下优点：

（1）考虑了取得报酬的时间，并用时间价值原理进行计量。

（2）考虑了风险与报酬的关系。

（3）将企业长期、稳定的发展和持续的获利能力放在首位，能克服企业在追求利润上的短期行为，因为不仅目前利润会影响企业的价值，预期未来的利润对企业价值增加也会产生重大影响。

（4）用价值代替价格，避免了许多外界市场因素的干扰，有效地规避了企业的短期行为。

但是，以企业价值最大化作为财务管理目标过于理论化，不易操作。再者对于非上市公司而言，只有对企业进行专门评估才能确定其价值，而在评估企业的资产时，由于受评估标准和评估方式等的影响，很难做到客观和准确。

（四）各种财务管理目标之间的关系

利润最大化、股东财富最大化、企业价值最大化等各种财务管理目标，都以股东财富最大化为基础。首先，企业是市场经济的主要参与者，企业的创立和发展都必须以股东的投入为基础，离开股东的投入，企业就不复存在；其次，在企业的日常经营过程中，作为所有者的股东在企业中承担了最大的义务和风险，相应地要求最高的报酬，即股东财富最大化，否则，股东不会持续为企业注资，寻求更好的发展，也难以为市场经济的持续发展提供动力；最后，以股东财富最大化为财务管理目标，还应该考虑其他利益相关者的利益。《中华人民共和国公司法》规定，股东权益是剩余权益，如果对其他利益相关者的权益诉求不加限制，股东就不会有"剩余"或者"剩余"很少，股东就认为其投资没有带来满意的回报，股东就不会出资设立企业，企业将不复存在。"皮之不存毛将附焉！"因此，在相关利益得到满足，企业承担了应尽的社会责任的前提下，应当允许企业以股东财富最大化作为财务管理目标。

二、企业的社会责任

（一）企业社会责任概述

1. 企业社会责任的由来

"企业社会责任"（Corporate Social Responsibility，CSR）概念最早是 1924 年美国学者谢尔顿（Oliver Sheldon）提出的，他把公司社会责任与公司经营者满足产业内外各种人类需要的责任联系起来，并认为公司社会责任含有道德因素在内。1953 年，被称为"社会责任之父"的伯文（Howard R. Bowen）发表了《商人的社会责任》一书，开启了企业社会责任概念的现代辩论。20 世纪 90 年代，企业社会责任受到了欧洲各国政府的重视，并得到了包括世界银行、欧盟、世界可持续发展商业理事会（WBCSD）等重要国际组织的认可。卡罗尔（Caroll）认为："企业社会责任是社会在一定时期对企业提升的经济、法律、道德和慈善期望。"

1-3 价值管理理念

2. 企业财务管理目标与企业社会责任的关系

企业财务管理目标的确定，取决于企业决策者对企业责任的认识。具有发展眼光的企业决策者，从企业长期发展考虑，将会以企业价值最大化和企业可持续发展为目标，承担越来越多的社会责任，努力实现企业长期稳定发展；而处于发展初期阶段或目光短浅的企业决策者，则会以利润最大化或股东最大化为目标，在经营决策上追求利润，忽视甚至损害关系人利益。

3. 社会责任与企业财务绩效

企业作为商品生产者和经营者，要实现自身价值最大化，就必须为社会经济的发展提供各种需要的商品和劳务；必须不断开发新产品和拓宽企业的经营范围和领域，并为消费者提供优质的服务；同时也大大增加了社会的就业机会。由此可以看出，企业价值最大化的过程就是实现社会公众利益最大化的过程。另外，企业还必须创造更多财富、实现更多利润、积累更多资金，以保持其长久的盈利能力，为社会提供更多的税收和更好的社会福利条件。

（二）企业社会责任的主要内容

企业的社会责任是指企业在谋求所有者或股东权益最大化之外所负有的维护和增进社会利益的义务。具体来说，企业社会责任主要包括以下内容：

1. 对员工的责任

企业除了承担向员工支付报酬的法律责任外，还负有为员工提供安全工作环境、职业教育等保障员工利益的责任。按我国《公司法》的规定，企业对员工承担的社会责任有：（1）按时足额发放劳动报酬，并根据社会发展逐步提高工资水平。（2）提供安全健康的工作环境、加强劳动保护，实现安全生产，积极预防职业病。（3）建立公司职工的职业教育和岗位培训制度，不断提高职工的素质和能力。（4）完善工会、职工董事和职工监事制度，培育良好的企业文化。

2. 对债权人的责任

债权人是企业的重要利益相关者，企业应依据合同的约定以及法律的规定对债权人承担相应的义务，保障债权人的合法权益。这种义务既是公司的民事义务，也可视为公司应承担的社会责任。公司对债权人承担的社会责任主要有：（1）按照法律、法规和公司章程的规定，真实、准确、完整、及时地披露公司信息。（2）诚实守信，不滥用公司人格。（3）主动偿债，不无故拖欠。（4）确保交易安全，切实履行合法订立的合同。

3. 对消费者的责任

公司的价值实现，很大程度上取决于消费者的选择，企业理应重视对消费者承担的社会责任。企业对消费者承担的社会责任主要有：（1）确保产品质量，保障消费安全。（2）诚实守信，确保消费者的知情权。（3）提供完善的售后服务，及时为消费者排忧解难。

4. 对社会公益的责任

企业对社会公益的责任主要涉及慈善、社区等。企业对慈善事业的社会责任是指承担扶贫济困和发展慈善事业的责任，表现为企业对不确定的社会群体（尤指弱势群体）进行帮助。捐赠是其最主要的形式，受捐赠的对象主要有社会福利院、医疗服务机构、教育事业、贫困地区、特殊困难人群等。此外，还包括招聘残疾人、生活困难的人、缺乏就业竞争力的人到企业工作，以及举办与公司营业范围有关的各种公益性的社会教育宣传活动等。

5. 对环境和资源的责任

企业对环境和资源的社会责任可以概括为两大方面：一是承担可持续发展与节约资源的责任；二是承担保护环境和维护自然和谐的责任。

此外，企业还有义务和责任遵从政府的管理、接受政府的监督。企业要在政府的指引下合法经营、自觉履行法律规定的义务，同时尽可能地为政府献计献策、分担社会压力、支持政府的各项事业。

企业拥有正确的社会责任观，能够帮助企业树立兼顾各方利益的财务目标，社会责任的履行能大幅度提升企业的核心竞争力和企业的社会形象等，这些都无疑为企业创造了价值。再者，企业是社会的经济细胞，理应关注并自觉改善自身的生态环境，重视履行对员工、消费者、环境、社区等利益相关方的责任，重视其生产行为可能对未来环境的影响，特别是在员工健康与安全、废弃物处理、污染等方面应尽早采取相应的措施，减少企业在这些方面可能会遭遇的各种困扰。因此，企业应该把社会责任纳入企业财务目标的组成因素中，使企业财务目标更加符合社会和商业道德规范，保证企业的可持续发展。

任务三 企业财务管理环节

财务管理环节是企业财务管理的工作步骤和一般工作程序，是财务管理职能的延伸。一般包括财务计划与财务预算、财务决策与财务控制、财务分析与财务考核。

一、财务计划与财务预算

（一）财务预测

财务预测是根据企业财务活动的历史资料，考虑现实的要求和条件，运用特定的方法对企业未来的财务活动做出较为具体的预计和测算的过程。财务预测是财务决策的基础，是编制财务计划的前提，还是组织日常财务活动的必要条件。科学合理的财务预测可以测算各项生产经营方案的经济效益，为决策提供可靠的依据；可以预计财务收支的发展变化情况，以确定经营目标；可以测算各项定额和标准，为编制计划、分解计划指标服务。

财务预测的工作过程一般包括以下三个方面：（1）明确预测的对象和目的；（2）收集和整理有关信息资料；（3）选用特定的预测方法进行预测。

（二）财务计划

财务计划是根据企业整体战略目标和规划，结合财务预测的结果，对财务活动进行规划，并以指标形式落实到每一个计划期间的过程。财务计划主要通过指标和表格，以货币形式反映在一定的计划期内企业生产经营活动所需要的资金及其来源、财务收入和支出、财务成果及其分配情况。

（三）财务预算

财务预算是根据财务战略、财务计划和各种预测信息，确定预算期内各种预算指标的过程。它是企业全面预算体系的重要组成部分，是财务战略的具体化，是财务计划的分解和落实，是财务控制活动的依据。

财务预算的编制一般包括：（1）分析财务环境，合理安排预算指标，确定预算指标体系；（2）协调财务能力，组织综合平衡；（3）选择预算方法，分析、计算各种指标，编制财务预算。财务预算的编制过程，实际上就是确定预算指标，并对其进行平衡的过程。

二、财务决策与财务控制

（一）财务决策

财务决策是指按照财务战略目标的总体要求，利用专门的方法对各种备选方案进行比较和分析，从中选择最佳方案的过程。在市场经济条件下，财务决策是财务管理的核心，决策的成功与否直接关系到企业的兴衰成败。

财务决策一般包括以下步骤：（1）根据财务预测的信息提出问题；（2）确定解决问题的备选方案；（3）分析、评价、对比各种方案；（4）拟定择优标准，选择最佳方案。

（二）财务控制

财务控制是在财务管理过程中，利用有关信息和特定手段，对企业的财务活动施加影响或调节，以便实现计划所规定的财务目标的过程。

财务控制的方法通常有前馈控制、过程控制、反馈控制几种。财务控制措施一般包括：预算控制、运营分析控制和绩效考评控制等。

三、财务分析与财务考核

（一）财务分析

财务分析是指根据企业财务报表等信息资料，运用特定方法，系统分析和评价企业财务状况、经营成果以及未来趋势的过程。通过财务分析，可以掌握各项财务预算指标的完成情况，提高企业经济效益，改善企业管理水平。

财务分析的一般程序是：（1）确立项目，明确目标；（2）收集资料，掌握情况；（3）运用方法，揭示问题；（4）采取措施，改进工作。

（二）财务考核

财务考核是指将报告期实际完成数与规定的考核指标进行对比，确定有关责任单位和个人完成任务的过程。财务考核与奖惩紧密联系，是贯彻责任制原则的要求，也是构建激励和约束机制的关键环节。

财务考核的形式多种多样，可以用绝对指标、相对指标、完成百分比考核，也可采用多种财务指标进行综合评价考核。

任务四　财务管理环境

企业的经济活动是在一定的环境中进行的，必然受到环境的影响。财务管理环境是指对企业财务活动和财务管理产生影响作用的企业内外各种条件的总称。

一、财务管理环境概述

企业财务管理环境是企业财务管理赖以生存的土壤，是企业开展财务管理活动的舞台。研究财务管理环境的目的在于：了解和掌握财务管理在规划与选择财务行为时所必须考虑的因素和限制条件，以便使企业的财务行为更加科学、合理和有效，以期实现财务管理的目标。因此，开展财务管理活动必须深入研究财务管理环境，正确制定财务管理策略。

二、财务管理的内部环境

（一）公司治理

公司治理是一个多角度、多层次的概念，可以从狭义和广义两方面去理解。狭义的公司治理，是指所有者（主要是股东）对经营者的一种监督与制衡机制，即通过一种制度安排来合理地配置所有者与经营者之间的权责利。公司治理目标是保证股东利益最大化，防止经营者对所有者利益的背离。广义的公司治理则不局限于股东对经营者的制衡，涉及更广泛的利益相关者，包括股东、债权人、供应商、雇员、政府和社区等与公司有利益关系的集团。此时，公司治理是通过一套包括正式或非正式的、内部的或外部的制度或机制来协调公司与所有利益相关者之间的关系，以保证公司决策的科学化，从而最终维护公司各方面的利益。

许多研究表明，公司价值和公司治理水平之间存在正相关关系。正如Jensen（2001）指出的，只有公司创造的价值最大化，才能实现利益相关者的利益最大化。为了达到创造价值最大化的终极目标，公司所有的制度安排、组织设计都必须围绕这一目标进行。公司治理作为公司的一种具体的制度安排当然也必须服从于价值创造的终极目标，公司治理会影响到企业的价值创造，价值创造也会反作用于公司治理，修正治理机制中的缺陷。

（二）企业类型

企业作为国民经济的基本单元，发挥着越来越重要的功能。企业是一个契约性组织，主要从事生产、流通、服务等经济活动，以生产或服务满足社会需要，实行自主经营、独立核算、依法设立的一种营利性的经济组织。企业的目标是创造财富（或价值）。企业组织形式的不同决定着企业不同的财务结构、财务关系以及财务管理方式和管理体系。尤其是公司制企业，因企业所有权与经营权的分离，所有者的目标与经营者的目标通常并非一致，会出现某种程度的背离，经营者的经营目标和经营理念会影响其财务管理的方式、方法。

（三）企业文化

企业文化是企业生产经营活动中形成的经营理念、经营目的、经营方针、价值观念、经营行为、社会责任、经营形象等的总和。企业文化是企业个性化的根本体现,它是企业生存、竞争和发展的灵魂。在财务管理方面,企业文化影响企业内部的领导体制、人际关系以及各项规章制度和纪律。先进的企业文化对企业理财活动及企业的具体工作都有着十分重要的影响。

三、财务管理外部环境

(一)经济环境

在影响财务管理的各种外部环境中,经济环境是最为重要的。经济环境内容十分广泛,包括经济体制、经济周期、经济发展水平、宏观经济政策及社会通货膨胀水平等。

1. 经济体制

在计划经济体制下,国家统筹企业资本、统一投资、统负盈亏,企业利润统一上缴、亏损全部由国家补贴,企业虽然是一个独立的核算单位但无独立的理财权利。财务管理活动的内容比较单一,财务管理方法比较简单。在市场经济体制下,企业成为"自主经营、自负盈亏"的经济实体,有独立的经营权,同时也有独立的理财权。企业可以从其自身需要出发,合理确定资金需要量,然后到市场上筹集资金,再把筹集到的资金投放到高效益的项目上获取更大的收益,最后将收益根据需要和可能进行分配,保证企业财务活动自始至终根据自身条件和外部环境做出各种财务管理决策并组织实施。因此,财务管理活动的内容比较丰富,方法也复杂多样。

2. 经济周期

市场经济条件下,经济发展与运行带有一定的波动性。大体上经历复苏、繁荣、衰退和萧条几个阶段的循环,这种循环叫作经济周期。

在经济周期的不同阶段,企业应采用不同的财务管理战略。具体见表1-1。

表 1-1　　　　　　　　经济周期中不同阶段的财务管理战略

复苏	繁荣	衰退	萧条
(1) 增加厂房设备	(1) 扩充厂房设备	(1) 停止扩张	(1) 建立投资标准
(2) 实行长期租赁	(2) 继续建立存货	(2) 出售多余设备	(2) 保持市场份额
(3) 建立存货储备	(3) 提高产品价格	(3) 停产不利产品	(3) 压缩管理费用
(4) 开发新产品	(4) 开展营销规划	(4) 停止长期采购	(4) 放弃次要利益
(5) 增加劳动力	(5) 增加劳动力	(5) 消减存货	(5) 消减存货
		(6) 停止扩招雇员	(6) 裁减雇员

3. 经济发展水平

经济发展水平是指一个国家经济发展的规模、速度和所达到的标准。经济发展水平与财务管理发展水平关系密切:经济发展水平越高,财务管理水平也越高;经济发展水平越低,财务管理水平也越低。财务管理水平的提高,将推动企业降低成本、提高效率，从而促进经济发展水平的提高；而经济发展水平的提高，将改变企业的财务战略、财务理念、财务管理模式和财务管理的方法手段，从而促进企业财务管理水平的提高。财务管理应当以经济发展水平为基础，以宏观经济发展目标为导向，从业务工作角度保证企业经营目标和经营战略的实现。

4．宏观经济政策

经济政策是国家进行宏观调控的重要手段。不同的宏观经济政策，对企业财务管理影响不同。如：金融政策中的货币发行量、信贷规模会影响企业投资的资金来源和投资的预期收益；财税政策会影响企业的资金结构和投资项目的选择等；价格政策会影响资金的投放和投资的回收期及预期收益；会计制度的改革会影响会计要素的确认和计量，进而对企业财务活动的事前预测、决策及事后的评价产生影响等。

5．通货膨胀水平

通货膨胀对企业财务活动的影响是多方面的。主要表现在：

（1）引起资金占用量的大量增加，从而增加企业的资金需求。

（2）引起企业利润虚增，造成企业资金由于利润分配而流失。

（3）引起利润上升，加大企业的权益资金成本。

（4）引起有价证券价格下降，增加企业的筹资难度。

（5）引起资金供应紧张，增加企业的筹资困难。

为了减轻通货膨胀对企业造成的不利影响，企业应当采取措施予以防范。在通货膨胀初期，货币面临着贬值风险，这时企业进行投资可以避免风险，实现资本保值；与客户签订长期购货合同，以减少物价上涨造成的损失；取得长期负债，保持资本成本的稳定。在通货膨胀持续期，企业可以采用比较严格的信用条件，减少企业债权；调整财务政策，防止和减少企业资本流失。

（二）金融环境

在市场经济条件下，企业需要通过一定的金融机构，运用适当的金融工具，完成企业的许多融资、投资活动，为企业提供不同渠道的资金来源，实现企业发展目标。金融机构、金融工具与金融市场共同构成了金融环境。

1．金融机构

金融机构主要是指银行与非银行金融机构。银行是指经营存款、放款、汇兑、储蓄等金融业务，承担信用中介的金融机构，包括各种商业银行和政策性银行，其中中国人民银行是中国中央银行。商业银行包括：中国工商银行、中国银行、中国农业银行、中国建设银行等；政策性银行有：国家开发银行、中国进出口银行和中国农业发展银行。非银行金融机构主要包括保险公司、证券公司、金融资产管理公司、信托投资公司、财务公司、金融租赁公司等机构。

1-4 政策性银行

2. 金融工具

金融工具是指融通资金双方在金融市场上进行资金交易、转让的工具，借助金融工具，资金从供给方转移到需求方。金融工具分为基本金融工具和衍生金融工具两大类。常见的基本金融工具有货币、票据、债券、股票等；衍生金融工具又称派生金融工具，是在基本金融工具的基础上通过特定技术设计形成的新的金融工具，如各种远期合约、互换、掉期、资产支持证券等，种类非常复杂、繁多，具有高风险、高杠杆效应特点。

3. 金融市场

金融市场，是指资金供应者和资金需求者双方通过一定的金融工具进行交易进而融通资金的场所。金融市场的主要功能就是把社会各个单位和个人剩余资金有条件地转让给社会各个缺乏资金的单位和个人，使财尽其用，促进经济发展。资金供应者，为了取得利息或利润，期望以最高的利率贷出资金；而资金需求者则期望在最低利率条件下借入。资金供求双方因利率、时间、安全性等矛盾的客观存在，催生了金融机构和金融市场从中协调，使资金的供应和需求各得其所。

金融市场依据不同的标准进行划分，常见的分类方法如下：（1）按金融工具的期限，将金融市场划分为货币市场和资本市场；（2）按照市场功能，将金融市场划分为发行市场和流通市场；（3）按照交易对象，将金融市场划分为有价证券市场、黄金市场、外汇市场；（4）按照交易方式，将金融市场划分为现货市场、期货市场和期权市场；（5）按照交易的范围和区域，将金融市场划分为地方性金融市场、全国性金融市场和国际性金融市场。

（三）法律环境

市场经济是法制经济，企业的经济活动总是在一定法律规范内进行的。法律是一把双刃剑，可以约束企业的非法经济行为，也为企业从事各种合法经济活动提供保护。法律环境是指企业与外部发生经济关系时应遵守的有关法律、法规和规章制度，主要包括公司法、证券法、金融法、税收制度、内部控制基本规范等。下面主要介绍税收制度和内部控制基本规范对企业财务管理活动的影响。

1. 税收制度

税收制度作为政府的一项重要管理制度，对企业财务管理规划和选择财务活动具有重要的制约作用。政府通过税收强行参与企业利润分配，要求管理者必须熟悉并掌握税收制度并随时关注税收政策的变化，以便实施正确的财务决策；管理者还可以充分利用税法规定的优惠条款，开展纳税筹划、管理活动，以减少税收支出，或者通过递延纳税的形式，降低企业税收负担，改善企业财务状况，实现财务管理目标。

2. 企业内部控制基本规范

2008年6月根据国家有关法律法规，财政部会同证监会、审计署、银监会、保监会制定了《企业内部控制基本规范》。其目的是加强和规范企业内部控制，提高企业经营管理水平和风险防范能力，促进企业可持续发展，维护社会主义市场经济秩序和社会公众利益。要求企业在保证经营管理合法合规、资产安全、财务报告及相关信息真实完整、提高经营效率和效果的基础上，着力促进企业实现发展战略。因此，企业在开展财务管理活动过程中必须全面落实内部控制规范体系的要求。

法律环境对企业的影响是多方面的，影响企业的组织形式、投融资活动、收益分配等。作为财务人员，需要深入研究甚至精通法律法规，规范企业的财务管理行为，使企业的各项财务预测、决策等财务活动都严格遵循法律法规的相关规定，实现财务管理目标。

项目总结

本项目首先阐述了财务管理的概念、企业财务活动和财务关系，接着介绍了企业财务管理的内容、方法和目标，企业财务管理的内外环境。

企业财务管理是企业管理的组成部分，它是根据财经法规制度组织企业财务活动，处理财务关系的一项经济管理工作。企业财务活动是以现金收支为主的企业资金收支活动的总称，具体可以分为：筹资活动、投资活动、资金营运活动、利润分配活动四个方面。

企业财务关系是指企业在组织财务活动过程中与各有关方面发生的经济关系。包括企业与投资者之间、企业与债权人之间、企业与被投资单位之间、企业与债务人之间、企业内部各单位之间、企业与职工之间以及企业与政府之间的财务关系。

财务管理目标就是企业财务活动所希望实现的结果，是评价企业财务活动是否合理的基本标准。关于企业的财务管理目标，目前比较流行的说法是股东权益最大化及企业价值最大化。企业的社会责任与企业财务绩效的关系，社会责任的履行能大幅度提升企业的核心竞争力和企业的社会形象等。

财务管理环节是企业财务管理的工作步骤和一般工作程序，一般包括财务计划与财务预算、财务决策与财务控制、财务分析与财务考核。

企业财务活动的运作受理财环境的制约，也就是说，企业只有在财务管理内外环境的各种因素作用下实现财务活动的协调平衡，才能生存和发展。按照财务管理环境对财务活动的影响，可以将财务管理环境分为内部环境和外部环境。在影响财务管理的各种外部环境中，经济环境是最为重要的。

拓展阅读

1-5
企业社会责任报告

课堂内外

1. 阅读《企业内部控制应用指引第 4 号——社会责任》，并整理感想与反思，以备做课堂交流。
2. 阅读《企业内部控制应用指引第 5 号——企业文化》，并整理感想与反思，以备做课堂交流。
3. 网易公开课：观看斯坦福大学公开课——经济学。
4. 研读阿里巴巴集团社会责任报告。
5. 观看中央电视台大型记录片：货币——通胀之殇。

职业能力训练

一、职业选择能力训练（单选，每小题只有一个正确答案）

1. 某公司董事会召开公司战略发展讨论会，拟将企业价值最大化作为财务管理目标，下列理由中，难以成立的是（　　）。
   A. 有利于规避企业短期行为　　B. 有利于量化考核和评价
   C. 有利于持续提升企业获利能力　　D. 有利于均衡风险与报酬的关系

2. 下列应对通货膨胀风险的各种策略中，不正确的是（　　）。
   A. 进行长期投资　　B. 签订长期购货合同
   C. 取得长期借款　　D. 签订长期销货合同

3. 下列各项企业财务管理目标中，能够同时考虑资金的时间价值和投资风险因素的是（　　）。
   A. 产值最大化　　B. 利润最大化
   C. 每股收益最大化　　D. 企业价值最大化

4. 财务管理的核心是（　　）。
   A. 财务预测　　B. 财务决策
   C. 财务预算　　D. 财务控制

5. 将金融市场划分为发行市场和流通市场的划分标准是（　　）。
   A. 以期限为标准　　B. 以功能为标准
   C. 以融资对象为标准　　D. 按所交易金融工具的属性为标准

6. 下列各项中，不属于财务管理经济环境构成要素的是（　　）。
   A. 经济周期　　B. 通货膨胀水平
   C. 宏观经济政策　　D. 公司治理结构

7. 企业所采用的财务管理战略在不同的经济周期中各有不同。在经济繁荣期，不应该选择的财务管理战略是（　　）。
   A. 扩充厂房设备　　B. 继续建立存货
   C. 裁减雇员　　D. 提高产品价格

8. 在下列观点中，既能够考虑货币的时间价值和投资风险，又有利于克服管理上的片面性和短期行为的财务管理目标是（　　）。

A. 利润最大化 B. 企业价值最大化
C. 每股收益最大化 D. 资本利润率最大化

二、职业选择能力训练（多选，每小题至少有两个选项）

1. 在某公司财务目标研讨会上，张经理主张"贯彻合作共赢的价值理念，做大企业的财富蛋糕"；李经理认为"既然企业的绩效按年度考核，财务目标就应当集中体现当年利润指标"；王经理提出"应将企业长期稳定的发展放在首位，以便创造更多的价值"。上述观点涉及的财务管理目标有（　　）。

A. 利润最大化 B. 企业规模最大化
C. 企业价值最大化 D. 相关者利益最大化

2. 下列各项中，属于衍生金融工具的有（　　）。

A. 股票 B. 互换
C. 债券 D. 掉期

3. 通货膨胀对企业财务活动的影响是多方面的，主要表现在（　　）。

A. 增加企业的资金需求 B. 造成企业资金由于利润分配而流失
C. 加大企业的权益资金成本 D. 增加企业的筹资困难

4. 在以下企业组织形式中，会导致双重课税的有（　　）。

A. 个人独资企业 B. 合伙企业
C. 有限责任公司 D. 股份有限公司

5. 关于经济周期中的财务管理战略，下列说法正确的有（　　）。

A. 在经济复苏期企业应当增加厂房设备
B. 在经济繁荣期企业应减少劳动力，以实现更多利润
C. 在经济衰退期企业应减少存货
D. 在经济萧条期企业应裁减雇员

6. 在下列各项中，属于财务管理经济环境构成要素的有（　　）。

A. 经济周期 B. 经济发展水平
C. 宏观经济政策 D. 公司治理结构

三、职业判断能力训练（判断题，正确的打"√"，错误的打"×"）

1. 为了防范通货膨胀风险，公司应当签订固定价格的长期销售合同。
（　　）

2. 就上市公司而言，将股东财富最大化作为财务管理目标的缺点之一是不容易被量化。
（　　）

3. 以融资对象为划分标准，可将金融市场分为资本市场、外汇市场和黄金市场。
（　　）

4. 在经济衰退初期，公司一般应当出售多余设备，停止长期采购。
（　　）

5. 企业的社会责任是指企业在谋求所有者或股东权益最大化之外所负有的维护和增进社会利益的义务。（　　）

6. 财务考核是指将报告期实际完成数与规定的考核指标进行对比。通常只能使用绝对指标和完成百分比来考核。（　　）

7. 财务分析可以测算各项生产经营方案的经济效益，为决策提供可靠的依据。（　　）

8. 法律环境是指企业与内部发生经济关系时应遵守的有关法律、法规和规章制度。（　　）

9. 以融资对象为划分标准，可将金融市场分为资本市场、外汇市场和黄金市场。（　　）

10. 企业价值最大化目标要求充分考虑资金的时间价值和风险与报酬的关系，在保证企业长期稳定发展的基础上使企业总价值达到最大。（　　）

四、职业实践能力训练

（一）任务目标：企业财务管理活动调研

（二）实践形式及要求

分小组调研并形成调研报告，调研报告不低于2 000字。

（三）实践内容

学生按班级人数分组，每个班级分成5个小组，选定正副组长，并且根据调研任务合理分工，明确各自职责。每小组自行确定一家企业进行调研，要求是能够深入调研的企业，内容包括：企业名称、性质、经营范围、规模、法人代表、企业组织机构、会计各岗位的设置情况、企业所面临的内外部环境及企业的财务管理水平等。

项目二
财务管理的基本观念

项目导航

知识目标	能力目标
• 理解资金时间价值、风险价值的含义 • 掌握复利终值、现值的计算 • 掌握普通年金、预付年金及递延年金的含义及其终值和现值的计算 • 掌握永续年金现值的计算 • 掌握风险衡量指标的计算,具备基本的理财观念	• 能计算复利的终值与现值 • 能计算普通年金、预付年金及递延年金的终值和现值 • 能计算永续年金的现值 • 能应用资金时间价值原理和投资风险价值原理进行项目决策 • 具备一定的风险意识和风险应对能力

校园贷与理性消费

中国古代风险管理思想

货币时间价值和风险价值是现代财务管理的两个基本观念。货币时间价值和风险价值是评价投资方案和投资收益的基本依据,是制定筹资决策、投资决策时必须考虑的重要因素,对于成本管理、利润管理也有重要的影响,应用非常广泛。

案例导入

世界上最强大的力量

据说曾经有人问爱因斯坦:"世界上最强大的力量是什么?"他的回答不是原子弹爆炸的威力,而是"复利";著名的罗斯柴尔德金融帝国创立人梅尔更是夸张地称复利是世界的第八大奇迹。本杰明·富兰克林曾这样描述"复利"：复利是能够将所有铅块变成金块的石头。在"时间+复利"的威力下，钱财会像雪球一样越滚越大，所以一开始就应把目光放长远，向时间要回报。

1626年，一个荷兰人从印第安人手里买曼哈顿岛，支付了24美金。如果当时他不买曼哈顿岛，拿这24美金做投资，如果我们按年利息8%计算，到2018年，按392年计算，这笔钱的现在价值是380万亿美元。如今拿这笔钱，一样能够买下曼哈顿岛，甚至可以买下整个纽约城。

请思考：392年前的24美金为什么会变成如今的380万亿美金呢？

任务一　货币时间价值

资金时间价值观念，不仅深刻影响着企业的相关财务活动，而且与我们的日常生活密切相关。比如我们购买的养老保险是否合算？贷款买房是选择公积金贷款还是选择商业贷款？贷款还款方式是选择等额本息方式还是选择等额本金方式等个人的经济活动也与资金时间价值息息相关。为此，作为财经类专业学生，必须牢固树立资金时间价值观念，合理有效使用资金，提高资金使用效率。

一、货币时间价值概述

货币具有时间价值是财务活动中客观存在的经济现象，也是企业实施财务管理活动必须树立的基本价值观念之一。

（一）货币时间价值基本原理

货币时间价值是指货币在使用过程中随着时间的推移而产生的价值增值。

在商品经济中，有这样一种现象：现在的1元钱和一年后的1元钱的经济价值是不等值的，或者说是其经济效用不同。假设不考虑通货膨胀和风险，现在的1元钱比一年后的1元钱的经济价值要大一些。为什么是这样呢？例如，将现在的1元钱存入银行，假设银行存款年利率为10%，这样一年后可以得到1.10元，这1元钱经过一年时间的银行存款增加了0.1元，这就是货币的时间价值。又如，企业计划5年后更新一台设备，价值10万元，企业准备5年内每年等额存入银行一笔钱，以便5年后用该笔存款的本金和利息购置新设备。显然，企业每年存入银行的钱一定少于2万元，因为每年存入银行的钱会产生利息，即随着时间的推移，货币出现增值，产生了时间价值。

从质的规定性来看，"1不等于1"这一现象从表象上看，似乎资金的增值是时间的产物，但本质上是生产经营的产物，来源于货币投入生产经营后，劳动者在生产过程中创造的新价值，其数额随着时间的持续不断增长，是一种客观的经济现象。企业资金循环和周转的起点是投入的货币资金购买所需的资源，如建厂房、购置设备、购买材料等，然后生产出新的产品，一般情况下，出售产品所得到的货币量大于最初投入的货币量。资金的循环和周转以及因此实现的货币增值，需要或多或少的时间，每完成一次循环，货币就增加一定的数额，周转次数越多，增值额也就越大。因此，随着时间的延续，货币总量在循环和周转中不断增值，使货币具有时间价值，这是货币时间价值质的规定性。

从量的规定性来看，货币的时间价值是在没有风险和通货膨胀条件下的社会平均资金利润率。由于竞争，市场经济中各部门投资的利润率趋于平均化。任何企业投资于某一具体的项目时，至少要得到相当于社会平均利润的收益水平，否则不如投资于其他项目。比如，某企业计划从银行借入 100 万元投资于一个项目，假设银行借款利率为 8%，则该企业每年要支付 8 万元利息，所以，该企业投资的项目，其收益一定要大于 8 万元时，企业才会投资。因此，货币的时间价值成为评价投资项目是否可行的基本标准。

货币随时间的延续而增值，现在的 1 元钱与将来的 1 元钱甚至是几元钱在经济上是等效的。换一种说法，就是现在的 1 元钱和将来的 1 元钱经济价值不相等。由于不同时点的等量货币具有不同的价值，所以需要把它们换算到同一时点上才能进行大小的比较和比率的计算。

二、货币时间价值的计算

在货币时间价值的计算方面：依据利率的计算方式不同，可以分为单利计算和复利计算；依据计算的内容不同可以分为现值的计算和终值的计算。

（一）相关概念

1. 单利的含义

单利是计算利息的方法，是复利的相对含义。单利计息是指在借贷双方约定的期限内，只按本金计算利息，利息不计利息。即不管多长时间，所产生利息均不加入本金重复计算利息。

2. 复利的含义

复利的计算是计算利息的另一种方法，是单利的相对含义。复利是指每经过一个计息期，要将所生利息计入本金再计算利息，逐期滚算，俗称"利滚利"。这里所说的计息期，是指相邻两次计息的时间间隔，如年、月、日等。除非特别说明，计息期均为一年。

在计算利息时，除非特别指明，所给出的利率均为年利率；对于不是年利率的，按一年为 360 天折算。单利和复利的比较，如表 2-1 所示。

3. 终值的含义

终值又称将来值，是现在一定数量的现金在未来某一时点上的价值，俗称"本利和"，通常记作"F"，即 Future Value。

表 2-1　　　　　假设利率为 10% 时，单利和复利的比较　　　　　单位：元

年数	单利	复利
1	1×（1+10%）=1.1	1×（1+10%）=1.1
2	1×（1+2×10%）=1.2	1.1×（1+10%）=1.21
3	1×（1+3×10%）=1.3	1.21×（1+10%）=1.33
4	1×（1+4×10%）=1.4	1.33×（1+10%）=1.46
5	1×（1+5×10%）=1.5	1.46×（1+10%）=1.61

4. 现值的含义

现值是指未来某一时点上的一定量现金折合到现在的价值，俗称"本金"，通常记作"P"，即 Present Value。

(二) 单利的终值和现值

为了计算方便，先设定以下符号：P 为现值；F 为终值；I 为利息；i 为每一利息期的利率（折现率）；n 为计算利息的期数。

1. 单利终值

单利终值的计算公式为：

$$F = P + I$$
$$= P + P \times i \times n$$
$$= P \times (1 + i \times n)$$

【例 2-1】 张涛于 2018 年 1 月 1 日存入银行 1 000 元，年利率为 4%，期限为 3 年，于 2021 年 1 月 1 日到期，则其终值计算如下：

$$F = 1\,000 + 1\,000 \times 4\% \times 3$$
$$= 1\,000 \times (1 + 4\% \times 3)$$
$$= 1\,120 \text{（元）}$$

2. 单利现值

单利现值的计算公式为：

$$P = \frac{F}{1 + i \times n}$$

【例 2-2】 2017 年 12 月 2 日，某公司计划 2 年后 100 000 元更新设备，银行年利率 10%，则公司现在应存入：

$$P = \frac{100\,000}{1 + 10\% \times 2}$$
$$= 83\,333.33 \text{（元）}$$

(三) 复利终值与现值

1. 复利终值的计算

复利终值是指现在的一笔资金按复利计算的未来价值。

假设，现在有 1 000 元现金，年复利率为 10%，则从第 1 年到第 n 年各年年末的终值为：

第 1 年年末的终值：F = 1 000 + 1 000×10%

$$= 1\,000 \times (1+10\%) = 1\,100 \text{（元）}$$

第 2 年年末的终值：$F = 1\,100 + 1\,100 \times (1+10\%)$
$$= 1\,000 \times (1+10\%)^2 = 1\,210 \text{（元）}$$

第 3 年年末的终值：$F = 1\,210 + 1\,210 \times (1+10\%)$
$$= 1\,000 \times (1+10\%)^3 = 1\,331 \text{（元）}$$

因此，复利终值的一般计算公式为：

$$F = P \times (1+i)^n = P \times (F/P, i, n)$$

式中，$(1+i)^n$ 被称作复利终值系数或 1 元的复利终值，用 $(F/P, i, n)$ 表示。例如 $(F/P, 10\%, 5)$ 表示在利率为 10%，期数为 5 时 1 元钱的复利终值。在实际工作中，可以直接查阅"复利终值系数表"，因而，复利终值的计算可以转化为本金和复利终值系数乘积的形式。

【例 2-3】 王浩目前手里有现金 10 万元，银行年利率为 8%，则该笔现金 5 年后的本利和是多少？

$F = 10 \times (1+8\%)^5$
$\quad = 10 \times (F/P, 8\%, 5)$
$\quad = 10 \times 1.4693$
$\quad = 14.693 \text{（万元）}$

查"复利终值系数表"，本表第一行表示的是利率 i，第一列是计息期数 n，即可查到 $(F/P, 8\%, 5) = 1.4693$。

2. 复利现值的计算

复利现值的计算，就其实质来讲，是在已知 F、i、n 的条件下求 P，其计算公式可由复利终值的计算公式推导而来。

因为：$F = P \times (1+i)^n$

所以：

$$P = \frac{F}{(1+i)^n} = F \times (1+i)^{-n} = F \times (P/F, i, n)$$

式中，$(1+i)^{-n}$ 被称作复利现值系数或 1 元的复利现值，用 $(P/F, i, n)$ 表示。例如 $(P/F, 8\%, 5)$ 表示在利率为 8%，期数为 5 时 1 元的复利现值。在实际工作中，为便于计算，可以查阅"复利现值系数表"。本表结构和使用方法与"复利终值系数表"相同。

【例 2-4】 张华欲在 3 年后获取本利和 20 000 元，作为其毕业后的创业基金，假设银行利率为 12%，则其现在应存入多少元？

$P = F \times (P/F, i, n)$
$\quad = 20\,000 \times (P/F, 12\%, 3)$
$\quad = 20\,000 \times 0.7118$
$\quad = 14\,236 \text{（元）}$

所以张华现在投入 14 236 元，3 年后可获取本利和 20 000 元，作为其创业基金。

2-1

72法则

由上式计算可知：

①复利终值和复利现值互为逆运算；

②复利终值系数 $(1+i)^n$ 和复利现值系数 $(1+i)^{-n}$ 互为倒数。

（四）年金的终值和现值

年金是在一定时期内等额、定期的系列收支款项。它具有两个特点：一是金额相等；二是时间间隔相等。利息、租金、保险费、等额分期收款、等额分期付款及零存整取或整存零取等一般都表现为年金的形式。年金按其收付发生的时点不同，可分为普通年金（后付年金）、预付年金（先付年金）、递延年金和永续年金。不同种类的年金有不同的计算方法。年金一般用符号 A（Annuity）表示。**普通年金**是指在一定时期内，每期期末发生收款或付款的年金。之所以称为普通年金是因为它是现实生活中最常见、最普通的年金形式。**预付年金**是每期期初收款或付款的年金，又称先付年金。**递延年金**是第一次等额收付款发生在第二期或第二期以后的年金。**永续年金**是指无限期连续地等额收款或付款的年金。年金按其每次收付款发生的时点不同分类，如表2-2所示。

表2-2　　　　　　　　　　　年金分类

年金种类	特　点	现金流量图
普通年金（后付年金）	从第一期开始每期期末收付款项	A A A ... A 0 1 2 3 ... n
预付年金（先付年金）	从第一期开始每期期初收付款项	A A A A ... A 0 1 2 3 ... n
递延年金	在第二期或第二期以后期末收付款项	A A A ... A 0 1 2 3 4 5 ... n
永续年金	无限期的普通年金	A A A A 0 1 2 3 4 ... ∞

注：这里年金的收付时间间隔不一定是一年，还可以是半年、一个季度或者一个月等。

1. 普通年金终值和现值的计算

（1）普通年金终值。普通年金终值是每期期末发生的收付款项按复利计算的终值之和。

假设每期期末的收付款金额（年金）为A，利率为i，计算期数为n，每期复利一次。普通年金终值的计算形式如图2-1所示。

图2-1　普通年金终值的计算形式

则普通年金终值计算公式为：

$$F = A + A(1+i) + A(1+i)^2 + A(1+i)^3 + \cdots + A(1+i)^{n-1}$$

等式两边同乘 $(1+i)$：

$$(1+i)F = A + A(1+i) + A(1+i)^2 + A(1+i)^3 + \cdots + A(1+i)^{n-1} + A(1+i)^n$$

上述两式相减，整理后得到：

$$(1+i)F - F = A(1+i)^n - A$$

因此，普通年金终值的计算公式为：

$$F = A \times \frac{(1+i)^n - 1}{i} = A(F/A, i, n)$$

式中，A 表示年金；$\frac{(1+i)^n - 1}{i}$ 是普通年金终值系数，用 $(F/A, i, n)$ 表示，具体应用时可以查阅普通年金终值系数表。

【例 2-5】 王涛自 2009 年年底，每年资助一个贫困孩子 5 000 元供其读书，至 2018 年年底，假设银行利率为 5%，试计算王涛这 10 年资助金额的本利和是多少元？

$$F = A \times (F/A, i, n) = 5\,000 \times (F/A, 5\%, 10)$$
$$= 5\,000 \times 12.5779 = 62\,889.50（元）$$

即王涛这 10 年资助金额的本利和为 62 889.50 元。

（2）年偿债基金。偿债基金是指未来在约定的未来某一时点清偿某笔债务或积聚一定数额的资金而必须分次等额形成的存款准备金。也就是为使年金终值达到既定金额的年金数额（即已知终值 F，求年金 A），在普通年金终值公式中解出 A，这个 A 就是年偿债基金。其计算公式可由普通年金终值的计算公式推导得到。

$$A = F \times \frac{i}{(1+i)^n - 1}$$

式中，$\frac{i}{(1+i)^n - 1}$ 是偿债基金系数，用符号 $(A/F, i, n)$ 表示。

【例 2-6】 某企业拟在 5 年后更新一台设备，价值 30 万元，从现在起每年年末等额积累一笔款项。假设市场平均利率为 10%，则该企业每年需积累多少元？

分析：

由公式：$A = F \times \frac{i}{(1+i)^n - 1}$

$$= 300\,000 \times \frac{10\%}{(1+10\%)^5 - 1} = 300\,000 \times (A/F, i, n)$$
$$= 300\,000 \times 0.1638$$
$$= 49\,140（元）$$

即该企业每年需积累 49 140 元。

由上式计算可知：

①偿债基金和普通年金终值互为逆运算；

②偿债基金系数 $\dfrac{i}{(1+i)^n-1}$ 和普通年金终值系数 $\dfrac{(1+i)^n-1}{i}$ 为倒数。

（3）普通年金现值。普通年金现值是一定时期内每期期末等额收取或支付款项的复利现值之和。

假设每期期末的收付款金额（年金）为 A，利率为 i，计算期数为 n，每期复利一次。普通年金现值的计算形式如图 2-2 所示。

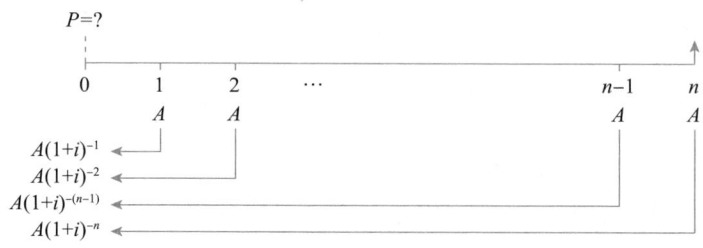

图 2-2 普通年金现值的计算形式

则普通年金现值计算公式为：

$$P = A(1+i)^{-1} + A(1+i)^{-2} + A(1+i)^{-3} + \cdots + A(1+i)^{-n-1} + A(1+i)^{-n}$$

等式两边同乘 $(1+i)$：

$$(1+i)P = A + A(1+i)^{-1} + A(1+i)^{-2} + A(1+i)^{-3} + \cdots + A(1+i)^{-n-1}$$

上述两式相减，整理后得到：

$$(1+i)P - P = A[1-(1+i)^{-n}]$$

因此，普通年金现值的计算公式为：

$$P = A \times \dfrac{1-(1+i)^{-n}}{i} = A(P/A, i, n)$$

式中，A 表示年金；$\dfrac{1-(1+i)^{-n}}{i}$ 是普通年金现值值系数，用 $(P/A, i, n)$ 表示，具体应用时可以查阅普通年金现值系数表。

【例 2-7】 王华计划出国 5 年，在出国期间每年需支付 6 000 元房屋物业管理等费用，在出国期间，打算请朋友帮忙代为支付每年的物业管理费用，假设银行利率为 6%，试计算王华应该一次性给他朋友多少元钱？

$P = A \times (P/A, i, n) = 6\ 000 \times (P/A, 6\%, 5)$

$= 6\ 000 \times 4.2124 = 25\ 274.40$（元）

即王华应该一次性给他朋友 25 274.40 元。

（4）年资本回收额。年资本回收额是指在约定的年限内等额回收初始投入资本的金额。年资本回收额的计算实际上是已知普通年金现值，求年金 A。

$$A = P \times \frac{i}{1-(1+i)^{-n}}$$

式中，$\frac{i}{1-(1+i)^{-n}}$ 称为"资本回收系数"，记作 $(A/P, i, n)$。

【例 2-8】 某企业投入一条生产线 5 000 万元，假设其投资报酬率为 10%，如果该生产线计划在 10 年内等额回收，则每年应收回的金额是多少？（保留两位小数）

分析：

由公式：
$$A = P \times \frac{i}{1-(1+i)^{-n}}$$
$$= 5\,000 \times \frac{10\%}{1-(1+10\%)^{-10}} = 5\,000 \times (A/P, i, n)$$
$$= 5\,000 \div 6.1446$$
$$= 813.72 \text{（万元）}$$

由上式计算可知：

① 年资本回收额与普通年金现值互为逆运算；

② 资本回收系数与普通年金现值系数互为倒数。

2. 预付年金终值和现值的计算

(1) 预付年金终值。预付年金终值是指一定时期内每期期初等额收付的系列款项的终值。

n 期预付年金与 n 期普通年金的付款次数相同，但由于其付款期数相差 1 年，所以 n 期预付年金终值比 n 期普通年金终值多计算一期利息，即在 n 期普通年金终值的基础上乘以 $(1+i)$ 就是 n 期先付年金的终值。预付年金终值的计算形式如图 2-3 所示。

图 2-3 预付年金终值的计算形式

预付年金终值的计算公式为：

$$F = A(1+i) + A(1+i)^2 + A(1+i)^3 + \cdots + A(1+i)^{n-1} + A(1+i)^n$$

$$F = A \frac{(1+i)^n - 1}{i} \times (1+i)$$

$$= A \times \frac{(1+i)^{n+1} - (1+i)}{i}$$

$$= A \times \left[\frac{(1+i)^{n+1} - 1}{i} - 1\right]$$

$$= A(F/A, i, n) \times (1+i) = A[(F/A, i, n+1) - 1]$$

式中，A 表示年金，$\frac{(1+i)^{n+1} - 1}{i} - 1$ 是预付年金终值系数，它是在普通年金终值系数的基础上，期数加 1，系数减 1 所得的结果，通常记为 $[(F/A, i, n+1) - 1]$。这样，通过查阅"1 元年金终值系数表"得到（n+1）期的值，然后减 1，便可得出对应的预付年金终值系数的数值。这时可用如下公式计算预付年金终值：

$$F = A[(F/A, i, n+1) - 1]$$

当然，预付年金终值也可记作 $(F/A, i, n)(1+i)$。

【例 2-9】 张华计划 5 年后购房，于每年年初存入银行 50 000 元，假设银行年利率为 10%，则 5 年后张华可以从银行一次性取出多少钱？

分析：

$$\begin{aligned}
F &= A[(F/A, i, n+1) - 1] \\
&= 50\,000 \times [(F/A, 10\%, 6) - 1] \\
&= 50\,000 \times (7.7156 - 1) \\
&= 335\,780 \text{（元）}
\end{aligned}$$

或
$$\begin{aligned}
F &= A(F/A, i, n) \times (1+i) = 50\,000 \times (F/A, 10\%, 5) \times (1 + 10\%) \\
&= 50\,000 \times 6.1051 \times (1 + 10\%) \\
&= 50\,000 \times 6.7156 \\
&= 335\,780 \text{（元）}
\end{aligned}$$

（2）预付年金现值。预付年金现值是指将在一定时期内按相同的时间间隔在每期期初收付的相等金额折算到第一期期初的现值之和。预付年金现值的计算形式如图 2-4 所示。

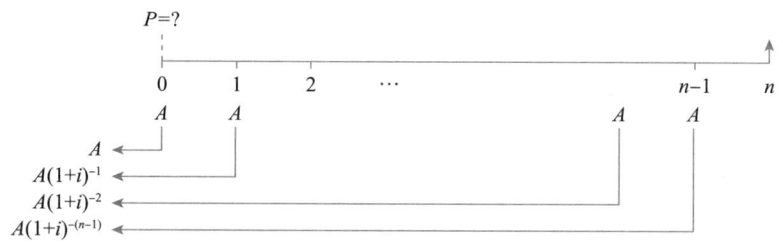

图 2-4 预付年金现值的计算形式

则预付年金现值公式为：

$$P = A + A(1+i)^{-1} + A(1+i)^{-2} + A(1+i)^{-3} + \cdots + A(1+i)^{-(n-1)}$$

$$\begin{aligned}
P &= A \times \frac{1 - (1+i)^{-n}}{i} \times (1+i) \\
&= A \times \frac{(1+i) - (1+i)^{-(n-1)}}{i} \\
&= A \times \left[\frac{1 - (1+i)^{-(n-1)}}{i} + 1\right]
\end{aligned}$$

式中，A 表示年金，$\frac{1-(1+i)^{-(n-1)}}{i}+1$ 是预付年金现值系数，它是在普通年金现值系数的基础上，期数减 1，系数加 1 所得到的结果，通常记为 $[(P/A,i,n-1)+1]$。这样，通过查阅"年金现值系数表"的 n-1 的值，然后加 1，便可得到对应的预付年金现值系数的值。这时可用如下公式计算预付年金的现值：

$$P = A \times [(P/A,i,n-1)+1]$$

当然，预付年金现值也可记作 $(P/A,i,n)(1+i)$。

【例 2-10】 张超计划购买一辆小汽车，若一次性付现款为 20 万元，若 6 年中分期付款每年年初支付 38 000 元，假设银行利率为 10%。请帮助张超做出决策是现在一次性付款还是分期付款？

分析：$P = A \times [(P/A,i,n-1)+1]$
$= 38\,000 \times [(P/A,10\%,6-1)+1]$
$= 38\,000 \times (3.7908+1)$
$= 182\,050$（元）

或：$P = A \times \frac{1-(1+i)^{-n}}{i} \times (1+i)$
$= 38\,000 \times (P/A,10\%,6) \times (1+i)$
$= 38\,000 \times 4.3553 \times (1+10\%)$
$= 38\,000 \times 4.7908$
$= 182\,050$（元）

结论：通过上述计算可知，张超应该选择 6 年内分期付款。因为可以节约 $200\,000 - 182\,050 = 17\,950$（元）。

3. 递延年金的终值和现值

（1）递延年金终值的计算。递延年金是首次支付款项发生在第二期或第二期以后的年金。一般用 m 表示递延期数（没有收付款项发生的期间数），用 n 表示连续收付期。递延年金终值的计算形式如图 2-5 所示。

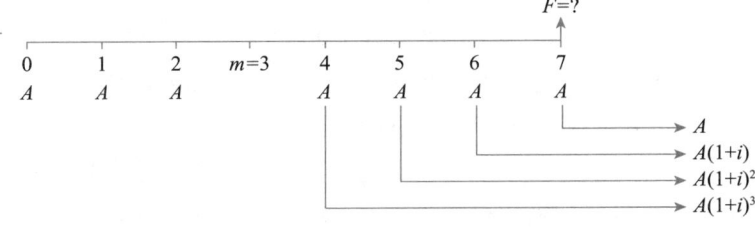

图 2-5 递延年金终值的计算形式

从图 2-5 中可以看出，前三期没有发生支付款项，则 m=3，即递延期为 3 期；第一次收付发生在第四期期末（第五期期初），连续收付 4 次，即 n=4。

递延年金终值的计算和普通年金终值计算类似，前面没有发生收付款的时期不计算，后面发生的收付款时期按期数和折现率计算终值。计算公式为：

$$F = A \times (F/A, i, n)$$

式中，n 为连续收付期。

学习提示：

①递延年金终值与递延期 m 无关，只与连续收付期 n 相关；

②递延年金终值的计算方法与普通年金计算方法基本相同；

③递延年金是普通年金的特殊形式。

（2）递延年金现值。递延年金现值的计算方法有三种：

方法一：把递延期以后的年金套用普通年金终值计算公式求现值，这时求出来的现值是第一个等额收付前一期期末的数值，距离递延年金的现值点还有 m 期，再向前按照复利现值公式折现 m 期即可，如图 2-6 所示。

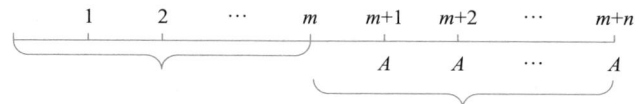

图 2-6　递延年金现值的计算

则计算公式为：

$$P = A \times (P/A, i, n) \times (P/F, i, m)$$

方法二：把递延期每期期末都当作有等额的收付 A，把递延期和以后各期看成是一个普通年金，计算出这个普通年金的现值，再把递延期多算的年金现值减掉即可。如图 2-7 所示。

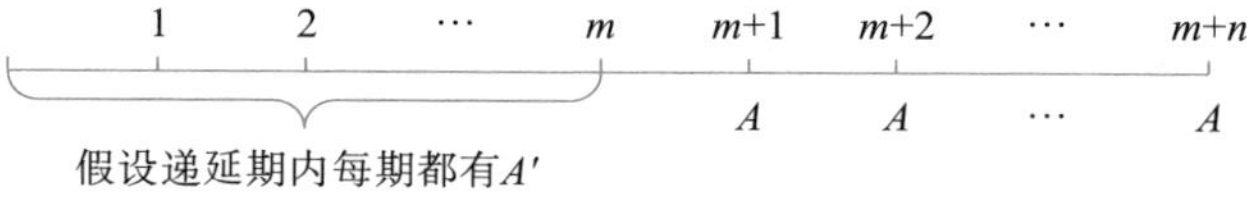

图 2-7　递延年金现值的计算

计算公式如下：

$$P = A(P/A, i, m+n) - A(P/A, i, m)$$
$$= A[(P/A, i, m+n) - (P/A, i, m)]$$

方法三：先求递延年金终值，再折现为现值。计算公式如下：

$$P = A \times (F/A, i, n) \times (P/F, i, m+n)$$

【例 2-11】　汇达公司计划购置一处办公房，开发商提出两种付款方案：

①从现在起，每年年初支付 48 万元，连续付 10 次，共 480 万元。

②从第 5 年开始，每年年初支付 65 万元，连续支付 10 次，共 650 万元。

假设该公司投资报酬率为 10%。要求：计算两种付款方案的现值，然后判断应该选择哪个付款方案？（保留两位小数）

分析：

第一种付款方案：

$$P = 48 \times [(P/A, 10\%, 9) + 1] = 48 \times 6.7590 = 324.43 \text{（万元）}$$

第二种付款方案：

$$P = 65 \times [(P/A, 10\%, 9) + 1] \times (P/F, 10\%, 4)$$
$$= 65 \times 6.7590 \times 0.6830 = 300.07 \text{（万元）}$$

经过计算可知，第二种方案的现值较低，所以应该选择第二种付款方案。

（3）永续年金的计算。永续年金是无限期发生年金性质的收支款项的年金，即期限趋于无穷的普通年金或预付年金。在实际生活中，养老金收入、高校设置的奖学金等，都属于永续年金的性质。由于永续年金没有终止的时间，因而其没有终值，只有现值。永续年金的现值可以根据普通年金现值或预付年金现值推导求得。

若为普通年金，则

$$P = A \times \frac{1 - (1 + i)^{-n}}{i}$$

当 $n \to \infty$ 时，$(1+i)^{-n} \to 0$，由此得到的结果即为永续年金现值的计算公式。

$$P = A \times \frac{1}{i}$$

若为预付年金，则

$$P = A \times \left[\frac{1 - (1 + i)^{-(n-1)}}{i} + 1\right]$$

当 $n \to \infty$ 时，$(1+i)^{-n} \to 0$，则上式就简化为：

$$P = A \times \left(\frac{1}{i} + 1\right)$$

【例 2 - 12】 某高校拟建立一项永久性的励志奖学金，计划每年年末发放奖金 10 万元，若市场平均利率为 10%，则现在应一次性准备多少钱？如果每年年初发放奖学金，又应该一次性准备多少钱？

分析：

如为普通永续年金，则

$$P = 100\,000 \times \frac{1}{10\%} = 1\,000\,000 \text{（元）}$$

即如果为普通永续年金，应该一次性准备 1 000 000 元。

如为预付永续年金，则

$$P = 100\,000 \times \left(\frac{1}{10\%} + 1\right) = 1\,100\,000 \text{（元）}$$

即如果为预付永续年金，应该一次性准备 1 100 000 元。

在日常的经济活动中，由于资金收付常常发生在不同的时点，运用资金时间价值的理念与方法处理经济活动事项就成为日常经济管理活动的重要手段。因此，资金时间价值是财务管理的重要价值观念。

任务二　风险与收益

风险就像空气一样无处不在，没有风险的世界是一个平庸的世界。所有企业及企业内部的各个部门都时刻面临风险，而且没有一个实际可行的办法可以彻底消除风险。但是通过本任务的学习，我们可以做到认识风险，识别风险，从而力争将风险控制在企业可承受的范围之内。风险是客观存在的，也是企业实施财务管理活动必须树立的基本价值观念之一。

一、认知风险

（一）概念

风险（Risk）是一个非常重要的财务观念。风险广泛存在于企业的财务管理活动中，并对企业实现财务管理目标有着重要影响。风险是指收益的不确定性。风险是客观存在的，虽然风险的存在可能意味着收益的增加，但人们更加关注的则是风险导致损失发生的可能性。从财务管理的角度，风险就是企业在各项财务活动过程中，由于难以预料或无法控制的因素作用，使企业的实际收益与预计收益发生背离，从而蒙受经济损失的可能性。

（二）风险的分类

1. 系统风险

系统风险（Systematic Risk），也称市场风险或不可分散风险，是影响所有资产的、不能通过资产组合而消除的风险。这部分风险影响所有资产，是由那些影响整个市场的风险因素所引起的，如：国家经济政策的变化、通货膨胀、利率变化、税制改革、企业会计准则及政治因素等。

尽管绝大多数企业和资产都不可避免地受到系统风险的影响，但并不意味着系统风险对所有资产或所有企业有相同的影响。有些资产受系统风险的影响大一些，而有些资产所受的影响则较小。单项资产或证券资产组合受系统风险影响的程度，可以通过系统风险系数（β系数）来衡量。

2. 非系统风险

非系统风险（Unsystematic Risk），也称公司风险或可分散风险，是指由于某种特定原因对某特定资产收益率造成影响的可能性，是可以通过证券资产组合而分散掉的风险。非系统风险是特定企业或特定行业所特有的，与政治、经济和其他影响所有资产的市场因素无关。对于特定企业或行业而言，公司风险可进一步分为经营风险和财务风险。

（1）经营风险（Business Risk），是指因生产经营方面的原因给企业目标带来不利影响的可能性。如材料采购因素造成的供应方面的风险；销售决策失误带来的销售方面的风险等。

（2）财务风险，又称筹资风险（Financial risk），是指由于举债而给企业目标带来的可能影响。通常情况下，企业会举债经营，企业全部资金中除自有资金外还有一部分借入资金，借入资金会对企业自有资金的获利能力产生影响；同时，借入资金是有期限的，需要到期还本付息。若企业亏损严重，财务状况恶化，丧失支付能力，就会发生无法偿还到期的本金和利息甚至陷入破产的危险境地。

（三）风险控制对策

1. 规避风险

当风险造成的损失不能由该项目可能获得的收益予以抵消时，避免风险是最简单有效的方法。如：拒绝与不守信用的厂商业务往来；果断放弃发生诸多问题的新产品试制等。

2. 减少风险

减少风险主要有两个方面含义：一是控制风险因素，减少风险的发生；二是控制风险发生的频率和降低风险损害程度。减少风险的常用方法有：进行准确的预测，如对汇率预测、利率预测、债务人信用评估等；对决策进行多方案优选和相机替代；及时与政府部门沟通获取政策信息；选择有弹性的、抗风险能力强的技术方案，采用多领域、多地域、多项目、多品种的投资以分散风险。

3. 转移风险

企业以一定的代价（如保险费、租赁费、利息等），采取某种方式（如：参加保险、租赁经营等），将风险损失转嫁出去，以避免可能给企业带来的巨额损失。如向专业性保险公司投保；采取合资、联营、联合开发等措施实现风险共担；通过租赁经营和业务外包等实现风险转移。

4. 接受风险

接受风险包括风险自担和风险自保两种。

风险自担是指风险损失发生时，直接将损失摊入成本或费用，或冲减利润。如无法收回的应收账款，采用直接冲销法进行处理。

风险自保是指企业预留一笔风险准备金或随着生产经营的进行，有计划地计提资产减值准备等。比如，针对可能发生的坏账损失，采用备抵法计提坏账准备。

二、资产的收益率

与风险密切相关的另一个概念是收益（earning），收益主要是指资产的收益。资产收益是指资产的价值在一定时期的增值。衡量资产收益的一个主要指标是资产的收益率或报酬率，是资产的增值量与期初资产价值（价格）的比值。该收益率包括两个部分：一是利（股）息的收益率，二是资本利得的收益率。

在实际的财务管理活动中，收益率主要包括：

(一) 实际收益率

实际收益率 (real yield),表示已经实现的或者确定可以实现的资产收益率,表述为已实现的或确定可以实现的利（股）息率与资本利得收益率之和。

(二) 名义收益率

名义收益率 (nominal yield),仅指在资产合约上标明的收益率。例如：企业债券上的票面利率、借款协议上的借款利率。

(三) 预期收益率

预期收益率 (expected yield),也称为期望收益率,是指在不确定的条件下,预测的某资产未来可能实现的收益率。

(四) 必要收益率

必要收益率 (required rate of return),也称最低必要报酬率或最低要求的收益率,表示投资者对某资产要求的最低收益率。

必要收益率与其面临的风险有关,人们对资产的安全性有不同的看法。如果某公司陷入财务困境的可能性很大,就说明投资该公司股票产生的损失可能性会很大,那么,投资该公司股票将会要求一个较高的收益率,所以该股票的必要收益率就会较高；相反,如果某项资产的风险较小,那么,对该项资产要求的必要收益率也就小。

(五) 无风险收益率

无风险收益率 (risk-free rate),也称无风险利率,是指可以确定无风险资产的收益率,它的大小由纯粹利率（资金时间价值）和通货膨胀补贴两部分组成。一般情况下,通常用短期国库券的利率近似代替无风险资产收益率。

(六) 风险收益率

风险收益率 (risk rate),是指某资产持有者因承担该资产的风险而要求的超过无风险利率的额外收益,它等于必要收益率与无风险收益率之差。风险收益率衡量了投资者将资金从无风险资产转移到风险资产而要求的"额外补偿",其大小取决于以下两个因素：一是风险的大小；二是投资者对风险的偏好。

三、风险的衡量

风险是客观存在的,并对企业的各项财务活动有着重要影响,就需要我们充分认识风险和量化风险,以便较为合理地衡量风险,进而控制风险,这是财务管理的重要工作之一。一般情况下,衡量单项资产风险程度的大小通常与一些统计指标相联系,如随机事件、概率、期望值、方差、标准离差、标准离差率等。

(一) 单项资产风险的衡量

1. 概率

在经济生活中,某一事件在相同条件下可能发生也可能不发生,这类事件称为随机事件。概率就是用来表述随机事件发生可能性大小的数值,通常用百分比或小数来表示，记作 Pi。通常把必然事件发生的概率定为 1，把不可能事件发生的概率定为 0，概率越大就表示该事件发生的可能性越大。所以，所有可能结果出现的概率之和必定为 1，也就是说概率必须符合下列两个条件：

（1）$0 \leqslant P_i \leqslant 1$

（2）$\sum_{i=1}^{n} P_i = 1$

若将随机事件各种可能结果按照一定的规则进行排列，同时列出各种结果出现的相应概率，这就是概率分布。概率分布的判断标准为：概率分布越集中，风险越小；概率分布越分散，风险越大。

【例 2-13】 ABC 公司正在考虑两个投资项目，预测未来两个项目可能的收益情况如表 2-3 所示。

表 2-3　　　　　　　　　　　投资报酬的概率分布

市场销售情况	发生概率	甲项目预期报酬率	乙项目预期报酬率
很好	0.2	30%	25%
一般	0.5	15%	10%
很差	0.3	-5%	5%
合计	1.0	—	—

在这里，概率表示每一种经济情况出现的可能性，同时也就是各种不同的预期报酬率出现的可能性。

2. 期望报酬率

期望报酬率是随机变量的各个取值，以相应的概率作为权数的加权平均数，称为随机变量的预期值（数学期望或均值），反映随机变量取值的平均化。其计算公式为：

$$(\overline{K}) = \sum_{i=1}^{n} (P_i \times K_i)$$

式中：P_i 为第 i 种结果出现的概率；K_i 为第 i 种结果出现后的预期报酬率；n 为所有可能结果的数目。

据此计算例 2-13 中两个项目的预期报酬率：

期望报酬率($\overline{E}_甲$) = 0.2×30% + 0.5×15% + 0.3×(-5%) = 12%

期望报酬率($\overline{E}_乙$) = 0.2×25% + 0.5×10% + 0.3×5% = 11.5%

3. 离散程度

表示随机变量离散程度的指标包括：平均差、方差和标准差等，其中比较常用的是方差、标准差及标准离差系数。

（1）方差。方差是用来表示随机变量与期望值之间离散程度的一个量，它是离差平方的加权平均数。

$$\text{方差}(\sigma^2) = \sum_{i=1}^{N}(K_i - \overline{K})^2 \times P_i$$

$$\sigma_{甲}^2 = (30\% - 12\%)^2 \times 0.2 + (15\% - 12\%)^2 \times 0.5 + (-5\% - 12\%)^2 \times 0.3$$
$$= 0.0156$$

$$\sigma_{乙}^2 = (25\% - 11.5\%)^2 \times 0.3 + (10\% - 11.5\%)^2 \times 0.4 + (5\% - 11.5\%)^2 \times 0.3$$
$$= 0.006825$$

（2）标准差。标准差也叫均方差，是方差的平方根，是各种可能的报酬率偏离预期报酬率的综合差异。

$$\text{标准差}(\sigma) = \sqrt{\sum_{i=1}^{N}(K_i - \overline{K})^2 \times P_i}$$

甲项目标准差（σ）

$$= \sqrt{(30\% - 12\%)^2 \times 0.2 + (15\% - 12\%)^2 \times 0.5 + (-5\% - 12\%)^2 \times 0.3}$$
$$= 12.49\%$$

乙项目标准差（σ）

$$= \sqrt{(25\% - 11.5\%)^2 \times 0.3 + (10\% - 11.5\%)^2 \times 0.4 + (5\% - 11.5\%)^2 \times 0.3}$$
$$= 8.26\%$$

（3）标准离差率。方差和标准差是一个绝对数，只适用于期望值相同的决策方案风险程度的比较。对于期望值不同的决策方案，需要引入标准离差率这一相对数指标来评价和比较投资项目的风险程度。标准离差率是标准差与预期报酬率的比，即单位预期值所承担的标准差。在期望值不同的情况下，标准离差率越大，风险越大；反之，标准离差率越小，风险越小。

$$\text{标准离差率}(V) = \frac{\text{标准差}(\sigma)}{\text{期望报酬率}(\overline{K})}$$

【例 2-14】 A、B 两个投资方案，A 方案预期报酬为 10 万元，标准差是 10 万元；B 方案预期报酬为 100 万元，标准差是 15 万元。

分析：A、B 两个方案期望报酬率不同，不能使用标准差来衡量其风险大小，只能通过计算标准离差率来衡量其风险大小。

标准离差率（A）= 10 ÷ 10 = 1

标准离差率（B）= 15 ÷ 100 = 0.15

根据两个方案的标准离差率比较，可以判断 B 方案的风险较小。

风险衡量的相关指标之间的关系如表 2-4 所示。

表 2-4 风险衡量的相关指标之间的关系

衡量指标	计算公式	结论
期望值	$(\overline{K}) = \sum_{i=1}^{N}(P_i \times K_i)$	反映预期报酬的平均化,不能直接用来衡量风险
方差	$(\sigma^2) = \sum_{i=1}^{N}(K_i - \overline{K})^2 \times P_i$	期望值相同的情况下,方差越大,风险越大
标准差	$(\sigma) = \sqrt{\sum_{i=1}^{N}(K_i - \overline{K})^2 \times P_i}$	期望值相同的情况下,标准离差越大,风险越大
标准离差率	$(V) = \dfrac{标准差(\sigma)}{期望报酬率(\overline{K})}$	期望值不同的情况下,标准离差率越大,风险越大

(二) 资产组合的风险衡量

两个或两个以上资产所构成的集合,成为资产组合。如果资产组合中的资产均为有价证券,则该资产组合也可称为证券组合。

2-2 马科维茨的资产组合理论

1. 资产组合预期收益率

资产组合的预期收益率就是组成资产组合的各种资产的预期收益率的加权平均数,其权数等于各种资产在组合中所占的价值比例。即:

$$(\overline{K}) = \sum_{i=1}^{N} W_i \times K_i$$

式中,W_i 为第 i 项资产在整个组合中所占的价值比例;K_i 为第 i 项资产的预期收益率。

【例 2-15】 某投资公司的一项投资组合中包含 A、B、C 三种股票,权重分别为 30%、40% 和 30%,三种股票的预期收益率分别为 15%、10%、12%。要求:计算该投资组合的预期收益率。

该投资组合的预期收益率$(\overline{K}) = 30\% \times 15\% + 40\% \times 10\% + 30\% \times 12\%$
$= 12.1\%$

2. 资产组合风险的计量

资产组合理论认为,若干种资产组成的组合,其收益是这些收益的加权平均数,但是其风险并不是这些资产风险的加权平均数,资产组合能降低风险。

(1) 两项资产组合的风险。两项资产组合的收益率的方差满足以下关系式:

$$\sigma_P^2 = w_1^2 \sigma_1^2 + w_2^2 \sigma_2^2 + 2 w_1 w_2 \rho_{1,2} \sigma_1 \sigma_2$$

式中,σ_P 为资产组合的标准差,衡量组合风险;σ_1、σ_2 为组合中两项资产的标准差;w_1、w_2 为组合中两项资产所占的价值比例;$\rho_{1,2}$ 为两项资产收益率的相关程度,即相关系数,相关系数介于区间 [-1, 1] 内。

当 $\rho_{1,2} = 1$ 时,表明两项资产的收益率具有完全正相关的关系,表示它们的收益率变化方向和变化幅度完全相同,两项资产的风险完全一致,不能相互抵消，所以这样的资产组合不能降低任何风险。

当 $\rho_{1,2} = -1$ 时，表明两项资产的收益率具有完全负相关的关系，表示它们的收益率变化方向和变化幅度完全相反，两项资产之间的风险可以充分抵消，甚至完全消除。因此，所以这样的资产组合可以最大限度抵消风险。

在实务中，两项资产的收益率具有完全正相关和完全负相关的情况几乎是不可能的。绝大多数资产两两之间都具有不完全的相关关系，即相关系数小于1且大于 -1（多数情况下大于0）。因此，资产组合才可以分散风险，但不能完全消除风险。

（2）多项资产组合的风险。一般来说，随着资产组合中资产个数的增加，资产组合的风险会逐渐降低，当资产个数增加到一定程度时，资产组合的风险程度将趋于平稳，这时组合风险的降低将非常缓慢直到不再降低。我们把那些只反映资产本身特性，可通过增加组合中资产的数目而最终消除的风险称为非系统风险。那些反映资产之间相互关系、共同运动、无法最终消除的风险称为系统风险。

（三）风险和报酬的关系

风险和报酬的基本关系是风险越大，要求的报酬率越高。在投资报酬率相同的条件下，人们会选择风险小的项目投资，同理，在风险相同的条件下，人们会选择报酬率比较高的项目。风险和期望投资报酬率的关系可以表示如下：

期望投资报酬率 = 无风险报酬率 + 风险报酬率

无风险报酬率，是最低的社会平均报酬率，通常以国债利息率作为无风险报酬率。

风险报酬率与风险大小有关，风险越大则要求的报酬率越高。

（四）资本资产定价模型

1. 基本认知

资本资产定价模型（Capital Asset Pricing Model，CAPM），是由美国学者夏普（William Sharpe）、林特尔（John Lintner）等人于1964年在资产组合理论和资本市场理论的基础上发展起来的，主要研究证券市场中的资产的预期收益率与风险资产之间的关系，以及均衡价格是如何形成的，是现代金融市场价格理论支柱，广泛应用于投资决策和公司理财领域。

根据风险与收益的一般关系，某资产的必要收益率是由无风险收益率和资产的风险收益率决定的。资本资产定价模型的主要贡献就是解释了风险和收益率的决定因素和度量方法。模型公式为：

$$R = R_f + \beta \times (R_m - R_f)$$

式中，R 表示某资产的必要收益率，β 表示该资产的系统风险系数，R_m 表示市场平均收益率，R_f 表示无风险收益率，通常以短期国债的利率来进行近似替代。

【例2-16】 某上市公司2017年的 β 系数为1.24，短期国债利率为

2-3 最优投资组合

3.5%。市场组合的收益率为8%，投资者投资该公司股票的必要收益率是多少？

解：必要收益率 = 3.5% + 1.24 × (8% - 3.5%) = 9.08%

(五) 系统风险的衡量

1. 单项资产的系统风险系数（β系数）

β系数是指可以反映单项资产收益率与市场平均收益率之间变动关系的一个量化指标，表示单项资产收益率的变动受市场平均收益率变动的影响程度。

β系数的经济意义在于：相对于市场组合而言，某一特定资产的系统风险程度。若β=1时，说明该资产的收益率与市场平均收益率呈同方向、同比例的变化；若β<1时，说明该资产收益率的变动幅度小于市场平均收益率的变动幅度；若β>1时，说明该资产收益率的变动幅度大于市场平均收益率的变动幅度，即其所含的系统风险大于市场组合风险。市场上绝大多数资产的β系数是大于零的，也就是说，其收益率的变化方向与市场平均收益率的变化方向是一致的，只是变化幅度不同而导致β系数的不同。

在实务中，β系数的计算是比较复杂的，因此并不需要企业财务人员或投资者自己去计算证券的β系数，国内外的一些证券咨询机构会定期公布相关上市公司的β系数，可以通过中国证券市场数据库等查询。

2. 资产组合的系统风险系数

对于资产组合来说，其所含的系统风险的大小可以用$β_p$系数来衡量。资产组合中的$β_p$系数是所有单项资产β系数的加权平均数，权数为各种资产在资产组合中所占的价值比例。计算公式为：

$$β_p = \sum_{i=1}^{N} W_i × β_i$$

式中，$β_p$为资产组合的系统风险系数；W_i为第i项资产在组合中所占的价值比重；$β_i$为第i项资产的β系数。

【例2-17】 某投资公司的一项投资组合中包含A、B、C三种股票，权重分别为30%、20%和50%，三种股票的β系数分别为0.8、1、1.7。要求：计算该投资组合的β系数。

该投资组合的β系数 = 30% × 0.8 + 20% × 1 + 50% × 1.7
= 1.19

如果一个高β值（β>1）的资产被加入一个平均风险组合中，则组合风险将会提高；反之，如果一个低β值（β<1）的资产被加入一个平均风险组合中，则组合风险将会降低。因此，通过替换资产组合中的资产或改变不同资产在组合中的价值比例，可以改变资产组合中的风险特性。相关系数与组合风险之间的关系如表2-5所示。

表 2-5　　　　　　　　　　　相关系数与组合风险之间的关系

相关系数	两项资产收益率的相关程度	组合风险	风险分散的结论
等于 1	完全正相关（即它们的收益率变化方向和变化幅度完全相同）	组合风险最大（加权平均标准差）	组合不能降低任何风险
等于 -1	完全负相关（即它们的收益率变化和变化幅度完全相反）	组合风险最小	两者之间的风险可以充分地相互抵消
在实际中多数是小于 1 大于 -1	不完全的相关关系	组合风险小于加权平均标准差	资产组合可以分散风险，但不能完全分散风险

应当注意的是，风险价值计算的结果具有一定的假定性，并不是十分准确。研究投资风险价值原理，关键是要在进行投资决策时，树立风险价值观念，慎重风险与报酬的关系，选择有可能避免风险、降低风险或分散风险，并获得较多报酬的投资方案。

项目总结

财务管理以企业价值最大化为目标，需要使每一项决策都有助于增加企业的价值。价值的计量基础是折现现金流量法。该方法涉及两个基本的财务观念：货币时间价值和风险价值。

货币时间价值来源于资金进入社会再生产过程后的价值增值。根据资金具有时间价值理论，不同时点上的资金的价值是不等值的。资金的时间价值有绝对数和相对数两种表现形式，其中资金时间价值的绝对数是指一定量资金的现值和终值在前后两个不同时点上的数量之差，资金时间价值的相对数表现形式是相当于没有风险也没有通货膨胀情况下的社会平均利润率，是利润平均化规律发生作用的结果。具体包括普通年金、预付年金、递延年金等终值、现值的计算与分析。

风险和报酬主要讨论风险与价值的关系问题。从企业财务管理的角度，风险是企业在各项财务活动过程中，由于各种难以预料或无法控制的因素作用，使企业的实际收益与预计收益发生背离，从而蒙受经济损失的可能性。通过风险的衡量，研究风险与必要报酬之间的关系，揭示其内在的联系，风险越大，报酬越高，风险越小，报酬越低。

拓展阅读

2-4
购房贷款方式的选择

课堂内外

1. 中级会计师全国统一考试辅导教材《中级财务管理》，经济科学出版社 2017 年版。
2. 中央电视台《经济半小时》栏目组：《货币战争：真相与未来》，华夏出版社 2010 年版。
3. 观看网易公开课：时间资本、年金、风险投资与金融市场等视频。
4. 选读亚当·斯密《国富论》。

职业能力训练

一、职业选择能力训练（单选，每小题只有一个正确答案）

1. 一定时期内每期期初等额收付的系列款项称为（ ）。
   A. 普通年金 B. 预付年金
   C. 递延年金 D. 永续年金

2. 资金时间价值是指（ ）。
   A. 资金经过投资后所增加的价值
   B. 没有通货膨胀情况下的社会平均资金利润率
   C. 没有通货膨胀情况和风险条件下的社会平均资金利润率
   D. 没有通货膨胀情况下的利率

3. 某人希望 5 年后获得 10 000 元本利和，假设银行利率为 5%，现在应该存入银行（ ）元。
   A. 6 045 B. 7 835
   C. 7 385 D. 6 835

4. 有一项年金，前 3 年无流入，后 5 年每年年初流入 500 万元，假设年利率为 10%，其终值和递延期为（ ）。
   A. 3 052.55 万元和 2 年 B. 3 693.59 万元和 3 年
   C. 3 693.59 万元和 2 年 D. 3 052.55 万元和 3 年

5. 某项年金，前 3 年无现金流入，后 5 年每年年初流入 500 万元，若年利率为 10%，其现值为（ ）万元（保留整数位）。
   A. 2 434 B. 3 053
   C. 1 424 D. 1 566

6. 在期望值相同的条件下，标准差越大的方案，风险（ ）。
   A. 越大 B. 越小
   C. 二者无关 D. 无法判断

7. 已知甲、乙两个方案投资收益率的期望值分别是 10% 和 12%，两个方案都存在投资风险，在比较甲、乙两方案风险大小时应使用的指标是（ ）。
   A. 标准离差率 B. 标准差

C. 期望值 D. 方差

8. 在下列各项中，无法计算出确切结果的是（　　）。
   A. 普通年金终值　　　　　　　B. 永续年金终值
   C. 预付年金终值　　　　　　　D. 递延年金终值

9. 已知(F/A,10%,9)=13.579,(F/A,10%,11)=18.531,则10年期、利率为10%的预付年金终值系数为（　　）。
   A. 17.531　　　　　　　　　　B. 19.531
   C. 14.579　　　　　　　　　　D. 12.579

10. 某企业于年初存入银行10 000元，假定年利息率为12%，每年复利两次。则第5年年末的本利和为（　　）元。
    A. 13 382　　　　　　　　　　B. 17 623
    C. 17 908　　　　　　　　　　D. 31 058

11. 在利率和计算期相同的条件下，以下公式中，正确的是（　　）。
    A. 普通年金终值系数×普通年金现值系数=1
    B. 普通年金终值系数×偿债基金系数=1
    C. 普通年金终值系数×投资回收系数=1
    D. 普通年金终值系数×预付年金现值系数=1

12. 甲、乙两个方案投资收益率的期望值分别为10%和12%，两个方案都存在投资风险，在比较甲、乙两方案风险大小时应使用的指标是（　　）。
    A. 标准离差率　　　　　　　　B. 标准离差
    C. 协方差　　　　　　　　　　D. 方差

13. 下列各种风险应对措施中，能够转移风险的是（　　）。
    A. 业务外包　　　　　　　　　B. 多元化投资
    C. 放弃亏损项目　　　　　　　D. 计提资产减值准备

14. 某上市公司2017年的β系数为1.24，短期国债利率为3.5%。市场组合的收益率为8%，对投资者投资该公司股票的必要收益率是（　　）。
    A. 5.58%　　　　　　　　　　B. 9.08%
    C. 13.52%　　　　　　　　　　D. 17.76%

15. 某公司向银行借款1 000万元，年利率为4%，按季度付息，期限为1年，则该借款的实际年利率为（　　）。
    A. －2.01%　　　　　　　　　B. 4.00%
    C. 4.04%　　　　　　　　　　D. 4.06%

16. 如果两只股票的收益率变化方向和变化幅度完全相同，则由其组成的投资组合是（　　）。
    A. 不能降低任何风险　　　　　B. 可以分散部分风险
    C. 可以最大限度地抵消风险　　D. 风险等于两只股票风险之和

17. 某人拟在5年后还清10 000元债务，从现在起每年年末等额存入银行一笔款项。假设银行利率为6%，则每年需存入款项为（　　）元。

A. 1 774   B. 2 374
C. 5 637   D. 4 212

18. 假设以 10% 的利率借款 2 万元，投资于某个寿命为 5 年的项目，每年至少要收回（ ）元现金才是有利的。

A. 33 218   B. 37 908
C. 5 276   D. 1 638

19. （ ）是指在不确定的条件下，预测的某资产未来可能实现的收益率。

A. 实际投资收益率   B. 预期收益率
C. 必要投资收益率   D. 无风险收益率

20. （ ）是指在不确定的条件下，预测的某资产未来可能实现的收益率。

A. 预期收益率   B. 必要收益率
C. 实际收益率   D. 名义收益率

二、职业选择能力训练（多选，每小题答案至少有两个选项）

1. 下列关于年金的说法，正确的有（ ）。
A. 每次收付的金额相等
B. 每次发生的时间间隔相等
C. 每次发生的金额必须相等，但每次发生的时间间隔可以不同
D. 每次发生的金额可以不相等，但每次发生的时间间隔必须相同

2. 下列说法正确的有（ ）。
A. 普通年金终值系数和偿债基金系数互为倒数
B. 普通年金终值系数和普通年金现值系数互为倒数
C. 复利终值系数和复利现值系数互为倒数
D. 普通年金现值系数和资本回收系数互为倒数

3. 年金是指一定时期内每期等额收付的系列款项，下列各项中属于年金形式的有（ ）。
A. 按加速折旧法计提的折旧   B. 等额分期付款
C. 融资租赁的租金   D. 养老金

4. 永续年金具有以下特点（ ）。
A. 没有终值   B. 没有期限
C. 每期等额支付   D. 每期不等额支付

5. 某人决定在未来 5 年内每年年初存入银行 1 000 元（共存 5 次），年利率为 2%，在第 5 年年末能一次性取出的金额计算正确的有（ ）。
A. $1\ 000 \times (F/A, 2\%, 5)$
B. $1\ 000 \times (F/A, 2\%, 5) \times (1 + 2\%)$
C. $1\ 000 \times (F/A, 2\%, 5) \times (F/P, 2\%, 1)$

D. $1\,000 \times [(F/A,2\%,6) - 1]$

6. 下列指标中，能反映资产风险的有（　　）。

    A. 标准离差率　　　　　　　B. 标准差

    C. 期望值　　　　　　　　　D. 方差

7. 递延年金具有的特点包括（　　）。

    A. 没有终值

    B. 年金的第一次收付发生在若干期以后

    C. 年金的现值与递延期无关

    D. 年金的终值与递延期无关

8. 某公司向银行借入一笔款项，年利率为10%，分6次还清，从第5年至第10年每年末偿还本息5 000元。下列计算该笔借款现值的算式中，正确的有（　　）。

    A. $5\,000 \times (P/A,10\%,6) \times (P/F,10\%,3)$

    B. $5\,000 \times (P/A,10\%,6) \times (P/F,10\%,4)$

    C. $5\,000 \times [(P/A,10\%,9) - (P/A,10\%,3)]$

    D. $5\,000 \times [(P/A,10\%,10) - (P/A,10\%,4)]$

9. 下列各项中，属于企业特有风险的有（　　）。

    A. 经营风险　　　　　　　　B. 利率风险

    C. 财务风险　　　　　　　　D. 汇率风险

10. 下列说法属于企业系统风险的有（　　）。

    A. 通货膨胀　　　　　　　　B. 税制改革

    C. 利率变化　　　　　　　　D. 销售决策失误带来的销售方面的风险

三、职业判断能力训练（判断题，正确的打"√"，错误的打"×"）

1. 递延年金终值的大小与递延期无关，故计算方法和普通年金终值计算方法一样。　　　　　　　　　　　　　　　　　　　　　　　　（　　）

2. 财务风险是指因生产经营方面的原因给企业目标带来不利影响的可能性。　　　　　　　　　　　　　　　　　　　　　　　　　　（　　）

3. 在有关资金时间价值指标的计算过程中，普通年金现值与普通年金终值是互为逆运算的关系。　　　　　　　　　　　　　　　　　（　　）

4. 在利率和利息期数相同的条件下，复利终值系数与复利现值系数互为倒数。　　　　　　　　　　　　　　　　　　　　　　　　　（　　）

5. 普通年金现值系数减1等于同期、同利率的预付年金现值系数。

    （　　）

6. 年金是指每隔一年、金额相等的一系列收入款项或付出款项。（　　）

7. 风险本身可能带来超出预期的收益，也可能带来超出预期的损失。

    （　　）

8. 系统风险是影响所有资产的、不能通过资产组合而消除的风险。（　　）

9. 风险自保是指风险损失发生时，直接将损失摊入成本或费用，或冲减利润。如无法收回的应收账款，采用直接冲销法进行处理。（　　）

10. 当两个投资方案期望值相同的时候，只需要计算两个投资方案的方差或标准差就可以判断投资方案风险的大小，而不需要进一步计算标准离差率。（　　）

11. 提高资产组合中收益率高的资产比重可以提高组合收益率。（　　）

12. 在风险分散过程中，随着资产组合中资产数目的增加，分散风险的效应会越来越明显。（　　）

四、计算分析题

（一）刘峰自2017年年底，每年向银行存入20 000元，连续存5年，假设银行年利率为12%。

要求计算：

1. 若每年复利一次，则5年后的本利和为多少元？
2. 若每半年复利一次，则5年后的本利和为多少元？
3. 每个季度复利一次，则5年后的本利和为多少元？

（二）某公司拟购置一条生产线，卖方提出三种付款方案：

方案1：现在支付300万元，4年后再支付450万元；

方案2：从第5年开始，每年末支付140万元，连续支付10次，共1 400万元；

方案3：从第5年开始，每年年初支付130万元，连续支付10次，共1 300万元。假设该公司的资金成本率为10%。

要求：

1. 分别计算三种方案的付款现值（计算结果保留两位小数）；
2. 判断该公司应选择哪个方案。

（三）某公司打算购买一台设备，有两种付款方式：一是一次性支付500万元，二是每年年初支付200万元，3年付讫。由于资金不充裕，公司计划向银行借款用于支付设备款。假设银行借款年利率为5%，复利计息。请问公司应采用哪种付款方式？

（四）惠达公司一项投资计划，投资额为2 000万元，目前有A、B两个投资方案，其收益的概率分布如表2－6所示。

表2－6

市场情况	概率	A项目报酬额	B项目报酬额
好	0.2	4 000	6 000
一般	0.5	2 000	2 000
差	0.3	1 000	－1 000

要求：

（1）计算两个方案的期望报酬额；

（2）计算两个方案的标准离差；

（3）计算两个项目的标准离差率，并判断惠达公司应该选择哪一个方案进行投资。

五、职业实践能力训练

（一）任务目标：资金时间价值的应用分析

（二）实践要求

严华在毕业之际非常想自己创业，上学期间经常在一家面包店做兼职，积攒了一些工作经验。经过多天的考察和思考，决定加盟高档的烘焙生意。于是他联系了一家高档烘焙中国总部，总部工作人员告诉他，如果要加入高档烘焙经营行业，必须一次性支付 25 万元，并按该烘焙品牌的经营模式和经营范围营业。作为刚走出校门的大学生来说，严华提出自己没有那么多现金，但是有多年在面包店兼职的经验，总部是否可以从支持严华创业的角度，让严华分期支付加盟费用？

最后，严华得到的答复是：如果分期付款，必须从开业当年起，每年年初支付 10 万元，连续支付 3 年。3 年中如果有 1 年没有按期付款，则总部将停止专营权的授予。假设严华现在没有投资的资金，需要到银行贷款经营，而按照严华所在乡镇有关支持大学生创业的投资计划，他可以获得年利率 5% 的贷款支持。

（三）实践内容

利用所学的资金时间价值的相关计算与投资决策方法，拟定一份严华烘焙店是否可以经营的可行性报告。

项目三
预算管理

项目导航

知识目标	能力目标
• 掌握财务预算编制的基本方法 • 学会运用财务预算编制的基本方法编制业务预算 • 学会编制现金预算 • 学会编制预计利润表和预计资产负债表	• 会与企业内外相关部门进行有效沟通 • 会分析判断企业、行业和经济发展对预算管理的影响 • 会运用信息化手段收集、整理、编制财务预算所需的各种信息

预算管理中蕴含的辩证关系

财务预算是企业全面预算的一个重要组成部分,它和特种决策预算、日常业务预算构成一个数字相互衔接的、完整的企业全面预算体系,财务预算作为全面预算体系中的最后环节,各种日常业务预算和特种决策预算,最终可以综合反映在财务预算中,因此,财务预算在全面预算体系中占有举足轻重的地位。

财务预算是企业经济活动计划的量化,这种量化有助于管理者协调贯彻,它是一种重要的管理工具。

案例导入

大亚湾核电站预算管理

大亚湾核电站作为国家的第一座大型商用核电站,从开工建设以来就一直非常重视预算管理的运用。基建期设立投资预算管理机构进行专门预算管理，1994年进入商业运营期以后在电站推行预算管理，1997年开始在全公司推行全面预算管理，至今已建立起一整套行之有效的以成本为中心的全面预算管理体制。推行预算管理在电站的管理工作中取得了巨大的经济效益，据统计，从1997年至2002年年平均节省资金9 232万元人民币。

核电站采用的预算管理方法：针对核电站运行管理的特点，大亚湾核电站采用了"零基预算"的管理方法。这样做的优点是成本中心每年在预算申报时都需对以往的工作进行进一步的检查、讨论，同时亦可有效消除、减少"今年存在或开支的费用支出在下一年度就一定存在"的成本费用开支惯性心理，所有项目均需重新审视其开支的合理性。采用零基预算管理方法的难点是所有项目均需重新审视，工作量极大，而且效率低，时效性差，投入成本巨大。为了避免上述问题，充分发挥公司预算计划的作用，我们在设计公司预算运作模式的时候，采取"折中"模式，即对新的项目、重要的项目（5万美元以上）全部采用"零基预算"管理，对其他项目采用滚动预算进行管理，同时采取年度预算编制、年中预算调整、预算变更等具体的工作方式来使预算与实际工作相匹配，真正达到通过工作计划来编制预算，又通过预算来衡量指导工作计划的作用。

（资料来源：http：//www.jylw.com/guest/wzhtml/14/wz106390.htm。）

请思考：大亚湾核电站是如何实施预算管理活动的？

任务一　财务预算概述

希望股份有限公司成立于2008年，主营化工产品生产销售、药品流通、酒店管理等业务，2018年目标经营收入为3 200万元，利润为450万元；计划新建一个药品生产企业。为了实现预期目标，公司要求财务部抓紧编制财务预算。请思考：

1. 何为财务预算？为什么要编制财务预算？
2. 希望股份有限公司的财务预算的编制重点应体现在哪些方面？

一、财务预算的概念及作用
（一）财务预算的概念

财务预算是一系列专门反映企业未来一定预算期内预计财务状况和经营成果，以及现金收支等价值指标的各种预算的总称。具体包括反映现金收支活动的现金预算、反映企业财务状况的预计资产负债表、反映企业经营成果的预计利润表等内容。

财务预算编制步骤如图3-1所示。

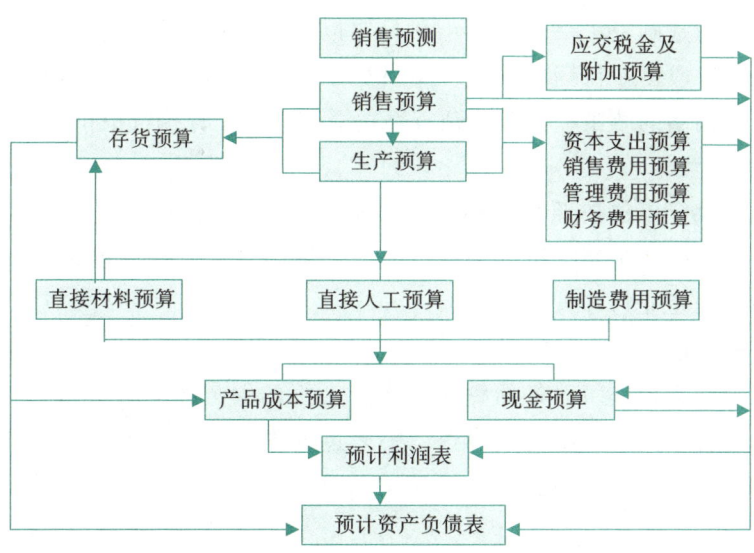

图 3-1　财务预算编制步骤示意图

(二) 财务预算的作用

财务预算在全面预算体系中的重要作用主要表现在：

1. 财务预算使决策目标具体化、系统化和定量化

在现代企业财务管理中，财务预算必须服从决策目标的要求，尽量做到全面地、综合地协调和规划企业内部各部门、各层次的经济关系与职能，使之统一服从于未来经营总体目标的要求。同时，财务预算又能使决策目标具体化、系统化和定量化，能够明确规定企业有关生产经营人员的各自职责及相应的奋斗目标，做到人人事先心中有数。

2. 财务预算是总预算

财务预算是总预算，又是作为全面预算体系中的最后环节的预算，它可以从价值方面总括地反映经营期特种决策预算与业务预算的结果，使预算执行情况一目了然。其余预算均是财务预算的辅助预算。

3. 财务预算有助于财务目标的顺利实现

通过财务预算，可以建立评价企业财务状况的标准，以预算数作为标准的依据，将实际数与预算数对比，及时发现问题和调整偏差，使企业的经济活动按预定的目标进行，从而实现企业的财务目标。

编制财务预算，并建立相应的预算管理制度，可以指导与控制企业的财务活动，提高预见性，减少盲目性，使企业的财务活动有条不紊地进行。

二、财务预算的编制程序

企业编制财务预算，一般应按照"上下结合、分级编制、逐级汇总"的程序进行。

(一) 下达目标

企业董事会或经理办公会根据企业发展战略和预算期经济形势的初步预

3-1
财务预算的功能

测，在决策的基础上，一般于每年 9 月底以前提出下一年度企业财务预算目标，包括销售或营业目标、成本费用目标、利润目标和现金流量目标，并确定财务预算编制的政策，由财务预算委员会下达各预算执行单位。

（二）编制上报

各预算执行单位按照企业财务预算委员会下达的财务预算目标和政策，结合自身特点以及预测的执行条件，提出详细的本单位财务预算方案，于 10 月底以前上报企业财务管理部门。

（三）审查平衡

企业财务管理部门对各预算执行单位上报的财务预算方案进行审查、汇总，提出综合平衡的建议。在审查、平衡过程中，财务预算委员会应当进行充分协调，对发现的问题提出初步调整的意见，并反馈给有关预算执行单位予以修正。

（四）审议批准

企业财务管理部门在有关预算执行单位修正调整的基础上，编制出企业财务预算方案，报财务预算委员会讨论。对于不符合企业发展战略或者财务预算目标的事项，企业财务预算委员会应当责成有关预算执行单位进一步修订、调整。在讨论、调整的基础上，企业财务管理部门正式编制企业年度财务预算草案，提交董事会或经理办公会审议批准。

（五）下达执行

企业财务管理部门对董事会或经理办公会审议批准的年度总预算，一般在次年 3 月底以前，分解成一系列的指标体系，由财务预算委员会逐级下达各预算执行单位执行。

三、财务预算编制的步骤

财务预算依赖于业务预算和特种决策预算的编制，是整个全面预算的主体。财务预算编制的主要步骤如下：

1. 根据销售预测编制销售预算；

2. 根据销售预算确定的预计销售量，结合期初、期末结存量编制生产预算；

3. 根据生产预算确定的预计生产量，先分别编制直接材料消耗及存货预算、直接人工预算和制造费用预算，然后汇总编制产品生产成本预算；

4. 根据销售预算等编制应交税金及附加预算、销售及管理费用及财务费用预算；

5. 根据销售预算和生产预算估计所需要的固定资产投资，编制资本支出预算；

6. 根据以上各项预算所产生的现金流量，编制现金预算；

7. 综合以上各项预算，进行试算平衡，编制预计财务报表。

四、财务预算的编制方法

财务预算的编制是一项专业性、技术性和操作性很强的工作,编制财务预算需采用专门的方法。财务预算的编制方法有多种,企业可以根据不同的预算项目,分别采用固定预算、弹性预算、增量预算、零基预算、定期预算、滚动预算等方法编制。

(一)固定预算与弹性预算

1. 固定预算

固定预算又称静态预算,是根据预算期内正常的、可实现的某一业务量(如生产量、销售量)水平作为唯一基础来编制预算的一种方法。这种预算没有考虑预算期内生产经营可能发生的变动,而只是以预算期内计划预定的某一共同的活动水平为基础确定相应的数据,执行中,将实际结果与预算数进行比较,并据以进行业绩评价和考核。

很显然,固定预算方法存在着以下缺点:第一,固定预算只按照事先预计的某一业务量编制而不管预算期实际业务量水平是否波动,过于机械呆板;第二,当实际业务量与预计业务量发生较大差异时,有关预算指标的实际数与预算数之间会因业务量基础不同而失去可比性。基于以上两点,固定预算一般适用于固定费用或者数额比较稳定的预算项目。

2. 弹性预算

弹性预算又称变动预算,是为克服固定预算方法的缺点而设计的预算方法,是指在成本习性分析的基础上,分别按一系列可能达到的预计业务量水平编制的、能适应多种情况的预算。这种预算随着业务量的变动而变动,既可按照预算期内可预见的多种业务量水平确定不同的预算额,也可按业务量水平调整其预算额,待实际业务量发生后,将实际指标与相应的预算额进行对比,使预算执行情况的评价和考核建立在更加客观可比的基础上,更好地发挥预算控制作用。

编制弹性预算的业务量可以是产量、销售量、直接人工工时、机器工时、材料消耗量和直接人工工资等。弹性预算的业务量变动范围的选择应根据企业的具体情况而定。一般来说,可定在正常生产能力的70%~120%,或以历史上的最低业务量和最高业务量作为上、下限。

由于未来业务量的变动会影响到成本费用和利润等各个方面,因此,弹性预算从理论上讲适用于全面预算中与业务量有关的各种预算,但从实用角度看,主要用于编制弹性成本预算和弹性利润预算等。在实务中,由于收入、利润可按概率的方法进行风险分析预算,直接材料、直接人工可按标准成本制度进行标准预算,只有制造费用、销售费用及管理费用等间接费用应用弹性预算的频率较高,以致于有人将编制弹性预算误认为只是编制费用预算的一种方法。

图3-2 弹性成本预算、弹性利润预算的具体编制方法

(二) 增量预算与零基预算

1. 增量预算

增量预算是指在基期成本费用水平的基础上,结合预算期业务量水平及有关降低成本的措施,通过调整有关原有成本费用项目而编制预算的一种方法。这种预算方法比较简单,增量预算方法的使用,存在以下假定:

(1) 现有的业务活动是企业所必需的,即企业目前的每项业务活动都是企业正常生存和发展所必不可少的。

(2) 原有的各项开支都是合理的。既然现有的业务活动是企业必需的,那么原有的各项开支就一定是合理的,应该予以保留。

(3) 增加的费用是值得的,费用的增加是为取得收入而预先付出的代价。

增量预算方法是以基期的实际预算为基础,对预算值进行的增减调整。该方法以过去值为基础,实际上是承认过去是合理的,无须改进,因此往往不加分析地保留或接受原有成本项目,或按主观臆断平均削减,或只增不减,这样容易造成预算的不足,或者是安于现状,造成预算不合理的开支。

2. 零基预算

零基预算是指在编制成本费用预算时,不考虑以往会计期间所发生的费用项目或费用数额,而是将所有的预算支出均以零为出发点,一切从实际需要与可能出发,逐项审议预算期内各项费用的内容及开支标准是否合理,在综合平衡的基础上编制费用预算的一种方法。

零基预算编制的程序是:首先,根据企业在预算期内的总体目标,对每一项业务说明其性质、目的,以零为基础,详细提出各项业务所需要的开支或费用;其次,按"成本—效益分析"方法比较分析每一项预算费用是否必要,能否避免,以及各自所产生的效益,以便区别对待;最后,对不可避免费用项目优先分配资金,对可延缓成本则根据可动用资金情况,按轻重缓急以及每个项目所需经费的多少分成等级,逐项下达费用预算。

零基预算的优点是不受现有条条框框限制,对一切费用都以零为出发点,这样不仅能压缩资金开支,而且能切实做到把有限的资金用在最需要的地方,从而调动各部门人员的积极性和创造性,量力而行,合理使用资金,提高效益。其缺点是由于一切支出均以零为起点进行分析、研究,势必带来繁重的工作量,有时甚至得不偿失,难以突出重点。为了弥补零基预算这一缺点,企业可以不用每年都按零基预算来编制预算,而是每隔若干年进行一次零基预算,以后几年内作适当调整,这样既减轻了预算编制的工作量,又能适当控制费用。

(三) 定期预算和滚动预算

1. 定期预算

定期预算是指编制预算时以不变的会计期间(如公历年度)作为预算期的一种预算编制的方法。

定期预算的优点是:能够使预算期间与会计年度相匹配,便于考核和评价预算的执行结果。定期预算的缺点有：

（1）缺乏远期指导性。定期预算往往是在年初甚至提前 2~3 个月编制的，预算期较长，因此，对于整个预算年度的生产经营活动很难做出准确的预算，尤其是对预算后期只能进行笼统的估算，数据含糊，缺乏远期指导性，从而给预算的执行带来很多困难，不利于发挥预算的指导和控制作用。

（2）造成预算滞后性。事先预见到的预算期的某些活动，在预算期间可能会发生重大变化时（如预算期内临时中途转产），而原有预算却未能及时做出相应调整，就会造成预算滞后，从而使预算失效。

（3）形成人为预算中断。在预算执行过程中，由于受预算期间的限制，致使经营管理者的决策视野局限于本期规划的经营活动，尤其是在所剩预算期逐渐变短的时候，会促使管理者只考虑未来较短时期内的业务活动，而忽视了长期经营活动的连续性，形成人为的预算中断。

2. 滚动预算

滚动预算，又称连续预算或永续预算，是指在编制预算时，将预算期与会计年度脱离，随着预算的执行不断延伸补充预算，逐期向后滚动，使预算期永远保持为一个固定期间的一种预算编制方法。

滚动预算按其预算编制和滚动的时间单位不同可分为逐月滚动、逐季滚动和混合滚动三种方式。

（1）逐月滚动。它是指在编制预算过程中，以月份为预算的编制和滚动单位，每个月调整一次预算的方法。如 2018 年 1 月至 12 月的预算执行过程中，需要在 1 月月末根据当月预算的执行情况，修订 2 月至 12 月的预算，同时补充 2019 年 1 月的预算。2 月月末根据当月预算的执行情况，修订 3 月至 2019 年 1 月的预算，同时补充 2019 年 2 月的预算（见图 3-2）。

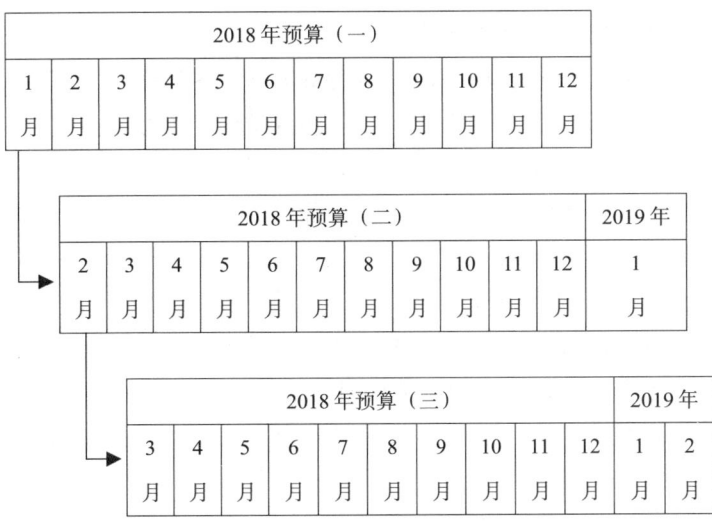

图 3-2 滚动预算示意图

（2）逐季滚动。它是指在编制预算过程中，以季度为预算的编制和滚动单位，每个季度调整一次预算的方法。如 2018 年第一季度至第四季度的预算执行过程中，需要在第一季度末根据当季预算的执行情况，修订第二季度至第四季度的预算，同时补充 2019 年第一季度的预算。第二季度末根据当季预算的执行情况，修订第三季度至 2019 年第一季度的预算，同时补充 2019 年第二季度的预算……

（3）混合滚动。它是指在编制预算过程中，同时使用月份和季度作为预算的编制和滚动单位的方法，是一种长计划、短安排的变通方式。如对 2018 年 1 月至 3 月逐月编制详细预算，其余 4 月至 12 月分别按季编制粗略预算；3 月末根据第一季度预算的执行情况，再编制 4 月至 6 月逐月编制详细预算，并修订第三季度至第四季度的预算，同时补充 2019 年第一季度的预算；依此类推，不断滚动（见图 3-3）。

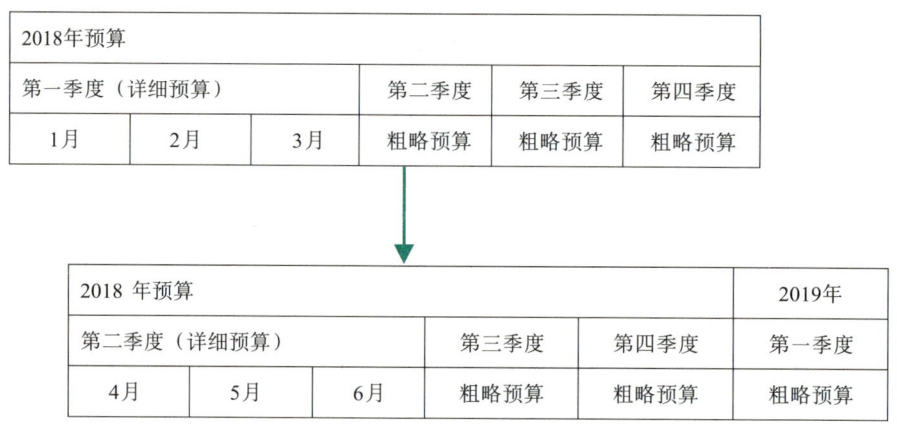

图 3-3　滚动预算示意图

与定期预算相比，滚动预算具有以下优点：

（1）前瞻性好。滚动预算可以使管理人员始终能够从动态的角度把握住企业近期的规划目标和远期的战略布局，使预算具有较好的前瞻性。

（2）及时性强。滚动预算能根据前期预算的执行情况，结合各种因素的变动影响，及时调整和修订近期预算，从而使预算更加切合实际，能够充分发挥预算的指导和控制作用。

（3）完整性好。滚动预算在时间上不再受公历年度的限制，能够连续不断地规划未来的经营活动，不会造成预算的人为中断，从而能保证企业管理工作的完整性与稳定性，有利于企业的长远发展。

滚动预算的不足之处在于预算的自动延伸工作比较耗时，并需付出一定的代价。

任务二 现金预算

现金预算又称现金收支预算，它是以日常业务预算和专门决策预算为依据编制的，专门反映预算期内预计现金收入与现金支出，以及为满足理想现金余额而进行现金投融资的预算。这里的现金是指企业的库存现金和银行存款等货币资金。编制现金预算的目的在于合理地处理现金收支业务，正确地调度货币资金，保证企业的资金正常流转。

一、现金预算的编制依据

现金预算需要根据经营现金收入预算表、直接材料采购现金支出预算表、应交税费及附加预算表、直接人工现金支出预算表、制造费用现金支出预算表、销售及管理费用预算表、资金筹集及运用等相关数据资料进行编制。

二、现金预算的组成

（一）现金收入

现金收入包括预算期间的期初现金余额加上本期预计可能发生的现金收入。现金收入的主要来源一般是销售收入和应收账款的收回，可从销售预算中获得该项资料。

（二）现金支出

现金支出主要是指预算期内预计发生的现金支出。现金支出的构成包括采购材料支付货款、支付工资、支付部分制造费用、支付销售费用、支付管理费用、支付财务费用、偿还应付账款、缴纳税费、支付利润、资本性支出的有关费用、设备的购置及其他资本性支出。该项资料可从直接材料预算、直接人工预算、制造费用预算、销售及管理费用预算等预算中获得。

（三）现金余缺

现金余缺就是列出现金收入合计与现金支出合计的差额。若差额为正，则说明收入大于支出，现金有多余；若差额为负，则说明支出大于收入，现金不足。

（四）资金的筹集与运用

以现金余缺为出发点，根据预算期现金收支的差额和有关资金管理的各项政策确定筹集或运用资金的数额。当现金余缺大于期末现金余额时，应将超过期末现金余额以上的多余现金进行投资；当现金余缺小于期末现金余额时，应筹措现金，直到现金总额达到要求的期末现金余额。

现金预算应该满足如下关系：

现金收入 − 现金支出 + 现金筹措（现金不足时）= 期末现金余额

现金收入－现金支出－现金投放（现金多余时）＝期末现金余额

三、现金预算的编制程序

1. 确定各期可运用现金合计。其计算公式为：

   可运用现金合计＝期初现金余额＋经营现金收入

2. 确定各期现金支出合计。其计算公式为：

   现金支出合计＝经营性现金支出＋资本性现金支出

3. 预计各期现金余缺。其计算公式为：

   现金余缺＝可运用现金合计－现金支出合计

4. 预计资金筹集与运用。其计算公式为：

   某期资金筹集与运用＝该期借款＋该期发行债券＋该期发行普通股
   　　　　　　　　　　－该期支付借款利息－该期支付债券利息
   　　　　　　　　　　－该期归还借款－该期购买有价证券

5. 预计期末现金余额。其计算公式为：

   预计期末现金余额＝现金余缺±现金的筹集与运用

四、日常业务预算的编制

（一）编制销售预算

销售预算是指为规划一定预算期内因组织销售活动而引起的预计销售收入而编制的一种日常业务预算。在市场经济条件下，企业生产经营要以市场为导向，以销定产，合理有效地运用资源。所以，企业的全面预算应以销售预算为基础。销售预算是编制全面预算的关键和起点。

销售预算的主要内容是销量、单价和销售收入。销量是根据市场预测或销售合同并结合企业生产能力确定的；单价是通过价格政策确定的；销售收入是两者的乘积，在销售预算中计算得出。销售预算通常要分品种、分月份、分销售区域、分推销员来编制。

销售预算中通常还包括预计现金收入的计算，其目的是为编制现金预算提供必要的资料。根据销售预测确定的销售量和销售单价确定的各期销售收入，并根据各期销售收入和企业信用政策，确定每期的销售现金流量，是销售预算的两个核心问题。

【例3－1】　假定希望股份有限公司预算年度2018年只生产和销售一种产品，每季的商品销售在当季收到货款的70%，其余的30%在下季度收回。2017年第四季度应收账款余额为15 000元。

要求：根据资料编制2018年度分季的销售预算和经营现金收入预算。

例题处理如表3－1、表3－2所示。

表 3-1　　　　　　　　　　2018 年度希望股份有限公司销售预算

时间 项目	第一季度	第二季度	第三季度	第四季度	全年
预计销售量（件）	500	800	850	600	2750
预计单位售价	100	100	100	100	100
销售收入	50 000	80 000	85 000	60 000	275 000
增值税销项税额	8 000	12 800	13 600	9 600	44 000
含税销售收入	58 000	92 800	98 600	69 600	319 000

表 3-2　　　　　　　　　　2018 年度希望股份有限公司经营现金收入预算

时间 项目	第一季度	第二季度	第三季度	第四季度	全年
年初应收账款	15 000				15 000
第一季度现销收入	40 600	17 400			58 000
第二季度现销收入		64 960	27 840		92 800
第三季度现销收入			69 020	29 580	98 600
第四季度现销收入				48 720	48 720
现金收入合计	55 600	82 360	96 860	78 300	313 120

【课堂能力训练】

新思路公司只生产一种产品，产品售价 8 元/件，2017 年 12 月销售 20 000 件，2018 年 1 月预计销售 30 000 件，2018 年 2 月预计销售 40 000 件。根据经验，商品售出后当月可收回货款的 50%，次月收回 30%，再次月收回 20%。

请分析计算：①2018 年 2 月预计现金收入；②2018 年 2 月末应收账款。

（二）编制生产预算

生产预算是指为规划预算期生产规模而编制的一种日常业务预算，它是在销售预算的基础上编制的，并可以作为编制材料采购预算和生产成本预算的依据。在生产预算中，只涉及实物量指标，不涉及价值量指标。

生产预算的编制方法，主要根据以下公式计算出每季度的预计生产量：

　　　　某种产品预计生产量 = 预计销售量 + 预计期末存货量 - 预计期初存货量

其中，预计销售量来源于销售预算，预计期初存货量为上季末存货量，预计期末存货量则需要根据长期销售趋势来确定。

在编制生产预算时，应注意保持生产量、销售量、存货量之间合理的比例关系，以避免储备不足、产销脱节或超储备积压等。

【例3-2】 接例3-1，希望股份有限公司预算年度内每季度末产成品存货占下一季度销售量的20%，2019年第一季度的销售量为580件，预算年度初存货量预计为150件。

要求：根据资料编制2018年度分季的生产预算。

案例处理如表3-3所示。

表3-3　　　　　　　　　　2018年度希望股份有限公司生产预算

时间 项目	第一季度	第二季度	第三季度	第四季度	全年
预计销售量（件）	500	800	850	600	2 750
加：预计期末存货	160	170	120	116	116
减：预计期初存货	150	160	170	120	150
预计生产量	510	810	800	596	2 716

（三）编制直接材料预算

直接材料预算，是指为规划预算期内材料消耗情况和材料采购活动而编制的，用于反映预算期各种材料消耗量、采购量、材料消耗成本和材料采购成本等的一种业务预算。直接材料预算是以生产预算为基础编制的，同时要考虑原材料存货水平。

直接材料预算编制的方法，主要应按材料类别分别依据下列公式计算预计采购量：

预计采购量＝预计生产需用量＋预计期末库存量－预计期初库存量

直接材料预算的要点是反映预算期材料消耗量、采购量和期末结存数量，并确定各预算期材料采购的现金支出。材料期末结存量的确定可以为编制期末存货预算提供依据，现金支出的确定可以为编制现金预算提供依据。

【例3-3】 接例3-2，希望股份有限公司预算年度内生产产品需一种原材料，预计每个季度末的材料存货要占下一季度生产需要量的20%，预算年度初的存货量为510千克，预算年度末的材料存货量预计为640千克。材料的采购款中，本季度需付60%，其余的40%可以到下一季度支付，2018年第一季度应付2017年第四季度材料款为12 000元。

要求：根据资料编制2018年度分季的直接材料预算和经营现金支出预算。

案例处理如表3-4、表3-5所示。

表3-4　　　　　　　　　　2018年度希望股份有限公司直接材料预算

时间 项目	第一季度	第二季度	第三季度	第四季度	全年
预计生产量（件）	510	810	800	596	2 716
单位产品材料用量（千克）	5	5	5	5	5
生产需要量（千克）	2 550	4 050	4 000	2 980	13 580

续表

时间 项目	第一季度	第二季度	第三季度	第四季度	全年
加：预计期末存量（千克）	810	800	596	640	640
减：预计期初存量（千克）	510	810	800	596	510
预计材料采购量（千克）	2 850	4 040	3 796	3 024	13 710
单价	10	10	10	10	10
预计采购成本合计	28 500	40 400	37 960.00	30 240.00	137 100
增值税进项税额	4 560	6 464	6 073.60	4 838.40	21 936
预计采购金额合计	33 060	46 864	44 033.60	35 078.40	159 036

表 3-5　　　　　　　　　2018 年度希望股份有限公司经营现金支出预算

时间 项目	第一季度	第二季度	第三季度	第四季度	全年
年初应付账款	12 000				12 000.0
第一季度现金支出	19 836	13 224.00			33 060.00
第二季度现金支出		28 118.40	18 745.60		46 864.00
第三季度现金支出			26 420.16	17 613.44	44 033.60
第四季度现金支出				21 047.04	21 047.04
现金支出合计	31 836	41 342.40	45 165.76	38 660.48	157 004.64

（四）应交税金及附加预算的编制

应交税金及附加预算是指为规划一定预算期内预计发生的应交增值税、消费税、资源税、城市维护建设税和教育费附加金额而编制的一种经营预算。本预算不含应交所得税。因为税金需要及时清缴，为简化预算方法，假定预算期发生的各项应交税金及附加均于当期以现金形式支付。

　　　　应交税金及附加 = 应交增值税 + 税金及附加

　　其中：应交增值税 = 当期增值税销项税额 − 当期增值税进项税额

　　　　税金及附加 = 应交消费税 + 应交资源税 + 应交城市维护建设税
　　　　　　　　　 + 应交教育费附加

　　　　应交城市维护建设税 =（应交增值税 + 应交消费税）× 适用附加税率

　　　　应交教育费附加 =（应交增值税 + 应交消费税）× 适用附加税率

【例 3-4】　接例 3-3，希望股份有限公司 2018 年度各季度预计的增值税销项税额和进项税额资料如表 3-1 和表 3-4 所示；该公司流通环节只缴纳增值税，并于实现销售的当期（每季度）用现金完税；附加税费率为 10%。

要求：根据资料编制 2018 年分季的应交税费及附加预算（见表 3-6）。

表 3 – 6　　　　　　　　　　2018 年分季的应交税费及附加预算

季度	第一季度	第二季度	第三季度	第四季度	全年
增值税销项税额	8 000.00	12 800.00	13 600.00	9 600.00	44 000.00
增值税进项税额	4 560.00	6 464.00	6 073.60	4 838.40	21 936.00
应交增值税	3 440.00	6 336.00	7 526.40	4 761.60	22 064.00
税金及附加	344.00	633.60	752.64	476.16	2 206.40
现金支出合计	3 784.00	6 969.60	8 279.04	5 237.76	24 270.40

（五）编制直接人工预算

直接人工预算是指为规划一定预算期内人工工时的消耗水平和人工成本水平而编制的一种业务预算。直接人工成本包括直接工资和按直接工资的一定比例计算的其他直接费用。直接人工预算也是以生产预算为基础编制的，其主要内容有预计产量、单位产品工时、人工总工时、每小时人工成本和人工总成本。

直接人工预算编制的方法，应按不同工种分别依据下列公式计算：

$$直接人工预算 = 预计生产量 + \sum（单位工时工资率 \times 单位产品工时定额）$$

由于人工工资需要使用现金支付，所以，不需另外编制现金支出预算。

【例 3 – 5】　接例 3 – 4，希望股份有限公司预算年度单位产品直接人工工时为 3 工时，单位工时工资率为 5 元/工时。

要求：编制分季的直接人工预算（见表 3 – 7）。

表 3 – 7　　　　　　　　　2018 年度希望股份有限公司直接人工预算

时间 项目	第一季度	第二季度	第三季度	第四季度	全年
预计生产量（件）	510	810	800	596	2 716
单位产品直接人工工时	3	3	3	3	3
直接人工的总工时（小时）	1 530	2 430	2 400	1 788	8 148
单位工时工资率	5	5	5	5	5
预计直接人工成本总额	7 650	12 150	12 000	8 940	40 740
直接人工成本现金支出合计	7 650	12 150	12 000	8 940	40 740

（六）编制制造费用预算

制造费用预算是指对预算期产品生产所需制造费用的预算。当以变动成本法为基础编制制造费用预算时，可按变动制造费用和固定制造费用两部分内容分别编制。

变动制造费用是根据单位产品预算分配率乘以预计的生产量或预计直接人工工时总数进行预计，在多品种条件下，一般按后者进行分配。变动制造费用分配率的计算公式为：

$$变动制造费用预算分配率 = \frac{变动制造费用预算总额}{相关分配标准预算总数}$$

固定制造费用可在上年的基础上根据预期变动加以逐项调整进行预计，通常与本期产量无关，根据每季度实际需要的支付额预计，然后求出全年数。

为了便于以后编制产品成本预算，需要计算制造费用小时费用率。为了便于编制现金预算，还需要预计现金支出。在制造费用中，固定资产折旧费用属于非付现成本，不会引起现金流出，计算预算现金支出数时应予以扣除。

【例 3-6】 接例 3-5，希望股份有限公司编制的 2018 年制造费用预算如表 3-8 所示。

表 3-8　　　　　　　　2018 年希望股份有限公司制造费用预算

时间 项目	第一季度	第二季度	第三季度	第四季度	全年
变动制造费用					
间接人工	2 100	2 480	2 580	2 780	9 940
间接材料	3 300	2 800	2 800	3 400	12 300
修理费	3 300	3 800	3 600	3 400	14 100
水电费	1 200	1 100	1 000	1 100	4 400
小计	9 900	10 180	9 980	10 680	40 740
固定制造费用					
管理人员工资	5 800	5 800	5 800	5 800	23 200
折旧费用	12 000	12 000	12 000	12 000	48 000
保险费	2 500	2 580	2 600	2 600	10 280
小计	20 300	20 380	20 400	20 400	81 480
合计	30 200	30 560	30 380	31 080	122 220
减：折旧费	12 000	12 000	12 000	12 000	48 000
现金支出合计	18 200	18 560	18 380	19 080	74 220

注：每季折旧额 = 年折旧费总额 ÷ 4 = 48 000 ÷ 4 = 12 000（元）。

为了便于编制产品成本预算，需要计算小时费用率。根据直接人工预算，直接人工工时总量为 8 148 小时。

$$变动制造费用分配率 = \frac{40\ 740}{8\ 148} = 5（元/小时）$$

$$固定制造费用分配率 = \frac{81\ 480}{8\ 148} = 10（元/小时）$$

（七）编制产品成本预算

产品成本预算是生产预算、直接材料预算、直接人工预算和制造费用预算的汇总，是为规划预算期内各种产品的单位成本、生产成本、销售成本等内容而编制的一种日常业务预算。

3-3 产品成本计算的方法

【例 3-7】 接例 3-6，根据已经编制的生产预算、直接材料预算、直接人工预算和制造费用预算，希望股份有限公司按变动成本法编制的 2018 年产品成本预算如表 3-9 所示。

表 3-9　　　　　　　　　　2018 年希望股份有限公司产品成本预算

项目	单位成本			生产总成本	期末存货	销货成本
	单价（元）	耗用量	成本（元）			
产品数量	—	—	—	2 716	640	2 586
直接材料	10	5 千克	50	135 800	32 000	129 300
直接人工	5	3 小时	15	40 740	9 600	38 790
变动制造费用	5	3 小时	15	40 740	9 600	38 790
合计	—	—	80	217 280	51 200	206 880

（八）编制销售及管理费用预算

销售及管理费用预算是指为规划预算期与组织产品销售活动和一般行政管理活动有关费用而编制的一种业务预算。该预算与制造费用预算一样，需要将费用分为变动费用与固定费用，其编制方法与制造费用预算编制方法相同。

【例 3-8】 接例 3-7，假定希望股份有限公司 2018 年固定销售及管理费用全年预算数为 17 500 元，每季度为 4 375 元，其中每季度折旧费 1 375 元；变动销售及管理费用分配率为每件 5 元，希望股份有限公司 2018 年销售及管理费用预算如表 3-10 所示。

表 3-10　　　　　　　　　　2018 年销售及管理费用预算

时间 项目	第一季度	第二季度	第三季度	第四季度	全年
预计销售量	500	800	850	600	2 750
变动销售及管理费用分配率	5	5	5	5	5
变动销售及管理费用	2 500	4 000	4 250	3 000	13 750
固定销售及管理费用	4 375	4 375	4 375	4 375	17 500
销售及管理费用合计	6 875	8 375	8 625	7 375	31 250
减：固定资产折旧	1 375	1 375	1 375	1 375	5 500
销售及管理费用现金支出数	5 500	7 000	7 250	6 000	25 750

五、专门决策预算的编制

专门决策预算主要是长期投资预算，又称资本支出预算、特种决策预算，通常指与项目投资决策相关的专门预算。它往往涉及长期建设项目的资金投放与筹集，并经常跨越多个年度。编制专门决策预算的依据，是项目财务可行性分析资料以及企业筹资决策资料。

专门决策预算的要点是准确反映项目资金投资支出与筹资计划，它同时是编制现金预算和预计资产负债表的依据。

【例 3-9】 假定希望股份有限公司决定 2018 年投产一条新的生产线，年内安装完毕，并于年末投入使用。希望股份有限公司 2018 年度有关投资与筹资的专门决策预算如表 3-11 所示。

表 3-11　　　　　　　　　2018 年希望股份有限公司专门决策预算　　　　　　　　　单位：元

项目	第一季度	第二季度	第三季度	第四季度	全年
购置固定资产	50 000	40 000	70 000	40 000	200 000
借入长期借款	40 000	—	—	80 000	120 000

六、现金预算的编制

现金预算以各项业务预算和专门决策预算为基础，确定现金收入，计划现金支出，编制现金预算表。因此，现金预算表的数据大多来源于其他各项预算。

【例 3-10】 沿用前面各例，每季末现金余额的规定范围为不超过 80 000 元，企业本年初现金余额为 90 000 元。希望股份有限公司 2018 年度现金预算如表 3-12 所示。

表 3-12　　　　　　　　　2018 年度希望股份有限公司现金预算　　　　　　　　　单位：元

项目	第一季度	第二季度	第三季度	第四季度	全年	资料来源
期初现金余额	90 000	66 130	11 968	24 253.20	90 000	
加：现金收入	55 600	82 360	96 860	78 300.00	313 120	表 3-2
可供使用现金	145 600	148 490	108 828	102 553.20	403 120	
减：现金支出						
直接材料采购	31 836	41 342.4	45 165.76	38 660.48	157 004.64	表 3-5
支付税费	3 784	6 969.6	8 279.04	5 237.76	24 270.40	表 3-6
直接人工	7 650	12 150	12 000	8 940	40 740	表 3-7
制造费用	18 200	18 560	18 380	19 080	74 220	表 3-8
销售及管理费用	5 500	7 000	7 250	6 000	25 750	表 3-10
预交所得税	2 000	2 000	2 000	2 000	8 000	估计数
预分股利		8 000			8 000	估计数
资本性现金支出	50 000	40 000	70 000	40 000	200 000	表 3-11
现金支出合计	118 970	136 022	163 074.80	119 918.24	537 985.04	
现金余缺	26 630	12 468	-53 246.8	-17 365.04	-134 865.04	
资金筹措与运用						
长期借款	40 000			80 000	120 000	表 3-11/期初借款
取得短期借款			80 000		80 000	期初借款
支付利息	500	500	1 500	2 500	5 000	年利率均为 5%
期末现金余额	66 130	11 968	24 253.2	60 134.96	60 134.96	

任务三　预计财务报表的编制

预计财务报表的作用与实际的财务报表不同。所有企业都要在年终编制历史实际的财务报表，这是有关法规的强制规定，其主要目的是向外部报表使用人提供财务信息。当然，这不表明常规财务对企业经理人员没有价值。

预计财务报表包括预计利润表和预计资产负债表等，它以货币形式全面、综合地反映预算期内企业生产经营的总体情况，是为企业财务管理服务，是控制企业资金、成本和利润总量的重要手段。

一、预计利润表的编制

预计利润表也称利润预算，是指以货币形式综合反映预算期内企业经营活动成果计划水平的一种财务预算。

（一）预计利润表的编制依据

预计利润表是依据销售预算、产品成本预算、销售与管理费用预算、财务费用预算、所得税费用预算、其他现金收支预算及相关资料进行编制的。

（二）预计利润表的编制方法

预计利润表的编制方法与实际利润表的编制方法基本一致，但前者使用的是预计数。预计利润表可以分月编制，也可以按年编制。

其中，"销售收入"项目的数据，根据销售预算的经营现金收入预算；"销货成本"项目的数据，根据产品成本预算，"毛利"项目的数据是前两项的差额；"销售及管理费用"项目的数据，根据销售费用和管理费用预算；"利息"项目的数据来自现金预算；"所得税"项目是在利润规划时估计的，并已列入现金预算，它通常不是根据"利润"和所得税税率计算出来的，因为存在纳税调整的事项。此外，从预算编制程序上看，如果根据"本年利润"和税率重新计算所得税，就需要修改"现金预算"，引起信贷计划修订，进而改变"利息"，最终又要修改"本年利润"，从而陷入数据的循环修改。

【例 3-11】　沿用前面各例，根据上述各有关预算编制希望公司 2018 年的预计利润表，如表 3-13 所示。

表 3-13　　　　　2018 年度希望股份有限公司预计利润表　　　　　单位：元

项　　目	金额	资料来源
一、销售收入	275 000.00	见表 3-1
减：销售成本	206 880.00	见表 3-9
税金及附加	24 270.40	见表 3-6
二、边际贡献	43 849.60	

续表

项　　目	金额	资料来源
减：销售及管理费用	25 750.00	见表 3-10
财务费用	4 000.00	
三、利润总额	14 099.60	
减：所得税（25%）	3 524.90	
四、净利润	10 574.70	

二、预计资产负债表的编制

预计资产负债表是指用于总括反映企业预算期末财务状况的一种财务预算，它是编制全面预算的终点。编制时，以期初资产负债表为基础，根据销售、生产、资本等预算的有关数据加以调整编制。

（一）预计资产负债表的编制依据

预计资产负债表的编制要以计划期开始日的资产负债表为基础，结合计划期间各项业务预算、专门决策预算、现金预算和预计利润表进行编制。

（二）预计资产负债表的编制方法

预计资产负债表与实际资产负债表在内容、格式上都相同，但预计资产负债表的数据用于反映预算期末的财务状况。预计资产负债表中除上期期末数（本期期初数）是已知的，其余项目均应在日常业务预算和特种决策预算的有关数据的基础上加以分析并调整填列。具体编制方法为：

（1）根据上期资产负债表各项目的期末数填列预算期的期初数；

（2）根据现金预算计算填列预算期"货币资金""交易性金融资产""短期借款""应付股利""长期借款""实收资本"等项目的期末数；

（3）根据经营现金收入预算计算填列预算期"应收账款"项目的期末数；

（4）根据期末存货预算计算填列预算期"存货"项目的期末数；

（5）根据资本支出预算计算填列预算期"固定资产原值"项目的期末数；

（6）根据制造费用预算和管理费用预算计算填列预算期"累计折旧"项目的期末数；

（7）根据管理费用预算计算填列预算期"无形及其他非流动资产"项目的期末数；

（8）根据现金预算和预计利润表计算填列预算期"未交所得税"项目的期末数；

（9）根据直接材料采购现金支出预算填列预算期"应付账款"项目的期末数；

（10）根据直接人工现金支出预算计算填列预算期"应付职工薪酬"项目的期末数；

3-4 预算管理的创新

（11）根据预计利润表计算填列预算期"未分配利润"项目的期末数；

（12）汇总计算各有关资产、负债及所有者权益项目的合计数，并进行试算平衡。

【例3-12】 沿用前面各例，根据上述各有关预算编制希望公司2018年的预计资产负债表如表3-14所示。

表3-14　　　　　　2018年度希望股份有限公司预计资产负债表　　　　　　单位：元

资产	年初数	年末数	资料来源
一、流动资产			
货币资金	90 000	61 134.96	表3-12
应收账款	15 000	20 880	表3-2
存货	40 800	51 200	表3-9
流动资产合计	145 800	133 214.96	
二、固定资产			
固定资产原值	800 000	1 000 000	表3-11
累计折旧	80 000	133 500	表3-8，表3-10
固定资产净值	720 000	866 500	
固定资产合计	720 000	866 500	
资产合计	865 800	999 714.96	
负债及所有者权益	年初数	年末数	资料来源
一、负债			
流动负债			
短期借款		80 000	表3-12
应交税费（未交所得税）		-4 475.10	表3-12，表3-13
应付账款	78 216	14 031.36	表3-5
应付股利		-8 000	表3-12
应付职工薪酬		0	
流动负债合计	78 216	81 556.26	
长期借款		120 000	表3-11
负债合计	78 216	201 556.26	
二、所有者权益			
实收资本	650 000	650 000	
资本公积	40 000	40 000	
盈余公积	60 000	60 000	
未分配利润	37 584	48 158.70	表3-13
所有者权益合计	787 584		
负债及所有者权益合计	865 800	999 714.96	

项目总结

全面预算是企业治理结构下投资者与管理层之间的"游戏规则"。企业通过编制、落实全面预算，使各个职能部门和管理人员明确在经营期内应该干什么及如何干，以保证各部门任务按计划完成，从而促使整个企业工作顺利进行。全面预算包括特种决策预算（专门决策预算）、日常业务预算与财务预算三大类内容。

企业编制财务预算的方法主要有固定预算与弹性预算，增量预算与零基预算，定期预算与滚动预算。

财务预算是全面预算体系的最后环节，它是从价值方面总括地反映企业业务预算与专门决策预算的结果。企业应根据已确定的目标利润，通过市场调查进行销售预测，编制销售预算；在销售预算的基础上，再编制生产预算、应交税金及附加预算、直接材料预算、直接人工预算、制造费用预算、销售及管理费用预算等，最后汇总为综合性的现金预算和预计财务报表。

拓展阅读

3-5

元年：全面预算管理

描绘企业掘金路径

课堂内外

1. CPA 考试用书《财务成本管理》。
2. 《财务管理》：全国会计专业技术资格考试辅导教材。
3. 新浪财经，http://www.sina.com.cn。
4. 阅读：冯巧根；《管理者终身学习：全面预算管理》，中国人民大学出版社 2015 年版。
5. 阅读：刘凌冰、韩向东、杨飞："集团企业预算管理的演进与意义建构"，《会计研究》，2015 年第 7 期。

职业能力训练

一、职业选择能力训练（单选，每小题只有一个正确答案）

1. 下列各项中，综合性较强的预算是（　　）。
   A. 销售预算　　　　　　　　B. 材料采购预算
   C. 现金预算　　　　　　　　D. 资本支出预算
2. 根据全面预算体系的分类，下列预算中，属于财务预算的是（　　）。

A. 销售预算　　　　　　　　　B. 现金预算
   C. 直接材料预算　　　　　　　D. 直接人工预算

3. 下列预算编制方法中，可能导致无效费用开支项目无法得到有效控制的是（　　）。
   A. 增量预算　　　　　　　　　B. 弹性预算
   C. 滚动预算　　　　　　　　　D. 零基预算

4. 运用零基预算法编制预算，需要逐项进行成本效益分析的费用项目是（　　）。
   A. 可避免费用　　　　　　　　B. 不可避免费用
   C. 可延续费用　　　　　　　　D. 不可延续费用

5. 下列各项中，可能会使预算期间与会计期间相分离的预算方法是（　　）。
   A. 增量预算法　　　　　　　　B. 弹性预算法
   C. 滚动预算法　　　　　　　　D. 零基预算法

6. 与传统定期预算方法相比，属于滚动预算方法缺点的是（　　）。
   A. 预算工作量大　　　　　　　B. 透明度低
   C. 及时性差　　　　　　　　　D. 连续性弱

7. 全面预算管理中，不属于财务预算内容的是（　　）。
   A. 现金预算　　　　　　　　　B. 生产预算
   C. 预计利润表　　　　　　　　D. 预计资产负债表

8. 下列各项中，综合性较强的预算是（　　）。
   A. 销售预算　　　　　　　　　B. 材料采购预算
   C. 现金预算　　　　　　　　　D. 资本支出预算

9. 在下列预算方法中，能够适应多种业务量水平并能克服固定预算缺点的是（　　）。
   A. 弹性预算　　　　　　　　　B. 增量预算
   C. 零基预算　　　　　　　　　D. 滚动预算

10. 已知某企业销售收现率为：当月收现50%，下月收现30%，再下月收现20%。若该企业预计2017年第四季度各月销售收入分别为：5万元、6万元、8万元，则2017年预计资产负债表中年末应收账款项目的金额为（　　）。
    A. 59 000元　　　　　　　　　B. 68 000元
    C. 52 000元　　　　　　　　　D. 40 000元

11. 某企业第一季度产品生产量预算为1 500件，单位产品材料用量5千克/件，季初材料库存量1 000千克，第一季度还要根据第二季度生产耗用材料的10%安排季末存量，预计第二季度生产耗用7 800千克材料。材料采购价格预计12元/千克，则该企业第一季度材料采购的金额为（　　）元。
    A. 78 000　　　　　　　　　　B. 87 360
    C. 92 640　　　　　　　　　　D. 99 360

12. 某企业正在编制第四季度的材料采购预算,预计直接材料的期初存量为 1 000 千克,本期生产消耗量为 3 500 千克,期末存量为 800 千克;材料采购单价为每千克 25 元,材料采购货款有 30% 当季付清,其余 70% 在下季付清。该企业第四季度采购材料形成的"应付账款"期末余额预计为( )元。

A. 3 300　　　　　　　　　B. 24 750
C. 57 750　　　　　　　　　D. 82 500

二、职业选择能力训练(多选,每小题至少有两个选项)

1. 运用公式"y = a + bx"编制弹性预算,字母 x 所代表的业务量可能有( )。

A. 生产量　　　　　　　　　B. 销售量
C. 库存量　　　　　　　　　D. 材料消耗量

2. 预算是对未来活动的细致、周密安排,是未来经营活动的依据,其最主要的特征是( )。

A. 数量化　　　　　　　　　B. 可执行性
C. 一致性　　　　　　　　　D. 系统性

3. 下列关于预算的说法,正确的是( )。

A. 预算可以作为业绩考核的标准
B. 预算的编制必须建立在预测和决策的基础之上
C. 预算具有规划、控制和引导企业经营活动的功能
D. 目标是预算的具体化

4. 在下列各项中,属于业务预算(经营预算)的有( )。

A. 销售预算　　　　　　　　B. 现金预算
C. 生产预算　　　　　　　　D. 管理费用预算

5. 在下列各项预算中,属于财务预算内容的有( )。

A. 销售预算　　　　　　　　B. 生产预算
C. 现金预算　　　　　　　　D. 预计利润表

6. 下列关于全面预算的叙述,不正确的是( )。

A. 全面预算的起点是销售预算,终点是预计利润表
B. 生产预算是规定预算期内有关产品生产数量、产值和品种结构的一种预算
C. 销售预算和现金预算均能够同时以实物量指标和价值量指标分别反映企业经营收入和相关现金收支
D. 一般情况下,专门决策预算的数据要纳入日常业务预算和现金预算

三、职业判断能力训练(判断题正确的打"√",错误的打"×")

1. 财务预算能够综合反映各项业务预算和各项专门决策预算,因此称为总预算。　　　　　　　　　　　　　　　　　　　　　　　　( )

2. 企业财务管理部门负责企业预算的编制、执行、分析和考核等工作，并对预算执行结果承担直接责任。（   ）

3. 零基预算是为克服固定预算的缺点而设计的一种先进预算方法。（   ）

4. 企业在编制零基预算时，需要以现有费用项目为依据，但不以现有的费用水平为基础。（   ）

四、职业应用能力训练

1. 某公司2017年的现金预算简表如下：假定企业没有其他现金收支业务，也没有其他负债，预计2017年年末的现金余额为7 000万元。

要求：根据表中资料填写表中用字母表示的部分（见表3-15）。

表3-15　　　　　　　　　　　　　　　　　　　　　　　　　　　　　　　　　单位：万元

项目	第一季度	第二季度	第三季度	第四季度
期初现金余额	6 000			
本期现金流入	45 000	48 000	E	50 000
本期现金流出	A	50 400	40 000	41 000
现金余缺	9 000	C	(1 800)	G
总金筹措与运用	(2 000)	1 800	6 000	H
取得借款		1 800	6 000	
归还借款	(2 000)			
期末现金余额	B	D	F	I

2. 某企业现着手编制2018年6月份的现金收支计划。预计2018年6月月初现金余额为8 000元；月初应收账款4 000元，预计月内可收回80%；本月销货50 000元，预计月内收款比例为50%；本月采购材料8 000元，预计月内付款70%；月初应付账款余额5 000元需在月内全部付清；月内以现金支付工资8 400元；本月制造费用等间接费用付现16 000元；其他经营性现金支出900元；购买设备支付现金10 000元。企业现金不足时，可向银行借款，借款金额为1 000元的倍数；现金多余时可购买有价证券。要求月末现金余额不低于5 000元。

要求：

（1）计算经营现金收入。

（2）计算经营现金支出。

（3）计算现金余缺。

（4）确定最佳资金筹措或运用数额。

（5）确定现金月末余额。

五、职业实践能力训练

（一）实训资料

希望股份有限公司2019年度预算编制的基本数据如下：主要产品的单位售价为6 800元/吨，预计全年产销量为20 000吨，根据市场情况和公司生产经营实际，预计各季度的产销量分别为4 000吨、5 000吨、5 000吨和6 000吨，产品和用料比为1∶1.6，材料单价为1 500元/吨，单位产品工时定额为150小时，工资率标准为10元/小时，变动制造费用分配率为3元/小时，单位销售及管理费用为60元，计划全年固定制造费用总额200万元，其中固定资产折旧为100万元，全年固定销售及管理费用预计100万元。另外：

1. 2019年年初希望股份有限公司应收账款为1 250万元，2019年各季度的销售款当季收回60%，下季收回40%；

2. 预计希望有限公司每季季末的存货是下季销售量的10%，年初存货为400吨，预计年末存货为500吨；

3. 希望有限公司每季季末材料库存按下季生产用料的20%计算，2019年年初材料库存为600吨，预计年末库存为500吨；

4. 2019年年初希望有限公司应付账款余额为500吨，材料采购款当季度支付50%，下季度支付50%；

5. 希望有限公司最低要求的现金余额为100万元，年初的现金余额为125万元，每季预交所得税150万元，预计在第二季度购置价值为900万元的设备一台，第四季度支付股利2 000万元。公司现金不足时向银行申请短期借款，多余时偿还银行本息，银行短期借款利率为5%；

6. 为简化起见，假设希望股份有限公司免征各项流转税。

（二）实践形式及要求

班级分成5~6个小组，按小组完成。

（三）任务目标：编制各类预算

1. 编制销售预算；
2. 编制生产预算；
3. 编制直接材料预算；
4. 编制直接人工预算；
5. 编制制造费用预算；
6. 编制产品成本预算；
7. 编制销售与管理费用预算；
8. 编制现金预算。

项目四
筹资管理

项目导航

知识目标	能力目标
• 了解资金筹集的目的与要求，明确资金筹集的渠道、方式及资金筹集的种类 • 掌握资金需求预测的方法，熟悉权益资本的主要形式 • 掌握普通股的发行程序和普通股筹资的优缺点 • 熟悉债务资本的主要形式，掌握债券发行价格的计算和债券筹资的优缺点	• 能够利用销售百分比法进行资金需求量的预测 • 合理判断筹资活动所面临的内外部环境，能够运用适当方式筹集企业所需要的资本金和长期负债 • 理解股票发行程序，正确辨析普通股、优先股等筹资方式的优缺点 • 运用现代信息技术手段，收集筹资决策相关资料，能组织撰写筹资决策报告

隐秘的筹资方式：0元购

党领导下的财政与金融

　　筹资管理是指企业根据其生产经营、对外投资和调整资本结构的需要，通过筹资渠道和资本市场，运用筹资方式，经济有效地为企业筹集所需资金的财务行为。本章主要介绍企业筹资的概述、资金需求量的预测、权益筹资管理和债务筹资管理。

案例导入

阿里美国上市　成就最大 IPO

　　北京时间 2014 年 9 月 19 日 21:30，阿里巴巴集团正式在纽约证券交易所敲钟上市，以 92.7 美元/股的价格开盘。截至收盘，阿里巴巴股价报 93.89

美元，涨幅达38.07%，阿里市值达2 314.39亿美元，超越Facebook，成为仅次于谷歌的全球第二大互联网公司。

在现场，马云向所有员工和客户等表示感谢，并称阿里是一家"很运气的公司"，而这种运气来自于客户、互联网、中国以及所有人的努力。"今天大家说纽交所就像我们的"双11"，无数人为此付出巨大的代价和努力。"马云表示，此次上市，阿里融到的不是钱而是信任，"是所有人对我们的信任、客户的信任、时代的信任、投资者的信任。所以，我希望大家能够对得起这份信任、对得起我们自己心里面从第一天开始的梦想"。

9月19日23:55，经过整整十轮、历时两个多小时的询价后，第一笔交易成交。阿里巴巴开盘价报92.7美元/股，较68美元/股的发行价上涨36.3%。截至今晨收盘，阿里巴巴股价暴涨25.89美元报93.89美元，涨幅达38.07%。按照收盘价计算，阿里市值达2 314.39亿美元，已经超越中石油，成为仅次于中国移动的中国第二大市值公司。马云本人目前所持的阿里股份价值约为181亿美元，成为中国内地首富。

阿里上市，美国媒体用高端跑车形容阿里，并称所有人都在议论它能跑多快。美媒同时称，阿里等中国互联网公司给硅谷敲响了警钟。美国ABC电视台报道指出，阿里巴巴在美的成功上市，从某种程度上诉说了创始人马云的"传奇故事"。报道称，当马云在15年前创建阿里巴巴时，他坚持认为电子商务企业应该将其目标视为与美国硅谷展开竞争，而不是其他的中国公司。在中国企业还处于落后状态下的这番"大胆的野心"，如今得到了验证。报道援引硅谷著名风投公司"红点风险投资"合伙人杰夫·杨的话称，这些公司可能距离硅谷有数千英里远，甚至跨越很多个时区，但是实际上他们已经来到家门口了。而阿里巴巴在美的正式上市，对于美国科技公司，特别是谷歌、脸书以及亚马逊这些过去主导网络消费市场的公司来说，无疑敲响了警钟，硅谷该醒了。

(资料来源：中国青年网youth.cn，2014年9月20日。)

请思考：通过阅读上述案例，我们收获了哪些启示？

任务一　筹资管理概述

筹资是指企业向外部有关单位或个人以及从企业内部筹措和集中生产经营所需资金的财务活动。筹资管理对于企业的设立、生产、发展甚至企业财务管理目标的实现都具有十分重要的作用。

一、企业筹资的目的与要求

（一）企业筹资的目的

企业筹资最基本的目的是企业经营的维持和发展，为企业的经营活动提供资金保障，但每次具体的筹资行为往往有具体的特定目的。比如，为提高技术水平购置新设备而筹资；为对外投资活动而筹资；为产品研发而筹资；为解决资金周转临时需要而筹资，等等。其目的归纳起来主要有以下几个方面：

1. 依法设立企业

企业设立时，要按照企业经营规模核定长期资本需要量和流动资金需要量，购建厂房设备等，安排铺底流动资金，形成企业的经营能力，这样就需要筹措资金。

2. 扩大经营规模

企业维持简单再生产所需要的资金是稳定的，通常不需要或很少追加筹资。一旦企业扩大再生产，经营规模扩张、开展对外投资，就需要大量追加筹资。具有良好发展前景、处于成长期的企业，往往会产生扩张性的资金需求。

3. 偿还原有债务

现实生活中，负债经营普遍存在，以获得财务杠杆利益和满足经营周转的临时需要。债务到期必须偿还，如企业现金支付能力不够，或虽有一定的支付能力但支付后将影响资本结构的合理性，便产生了筹资的需要，或被迫举新债还旧债。

4. 优化财务结构

由于在不同时期采用不同的筹资方式或不同的筹资组合，会产生不同的财务结构，企业全部资本中由权益资本与债务资本、长期资金与短期资金的构成与比重是企业的一个重要财务结构问题，直接关系到所有者、债权人、国家及其他有关各方面的利益。为此，企业必须使财务结构优化以符合财务目标，这就需要选择不同的筹资方式来筹集资金，使财务结构趋向合理。

5. 应付偶发事件

企业经营中常有偶发事件出现，如临时接到大订单使资金供应剧增，金融危机导致某些筹资中止，被迫进行反收购等，在这些情况下企业需要迅速筹资以化解偶发因素带来的不良影响。

在实务中，企业筹资的目的可能不是单纯和唯一的，通过追加筹资，既满足了经营活动、投资活动的资金需要，又达到了调整资本结构的目的。如企业对外产权投资需要大额资金，其资金来源通过增加长期贷款或发行公司债券解决，这种情况既扩张了企业规模，又使企业的资本结构有较大的变化。

（二）企业筹资的要求

企业筹资资金总的要求是在分析评价影响筹资的各种因素的基础上，合理选择筹资渠道和筹资方式，降低资金成本，提高筹资效益，形成最佳的资本结构。具体来看有：

1. 认真选择投资项目

为提高筹资效益，企业需要认真研究投资项目技术上的先进性和经济上的可行性，经反复调研、论证后确定最佳投资方案。

2. 合理确定筹资额度

企业展开筹资活动前，应合理确定资金的需求量，并使资金筹集数量与需要达到平衡，防止筹资不足影响生产经营或筹资过剩降低筹资效果。对资金的投放、应结合实际情况，科学合理地安排好资金投放的时间，提高资金的利用效果。

3. 适度举债

在市场经济条件下，企业的发展不可能完全由自由资金满足，保持一定的负债可以迅速扩大规模和市场占有率，但负债经营是一把"双刃剑"，把握不好不仅不能发挥其财务杠杆作用，而且会导致债务风险，引发财务危机。因此，企业要适度举债，以优化财务结构，稳定企业经营。

4. 科学把握投资方向

筹资是投资的前提，投资是筹资的目的。企业筹资必须与投资结合考虑，如果资金投放方向有误，投放时间不当，尽管取得资金成本较低，也难以有好的筹资效益。所以，企业筹资应综合研究资金投向、数量、时间，确定总的筹资决策与筹资计划。

二、企业筹资的分类与原则
（一）企业筹资的分类

企业筹集的资金可按不同的标准分类，主要有以下四种分类方式：

（1）按企业所取得资金的权益特性不同，企业筹资分为股权筹资、债务筹资及衍生工具筹资三类。

股权资本，是股东投入的、企业依法长期拥有、能够自主调配运用的资本。股权资本在企业持续经营期间，投资者不得抽回，因而也称为企业的自有资本、主权资本或权益资本。股权资本包括实收资本（股本）、资本公积、盈余公积和未分配利润。

债务资本，是企业按合同向债权人取得的、在规定期限内需要清偿的债务。由于债务资金到期要归还本金和支付利息，因而债务资金具有较大的财务风险，但付出的资本成本相对较低。

衍生工具筹资，包括兼具股权与债务筹资性质的混合融资和其他衍生工具融资。我国上市公司目前最常见的混合融资方式是可转换债券融资，最常见的其他衍生工具融资方式是认股权证融资。

（2）按是否借助于金融机构为媒介来获取社会资金，企业筹资分为直接筹资和间接筹资两种类型。

直接筹资，是企业直接与资金供应者协商融通资金的筹资活动。直接筹资不需要通过金融机构来筹措资金，是企业直接从社会取得资金的方式。直接筹资方式主要有发行股票、发行债券、吸收直接投资等。

间接筹资，是企业借助于银行和非银行金融机构而筹集资金。在间接筹资方式下，银行等金融机构发挥中介作用，预先集聚资金，然后提供给企业。间接筹资的基本方式是银行借款，此外还有融资租赁等方式。

（3）按资金的来源范围不同，企业筹资分为内部筹资和外部筹资两种类型。

内部筹资，是指企业通过利润留存而形成的筹资来源。内部筹资数额大小主要取决于企业可分配利润的多少和利润分配政策，一般无须花费筹资费用，从而降低了资本成本。

外部筹资，是指企业向外部筹措资金而形成的筹资来源。处于初创期的企业，内部筹资的可能性是有限的；处于成长期的企业，内部筹资往往难以满足需要，这就需要企业广泛地开展外部筹资，企业向外部筹资大多需要花费一定的筹资费用，从而提高了筹资成本。

（4）按所筹集资金的使用期限不同，企业筹资分为长期筹资和短期筹资两种类型。

长期筹资，是指企业筹集使用期限在 1 年以上的资金。长期筹资的目的主要在于形成和更新企业的生产和经营能力，或扩大企业生产经营规模，或为对外投资筹集资金。

短期筹资，是指企业筹集使用期限在 1 年以内的资金。短期资金主要用于企业的流动资产和资金日常周转，一般在短期内需要偿还。

（二）企业筹资的原则

企业筹资管理的基本要求，是要在严格遵守国家法律法规的基础上，分析影响筹资的各种因素，权衡资金的性质、数量、成本和风险，合理选择筹资方式，提高筹资效果。

1. 筹措合法

筹措合法原则，是指企业筹资要遵循国家法律法规，合法筹措资金。不论是直接筹资还是间接筹资，企业最终都通过筹资行为向社会获取了资金。企业的筹资活动不仅为自身的生产经营提供了资金来源，也会影响投资者的经济利益，影响社会经济秩序。企业的筹资行为和筹资活动必须遵循国家的相关法律法规，依法履行法律法规和投资合同约定的责任，合法合规筹资，依法披露信息，维护各方的合法权益。

2. 规模适当

规模适当原则，是指要根据生产经营及其发展的需要，合理安排资金需求。企业筹集资金，要合理预测确定资金的需要量。筹资规模与资金需要量应当匹配一致,既要避免因筹资不足,影响生产经营的正常进行;又要防止筹资过多,造成资金闲置。

3. 取得及时

取得及时原则,是指要合理安排筹资时间,适时取得资金。企业筹集资金,需要合理预测确定资金需要的时间。要根据资金需求的具体情况,合理安排资金的筹集到位时间,使筹资与用资在时间上相衔接。既避免过早筹集资金形成的资金投放前的闲置,又防止取得资金的时间滞后,错过资金投放的最佳时间。

4. 来源经济

来源经济原则,是指要充分利用各种筹资渠道,选择经济、可行的资金来源。企业所筹集的资金都要付出资本成本的代价,进而给企业的资金使用提出了最低报酬要求。不同筹资渠道和方式所取得的资金,其资本成本各有差异。企业应当在考虑筹资难易程度的基础上,针对不同来源资金的成本,认真选择筹资渠道,并选择经济、可行的筹资方式,力求降低筹资成本。

5. 结构合理

结构合理原则,是指筹资管理要综合考虑各种筹资方式,优化资本结构。企业筹资要综合考虑权益资金与债务资金的关系、长期资金与短期资金的关系、内部筹资与外部筹资的关系,合理安排资本结构,保持适当偿债能力,防范企业财务危机。

三、企业筹资的渠道与方式
(一) 资金筹资的渠道

筹资渠道是指筹措资金来源的方向与通道,体现了资金的来源与供应量。认识和了解各筹资渠道,有助于企业充分拓宽和正确利用筹资渠道。我国目前筹资渠道主要有:

(1) 国家资金。国家对企业的直接投资是国有企业最主要的资金来源渠道。对于某些关系国计民生的大型重点企业和骨干企业,国家可以采用参股、控股的方式向企业注入资金。因而国家资金是企业的一条重要筹资渠道。

(2) 银行信贷资金。银行对企业的各种贷款,是目前我国各类企业最为重要的资金来源。我国的银行包括中央银行、商业银行和政策性银行。其中只有商业银行可以向各类企业提供贷款。

(3) 非银行金融机构资金。非银行金融机构主要是指信托投资公司、保险公司、租赁公司、证券公司、企业集团所属财务公司等。

(4) 其他法人单位资金。企业在生产经营过程中,往往有一部分暂时闲置或多余的资金,为了充分利用这些资金,他们愿意向其他企业进行投资,以便获得更多的投资收益。这相对于被投资企业来讲就构成了一种资金来源。

(5) 民间资金。民间资金是指企业职工和城乡居民手中暂时不用的节余货币。由于利率下调及银行网点不足及临时备用等原因,每年都由大量现款沉淀在居民手中，企业可运用一定的方式，如发行公司债券、股票等方式、吸收其闲置资金。

（6）企业内部形成的资金。它是指企业内部形成的资金，也称企业内部资金，主要包括计提折旧、提取公积金和未分配利润等。企业自留资金是企业生产经营资金的重要补充来源。

（7）境外资金。境外资金是一些资金短缺国家尤其是发展中国家弥补资金不足、促进本国企业壮大、推动经济发展的重要手段之一。包括境外投资者投入资金和借用外资，如外商资本金、进出口物资延期付款、补偿贸易、国外贷款以及在国外发行企业债券等。

（二）资金筹资的方式

筹资方式，是指企业筹集资金所采取的具体形式，它受到法律环境、经济体制、融资市场等筹资环境的制约，特别是受国家对金融市场及融资行为方面的法律法规制约。目前我国企业筹资的方式主要有以下几种：

（1）吸收直接投资，是指企业以投资合同、协议等形式定向地吸收国家、法人单位、自然人等投资主体资金的筹资方式。这种筹资方式不以股票这种融资工具为载体，通过签订投资合同或投资协议规定双方的权利和义务，主要适用于非股份制公司筹集股权资本。吸收直接投资是一种股权筹资方式。

（2）发行股票，是指企业以发售股票的方式取得资金的筹资方式，只有股份有限公司才能发行股票。股票是股份有限公司发行的，表明股东按其持有的股份享有权益和承担义务的可转让的书面投资凭证。股票的发售对象，可以是社会公众，也可以是定向的特定投资主体。这种筹资方式只适用于股份有限公司，而且必须以股票作为载体。发行股票是一种股权筹资方式。

（3）发行债券，是指企业以发售公司债券的方式取得资金的筹资方式。按照中国证券监督管理委员会颁布的《公司债券发行与交易管理办法》，除了地方政府融资平台公司以外，所有公司制法人均可以发行公司债券。公司债券是公司依照法定程序发行、约定还本付息期限、标明债权债务关系的有价证券。发行公司债券适用于向法人单位和自然人两种渠道筹资。发行债券是一种债务筹资方式。

（4）向金融机构借款，是指企业根据借款合同从银行或非银行金融机构取得资金的筹资方式。这种筹资方式广泛适用于各类企业，它既可以筹集长期资金，也可以用于短期融通资金，具有灵活、方便的特点。向金融机构借款是一种债务筹资方式。

（5）融资租赁，也称为资本租赁或财务租赁，是指企业与租赁公司签订租赁合同，从租赁公司取得租赁物资产，通过对租赁物的占有、使用取得资金的筹资方式。融资租赁方式不直接取得货币性资金，通过租赁信用关系，直接取得实物资产，快速形成生产经营能力，然后通过向出租人分期交付租金方式偿还资产的价款。融资租赁是一种债务筹资方式。

（6）商业信用，是指企业之间在商品或劳务交易中，由于延期付款或延期交货所形成的借贷信用关系。商业信用是由于业务供销活动而形成的，它是企业短期资金的一种重要的、经常性的来源。利用商业信用，是一种债务筹资方式。

（7）留存收益，是指企业从税后净利润中提取的盈余公积金以及从企业可供分配利润中留存的未分配利润。留存收益，是企业将当年利润转化为股东对企业追加投资的过程，是一种股权筹资方式。

任务二　资金需求量的预测

4-1

企业的筹资战略

资金的需要量是筹资的数量依据，应当科学合理地进行预测。筹资数量预测的基本目的是保证筹集的资金既能满足生产经营的需要，又不会产生资金多余而闲置。正确预测资金需求量，是财务预测的一个重要内容。资金需求量预测的方法主要有：销售百分比法、线性回归分析法和资产负债表法等。本节重点介绍销售百分比法和线性回归分析法。

一、销售百分比法
（一）基本原理

销售百分比法，是指假设某些资产和负债与销售款存在稳定的百分比关系，根据这个假设预计外部资金需要量的方法。企业的销售规模扩大时，要相应增加流动资产；如果销售规模增加很多，还必须增加长期资产。为取得扩大销售所需增加的资产，企业需要筹措资金。这些资金一部分来自随销售收入同比例增加的流动负债，还有一部分来自预测期的收益留存，另一部分通过外部筹资取得。

销售百分比法，将反映生产经营规模的销售因素与反映资金占用的资产因素联接起来，根据销售与资产之间的数量比例关系来预计企业的外部筹资需要量。销售百分比法首先假设某些资产与销售额存在稳定的百分比关系，根据销售与资产的比例关系预计资产额，根据资产额预计相应的负债和所有者权益，进而确定筹资需求量。

（二）基本步骤
1. 确定随销售额而变动的资产和负债项目

随着销售额的变化，经营性资产项目将占用更多的资金。同时，随着经营性资产的增加，相应的经营性短期债务也会增加，如存货增加会导致应付账款增加，此类债务称为"自动性债务"，可以为企业提供暂时性资金。经营性资产与经营性负债的差额通常与销售额保持稳定的比例关系。这里，经营性资产项目包括库存现金、应收账款、存货等项目；而经营负债项目包括应付票据、应付账款等项目，不包括短期借款、短期融资券、长期负债等筹资性负债。

2. 确定有关项目与销售额的稳定比例关系

如果企业资金周转的营运效率保持不变，经营性资产项目与经营性负债项目将会随销售额的变动而呈正比例变动，保持稳定的百分比关系。企业应当根据历史资料和同业情况，剔除不合理的资金占用，寻找与销售额的稳定百分比关系。

3. 确定需要增加的筹资数量

预计由于销售增长而需要的资金需求增长额，扣除利润留存后，即为所需要的外部筹资额。即有：

外部融资需求量 $= \Delta S \times A/S_1 - \Delta S \times B/S_1 - P \times E \times S_2$

式中，A 为随销售而变化的敏感性资产；B 为随销售而变化的敏感性负债；S_1 为基期销售额；S_2 为预测期销售额；ΔS 为销售变动额；P 为销售净利率；E 为利润留存率；A/S_1 为敏感资产与销售额的关系百分比；B/S_1 为敏感负债与销售额的关系百分比。

需要说明的是，如果非敏感性资产增加，则外部筹资需要量也应相应增加。

【例 4-1】 西西公司 2017 年 12 月 31 日的简要资产负债及相关信息如表 4-1 所示。假定西西公司 2017 年销售额 10 000 万元，销售净利率为 10%，利润留存率 40%。2018 年销售额预计增长 30%，公司有足够的生产能力，无须追加固定资产投资。试计算该公司 2018 年外部融资需求量。

表 4-1　　　　　西西公司资产负债及相关信息表（2017 年 12 月 31 日）　　　　　单位：万元

资产	金额	与销售关系	负债与权益	金额	与销售关系
现金	500	5%	短期借款	3 000	N
应收账款	2 500	25%	应付账款	1 500	15%
存货	2 000	20%	公司债券	2 500	N
固定资产	5 000	N	实收资本	2 000	N
			留存收益	1 000	N
合计	10 000	50%	合计	10 000	15%

分析如下：

首先，确定有关项目及其与销售额的关系百分比。在表 4-1 中，N 表示不变动，是指该项目不随销售的变化而变化。

其次，确定需要增加的资金量。从表 4-1 可以看出，销售收入每增加 100 元，必须增加 50 元的资金占用，但同时自动增加 15 元的资金来源，两者差额的 35%。2017 年销售额为 10 000 万元，2018 年销售额预计增加 30%，即 2018 年销售额为 13 000 万元，2018 年比 2017 年增加了 3 000 万元，按照

35%的比率可预测将增加 1 050 万元的资金需求。

最后，确定外部融资需求的数量。2018 年的净利润为 1 300 万元（13 000 × 10%），利润留存率 40%，则将有 520 万元利润被留存下来，还有 530 万元的资金必须从外部筹集。

根据西西公司的资料，可求得对外融资的需求量为：

外部融资需求量 = 50% × 3 000 − 15% × 3 000 − 10% × 40% × 13 000
　　　　　　　 = 530（万元）

销售百分比法的优点，是能为筹资管理提供短期预计的财务报表，以适应外部筹资的需要，且易于使用。但在有关因素发生变动的情况下，必须相应地调整原有的销售百分比。

二、线性回归分析法

线性回归法是假定资金需求量与营业业务量之间存在线性关系并建立数学模型，然后根据历史有关资料，用回归直线方程确定参数预测资金需要量的一种方法。

其预测的数学模型为：

$$y = a + bx$$

式中：y 表示资金需求量，a 表示不变资金，b 表示单位业务量所需变动资金，x 表示业务量。

不变资金是指在一定的业务量范围内，不受业务量变动的影响而保持固定不变的那部分资金。也就是说，业务量在一定范围内变动，这部分资金保持不变。这部分资金包括：为维持营业而占用的最低数额的现金，原材料的保险储备，必要的成品储备，厂房、机器设备等固定资产占用的资金。变动资金是指随业务量的变动而同比例变动的那部分资金。它一般包括直接构成产品实体的原材料、外购件等占用的资金。另外，在最低储备以外的现金、存货、应收账款等也具有变动资金的性质。

半变动资金是指虽然受业务量变化的影响，但不成同比例变动的资金，如一些辅助材料上占用的资金。半变动资金可采用一定的方法划分为不变资金和变动资金两部分。

这种方式是根据历史上企业资金占用总额与业务量之间的关系，把资金分为不变和变动两部分，然后结合预计的销售量来预测资金需要量。

可见，只要求出 a 和 b，并知道预测期的业务量，就可以用上述公式测算资金需求情况。a 和 b 可用回归直线方程组求出。其具体计算步骤如下：

（1）根据历史资料计算出变量 n、$\sum x$、$\sum y$、$\sum xy$、$\sum x^2$ 等数据的值。

（2）根据下列公示计算回归系数 a 和 b 的值：

$$b = \frac{n\sum xy - \sum x \cdot \sum y}{n\sum x^2 - (\sum x)^2}$$

$$a = \frac{\sum y - b \sum x}{n}$$

(3) 将求得的 a 和 b 的数值代入下式,得到该资金的习性模型 $y = a + bx$。

【例 4 – 2】 某企业 2012—2017 年历年业务量和资金变化情况如表 4 – 2 所示,根据表 4 – 2 整理出表 4 – 3。2018 年预计销售量为 1 500 万件,需要预计 2018 年的资金需要量。

表 4 – 2   业务量与资金变化情况表

年 度	业务量(x:万件)	资金占用(y:万元)
2012	1 200	1 000
2013	1 100	950
2014	1 000	900
2015	1 200	1 000
2016	1 300	1 050
2017	1 400	1 100

表 4 – 3   资金需要量预测表

年度(n=6)	业务量(x:万件)	资金占用(y:万元)	xy	x^2
2012	1 200	1 000	1 200 000	1 440 000
2013	1 100	950	1 045 000	1 210 000
2014	1 000	900	900 000	1 000 000
2015	1 200	1 000	1 200 000	1 440 000
2016	1 300	1 050	1 365 000	1 690 000
2017	1 400	1 100	1 540 000	1 960 000
	7 200	6 000	7 250 000	8 740 000

根据表 4 – 3 可知:$n = 6$,$\sum x = 7\ 200$,$\sum y = 6\ 000$,$\sum xy = 7\ 250\ 000$,$\sum x^2 = 8\ 740\ 000$,代入公式求得 $a = 400$,$b = 0.5$。

$y = 400 + 0.5x$

把 2018 年预计业务量 2 000 万件代入上式,得出

2018 年资金需要量 $= 400 + 0.5 \times 2\ 000 = 1\ 400$(万元)

运用线性回归法必须注意以下几个问题:(1) 资金需要量与营业业务量之间线性关系的假定应符合实际情况;(2) 确定 a、b 数值,应利用连续若干年的历史资料,一般要有 3 年以上的资料;(3) 应考虑价格等因素的变动情况。

4 – 2
运用电子系统预测

任务三　权益筹资管理

股权筹资形成企业的股权资金，是企业最基本的筹资方式。目前我国企业权益资本筹集的方式主要有：吸收直接投资、发行普通股、发行优先股和利用留存收益。权益资本筹集方式的主要优点是筹集的资金可供企业长期使用，无须还本，无固定筹资成本，财务风险小；主要缺点是资本成本高。

一、吸收直接投资

吸收直接投资，是指企业按照"共同投资、共同经营、共担风险、共享收益"的原则，直接吸收国家、法人和个人投入资金的一种筹资方式。吸收直接投资是非股份制企业筹集权益资本的基本方式，采用吸收直接投资的企业，资本不分为等额股份、无须公开发行股票。吸收直接投资的实际出资额中，注册资本部分，形成实收资本；超过注册资本的部分，属于资本溢价，形成资本公积。

（一）吸收直接投资的种类

吸收直接投资主要有以下三种：

（1）吸收国家投资。国家投资是指有权代表国家投资的政府部门或机构，以国有资产投入公司，这种情况下形成的资本叫国有资本。根据《公司国有资本与公司财务暂行办法》的规定，在公司持续经营期间，公司以盈余公积、资本公积转增实收资本的，国有公司和国有独资公司由公司董事会或经理办公会决定，并报主管财政机关备案；股份有限公司和有限责任公司由董事会决定，并经股东大会审议通过。吸收国家投资一般具有以下特点：①产权归属国家；②资金的运用和处置受国家约束较大；③在国有公司中采用比较广泛。

（2）吸收法人投资。法人投资是指法人单位以其依法可支配的资产投入公司，这种情况下形成的资本叫法人资本。吸收法人投资一般具有以下特点：①发生在法人单位之间；②以参与公司利润分配或控制为目的；③出资方式灵活多样。

（3）吸收社会公众投资。社会公众投资是指社会个人或本公司职工以个人合法财产投入公司，这种情况下形成的资本称为个人资本。吸收社会公众投资一般具有以下特点：①参加投资的人员较多；②每人投资的数额相对较少；③以参与公司利润分配为目的。

（二）吸收直接投资的出资方式

吸收直接投资可以采用多种形式，从出资者的出资形式看，主要有以下四种类型：

(1) 以货币资产出资，是吸收直接投资中最重要的出资方式。企业有了货币资产，便可以获取其他物质资源，支付各种费用，满足企业创建开支和随后的日常周转需要。

(2) 以实物资产出资，是指投资者以房屋、建筑物、设备等固定资产和材料、燃料、商品产品等流动资产所进行的投资。实物投资应符合以下条件：①适合企业生产、经营、研发等活动的需要；②技术性能良好；③作价公平合理。

实物出资中实物的作价，可以由出资各方协商确定，也可以聘请专业资产评估机构评估确定。国有及国有控股企业接受其他企业的非货币资产出资，必须委托有资格的资产评估机构进行资产评估。

(3) 以土地使用权出资。土地使用权是指土地经营者对依法取得的土地在一定期限内有进行建设、生产经营或其他活动的权利。土地使用权具有相对的独立性，在土地使用权存续期间，包括土地所有者在内的其他任何人和单位，不能任意收回土地和非法干预使用权人的经营活动。企业吸收土地使用权投资应符合以下条件：①适合企业生产、经营、研发等活动的需要；②地理、交通条件适宜；③作价公平合理。

(4) 以工业产权出资。工业产权通常是指专有技术、商标权、专利权、非专利技术等无形资产。投资者以工业产权出资应符合以下条件：①有助于企业研究、开发和生产出新的高科技产品；②有助于企业提高生产效率，改进产品质量；③有助于企业降低生产消耗、能源消耗等各种消耗；④作价公平合理。

此外，国家相关法律法规对无形资产出资方式另有限制：股东或者发起人不得以劳务、信用、自然人姓名、商誉、特许经营权或者设定担保的财产等作价出资。

(三) 吸收直接投资的程序

(1) 确定筹资数量。企业在新建或扩大经营时，要先确定资金的需要量。资金的需要量根据企业的生产经营规模和供销条件等来核定，筹资数量与资金需要量应当相适应。

(2) 寻找投资单位。企业既要广泛了解有关投资者的资信、财力和投资意向，又要通过信息交流和宣传，使出资方了解企业的经营能力、财务状况以及未来预期，以便公司从中寻找最合适的合作伙伴。

(3) 协商和签署投资协议。找到合适的投资伙伴后，双方进行具体协商，确定出资数额和出资方式及出资时间。当出资数额、资产作价确定后，双方签署投资的协议或合同，以明确双方的权利和责任。

(4) 取得所筹集的资金。签署投资协议后，企业应按规定或计划取得资金。如为实物、工业产权、非专利技术、土地使用权投资，必须核实有关财产，必要时可聘请资产评估机构来评定，然后办理产权的转移手续取得资产。

（四）吸收直接投资的优缺点

1. 吸收直接投资的优点

（1）能够尽快筹资形成生产能力。吸收直接投资不仅可以取得一部分货币资金，而且能够直接获得所需的先进设备和技术，尽快形成生产经营能力。

（2）有利于增强企业信誉。吸收直接投资所筹集的资金属于企业的权益资金，与债务融资方式相比，吸收直接投资能够提高企业的资信程度和借款能力，有利于扩大企业经营规模，壮大企业实力。

（3）财务风险较低。相对于债务融资方式而言，吸收直接投资没有固定的还本付息压力，可视企业经营状况向投资者支付报酬，企业经营状况好，可向投资者多支付一些报酬，企业经营状况不好时，可不向投资者支付报酬或少支付报酬，财务风险较小。

2. 吸收直接投资的缺点

（1）资本成本较高。吸收直接投资方式筹资所需负担的资本成本较高，一方面是由于该方式下向投资者支付的报酬需从税后净利中直接支付，企业实际负担相对于债务资金利息而言相对较重；另一方面企业向投资者支付报酬的数额很大程度上取决于企业的经营状况，当经营状况较好和盈利能力较强时，需支付的报酬较高，此时负担较重。

（2）公司控制权集中，不利于公司治理。采用吸收直接投资方筹资，投资者一般都要求获得与投资数额相适应的经营管理权。如果某个投资者的投资额比例较大，则该投资者对企业的经营管理就会有相当大的控制权，容易损害其他投资者的利益。

（3）难以进行产权交易。吸收直接投资由于没有证券为媒介，不利于产权交易，难以进行产权转让。

二、发行普通股股票

股票是股份有限公司为筹措股权资本而发行的有价证券，是公司签发的证明股东持有公司股份的凭证。股票作为一种所有权凭证，代表着对发行公司净资产的所有权。股票只能由股份有限公司发行。

（一）股票的特征与分类

1. 股票的特点

（1）永久性。公司发行股票所筹集的资金属于公司的长期自有资金，没有期限，无须归还。换言之，股东在购买股票之后，一般情况下不能要求发行企业退还股金。

（2）流通性。股票作为一种有价证券，在资本市场上可以自由流通，也可以继承、赠送或作为抵押品。股票特别是上市公司发行的股票具有很强的变现能力，流动性很强。

（3）风险性。由于股票的永久性，股东成为企业风险的主要承担者。风险的表现形式有：股票价格的波动性、红利的不确定性、破产清算时股东处于剩余财产分配的最后顺序等。

（4）参与性。股东作为股份公司的所有者，拥有参与企业管理的权利，包括重大决策权、经营者选择权、财务监控权、公司经营的建议和质询权等。此外，股东还有承担有限责任、遵守公司章程等义务。

2. 股东的权利

股东最基本的权利是按投入公司的股份额，依法享有公司收益获取权、公司重大决策参与权和选择公司管理者的权利，并以其所持股份为限对公司承担责任。

（1）公司管理权。股东对公司的管理权主要体现在重大决策参与权、经营者选择权、财务监控权、公司经营的建议和质询权、股东大会召集权等方面。

（2）收益分享权。股东有权通过股利方式获取公司的税后利润，利润分配方案由董事会提出并经过股东大会批准。

（3）股份转让权。股东有权将其所持有的股票出售或转让。

（4）优先认股权。原有股东拥有优先认购本公司增发股票的权利。

（5）剩余财产要求权。当公司解散、清算时，股东有对清偿债务、清偿优先股股东以后的剩余财产索取的权利。

3. 股票的种类

（1）按股东权利和义务，分为普通股股票和优先股股票。

普通股股票简称普通股，是公司发行的代表着股东享有平等的权利、义务，不加特别限制的，股利不固定的股票。普通股是最基本的股票，股份有限公司通常只发行普通股。

优先股股票简称优先股，是公司发行的相对于普通股具有一定优先权的股票。其优先权利主要表现在股利分配优先权和分取剩余财产优先权上。优先股股东在股东大会上无表决权，在参与公司经营管理上受到一定限制，仅对涉及优先股权利的问题有表决权。

（2）按票面是否记名，分为记名股票和无记名股票。

记名股票是在股票票面上记载有股东姓名或将名称记入公司股东名册的股票，无记名股票登记股东名称，公司只记载股票数量、编号及发行日期。

我国《公司法》规定，公司向发起人、国家授权投资机构、法人发行的股票，为记名股票；向社会公众发行的股票，可以为记名股票，也可以为无记名股票。

（3）按发行对象和上市地点，分为A股、B股、H股、N股和S股等。

A股即人民币普通股票，由我国境内公司发行，境内上市交易，它以人民币标明面值，以人民币认购和交易。B股即人民币特种股票，由我国境内公司发行，境内上市交易，它以人民币标明面值，以外币认购和交易。H股是注册地在内地、在香港上市的股票，依此类推，在纽约和新加坡上市的股票，就分别称为N股和S股。

（二）我国法律关于发行股票的有关规定

1. 股票发行的条件

发行股票是股份公司筹资的一种有效方式，但并非所有的公司都可以通过发行股票来筹资。公司发行股票需遵循有关的法律法规，并接受证券监督管理委员会的管理和监督。我国股份公司发行股票必须符合《公司法》《证券法》和《上市公司证券发行管理办法》规定的发行条件，以及国务院批准的国务院证券管理机构规定的其他条件。

2. 股票发行方式

（1）公开间接发行。公开间接发行股票，是指股份公司通过中介机构向社会公众公开发行股票。采用募集设立方式成立的股份有限公司，向社会公开发行股票时，必须由有资格的证券经营中介机构，如证券公司、信托投资公司等承销。这种发行方式的发行范围广，发行对象多，易于足额筹集资本。公开发行股票，同时还有利于提高公司的知名度，扩大其影响力，但公开发行方式审批手续复杂严格，发行成本高。

（2）非公开直接发行。非公开直接发行股票，是指股份公司只向少数特定对象直接发行股票，不需要中介机构承销。用发起设立方式成立和向特定对象募集方式发行新股的股份有限公司，向发起人和特定对象发行股票，采用直接将股票销售给认购者的自销方式。这种发行方式弹性较大，企业能控制股票的发行过程，节省发行费用。但发行范围小，不易及时足额筹集资本，发行后股票的变现性差。

3. 股份有限公司首次发行股票的一般程序

（1）发起人认足股份、交付股资。发起设立方式的发起人认购公司全部股份；募集设立方式的公司发起人认购的股份不得少于公司股份总数的35%。发起人可以用货币出资，也可以非货币资产作价出资。发起设立方式下，发起人交付全部股资后，应选举董事会、监事会，由董事会办理公司设立的登记事项；募集设立方式下，发起人认足其应认购的股份并交付股资后，其余部分向社会公开募集或者向特定对象募集。

（2）提出公开募集股份的申请。募集方式设立的公司，发起人向社会公开募集股份时，必须向国务院证券监督管理部门递交募股申请，并报送批准设立公司的相关文件，包括公司章程、招股说明书等。

（3）公告招股说明书，签订承销协议。公开募集股份申请经国家批准后，应公告招股说明书。招股说明书应包括公司章程、发起人认购的股份数、本次每股票面价值和发行价格、募集资金的用途等。同时，与证券公司等证券承销机构签订承销协议。

（4）招认股份，缴纳股款。发行股票的公司或其承销机构一般用广告或书面通知办法招募股份。认股者一旦填写了认股书，就要承担认股书中约定缴纳股款的义务。如果认股者总股数超过发起人拟招募总股数，可以采取抽签的方式确定哪些认股者有权认股。认股者应在规定的期限内向代收股款的银行缴纳股款，同时交付认股书。股款收足后，发起人应委托法定的机构验资，出具验资证明。

（5）召开创立大会，选举董事会、监事会。发行股份的股款募足后，发起人应在规定期限内（法定30天内）主持召开创立大会。创立大会由发起人、认股人组成，应有代表股份总数半数以上的认股人出席方可举行。创立大会通过公司章程，选举董事会和监事会成员，并有权对公司的设立费用进行审核，对发起人用于抵作股款的财产的作价进行审核。

（6）办理公司设立登记，交割股票。经创立大会选举的董事会，应在创立大会结束后30天内，办理申请公司设立的登记事项。登记成立后，即向股东正式交付股票。

4. 股票上市的条件

公司公开发行的股票进入证券交易所交易，必须受到严格的条件限制。我国《证券法》规定，股份有限公司申请股票上市，应当符合下列条件：（1）股票经国务院证券监督管理机构核准已公开发行。（2）公司股本总额不少于人民币3 000万元。（3）公开发行的股份达到公司股份总数的25%以上；公司股本总额超过人民币4亿元的，公开发行股份的比例为10%以上。（4）公司最近3年无重大违法行为，财务会计报告无虚假记载。

5. 股票暂停上市的条件

上市公司出现以下情形之一的，由交易所暂停其上市：（1）公司股本总额、股权分布等发生变化不再具备上市条件；（2）公司不按规定公开其财务状况，或者对财务会计报告作虚假记载；（3）公司有重大违法行为；（4）公司最近3年连续亏损。前3条证券交易所根据中国证监会的决定暂停其股票上市，第4条由交易所决定。对于社会公众持股低于总股本25%的上市公司，或股本总额超过人民币4亿元，社会公众持股比例低于10%的上市公司，如连续20个交易日不高于以上条件，交易所将决定暂停其股票上市交易。12个月内仍不达标的，交易所将终止其股票上市交易。

6. 终止股票上市的条件

上市公司出现下列情形之一的，由交易所终止其股票上市：（1）未能在法定期限内披露其暂停上市后第一个半年度报告的；（2）在法定期限内披露了恢复上市后的第一个年度报告，但公司仍然出现亏损的；（3）未能在法定期限内披露恢复上市后的第一个年度报告的；（4）恢复上市申请未被受理的或者申请未被核准的。

(三) 发行普通股股票的筹资的优缺点

1. 发行普通股股票筹资的优点

（1）两权分离，有利于公司自主经营管理。公司通过对外发行股票筹资，公司的所有权与经营权相分离，分散了公司控制权，有利于公司自主管理、自主经营。普通股筹资的股东众多，公司的日常经营管理事务主要由公司的董事会和经理层负责。但公司的控制权分散，公司也容易被经理人控制。

（2）能增强公司的社会声誉，促进股权流通和转让。普通股筹资，股东的大众化，为公司带来了广泛的社会影响。特别是上市公司，其股票的流通性强，有利于市场确认公司的价值。普通股筹资以股票作为媒介，便于股权的流通和转让，便于吸收新的投资者。但是，流通性强的股票交易，也容易在资本市场上被恶意收购。

2. 发行普通股股票筹资的缺点

（1）资本成本较高。由于股票投资的风险较大，收益具有不确定性，投资者就会要求较高的风险补偿。因此，股票筹资的资本成本较高。

（2）不易及时形成生产能力。普通股筹资吸收的一般都是货币资金，还需要通过购置和建造形成生产经营能力。相对吸收直接投资方式来说，不易及时形成生产能力。

三、发行优先股
（一）优先股特征

优先股是一种复杂的证券，它虽属于自有资金，但却具有债券的性质。其特征表现在：

（1）优先股较普通股而言，具有一定的优先权。优先股股利分配先于普通股股利分配，优先股股东对公司剩余财产的求偿权虽在债权人之后，但先于普通股股东，其求偿额为优先股的票面价值加累计未支付的股利。

（2）优先股股利是固定的。优先股的股息在发行股之前就已确定下来，这与债券利息率相同。但债券利息必须无条件支付，而优先股股利的支付具有很大的灵活性。当公司无利润或利润不足时可不支付，以后也不一定补偿。这与债券有着根本性的区别。

4 – 3

股权众筹

（二）优先股的种类

优先股按发行条款和股利分配条款的不同，可进行以下分类：

1. 按欠发的股利可否累积将其分为累积优先股与非累积优先股

累计优先股是指欠发的股利可以累积到以后年度一起发放的优先股，积欠的股利一般不加利息。

非累积的优先股指欠发的股利不再补发的优先股。显然，非累计优先股无法保障投资人应得的利益，所以投资者并不看好这种股票，故其发行量很小，一般只有在公司改组的情况下才发行。

2. 按可否参与剩余利润的分配将其分为参与优先股与非参与优先股

参与优先股是指公司在按规定的股利率支付完优先股股利和发放完预计的普通股股利后，尚有剩余的可供分配利润时，能与普通股一起参与剩余利润分配的优先股。根据程度的不同又分为全部参与和部分参与，全部参与优先股是指能与普通股共同等额分配剩余利润的优先股，部分参与优先股是指能在规定额度内与普通股一起参与剩余利润分配，而规定额度以外的部分则无权享有分配权。

非参与优先股是指只能分得规定的股利,而不能与普通股一起参与分配剩余利润的优先股。

3. 按可否转换为普通股将其分为可转换优先股和不可转换优先股

可转换的优先股是指有权根据优先股发行的规定,在将来一定时期内转换为普通股的股票。即如果公司经营情况较好,普通股价格上升,优先股股东便可行使这一权利将其股票转为普通股,并从中获利;如果普通股价格下跌,则可转换优先股的股东便可以不行使这权利,而继续享受优先股的原有优惠。所以说,可转换优先股可以使其股东在公司不稳定时受到保护,在公司盈利时分享成功的果实,其处于较有利的地位。

不可转换优先股则是不具备这种择情转换权利的优先股。可见,不可转换优先股不能使持股人获取固定股利之外的收益。因而其发行价格通常低于可转换优先股。

4. 按可否赎回将其分为可赎回优先股和不可赎回优先股

可赎回优先股是指在优先股发行条款中规定,发行公司可在股票发行后的某一时期内按发行的价格和规定的方式予以赎回的优先股。优先股的可赎回条款给了发行公司一定的筹资灵活性。当公司有意调整资本结构或降低资本成本时,即可赎回优先股以达到其目的。

不可赎回优先股是指发行后不能收回的优先股股票。

5. 按是否有表决权将其分为有表决权优先股和无表决权优先股

有表决权优先股是指股东有参与公司经营管理、参加股东大会并选举董事权利的优先股,具有表决权的优先股的表决权通常是在发行时就规定的,具体又分为永久性表决权优先股和临时性表决权优先股,以及特别表决权的优先股。永久性表决权优先股股东与普通股股东一样,能永久参加股东大会,选举董事人选。临时性表决权优先股的股东只在特定情况下(如公司连续三年未支付优先股股息时)才有一股一票的表决权。特别表决权优先股的股东只有在个别事件上才有一定的表决权。

无表决权优先股是指不参与公司经营管理,也不拥有表决权的优先股。

(三) 优先股筹资的优缺点

1. 优先股筹资的优点

(1) 优先股没有固定的到期日,不用偿还本金。并且大多数优先股又附有收回条款,这就使得使用这种资金更有弹性。当财务状况较弱时发行,于财务状况较强时收回,有利于调节资金需求,同时也能控制公司的资本结构。

(2) 股利的支付既固定又有一定弹性。一般而言,优先股都采用固定股利,但固定股利的支付并不构成公司的法定义务。如果财务状况不佳,则可暂时不支付优先股股利。

(3) 从法律上讲,优先股属于自有资金,因而,优先股扩大了权益基础,可增加公司的信誉,增强公司偿付债务的能力,从而吸引更多的借入资金。

(4) 优先股的发行，不会改变普通股股东对公司的控制权。通常优先股股东不能参与公司的经营管理，这就保证了普通股股东对公司的控制权。

2. 优先股筹资的缺点

(1) 优先股筹资的成本较高。优先股的股利要从税后利润中支付，不同于债务利息可在税前扣除，且优先股筹资风险也较大，公司发行优先股筹资，需承担较高的股利支付额。

(2) 发行优先股有时会影响普通股的利益。由于优先股先于普通股分配利润，在公司盈利额不多时，为保证优先股的固定利率，普通股股东可能无股利。在清偿公司剩余财产时也可能会发生上述情况。

(3) 优先股筹资的限制较多。发行优先股，通常有许多限制条款，如对普通股利的支出限制、对公司的借债限制等。

四、留存收益

(一) 留存收益的性质

从性质上看，企业通过合法有效的经营所实现的税后净利润，都属于企业的所有者。因此，属于所有者的利润包括分配给所有者的利润和尚未分配留存于企业的利润。企业将本年度的利润部分甚至全部留存下来的原因很多，主要包括：(1) 收益的确认和计量是建立在权责发生制基础上的，企业有利润，但企业不一定有相应的现金净流量增加，因而企业不一定有足够的现金将利润全部或部分派给所有者。(2) 法律法规从保护债权人利益和要求企业可持续发展等角度出发，限制企业将利润全部分配出去。《中华人民共和国公司法》规定，企业每年的税后利润，必须提取10%的法定盈余公积金。(3) 企业基于自身扩大再生产和筹资需求，也会将一部分利润留存下来。

(二) 留存收益的筹资途径

(1) 提取盈余公积金。盈余公积金，是指有指定用途的留存净利润，其提取基数是抵减年初累计亏损后的本年度净利润。盈余公积金主要用于企业未来的经营发展，经投资者审议后也可以用于转增股本（实收资本）和弥补以前年度经营亏损。盈余公积金不得用于以后年度的对外利润分配。

(2) 未分配利润。未分配利润，是指未限定用途的留存净利润。未分配利润有两层含义：①这部分净利润本年没有分配给公司的股东投资者；②这部分净利润未指定用途，可以用于企业未来经营发展、转增股本（实收资本）、弥补以前年度经营亏损、以后年度利润分配。

(三) 留存收益筹资的优缺点

1. 留存收益筹资的优点

(1) 不用发生筹资费用。企业从外界筹集长期资本，与普通股筹资相比较，留存收益筹资不需要发生筹资费用，资本成本较低。

(2) 维持企业的控制权分布。利用留存收益筹资，不用对外发行于新股或吸收新投资者由此增加的权益资本不会改变企业的股权结构，不会稀释原有股东的控制权。

2. 留存收益筹资的缺点

（1）筹资数额有限。留存收益的最大数额是企业当期的净利润和以前年度未分配利润之和，不像外部筹资一次性可以筹集大量资金。如果企业发生亏损，那么当年就没有利润留存。另外，股东和投资者从自身期望出发，往往希望企业每年发放一定的利润，保持一定的利润分配比例。

（2）资金使用受制约。企业必须经过一定时期的积累才可能拥有一定数量的留存收益，从而使企业难以在短期内获得扩大再生产所需资金。

任务四 债务筹资管理

债务筹资形成企业的债务资金，债务资金是企业通过银行借款、向社会发行公司债券、融资租赁等方式筹集和取得的资金。银行借款、发行债券和融资租赁，是债务筹资的三种基本形式。商业信用也是一种债务资金，但它是企业间的商品或劳务交易形成的。

一、银行借款

银行借款是指企业向银行或其他非银行金融机构借入的、需要还本付息的款项，包括偿还期限超过1年的长期借款和不足1年的短期借款，主要用于企业购建固定资产和满足流动资金周转的需要。

（一）银行借款的种类

1. 按借款期限长短，分为短期借款、中期借款和长期借款。

短期借款是指借款期限在1年以内（含1年）的借款，主要解决企业流动资金的需求。

中期借款是指借款期限在1年以上5年以下（含5年）的借款，主要解决企业流动资产占用资金和部分固定资产占用资金的需求。

长期借款是指借款期限在5年以上的借款。主要解决长期投资中固定资产的资金需求。

2. 按提供贷款的机构，分为政策性银行贷款、商业银行贷款和其他金融机构贷款。

政策性银行贷款是指执行国家政策性贷款业务的银行向企业发放的贷款，通常为长期贷款。如国家开发银行贷款，主要满足企业承建国家重点建设项目的资金需要；中国进出口信贷银行贷款，主要为大型设备的进出口提供买方信贷或卖方信贷。

商业性银行贷款是指由各商业银行，如中国工商银行、中国建设银行、中国农业银行、中国银行等，向工商企业提供的贷款，用以满足企业生产经营的资金需要，包括短期贷款和长期贷款。

其他金融机构贷款，如从信托投资公司取得实物或货币形式的信托投资贷款，从财务公司取得的各种中长期贷款，从保险公司取得的贷款等。其他金融机构贷款一般较商业银行贷款的期限要长，要求的利率较高，对借款企业的信用要求和担保的选择比较严格。

3. 按机构对贷款有无担保要求，分为信用贷款和担保贷款

信用贷款是指以借款人的信誉或保证人的信用为依据而获得的贷款。企业取得这种贷款，无须以财产做抵押。对于这种贷款，由于风险较高，银行通常要收取较高的利息，往往还附加一定的限制条件。

担保贷款是指由借款人或第三方依法提供担保而获得的贷款。担保包括保证责任、财产抵押、财产质押，由此，担保贷款包括保证贷款、抵押贷款和质押贷款三种基本类型。

保证贷款是指按《中华人民共和国担保法》规定的保证方式，以第三方作为保证人承诺在借款人不能偿还借款时，按约定承担一定保证责任或连带责任而取得的贷款。

抵押贷款是指按《中华人民共和国担保法》规定的抵押方式，以借款人或第三方的财产作为抵押物而取得的贷款。

质押贷款是指按《中华人民共和国担保法》规定的抵押方式，以借款人或第三人的动产或权利作为质物发放的贷款。

4. 按企业取得贷款的用途，分为基本建设贷款、专项贷款和流动资金贷款

基本建设贷款是指企业因从事新建、改建、扩建等基本建设项目需要资金而向银行申请借入的款项。

专项贷款是指企业因为专门用途而向银行申请借入的款项，包括更新改造技改贷款、大修理贷款、研发和新产品研制贷款、小型技术措施贷款、出口专项贷款、引进技术转让费周转金贷款、进口设备外汇贷款、进口设备人民币贷款及国内配套设备贷款等。

流动资金贷款是指企业为满足流动资金的需求而向银行申请借入的款项，包括流动资金借款、生产周转借款、临时借款、结算借款和卖方信贷。

（二）银行借款的程序

1. 提出申请，银行审批

企业根据筹资需求向银行提出书面申请，按银行要求的条件和内容填报借款申请书。银行按照有关政策和贷款条件，对借款企业进行信用审查，核准公司申请的借款金额和用款计划。银行审查的主要内容包括：公司的财务状况、信用情况、盈利的稳定性、发展前景、借款投资项目的可行性、抵押品和担保情况。

2. 签订合同，取得借款

借款申请获批准后，银行与企业进一步协商贷款的具体条件，签订正式的借款合同，规定贷款的数额、利率、期限和一些约束性条款。借款合同签

订后，企业在核定的贷款指标范围内，根据用款计划和实际需要，一次或分次将贷款转入公司的存款结算户，以便使用。

（三）银行借款的信用条件

按照国际通行做法，银行发放贷款时，往往带有一些信用条件，主要有：

1. 信贷额度

信贷额度是银行对借款人规定的无担保贷款的最高额，信贷限额的有效期限通常为1年。一般来说，企业在批准的限额内，可随时使用银行借款。但是银行并不承担必须提供全部信贷限额的义务。如果企业信誉恶化，即使银行曾同意按信贷限额提供贷款，但企业也可能得不到借款。此时银行不承担法律责任。

2. 周转信贷协定

周转信贷协定是指银行具有法律义务地承诺提供不超过某一最高限额的贷款协定。在协定的有效期内，只要企业的借款总额未超过最高限额，银行必须满足企业任何时候提出的借款要求。企业享有周转信贷协定的同时通常要为贷款限额的未使用部分而支付给银行一笔承诺费。

【例4-3】 某周转信贷额为1 200万元，承诺费率为0.5%，借款企业年度内使用了800万元，余额为400万元。那么借款企业应向银行支付承诺费2万元（400×0.5%）。

3. 补偿性余额

补偿性余额是银行要求借款企业在银行中保持按贷款限额或实际借用额一定百分比（通常为10%~20%）计算的最低存款金额。从银行的角度讲，补偿性余额可降低贷款风险，补偿其遭受的贷款损失。对于借款企业来讲，补偿性余额则提高了借款的实际利率。

【例4-4】 某企业按年利率6%向银行借款500万元，银行要求维持贷款限额20%的补偿性余额，那么企业实际可用的借款只有400万元，该项借款的实际利率为：

$$补偿性余额贷款实际利率 = \frac{名义利率}{1-补偿性余额比率} \times 100\%$$

$$= \frac{6\%}{1-20\%} \times 100\%$$

$$= 7.5\%$$

4. 借款抵押

银行向财务风险较大的企业发放贷款，有时需要抵押品担保以降低自己蒙受损失的风险。短期借款的抵押品经常是借款企业的应收账款、存货、股票债券等。银行接受抵押品后，将根据抵押品的面值决定贷款金额，一般为抵押品面值的30%~50%。这一比例的高低，取决于抵押品的变现能力和银行的风险偏好。

抵押借款的资金成本通常高于非抵押借款，这是因为银行主要向信誉好的客户提供非抵押贷款，而将抵押贷款视为一种风险贷款，因而收取较高的利息；同时银行管理抵押贷款要比管理非抵押贷款困难，为此往往另外收取手续费。企业取得抵押借款后银行还会限制其抵押财产的使用和将来的借款能力。

5. 偿还条件

贷款的偿还有到期一次偿还和在贷款期内定期等额偿还两种方式。一般来说，企业不希望采用定期等额偿还方式，因为这会提高贷款的实际利率。在分期等额偿还贷款中，银行和其贷款人通常按加息分摊法计算利息。即银行将根据名义利率计算的利息加到贷款本金上，计算出贷款的本利和从而要求借款人在贷款期内分期等额偿还本息之和的金额。

【例4-5】 星星公司向某银行借入20万元，年利率为8%，要求借款人在贷款期限一年内分期等额偿还本息之和的金额，该项借款每月偿还额为：

$(200\,000 + 200\,000 \times 8\%)/12 = 18\,000$（元）

就全年来说，借款人只使用了大约20万元的一半，可见，借款人所负担的实际利率大约高于名义利率的一倍。而在偿还条件中，银行不希望采用到期一次还本付息方式，因为这会加重企业还款时的财务负担，增加企业的拒付风险，同时也会降低实际贷款利率。

（四）银行借款筹资的优缺点

1. 银行借款筹资的优点

（1）筹资速度快。银行借款所办理的手续相对于股票债券等方式来说较为简单，具有程序简便、迅速快捷的特点。

（2）借款弹性较大。无论是用款进度，还是还款安排，由于只和某一银行进行协商，因此，有利于企业按自身的要求和能力来变更借款数量与还款期限，具有一定的灵活性。

（3）资金成本低。借款利息在税前开支且间接筹资费用低，因此，其债务成本相对较低。

（4）易于企业保守财务秘密。向银行办理借款，可以避免向公众提供公开的财务信息，易保守企业财务秘密。

2. 银行借款筹资的缺点

（1）筹资风险大。企业举借长期借款，必须定期还本付息，在经营不利的情况下，可能会产生不能偿付的风险，甚至会导致破产。

（2）限制条款多。与发行公司债券相比较，银行借合同对借款用途有明确规定，通过借款的保护性条款，对公司资本支出额度、再筹资、股利支付等行为有严格的约束，以后公司的生产经营活动和财务政策必将受到一定程度的影响。

（3）筹资数额有限。银行借款的数额往往受到贷款机构资本实力的制约，难以像发行公司债券、股票那样一次筹集到大笔资金，无法满足公司大规模筹资的需要。

二、发行公司债券

公司债券又称企业债券,是企业依照法定程序发行的、约定在一定期限内还本付息的有价证券。债券是持券人拥有公司债权的书面证明,它代表债券持券人与发债公司之间的债权债务关系。

(一) 债券的基本要素

(1) 债券面值。债券面值包括两个基本内容:一是币种;二是票面金额。面值的币种可用本位币,也可用外币,这取决于发行者的需要和债券的种类。债券的票面金额是债务到期时偿还债务的金额。面额印在债券上,固定不变,到期必须足额偿还。

(2) 债券的期限。债券都有明确的到期日,债券从发行之日至到期日之间的时间称为债券的期限。在债券期限内,公司必须定期支付利息,债券到期时,必须偿还本金,当然,也可按规定分批偿还或提前一次偿还。

(3) 利率与利息。债券票面利率也称名义利率,是指债券发行时票面上注明的利率。债券的利率一般是年利率,面值与利率相乘可得年利息。

(4) 债券的价格。理论上讲,债券的面值就应该是它的价格,但由于市场供求关系、利息率的变化等,债券的市场价格常常脱离它的面值。也就是说,债券的面值是固定的,而其价格却是经常变化的。发行者计息还本,根据的是债券的面值,而不是其价格。

(二) 公司债券的种类

1. 按是否记名,分为记名债券和无记名债券

记名公司债券,应当在公司债券存根簿上载明债券持有人的姓名及住所、债券持有人取得债券的日期及债券的编号等信息。记名公司债券,由债券持有人以背书方式或者法律、行政法规规定的其他方式转让;转让后由公司将受让人的姓名或者名称及住所记载于公司债券存根簿。

无记名公司债券,应当在公司债券存根簿上载明债券总额、利率、偿还期限和方式、发行日期及债券的编号。无记名公司债券的转让,由债券持有人将该债券交付给受让人后即发生转让的效力。

2. 按是否能够转换成公司股权,分为可转换债券与不可转换债券

可转换债券,是指债券持有者可以在规定的时间内按规定的价格转换为发债公司股票的一种债券。这种债券在发行时,债券转换为股票的价格和比率等都作了详细规定。《中华人民共和国公司法》规定,可转换债券的发行主体是股份有限公司中的上市公司。

不可转换债券,是指不能转换为发债公司股票的债券,大多数公司债券属于这种类型。

3. 按有无特定财产担保,分为担保债券和信用债券

担保债券是指以抵押方式担保发行人按期还本付息的债券,主要是指抵押债券。抵押债券按其抵押品的不同,又分为不动产抵押债券、动产抵押债

券和证券信托抵押债券。

信用债券是无担保债券,是仅凭公司自身的信用发行的、没有抵押品作抵押担保的债券。在公司清算时,信用债券的持有人因无特定的资产做担保品,只能作为一般债权人参与剩余财产的分配。

(三) 债券发行的条件

在我国,根据《中华人民共和国公司法》的规定,股份有限公司和有限责任公司,具有发行债券的资格。

根据《中华人民共和国证券法》规定,公开发行公司债券,应当符合下列条件:(1) 股份有限公司的净资产不低于人民币 3 000 万元,有限责任公司的净资产不低于人民币 6 000 万元;(2) 累计债券余额不超过公司净资产的 40%;(3) 最近 3 年平均可分配利润足以支付公司债券 1 年的利息;(4) 筹集的资金投向符合国家产业政策;(5) 债券的利率不超过国务院限定的利率水平;(6) 国务院规定的其他条件。

公开发行公司债券筹集的资金,必须用于核准的用途,不得用于弥补亏损和非生产性支出。根据《中华人民共和国证券法》规定,公司债券要上市交易,应当进一步符合下列条件:(1) 公司债券的期限为 1 年以上;(2) 公司债券实际发行额不少于人民币 5 000 万元;(3) 公司申请债券上市时仍符合法定的公司债券发行条件。

(四) 公司债券发行的程序

1. 做出发债决议

拟发行公司债券的公司,需要由公司董事会制订公司债券发行的方案,并由公司股东大会批准,做出决议。

2. 提出发债申请

根据《中华人民共和国证券法》规定,公司申请发行债券由国务院证券监督管理部门批准。公司申请应提交公司登记证明、公司章程、公司债券募集办法、资产评估报告和验资报告等正式文件。

3. 公告募集办法

企业发行债券的申请经批准后,要向社会公告公司债券的募集办法。公司债券募集分为私募发行和公募发行。私募发行是以特定的少数投资者为指定对象发行债券,公募发行是在证券市场上以非特定的广大投资者为对象公开发行债券。

4. 委托证券经营机构发售

按照我国公司债券发行的相关法律规定,公司债券的公募发行采取间接发行方式。在这种发行方式下,发行公司与承销团签订承销协议。承销团由数家证券公司或投资银行组成,承销方式有代销和包销两种。代销是指承销机构代为推销债券,在约定期限内未售出的余额可退还发行公司,承销机构不承担发行风险。包销是由承销团先购入发行公司拟发行的全部债券,然后再售给社会上的投资者,如果约定期限内未能全部售出,余额要由承销团负责认购。

5. 交付债券，收缴债券款

债券购买人向债券承销机构付款购买债券，承销机构向购买人交付债券。然后，债券发行公司向承销机构收缴债券款，登记债券存根簿，并结算发行代理费。

（五）债券的发行价格

债券发行价格是债券发行时所使用的价格，即投资者购买债券时所支付的价格。通常有三种情况：平价、溢价和折价。

平价是按债券面值发行的价格；溢价是指以高出债券面值发行的价格；折价是指以低于债券面值发行的价格。债券的发行价格受债券面值、票面利率、债券期限及市场利率四个因素的影响。其中主要的是票面利率与市场利率的一致程度，市场利率经常变动，而债券票面利率一经确定就不能变更。从债券的开印到正式发行，往往需要经过一段时间，在这段时间如果资金市场上的利率发生变化，就要靠调整发行价格的方法来使债券顺利发行。

从资金时间价值考虑，分期付息债券价格主要由两部分组成：(1) 债券到期时本金（债券面值）的现值；(2) 债券各期利息的年金现值。其计算公式为：

$$债券发行价格 = \frac{票面金额}{(1+市场利率)^n} + \sum_{t=1}^{n} \frac{票面金额 \times 票面利率}{(1+市场利率)^t}$$

式中：n 为债券期限，t 为付息期数。

债券以何种价格发行，取决于债券票面利率与市场利率的关系。如果市场利率高于债券票面利率，则债券需折价发行；如市场利率低于债券票面利率，则债券需溢价发行；如市场利率等于债券票面利率，则债券需等价发行。

【例4-6】 某企业发行五年期的公司债券，债券面值为2 000元，票面利率为6%，利息每年支付一次，试确定三种情况下的债券发行价格：(1) 债券发行时市场利率为10%；(2) 债券发行时市场利率为6%；(3) 债券发行时市场利率为3%。

三种利率下的债券发行价格分别为：

(1) 债券发行价格 = 2 000 × 6% × (P/A,10%,5) + 2 000 × (P/F,10%,5)
　　　　　　　　 = 120 × 3.7908 + 2 000 × 0.6209
　　　　　　　　 = 1 696.7（元）

(2) 债券发行价格 = 2 000 × 6% × (P/A,6%,5) + 2 000 × (P/F,6%,5)
　　　　　　　　 = 120 × 4.2124 + 2 000 × 0.7473
　　　　　　　　 ≈ 2 000（元）

(3) 债券发行价格 = 2 000 × 6% × (P/A,3%,5) + 2 000 × (P/F,3%,5)
　　　　　　　　 = 120 × 4.5797 + 2 000 × 0.8626
　　　　　　　　 = 2 274.76（元）

（六）债券的偿还

债券偿还时间按其实际发生与规定的到期日之间的关系，分为提前偿还与到期偿还两类，其中后者又包括分批偿还和一次偿还两种。

（1）提前偿还。提前偿还又称提前赎回或收回，是指在债券尚未到期之前就予以偿还。只有在公司发行债券的契约中明确规定了有关允许提前偿还的条款，公司才可以进行此项操作。提前偿还所支付的价格通常要高于债券的面值，并随到期日的临近而逐渐下降。具有提前偿还条款的债券可使公司筹资有较大的弹性。当公司资金有结余时，可提前赎回债券；当预测利率下降时，也可提前赎回债券，而后以较低的利率来发行新债券。

（2）到期分批偿还。如果一个公司在发行同一种债券的当时就为不同编号或不同发行对象的债券规定了不同的到期日，这种债券就是分批偿还债券。因为各批债券的到期日不同，它们各自的发行价格和票面利率也可能不相同，从而导致发行费较高；但由于这种债券便于投资人挑选最合适的到期日，因而便于发行。

（3）到期一次偿还。多数情况下，发行债券的公司在债券到期日，一次性归还债券本金，并结算债券利息。

（七）公司债券筹资的优缺点

1. 公司债券筹资的优点

（1）一次筹资数额大。利用发行公司债券筹资，能够筹集大额的资金，满足公司大规模筹资的需要。这是与银行借款、融资租赁等债务筹资方式相比，企业选择发行公司债券筹资的主要原因，大额筹资能够适应大型公司扩大经营规模的需要。

（2）募集资金的使用限制条件少。与银行借款相比，发行债券募集的资金在使用上具有相对灵活性和自主性。特别是发行债券所筹集的大额资金，能够用于流动性较差的公司长期资产上。从资金使用的性质来看，银行借款一般期限短、额度小，主要用途为增加适量存货或增加小型设备等。反之，期限较长、额度较大，用于公司扩展、增加大型固定资产和基本建设投资的需求多采用发行债券方式筹资。

（3）可利用财务杠杆作用。由于债券的利息是固定的且在所得税前支付，公司如能保证债券所筹集的资金的投资收益率高于债券利息率，那么可以使更多的收益用于分配给股东或留归企业以扩大经营。

2. 公司债券筹资的缺点

（1）资本成本负担较高。相对于银行借款筹资，发行债券的利息负担和筹资费用都比较高，而且债券不能像银行借款一样进行债务展期，加上大额的本金和较高的利息，在固定的到期日，将会对公司现金流量产生巨大的财务压力。不过，尽管公司债券的利息比银行借款高，但公司债券的期限长、利率相对固定。在预计市场利率持续上升的金融市场环境下，发行公司债券筹资，能够锁定资本成本。

（2）筹资风险高。债券筹资除了要支付固定的利息，还要在到期日偿还全部本金。债券的还本付息增加了公司的财务压力。如果公司经营状况不佳，特别是投资收益率低于债券利息率时，公司就会背上沉重的负担，此种状况持续一段时间后，公司就会出现无力偿还债务的局面，最终可能导致破产。

三、融资租赁

租赁，是指通过签订资产出让合同的方式，使用资产的一方（承租方）通过支付租金，向出让资产的一方（出租方）取得资产使用权的一种交易行为。在这项交易中，承租方通过得到所需资产的使用权，完成了筹集资金的行为。

（一）租赁的基本特征

1. 所有权与使用权相分离

租赁资产的所有权与使用权分离是租赁的主要特点之一。银行信用虽然也是所有权与使用权相分离，但载体是货币资金，租赁则是资金与实物相结合基础上的分离。

2. 融资与融物相结合

租赁是以商品形态与货币形态相结合提供的信用活动，出租人在向企业出租资产的同时，解决了企业的资金需求，具有信用和贸易双重性质。它不同于一般的借钱还钱、借物还物的信用形式，而是借物还钱，并以分期支付租金的方式来体现。租赁的这一特点使银行信贷和财产信贷融合在一起，成为企业融资的一种特定形式。

3. 租金的分期支付

在租金的偿还方式上，租金与银行信用到期还本不一样，采取了分期支付方式。出租方的资金一次投入，分期收回。对于承租方而言，通过租赁可以提前获得资产的使用价值，分期支付租金便于分期规划未来的现金流出量。

（二）租赁的分类

租赁分为融资租赁和经营租赁。

经营租赁是由租赁公司向承租单位在短期内提供设备，并提供维修、保养、人员培训等的一种服务性业务，又称服务性租赁。经营租赁的特点主要包括：（1）出租的设备一般由租赁公司根据市场需要选定，然后再寻找承租企业；（2）租赁期较短，短于资产的有效使用期，在合理的限制条件内承租企业可以中途解约；（3）租赁设备的维修、保养由租赁公司负责；（4）租赁期满或合同中止以后，出租资产由租赁公司收回。经营租赁比较适用于租用技术过时较快的生产设备。

融资租赁是由租赁公司按承租单位要求出资购买设备，在较长的合同期内提供给承租单位使用的融资信用业务，它是以融通资金为主要目的的租赁。融资租赁的主要特点包括：（1）出租的设备根据承租企业提出的要求购买，或者由承租企业直接从制造商或销售商那里选定；（2）租赁期较长，接近于资产的有效使用期，在租赁期间双方无权取消合同；（3）由承租企业负责设备的维修、保养；（4）租赁期满，按事先约定的方法处理设备，包括退还租赁公司，或继续租赁，或企业留购。通常采用企业留购办法，即以很少的"名义价格"（相当于设备残值）买下设备。

（三）融资租赁的基本程序与形式

1. 融资租赁的基本程序

（1）选择租赁公司，提出委托申请。当企业决定采用融资租赁方式以获取某项设备时，需要了解各租赁公司的资信情况、融资条件和租赁费率等，分析比较选定一家作为出租单位，然后，向租赁公司申请办理融资租赁。

（2）签订购货协议。由承租企业和租赁公司中的一方或双方，与选定的设备供应厂商进行购买设备的技术谈判和商务谈判，在此基础上与设备供应厂商签订购货协议。

（3）签订租赁合同。承租企业与租赁公司签订租赁设备的合同，如需要进口设备，还应办理设备进口手续。租赁合同是租赁业务的重要文件，具有法律效力。融资租赁合同的内容可分为一般条款和特殊条款两部分。

（4）交货验收。设备供应厂商将设备发运到指定地点，承租企业要办理验收手续。验收合格后签发交货及验收证书交给租赁公司，作为其支付货款的依据。

（5）定期交付租金。承租企业按租赁合同规定，分期交纳租金，这也就是承租企业对所筹资金的分期还款。

（6）合同期满处理设备。承租企业根据合同约定，对设备续租、退租或留购。

2. 融资租赁的基本形式

（1）直接租赁。直接租赁是融资租赁的主要形式，承租方提出租赁申请时，出租方按照承租方的要求选购设备，然后再出租给承租方。

（2）售后回租。售后回租是指承租方由于急需资金等各种原因，将购买的资产售给出租方，然后以租赁的形式从出租方原封不动地租回资产的使用权。在这种租赁合同中，除资产所有者的名义改变之外，其余情况均无变化。

（3）杠杆租赁。杠杆租赁是指涉及承租人、出租人和资金出借人三方的租赁业务。一般来说，当所涉及的资产价值昂贵时，出租方只投部分资金，通常为资产价值20%~40%，其余资金则通过将该资产抵押担保的方式，向第三方（通常为银行）申请贷款解决。租赁公司然后将购进的设备出租给承租方，用收取的租金偿还贷款，该资产的所有权属于出租方。出租人既是债权人也是债务人，如果出租人到期不能按期偿还借款，资产所有权则转移给资金的出借者。

（四）融资租赁筹资的优缺点

融资租赁集"融资"与"融物"于一身，使企业在资金短缺的情况下引进设备成为可能。对于中小企业、新创企业而言，融资租赁是一条重要的融资途径。大型企业的大型设备、工具等固定资产，也经常通过融资租赁方式解决巨额资金的需要，如商业航空公司的飞机，大多是通过融资租赁取得的。

1. 融资租赁筹资的优点

（1）可迅速获得所需设备。企业购买设备一般是先筹资后购买，而融资租赁是将融资与购物并行，企业可迅速获得所需设备并投入运营，并很快形成生产能力。

（2）增加了筹资的灵活性。与发行债券、长期借款相比融资租赁可避免许多限制性条款，从而为企业经营活动提供更大的弹性空间。

（3）减轻了财务负担。由于租金可在整个租赁期内分期支付，所以能够降低企业财务负担、稳定收益水平；另外，租金作为经营费用可抵减企业税负。

（4）免遭设备陈旧过时的风险。因为设备的租赁期通常短于设备的法定使用年限，这实际上等于加速了折旧，承租企业能享受税收优惠。

（5）租赁为企业提供了新的资金来源。如果企业负债比率过高，那么，融资租赁比借款更容易获得。采用融资租赁可使企业在资金不足而又急需设备时，付出少量资金就能及时获得需要的设备。

2. 融资租赁筹资的缺点

（1）租金高。出租人通过租金获得的报酬率一般要高于债券利息率。

（2）丧失资产的残值。租赁期满后，租赁的资产一般归出租方。如果租用资产的残值仍较大，这对承租方而言无疑将是一个损失。但若承租方届满后留购，则可享有残值。

（3）难于改良资产。未经出租人同意，承租人不得擅自对租赁资产加以改良，势必影响资产发挥更大的功能。

四、商业信用

商业信用是指商品交易中以延期付款或预收货款的方式进行购销活动而形成的借贷关系，它是公司间接的信用行为。商业信用产生于商品交换之中，其具体形式主要是应付账款、应付票据、预收账款等。据有关资料统计，这种短期筹资在许多公司中占短期负债的40%左右，它已成为公司重要的短期资金来源方式。

（一）商业信用的形式

利用商业信用融资，主要有以下几种形式：

（1）赊购商品，是卖方提供给买方的商业信用。买卖双方发生了商品交易行为，但卖方允许买方在收到货物后的一定时期内支付货款。买方在延期付款的这段时间内等于向卖方借款，这种负债形成的资金来源一般不出具正式借据，是由卖方根据买方的信誉条件而提供的信贷。例如，卖方根据其信用条件和收账效率,提供给买方赊购的优惠为"5/5、n/30",意思就是买方若能在购货后 5 天内支付货款,可享受 5% 的现金折扣,超过 5 天则无此折扣,但允许买方付款期限最长为 30 天,采用这种赊购方式既有益于销货方推销商品,又可为买方提供暂时的短期资金来源。

(2) 预收货款,是指销售方按照买卖双方签订的合同和协议在发出商品之前,预先向购货方收取部分或全部货款。销售方尚未发出商品即获取一笔款项,其间等于它向买方借入一笔资金。这种由买方向卖方提供的商业信用,一般适用于生产售价高、紧俏商品的企业,或是产周期长的建筑、安装和重型机械制造企业等。

(3) 商业汇票,是由出票人签发的,委托付款人在指定日期无条件支付确定的金额给收款人或者持票人的票据。这种票据可由购货企业签发,也可由销货企业签发。根据承兑单位不同,商业汇票分为银行承兑汇票和商业承兑汇票两种。商业承兑汇票由银行以外的付款人承兑,银行承兑汇票由银行承兑。商业汇票是一种期票,是反映应付账款和应收账款的书面证明。对于买方来说,它是一种短期融资方式。

(二) 商业信用筹资管理

商业信用筹资管理的重点在于商业信用条件决策,从商业信用条件看主要有:(1) 预收货款;(2) 延期付款,但不提供现金折扣,如"net30"是指 30 天内按发票金额付款;(3) 延期付款,但早付款有现金折扣。从商业信用数量上看,其数量取决于:(1) 信用额度多少;(2) 允许按发票面额付款的最后期限即信用期限;(3) 享有现金折扣期的长短即折扣期限的长短;(4) 享有现金折扣率的大小等因素。信用额度越大,信用期限越长,则筹资的数量也越多。同时,由于受现金折扣期及现金折扣率的影响,使企业在享有信用免费资金的同时,增加了因未享有现金折扣而产生的机会成本。因此,如何就企业在扩大筹资数量、免费使用他人资金与享有现金折扣、减少机会成本间进行比较,是信用筹资管理的重点。

(1) 享有现金折扣。在这种情况下,企业可获得最长为现金折扣期的免费资金,并取得相应的折扣收益,其免费信用额度为扣除现金折扣后的净购价。

(2) 放弃现金折扣,在信用期内付款,在这种情况下,企业可获得最长为信用期的免费资金,其信用额度为商品总购价;但由于放弃现金折扣,则会增加相应的机会成本。

$$放弃现金折扣的资金成本率 = \frac{折扣率}{1-折扣率} \times \frac{360}{信用期-折扣期} \times 100\%$$

【例 4-7】 甲公司向乙公司采购原材料,采购价税合计 100 万元,为了让甲公司尽快付款,乙公司推出了商业信用"2/10,n/30"。乙公司如果放弃现金折扣的资金成本率?

根据公式,则放弃现金折扣的资金成本率为:

$$\text{放弃现金折扣的资金成本率} = [2\%/(1-2\%)] \times [360/(30-10)] \times 100\%$$
$$= 36.73\%$$

计算表明，如果公司放弃现金折扣以取得这笔为期 20 天的资金使用权，是以承担 36.73% 的年利率为代价的。或者说，放弃 2% 的现金折扣意味着该公司向供应商融资 49 万元资金可使用 20 天。在一般情况下，企业财务人员需要将放弃现金折扣的资金成本与银行借款年利率进行比较，如果放弃现金折扣资金成本率大于银行借款利率，则企业放弃现金折扣机会所付的代价较大，从而对企业不利。这是因为如果企业用银行借款支付贷款并享有折扣，其借款利息小于享有折扣的机会收益；反之，则结论相反。如上例，银行借款年利率无论如何也达不到 36.7%，企业应享有现金折扣。

（3）逾期支付。在这种情况下，企业实际上是拖欠卖方的货款，但企业会因此而信誉下降，未来失去的机会收益更多。因此，在市场经济条件下，企业不应拖欠借款，而应按期付款，维护企业形象。

（三）商业信用筹资优缺点

1. 商业信用筹资优点

（1）筹资便利。取得商业信用非常方便，不需作复杂的安排，可随着商品购销而享受信用、归还款项。

（2）筹资成本低。如果没有现金折扣，或企业不放弃现金折扣，那么利用商业信用则不发生筹资成本。

（3）限制条件少。商业信用比其他筹资方式条件宽松，无须担保或抵押，选择余地大。

2. 商业信用筹资缺点

商业信用筹资的期限较短，如果取得现金折扣则时间更短；如果放弃现金折扣，则需负担很高的筹资成本。

项目总结

本项目首先对筹资管理进行了基本介绍，接着介绍了资金需求量的预测、权益筹资管理和债务筹资管理。

资金是企业进行生产经营的必要条件，企业资金筹集是企业财务管理首要的财务活动。我们从以下三个方面认识资金筹集：企业筹资的目的与要求、企业筹资的分类与原则、企业筹资的渠道与方式。

合理预测资金的需求量是筹资的前奏，筹集的资金既能满足生产经营的需要，又不会产生资金多余而闲置，正确预测资金需求量，是财务预测的一个重要内容。资金需求量预测的方法主要有：销售百分比法、线性回归分析法和资产负债表法等。

股权筹资形成企业的股权资金，是企业最基本的筹资方式。目前我国企业权益资本筹集的方式主要有：吸收直接投资、发行普通股、发行优先股和

4-4 对企业不同筹资方式的认知

利用留存收益。权益资本筹集方式的主要优点是筹集的资金可供企业长期使用，无须还本，无固定筹资成本，财务风险小；主要缺点是资本成本高。

债务筹资形成企业的债务资金，债务资金是企业通过银行借款、向社会发行公司债券、融资租赁等方式筹集和取得的资金。银行借款、发行债券和融资租赁，是债务筹资的三种基本形式。商业信用也是一种债务资金，但它是企业间的商品或劳务交易形成的。

拓展阅读

4－5
财务管理筹资
方式比较探究

课堂内外

1. 阅读：何志琪："浅析中小企业筹资管理的风险与控制对策"，《中国国际财经（中英文）》2017 第 5 期。

2. 阅读：顾仁祥："浅议企业筹资管理方案的设计"，《新商务周刊》2017 第 21 期。

3. 阅读：姜彦瑶："企业筹资管理问题与对策"，《商》，2015 第 39 期。

职业能力训练

一、职业选择能力训练（单选，每小题只有一个正确答案）

1. 按企业所取得资金的权益特性不同，企业筹资分为（　　）。
A. 直接筹资和间接筹资
B. 股权筹资、债务筹资及衍生工具筹资
C. 内部筹资和外部筹资
D. 长期筹资和短期筹资

2. 下列筹资方式中属于间接筹资方式的是（　　）。
A. 发行股票　　　　　　　　B. 发行债券
C. 吸收直接投资　　　　　　D. 融资租赁

3. 下列各项中，不能作为资产出资的是（　　）。
A. 存货　　　　　　　　　　B. 固定资产
C. 无形资产　　　　　　　　D. 特许经营权

4. 吸收直接投资的优点是（　　）。
A. 资本成本较低　　　　　　B. 产权流动性较强

C. 公司控制权集中　　　　　　D. 易于尽快形成生产能力

5. 下列各项中，属于非经营性负债的是（　　）。

A. 应付账款　　　　　　　　　B. 应付票据

C. 应付债券　　　　　　　　　D. 应付销售人员薪酬

6. 某公司2017年预计营业收入为50 000万元，预计销售净利率为10%，股利支付率为60%。据此可以测算出该公司2017年内部资金来源的金额为（　　）万元。

A. 2 000　　　　　　　　　　B. 3 000

C. 5 000　　　　　　　　　　D. 8 000

7. 在下列各项中，能够引起企业自有资金增加的筹资方式是（　　）。

A. 直接投资

B. 利用商业信用

C. 发行公司债券

D. 留存收益转增资本

8. 某企业与银行商定的周转信贷额为800万元，年利率2%，承诺费率为0.5%，年度内企业使用了500万元，平均使用10个月，对本年度应向银行支付的承诺费为（　　）。

A. 6.83　　　　　　　　　　　B. 0.42

C. 1.92　　　　　　　　　　　D. 1.5

9. 某企业向银行借款100万元，企业要求按照借款总额的10%保留补偿性余额要求按照贴现法支付利息，借款的利率为6%，则借款实际利率为（　　）。

A. 7.14%　　　　　　　　　　B. 6.67%

C. 6.38%　　　　　　　　　　D. 7.28%

10. 企业按"2/10，n/30"的条件购进商品50 000元，若放弃现金折扣，则其资金的机会成本为（　　）。

A. 2%　　　　　　　　　　　 B. 36.73%

C. 14.4%　　　　　　　　　　D. 14.69%

11. 下列各项中，不属于普通股股东拥有的权利是（　　）。

A. 优先认股权　　　　　　　　B. 优先分配收益权

C. 股份转让权　　　　　　　　D. 剩余财产要求权

12. 下列各种筹资方式中，最有利于降低公司财务风险的是（　　）。

A. 发行普通股　　　　　　　　B. 发行优先股

C. 发行公司债券　　　　　　　D. 发行可转换债券

13. 与发行公司债券相比，吸收直接投资的优点是（　　）。

A. 资本成本较低

B. 产权流动性强

C. 能够提升企业市场形象

D. 易于尽快形成生产能力

14. 下列不属于吸收直接投资方式的是（　　）。

A. 吸收国家投资　　　　　　　　B. 吸收法人投资

C. 吸收社会公众投资　　　　　　D. 融资租赁

15. 下列各种筹资方式中，筹资限制条件相对最少的是（　　）。

A. 发行股票　　　　　　　　　　B. 融资租赁

C. 发行债券　　　　　　　　　　D. 发行短期融资券

16. 与股票筹资相比，下列各项中，属于债务筹资缺点的是（　　）。

A. 资本成本较高　　　　　　　　B. 稀释股东控制权

C. 筹资灵活性小　　　　　　　　D. 财务风险较大

二、职业选择能力训练（多选，每小题答案至少有两个选项）

1. 企业筹资最基本的目的是企业经营的维持和发展，为企业的经营活动提供资金保障，但每次具体的筹资行为，往往有具体的特定的目的。主要有以下几个方面（　　）：

A. 依法设立企业　　　　　　　　B. 扩大经营规模

C. 偿还原有债务　　　　　　　　D. 优化财务结构

2. 企业筹资管理的基本要求，是要在严格遵守国家法律法规的基础上，分析影响筹资的各种因素，权衡资金的性质、数量、成本和风险，合理选择筹资方式，提高筹资效果，筹资的原则有（　　）。

A. 筹措合法原则　　　　　　　　B. 规模适当原则

C. 取得及时原则　　　　　　　　D. 来源经济原则

3. 下列筹资方式中属于股权筹资方式的有（　　）。

A. 发行股票　　　　　　　　　　B. 银行借款

C. 吸收直接投资　　　　　　　　D. 融资租赁

4. 银行借款筹资的优点（　　）。

A. 筹资速度快　　　　　　　　　B. 借款弹性较大

C. 资金成本低　　　　　　　　　D. 不易于企业保守财务秘密

5. 相对于股权融资而言，长期银行借款筹资的优点有（　　）。

A. 筹资风险小　　　　　　　　　B. 筹资速度快

C. 资本成本低　　　　　　　　　D. 筹资数额大

6. 留存收益是企业内源性股权筹资的主要方式，下列各项中，属于该种筹资方式特点的有（　　）。

A. 筹资数额有限　　　　　　　　B. 不存在资本成本

C. 不发生筹资费用　　　　　　　D. 维持公司的控制权分布

7. 按照资金的来源范围不同可以将筹资方式分为股权筹资、债务筹资和混合筹资（　　）。

A. 股权筹资　　　　　　　　　　B. 债务筹资

C. 内部筹资　　　　　　　　D. 外部筹资

8. 资金需求量预测的方法主要有（　　）。

A. 销售百分比法　　　　　　B. 线性回归分析法

C. 资产负债表法　　　　　　D. 以上方法全部是

9. 公司债券筹资的优缺点（　　）。

A. 一次筹资数额大

B. 募集资金的使用限制条件少

C. 可利用财务杠杆作用

D. 筹资风险高

10. 债券发行价格是债券发行时所使用的价格，即投资者购买债券时所支付的价格。它通常有（　　）。

A. 平价　　　　　　　　　　B. 溢价

C. 折价　　　　　　　　　　D. 无法确定

11. 优先股是公司发行的相对于普通股具有一定优先权的股票，其优先权利主要体现在（　　）。

A. 优先分配股利　　　　　　B. 优先分配剩余财产

C. 优先认股权　　　　　　　D. 优先表决权

12. 企业利用商业信用筹资优点包括（　　）。

A. 筹资便利　　　　　　　　B. 筹资成本低

C. 限制条件少　　　　　　　D. 商业信用筹资的期限较短

13. 通常来说企业的经营负债项目包括（　　）。

A. 应付票据　　　　　　　　B. 短期借款

C. 应付账款　　　　　　　　D. 短期融资券

三、职业判断能力训练（判断题，正确的打"√"，错误的打"×"）

1. 杠杆租赁是指承租方由于急需资金等各种原因，将购买的资产售给出租方，然后以租赁的形式从出租方原封不动地租回资产的使用权。（　　）

2. 融资租赁是由租赁公司按承租单位要求出资购买设备，在较长的合同期内提供给承租单位使用的融资信用业务，它是以融通资金为主要目的的租赁。（　　）

3. 融资租赁方式下，租赁期满，设备必须作价转让给承租人。（　　）

4. 股权筹资形成企业的股权资金，是企业最基本的筹资方式。（　　）

5. 股东最基本的权利是按投入公司的股份额，依法享有公司收益获取权、公司重大决策参与权和选择公司管理者的权利，并以其所持股份为限对公司承担责任。（　　）

6. 可转换债券，是指债券持有者可以在规定的时间内按规定的价格转换为发债公司股票的一种债券。（　　）

7. 抵押借款的资金成本通常低于非抵押借款，这是因为银行主要向信誉

好的客户提供非抵押贷款，而将抵押贷款视为一种风险贷款。（   ）

8. 补偿性余额是指银行具有法律义务地承诺提供不超过某一最高限额的贷款协定。在协定的有效期内，只要企业的借款总额未超过最高限额，银行必须满足企业任何时候提出的借款要求。（   ）

9. 信用贷款是指以借款人的信誉或保证人的信用为依据而获得的贷款。（   ）

10. 与普通股筹资相比较，留存收益筹资不需要发生筹资费用，所以企业不需要承担资本成本。（   ）

四、计算分析题

已知：某公司 2017 年销售收入为 20 000 万元，销售净利润率为 12%，净利润的 60% 分配给投资者。2017 年 12 月 31 日的资产负债表（简表）如下：

资产负债表（简表）

2017 年 12 月 31 日　　　　　　　　　　　　　　　　　单位：万元

资产	期末余额	负债及所有者权益	期末余额
货币资金	1 000	应付账款	1 000
应收账款净额	3 000	应付票据	2 000
存货	6 000	长期借款	9 000
固定资产净值	7 000	实收资本	4 000
无形资产	1 000	留存收益	2 000
资产合计	18 000	负债与所有者权益合计	18 000

该公司 2018 年计划销售收入比上年增长 30%，为实现这一目标，公司需新增设备一台，价值 148 万元。据历年财务数据分析，公司流动资产与流动负债随销售额同比率增减。假定该公司 2018 年的销售净利率和利润分配政策与上年保持一致。

要求：

（1）计算 2018 年公司需增加的营运资金。

（2）预测 2018 年需要对外筹集资金量。

五、职业实践能力训练

1. 任务目标：企业筹资活动调研。

2. 实践形式及要求：分小组调研并形成调研报告，调研报告不低于2 000字。

3. 实践内容：学生按班级人数分组，每个班级分成5个小组，选定正副组长，并且根据调研任务合理分工，明确各自职责。每小组自行确定一家企业进行调研，要求是能够深入调研的企业，内容包括：企业目前资金规模、企业筹资的渠道、企业资金需求量、企业筹资方式的选择等。

项目五
资本成本决策

项目导航

财务风险与底线思维

知识目标	能力目标
• 理解资本成本的概念及其构成 • 掌握个别资本成本和加权平均资本成本的计算 • 掌握经营杠杆、财务杠杆等效应的计算与分析 • 掌握企业最优目标资本结构的确定方法	• 培养与银行、证券发行机构等的沟通协调能力 • 培养主动与企业管理层沟通服务能力 • 会计算各种资本成本,并能进行筹资结构决策分析 • 能运用杠杆原理进行企业经营风险、财务风险分析

企业进行生产经营所需要的资金可以从多种渠道、采用多种方式（权益资金和负债资金）筹集，但不论从何种渠道、以何种方式筹集到的资金，企业要使用这些资金就要付出一定的代价。同时，企业在筹集这些资金时也要付出一定的代价。汤姆·科普兰曾说："公司的价值取决于其未来的现金流量折现，只有公司投资的回报超过资本成本时，才会创造价值。"

案例导入

吉利收购沃尔沃

2008年由次贷危机引发的金融危机席卷全球，2008年9月15日，在走过158年的风雨后，作为美国第四大投行的雷曼兄弟宣告破产，倒下的又何止雷曼兄弟。美国三大汽车巨头之一的福特，也受金融危机的影响，身陷财务危机之中，因此福特做出了战略转型，准备出售旗下不赚钱的捷豹、路虎和沃尔沃。而吉利抓住了这次机会，聘请专业的财务管理团队，进行全球汽车格局分析，最终选定沃尔沃这个品牌。沃尔沃是全球最安全的汽车，有自己独立的研发体系，吉利通过收购沃尔沃不仅可以得到沃尔沃轿车品牌的使用权，还得到了沃尔沃全部的技术专利，这对于缺乏核心技术的自主品牌来说意义重大。

在吉利集团收购沃尔沃的过程中，吉利运用多种筹资方式的组合，其中得到了上海市政府以国资平台入股沃尔沃，取得建行的2亿长期借款，同时争取了福特担保的过桥贷，最后是李书福个人的终生反担保，最终以18亿美元成功收购沃尔沃。

成功收购之后的运营过程中董事会、股东会、管理层三层治理结构的搭建，为吉利和沃尔沃的运营奠定了基础。

（资料来源：王玛："新制造时代：李书福与吉利、沃尔沃的超级制造"，《经济参考报》，2017年7月1日。）

请思考：吉利集团利用多种方式筹资收购沃尔沃的成功经验。

任务一　资本成本的测算

企业针对权益筹资、负债筹资和混合筹资方式，财务人员要对各种筹资方式的资本成本进行测算，并测算企业的加权平均资金成本，考虑对这些筹资方式进行组合，力求找到在一定的风险范围之内，筹集相同资金而支付成本最小的组合，或者支付的成本相同而筹集资金最多的组合。

一、资本成本的构成

资本成本是衡量资本结构优化程度的标准，也是对投资获得经济效益的最低要求。企业筹集的资本付诸使用以后，只有投资报酬率高于资本成本率，才能表明所筹集的资本取得了较好的经济效益。

资本成本是指企业为筹集和使用资本而付出的代价，包括筹资费用和占用费用。企业筹集和使用任何资金，都要付出代价，但短期资金一般不影响长期资本结构,从这个意义上讲,资金成本主要指长期资金的成本。
(一) 筹资费用
筹资费用是指企业在筹措资本过程中为获得资本而付出的代价,如借款手续费、证券发行费等。筹资费用通常在资本筹集开始时一次性支付,在资本使用过程中不再发生,因此,视为筹资数额的一项扣除。
(二) 占用费用(用资费用)
占用费用是企业在资本使用过程中因占用资本而付出的代价,如债务资金的利息和权益资金的股利、分红等。这是资本成本的主要内容。占用费用与资金的使用时间长短有关。

二、资本成本的作用
(一) 投资决策
资本成本是评价投资项目可行性的主要经济标准。在评价一个投资项目的经济效益时,可以使用资本成本率作为折现率,计算该投资项目未来现金流量的现值,然后与总投资支出的现值相比较。任何投资项目只有其预期的投资收益超过资本成本率时,该方案在经济上才是可行的;如果其预期的投资收益率不能达到资本成本率,则企业的盈利用以支付资本成本以后将发生亏空,这项方案就应放弃。因此,资本成本是投资项目的"最低收益率",或是判断投资项目的"取舍率"。
(二) 筹资决策
资本成本是比较筹集方式、拟定筹资方案的依据。在不同的资金来源和不同的筹资方式下,资本成本各不相同。为了以较少的支出取得企业所需资金,就必须分析各种资本成本的高低,并进行合理配置,使资本成本降到最低。
(三) 营运资本管理
在管理营运资本方面,资本成本可以用来评估营运资本投资政策和营运资本筹资政策。例如,当流动资产的资本成本提高时,应当适当减少营运资本投资额,并采用相对激进的筹资政策。决定存货的采购批量,制订销售信用政策和决定是否赊购等,都需要使用资本成本作为重要依据。
(四) 业绩评价
资本成本是投资人要求的报酬率,与公司实际的投资报酬率进行比较可以评价公司的业绩。只有公司的实际投资报酬率高于资本成本,才能给公司带来剩余收益。

三、个别资本成本的计算
(一) 资本成本的通用计算公式
为了便于分析比较,资本成本通常用不考虑货币时间价值的一般通用模式。资本成本可以用绝对数表示,也可用相对数表示。在财务管理中,一般是用相对数表示，即表示为资本占用费用与筹得的资本净额（即筹资总额扣除筹资费用后的差额）的比率。其计算公式为：

$$资本成本 = \frac{年资金占用费}{筹资总额 - 筹资费用} = \frac{年资金占用费}{筹资总额 \times (1 - 筹资费用率)}$$

或 $K = \dfrac{D}{P - F}$ 或者 $K = \dfrac{D}{P(1 - f)}$

式中，K 为资本成本，以百分率表示；D 为用资费用；P 为筹资数额；F 筹资费用；f 为筹资费用率，即筹资费用与筹资数额的比率（筹资费用通常是在筹资时一次性发生的，因此，在计算资本成本时可作为筹资本金的一项扣除项）。

（二）个别资本成本的计算

个别资本成本，是指各种筹资方式的成本，主要包括长期借款成本、公司债券成本、普通股成本、留存收益成本，前两种为债务资本成本，后两种为权益资本成本。

1. 长期借款资本成本的计算

长期借款资本成本是指借款利息和筹资费用。长期借款的利息可以在税前扣除，具有抵税作用。其成本的计算公式为：

$$K_l = \frac{I \cdot (1 - T)}{L \cdot (1 - f)} = \frac{L \cdot i \cdot (1 - T)}{L \cdot (1 - f)} = \frac{i \cdot (1 - T)}{1 - f}$$

式中，K_l 为长期借款资本成本；I 为长期借款年利息；T 为所得税税率；L 为长期借款筹资总额；i 为长期借款利率；f 为长期借款筹资费用率。

长期借款的筹资费用主要是银行借款手续费，通常很低，因此，上式中的 f 可以忽略不计，则上式可进一步简化为：

$K_l = i \cdot (1 - T)$

【例 5 - 1】 春晓服装公司从银行获得一笔 5 年期长期借款，借款金额为 200 万元，年利率为 10%，每年付息一次，到期还本，筹资费率为 0.3%，企业所得税税率为 25%。该项长期借款的资本成本为：

$$K_l = \frac{200 \times 10\% \times (1 - 25\%)}{200 \times (1 - 0.3\%)} = 7.52\%$$

2. 公司债券资本成本的计算

公司债券资本成本主要是债券利息和筹资费用。由于债券利息在税前支付，具有抵税效应，所以债券利息的处理与长期借款利息相同。发行债券的筹资费用一般较高，必须予以考虑。这类费用包括申请发行债券的手续费、债券注册费、印刷费、上市费以及推销费用等。其计算公式为：

$$K_b = \frac{年利息 \times (1 - 所得税税率)}{债券筹资总额 \times (1 - 手续费率)}$$

$$= \frac{I(1 - T)}{L(1 - f)}$$

式中，K_b 为债券资本成本；I 为债券利息；T 为所得税税率；B 为债券筹资总额；i 为债券利率；f 为债券筹资费用率。

由于债券可以溢价或折价发行，为了更精确地计算资本成本，上式中的债券筹资总额应以实际发行价格作为债券筹资金额。同时，由于公司支付给债券持有者的利息是按票面金额乘以票面利率计算的，所以不管实际发行价格为多少，筹资公司的债券利息不变。

债券的资金成本一般高于银行借款的资金成本。

【例 5-2】 春晓服装公司发行一笔期限为 5 年的债券，债券总面额为 100 万元，发行价格 110 万元，票面利率为 12%，每年付一次利息，发行费用率为 3%，所得税税率 25%，请计算该笔债券的资本成本。

$$K_b = \frac{100 \times 12\% \times (1-25\%)}{110 \times (1-3\%)} = 8.43\%$$

3. 普通股资本成本的计算

普通股资本成本包括每年向股东支付的股利和发生的筹资费用。由于各期股利不一定固定，随着企业各期收益波动，普通股的资本成本只能按折现模式计算，并假定各期股利的变化具有一定的规律性。股利折现法是一种将未来的股利收益折为现值，以确定其资本成本的方法。在具体股利政策下，可以得到简化的应用公式。

（1）股利估价模型。该模型通过股利折现来估算股票价格，从而测算普通股成本。因为股权资本是可以长期使用，无到期日的，所以，普通股的股利估价模型可表示如下：

$$P = \sum_{t=1}^{n} \frac{D_t}{(1+K)^t}$$

式中，P 为普通股股价；D_t 为普通股股利；K 为折现率。

按照该方法测算的普通股成本即为当普通股股利的现值之和等于普通股市价时的折现率，但由于公司每年的股利可能不一样，所以根据不同的股利政策，上述模型可以简化为固定股利模型和固定增长股利模型。

（2）固定股利模型。若公司实行固定股利政策，则普通股资本成本的计算公式为：

$$K_s = \frac{D}{P(1-f)}$$

式中，K_s 为普通股资本成本；P 为普通股发行价格；f 为普通股筹资费用率；D 为年固定股利。

【例 5-3】 某公司拟发行一批普通股，发行价格为 18 元，每股发行费用为 1.5 元，预定每年派发现金股利为 1.1 元，试测算其资金成本率。

$$K_s = \frac{1.1}{18-1.5} \times 100\% = 6.67\%$$

（3）固定增长股利模型。若公司发放的股利以固定的年增长率递增。假定某股票本期支付的股利为 D_0，未来各期股利按 g 速度增长，目前股票市价格为 P。则普通股资本成本的计算公式为：

$$K_s = \frac{D_0(1+g)}{P_0(1-f)} + g = \frac{D_1}{P_0(1-f)} + g$$

式中，K_s 为普通股资本成本；D_1 为预期第一年普通股股利；P_0 为普通股筹资总额；f 为普通股筹资费率；g 为普通股年股利增长率。

【例 5-4】 假设春晓服装公司发行普通股，每股市价为 20 元，发行费用率为 5%。本年发放股利 2 元，预计年增长率为 8%。要求根据以上资料，计算普通股资本成本。

$$K_s = \frac{2 \times (1+8\%)}{20 \times (1-5\%)} + 8\% = 19.36\%$$

（4）资本资产定价模型。根据公司股票收益率与市场收益率的相关性，资本成本还可以按资本资产定价模型进行估计。假定资本市场有效，股票市场价格与价值相等。假定无风险报酬率为 R_f，市场平均报酬率为 R_m，某股票贝塔系数为 β，则普通股资本成本为：

$$K_s = R_f + \beta(R_m - R_f)$$

【例 5-5】 某公司普通股 β 为 1.5，此时 1 年期国债利率为 5%，市场平均报酬率 15%，则普通股资本成本为：

$$K_s = 5\% + 1.5 \times (15\% - 5\%) = 20\%$$

4. 留存收益资本成本的计算

企业将一部分税后利润以盈余公积或未分配利润等形式留存在企业，作为生产经营资本使用，这部分资本称为留存收益。留存收益相当于股东把原本可以分得的股利继续投资给了企业，如果留存收益的收益率高于股东将这笔资本投资于其他项目的收益率，企业就应该保留留存收益，否则，则不应该保留留存收益。所以留存收益的成本是一种机会成本。

股东愿意放弃一定的股利而对企业进行再投资，意味着期望将来获得更多的股利，即要求与直接购买股票的投资者取得同样的收益。因此，企业使用这部分资金的最低成本与普通股资本成本相同，唯一的差别就是留存收益没有筹资费用。所以，留存收益成本可以参照普通股资本成本的固定股利模型和固定增长股利模型来计算，但需要调整筹资费的影响。

（1）固定股利模型。

$$K_e = \frac{D}{P}$$

式中，K_e 为留存收益资本成本；P 为普通股发行价格；D 为年固定股利。

【例 5-6】 沿用【例 5-3】的资料，假设春晓服装公司的税后利润发放股利之后，留存公司，则公司留存收益的资本成本为：

$$K_e = \frac{1.1}{18} \times 100\% = 6.11\%$$

(2) 固定增长股利模型。

$$K_e = \frac{D_1}{P} + g$$

式中,K_e 为普通股资本成本;D_1 为预期第一年普通股股利;P 为普通股筹资总额;g 为普通股年股利增长率。

【例 5-7】 沿用例 5-4,假设春晓服装公司发行普通股,每股市价为 20 元,发行费用率为 5%。本年发放股利 2 元,预计年增长率为 8%。假设春晓服装公司的税后利润发放股利之后,留存公司,则公司留存收益的资本成本为:

$$K_e = \frac{2 \times (1 + 8\%)}{20} + 8\% = 18.8\%$$

(三) 债务资本成本和权益资本成本的比较

(1) 负债资本的利息具有抵税作用,而权益资本的股利(股息、分红)不具有抵税作用,所以一般权益资金的资金成本要比负债的资金成本高。

(2) 对于借款和债券,因为借款的利息率通常低于债券的利息率,而且筹资费用(手续费)也比债券的筹资费用(发行费)低,所以借款的筹资成本要小于债券的筹资成本。

(3) 对于权益资金,留存收益没有筹资费用,所以留存收益的筹资成本要比普通股的资金成本低。即:

长期借款 < 公司债券 < 留存收益 < 普通股

四、加权平均资本成本的计算

如前所述,企业可以通过多种渠道、采用多种方式来筹集资本,其筹资成本各不相同,而企业的资本往往不可能是单一形式的,需要将各种筹资方式进行组合。为了正确进行筹资和投资决策,必须计算企业的加权平均资本成本。

加权平均资本成本是以各种资本所占的比重为权数,对各种资本成本进行加权平均计算出来的,也称为综合资本成本。

加权平均资本成本的计算公式为:

$$K_w = \sum_{j=1}^{n} K_j W_j$$

式中,K_w 为加权平均资本成本;K_j 为第 j 种资本的成本;W_j 为第 j 种资本占总资本的比例。

【例 5-8】 春晓服装公司共有长期资本 2 000 万元,其中长期借款 200 万元,公司债券 300 万元,普通股 1 000 万元,留存收益 500 万元,各种资本的成本分别为:长期借款资本成本为 6%,公司债券资本成本为 9%,普通股资本成本为 15.5%,留存收益资本成本为 15%。要求根据以上资料,计算该公司的加权平均资本成本。

$$K_w = \frac{200}{2\,000} \times 6\% + \frac{300}{2\,000} \times 9\% + \frac{1\,000}{2\,000} \times 15.5\% + \frac{500}{2\,000} \times 15\% = 13.45\%$$

上述计算中的个别资本占全部资本的比重,可以按账面价值确定的,也可以按照市场价值确定。按照账面价值的资料容易取得,但是,当资本的账面价值与市场价值差别较大时,如股票、债券的市场价格容易发生较大变动,计算结果会与实际有较大的差距,从而误导筹资决策。按照市场价值确定更符合客观实际,但是在金融市场不发达的时候,很难取得科学准确的资料。

5-1
边际资本成本

任务二 成本性态分析

成本是综合反映企业各项工作质量的重要指标,成本直接决定着一个企业的经济效益的好坏。而企业总成本中,不同成本有着不同的特点,有的成本随着业务量的增加而降低,有的成本与管理者直接相关,而有的成本与管理者没有直接的关系。因此,要想提高经济效益,就必须区分不同成本的性态,分别对待,以最大限度地降低成本。

一、成本按性态分类

所谓成本性态,又称成本习性,是指成本总额对业务量的依存关系。成本总额与业务量的依存关系是客观存在的,而且具有规律性。按成本习性可以将企业的全部成本分为固定成本、变动成本和混合成本。

(一)固定成本

固定成本是指其总额在一定时期或一定业务量范围内,不受业务量变动的影响而保持固定不变的成本。固定成本一般包括固定性制造费用,如按直线法计提的固定资产折旧费、劳动保护费、办公费等;固定的销售费用,如销售人员工资、广告费等;固定性管理费用,如租赁费、管理人员的工资、财产保险费等。

固定成本总额不受业务量变动的影响,因此其单位成本与业务量成反比例变动,即随着业务量的增加,单位产品分摊的固定成本份额相对减少。反之亦然。如图5-1、图5-2所示。

固定成本按其支出的数额是否受管理当局短期决策的影响,还可进一步分为约束性固定成本和酌量性固定成本。

约束性固定成本,是指固定成本的数额支出不受管理当局的决策行动影响。如固定资产折旧、保险费、管理人员工资、财产税等。约束性固定成本是企业经营活动中必须负担的最低成本。

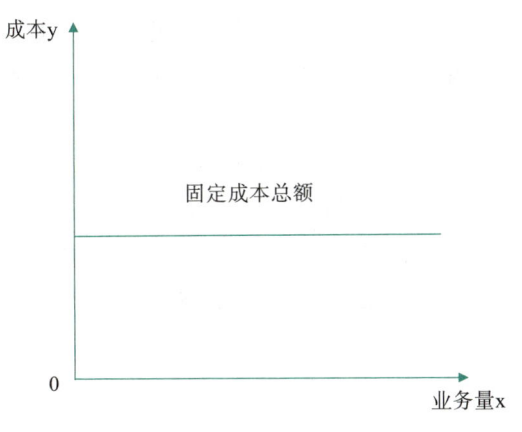

图 5-1　固定成本总额示意图　　　　图 5-2　固定成本总额示意图

酌量性固定成本，是指固定成本的支出数额通过管理当局的决策行动能够改变。如企业的研究开发费、广告费、职工培训费等。

（二）变动成本

变动成本是指在一定时期和一定业务量范围内，总额随着业务量的变动而发生正比例变动的成本。变动成本一般包括企业生产过程中发生的直接材料、直接人工，制造费用中的产品包装费、燃料费、动力费等，按销售量多少支付的销售佣金、装运费等。单位变动成本不受业务量变动的影响而保持不变；变动成本总额随着业务量的变动而发生正比例变动。如图 5-3、图 5-4 所示。

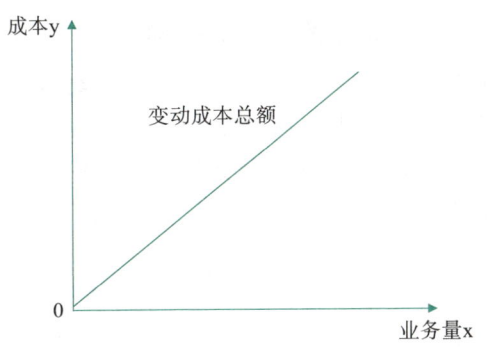 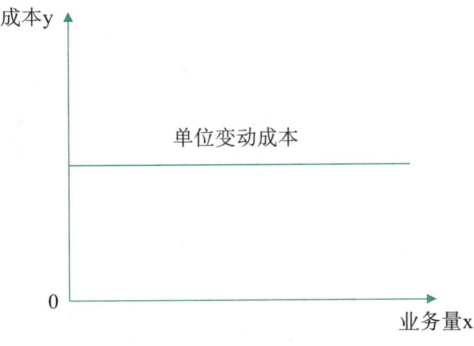

图 5-3　固定成本总额示意图　　　　图 5-4　固定成本总额示意图

（三）混合成本

混合成本是指成本总额随着业务量的变动而变动，但不与其成正比例变动，如企业的电话费、机器设备的维护保养费等。混合成本与业务量的关系比较复杂。按其变动趋势，常见的有以下四类：

1. 半变动成本

半变动成本是指在一定初始量的基础上随业务量的增长呈正比例增长的成本。它由固定成本和变动成本两部分组成。一般不随产量变化的初始值，相当于固定成本；在这个数值之上，成本总额随产量变化成正比例变化，相当于变动成本。这两部分混合在一起,构成半变动成本。如电话费、煤气费等公用事业费、机器设备的维护费和修理费等。其成本曲线如图5-5所示。

2. 延期变动成本

延期变动成本,又称低坡式混合成本,指其总额在一定业务量范围内保持稳定,但当业务量超过这一特定范围后,则随业务量呈正比例变动。例如,企业支付给职工的工资一般是固定不变的,但当职工加班时,企业则要根据加班时间支付加班费,这种人工成本就属于延期变动成本。其成本曲线如图5-6所示。

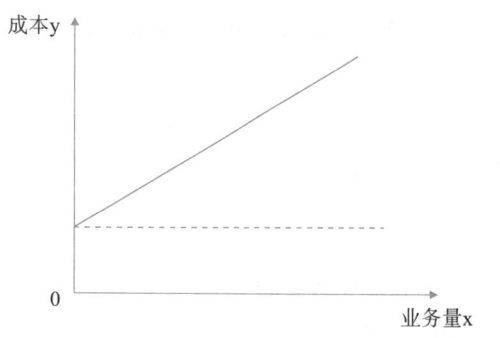

图5-5 半变动成本示意图

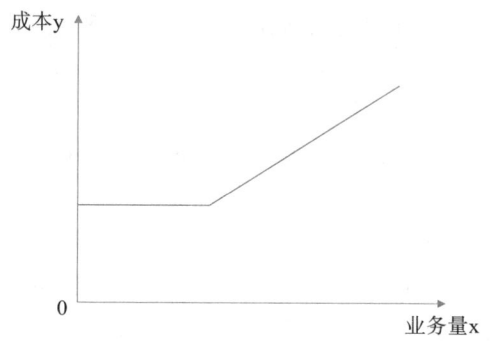

图5-6 延期变动成本示意图

3. 半固定变动成本(阶梯式混合成本)

半固定变动成本是指成本总额随业务量呈阶梯式增长的成本,即在一定的业务量范围内成本总额不随着业务量的变动而变动,当业务量超过这一范围时,成本总额会跳跃上升,在新的业务量范围内又不变,直到业务量再次突破,成本再次跳跃,如此不断循环重复,如企业中受开工班次影响的动力费、检验人员工资等。如图5-7所示。

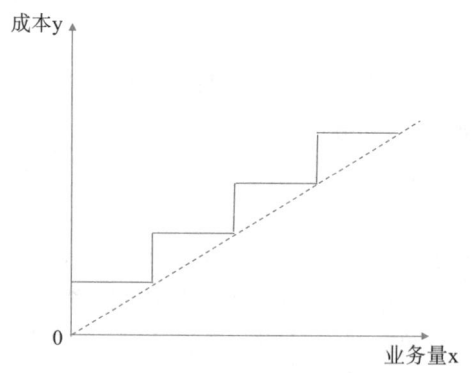

图5-7 半固定变动成本示意图

4. 曲线式混合成本

曲线式混合成本是指总额随产量增长而呈曲线增长的成本。这种成本和业务量有依存关系，但不是直线关系。这类成本通常有一个初始值，相对于固定成本；在这个初始量的基础上，随着业务量的增加，成本也逐步增加（或减少），但两者的增减幅度并不一致，呈现出抛物线上升或下降趋势，分别称为递增曲线混合成本和递减曲线混合成本。如图 5-8、图 5-9 所示。

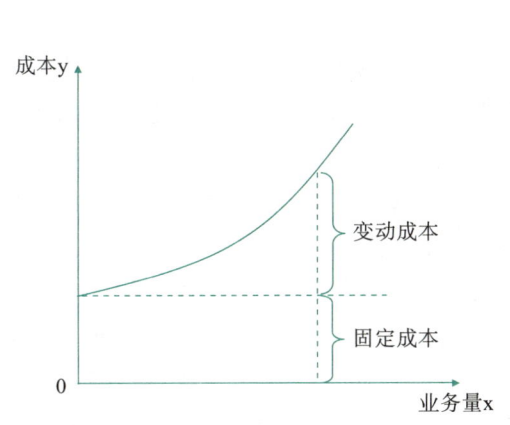

图 5-8　递增曲线混合成本示意图

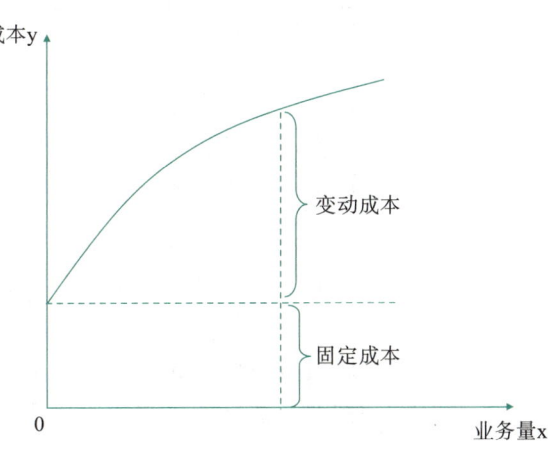

图 5-9　递减曲线混合成本示意图

二、成本性态分析的方法

成本性态分析，就是在明确各种成本形态的基础上，按照一定的程序和方法最终将全部成本分解为变动成本和固定成本，并建立相应的成本函数模型。

成本性态分析模型通常用 $y = a + bx$ 来表示，其中：y 代表成本总额；a 代表固定成本总额；b 代表单位变动成本；x 代表业务量；bx 为总成本中的变动成本部分。在成本性态分析过程中，进行混合成本分解，就是设法求出 a、b 的数值，并建立 $y = a + bx$ 模型的过程。

成本性态分析的方法就是完成成本性态分析任务必须采取的技术手段。常用的成本性态分析的方法主要有技术测定法、契约检查法、历史资料分析法等。

（一）技术测定法

技术测定法又称工程技术法，指工程技术人员运用工业工程的研究方法，研究测定工业企业生产过程中的投入产出关系，在此基础上直接估算固定成本和变动成本的一种成本分解方法。如热处理的电炉设备，当热处理时都要预热一段时间，它与热处理的数量没有关系，预热耗电成本视为固定成本，预热后进行热处理的耗电成本为变动成本。

（二）契约检查法

契约检查法是指根据企业签订的契约和合同、既定的管理与核算制度以及支付费用的规定等估算固定成本和单位变动成本的方法。

（三）历史资料分析法

历史资料分析法是指根据过去一定时期实际发生的相关成本和业务量资料，运用一定的数学方法对其数据进行处理，从而确定固定成本和单位变动成本的数值，并建立成本函数模型的一种定量分析方法。历史资料分析法包括高低点法、回归直线法等。

1. 高低点法

高低点法是根据过去一定期间的业务量与相应的成本资料，从中选出最高点业务量和最低点业务量所对应的两点坐标，据此来推断固定成本总额和单位变动成本的一种成本性态分析方法。

高低点法的基本原理是运用成本函数模型 $y = a + bx$，根据历史资料中最高业务量（即高点）对应的混合成本和最低业务量（即低点）对应的混合成本之差，除以最高业务量和最低业务量之差，计算出单位变动成本（b），然后根据总成本和单位变动成本来确定固定成本（a），从而求出混合成本函数模型。其具体步骤如下：

（1）确定高低点坐标，根据一定期间的成本和业务量资料，以最高点和最低点业务量为准，确定出最高点（$x_{高}$，$y_{高}$）和最低点（$x_{低}$，$y_{低}$）。

（2）计算单位变动成本 b：

$$b = \frac{y_{高} - y_{低}}{x_{高} - x_{低}}$$

（3）计算固定成本 a，将 b 值代入最高点或最低点的成本方程 $y = a + bx$，求出 a。

$$a = y_{高} - bx_{高} \quad 或 \quad a = y_{低} - bx_{低}$$

（4）将 a、b 值代入成本方程 $y = a + bx$，建立成本性态模型。

【例 5-9】 某企业 2017 年上半年的设备维修成本的有关资料如表 5-1。
要求：运用高低点法进行成本性态分析，建立成本性态模型。

表 5-1

月份	机器工作小时	维修成本（元）
1	12 000	2 130
2	9 800	1 980
3	9 000	1 800
4	11 800	2 080
5	13 000	2 200
6	12 500	2 160

（1）确定高低点坐标，分别为（13 000，2 200）和（9 000，1 800）；

（2）计算单位变动成本 b。

b =（2 200 - 1 800）/（13 000 - 9 000）= 0.1（元／小时）

(3) 计算固定成本 a。

a = 2 200 - 0.1 × 13 000 = 900（元）

或：a = 1 800 - 0.1 × 9 000 = 900（元）

(4) 维修成本的方程为：y = 900 + 0.1x。

运用高低点法进行成本性态分析时，需要注意两点：①通过高低点法确定的成本性态方程只适应于相关范围内的情况；②确定最高点和最低点坐标时，应以业务量为准，而不是总成本。

高低点法的主要优点是简便，不需要很多数据。其确定是只采用了历史成本资料中的两组数据，而不管收集了多少相关数据点，造成了信息使用的低效率，其代表性较差。

2. 回归直线法

回归直线法，是根据一系列历史成本资料，用数学上的最小平方法的原理，计算能代表平均成本水平的直线截距和斜率，以其作为固定成本和单位变动成本的一种成本性态分析方法。

设共有 n 期业务量 x 和成本 y 的资料，每期资料的 x、y 之间的关系可用直线方程 y = a + bx 表示，根据线性回归模型可求得 a、b 两个回归系数的值。

$$a = \frac{\sum y - b \sum x}{n}$$

$$b = \frac{n \sum xy - \sum x \sum y}{n \sum x^2 - (\sum x)^2}$$

在运用回归分析法时，首先，根据历史资料列表，求出 n、$\sum x$、$\sum y$、$\sum xy$、$\sum x^2$ 的值；其次，根据微分级值原理，计算回归直线方程中 a、b 的值；最后，将 a、b 的值代入成本方程，建立成本性态模型 y = a + bx。

【例 5 - 10】 根据例 5 - 9 提供的资料，运用回归分析法进行成本性态分析，建立成本性态模型。(1) 根据例 5 - 9 提供的资料，计算有关数据见表 5 - 2。

表 5 - 2

月份	机械工作小时 x	维修成本 y（元）	xy	x^2
1	12 000	2 130	25 560 000	144 000 000
2	9 800	1 980	19 404 000	96 040 000
3	9 000	1 800	16 200 000	81 000 000
4	11 800	2 080	24 544 000	139 240 000
5	13 000	2 200	28 600 000	169 000 000
6	12 500	2 160	27 000 000	156 250 000
n = 6	$\sum x$ = 68 100	$\sum y$ = 12 350	$\sum xy$ = 141 308 000	$\sum x^2$ = 785 530 000

（2）将计算的有关数据代入上述公式，求出 a、b 的值。

$$b = \frac{n\sum xy - \sum x \sum y}{n\sum x^2 - (\sum x)^2} = \frac{6 \times 141\ 308\ 000 - 68\ 100 \times 12\ 350}{6 \times 785\ 530\ 000 - 68\ 100^2} = 0.09$$

$$a = \frac{\sum y - b\sum x}{n} = \frac{12\ 350 - 0.09 \times 68\ 100}{6} = 1\ 036$$

（3）由此得出维修成本模型为：

$$y = 1\ 036 + 0.09x$$

优缺点：回归直线法利用了微分极值原理，因此计算结果比其他方法更为准确，但是计算过程比较繁琐。

三、息税前利润与边际贡献

进行成本性态分析后，我们引入两个概念：息税前利润和边际贡献

1. 息税前利润

息税前利润（Earnings Before Interest and Tax，EBIT），是指支付利息和缴纳所得税之前的利润。

$$EBIT = S - V - a = px - bx - a = (p - b)x - a$$

式中：EBIT 为息税前利润；S 为销售收入总额；V 为变动成本总额；a 为固定成本总额；p 为销售单价；b 为单位变动成本；x 为销售量。

2. 边际贡献

边际贡献（Tcm），又叫贡献毛益、贡献边际，是指销售收入减去变动成本以后的数额。其计算公式如下：

$$T_{cm} = S - V = px - bx = (p - b)x = cm \cdot x$$

式中，T_{cm} 为边际贡献总额，S 为销售收入总额；V 为变动成本总额；p 为销售单价；b 为单位变动成本；x 为产销数量；cm 为单位边际贡献。

引入边际贡献的概念后，上面的息税前利润可进一步变化为：

$$EBIT = (p - b)x - a = Tcm - a$$

产品的边际贡献可以理解为产品的销售收入扣除自身的变动成本后给企业所做的贡献，它首先用于弥补企业的固定成本，弥补固定成本后如果还有剩余，即为企业利润，如果不足以弥补，则会发生亏损。

四、盈亏平衡分析

当企业的营业收入总额等于成本总额，边际贡献正好抵偿全部固定成本，息税前利润为零，企业处于不盈不亏的状态，这种特殊的状态称为盈亏临界状态，使企业达到盈亏临界状态的销售量和销售额之点，叫作盈亏平衡点（又叫盈亏临界点）。

即：$EBIT = (p - b)x - a = 0$

$$\text{盈亏平衡点销售量 } x_0 = \frac{a}{p - b} = \frac{a}{cm}$$

5-2
多元线性回归
分析预测法

盈亏平衡点销售额 $y_0 = px_0$

当企业的销售量大于盈亏平衡点销售量时，企业处于盈利状态，销售量越多，盈利越多；当销售量小于盈亏平衡点销售量时，企业处于亏损状态，销售量越小，亏损额越大。

任务三　杠杆效应

自然科学中的杠杆效应是指通过杠杆的使用，可以利用较小的力量移动较重的物体。财务管理中的杠杆效应是指由于特定费用（如固定成本或固定财务费用）的存在，某一财务变量以较小幅度变动时，另一相关财务变量会以较大幅度变动。合理运用杠杆原理，有助于企业合理规避风险，提高资金营运效率。

5－3
杠杆原理

一、经营杠杆效应
（一）经营风险

经营风险是指由于生产经营上的因素的不确定而给息税前利润或资产报酬带来的不确定性。经营风险来源于企业外部条件的变动以及企业内部情况的变动两个方面，它是决定企业资本结构的重要因素。从企业内部情况来看，影响经营风险的因素主要有：

（1）产品需求。市场对企业产品的需求稳定，则经营风险小；反之，经营风险大。

（2）产品售价。产品售价稳定，则经营风险小；反之，经营风险大。

（3）产品成本。产品成本是收入的抵减，成本不稳定，会导致利润不稳定。因此，产品成本变动大，则经营风险大；反之，经营风险小。

（4）调整价格的能力。当产品成本变动时，若企业具有较强的调整价格能力，则经营风险小；反之，经营风险大。

（5）固定成本的比重。在企业全部成本中，固定成本所占比重较大时，单位产品分摊的固定成本额较多，若产品数量发生变动则单位产品分摊的固定成本会随之变动，会导致利润更大的变动，经营风险大；反之，经营风险小。

（二）经营杠杆

在影响经营风险的诸多因素中，固定性经营成本的影响是一个基本因素。在一定的产销量范围内，固定成本总额是不变的，随着产销量的增加，单位固定成本就会降低，从而单位产品的利润提高，营业利润的增长率将大于产销量的增长率；相反，产销量的下降会提高单位产品固定成本，从而单位产品利润减少，营业利润的下降率将大于产销量的下降率。当不存在固定成本时,则营业利润的变动率与产销量的变动率保持一致。这种由于固定成本的存在,产销量一定程度的变动引起营业利润产生更大程度变动的现象被称为经营杠杆效应。固定成本是引发经营杠杆效应的根源。

【例 5-11】 假设春晓服装公司连续 3 年的销量及利润资料见表 5-3。

表 5-3 春晓服装公司盈利情况资料

项 目	第一年	第二年	第三年
销售单价	100	100	100
单位变动成本	60	60	60
单位边际贡献	40	40	40
销售量	10 000	15 000	20 000
边际贡献	400 000	600 000	800 000
固定成本	200 000	200 000	200 000
息税前利润(EBIT)	200 000	400 000	600 000

由表 5-3 可见,从第一年到第二年,销售量增加了 50%,息税前利润增加了 100%;从第二年到第三年,销售量增加了 33.3%,息税前利润增加了 50%。

利用经营杠杆效应,企业适当增加销售量会获得更多的利润。但也必须认识到,当企业遇到不利情况引起销售量下降时,息税前利润会以更大的幅度下降,即经营杠杆效应也会带来经营风险。

经营杠杆效应的程度通常用经营杠杆系数来衡量,它是息税前利润的变动率与销售量(营业收入)变动率之比,用公式表示为:

$$\text{经营杠杆系数(DOL)} = \frac{\text{息税前利润变动率}}{\text{销售量变动率}} = \frac{\Delta EBIT/EBIT}{\Delta Q/Q}$$

式中,DOL 为经营杠杆系数;EBIT 为变动前息税前利润;$\Delta EBIT$ 为息税前利润变动额;ΔQ 产销量变动量;S 为变动前产销量。

根据表 5-3 的资料,可以计算得出:第 2 年经营杠杆系数为 2,第 3 年经营杠杆系数为 1.5。

利用上述 DOL 的定义公式计算经营杠杆系数,必须掌握息税前利润变动率与销售量变动率的资料,这是事后反映,不便于利用 DOL 进行预测。为此,我们推导出一个只要用基期数据就可以计算经营杠杆系数的简化公式:

$$\text{报告期 DOL} = \frac{\text{基期边际贡献}}{\text{基期息税前利润}} = \frac{Tcm}{Tcm - a} = \frac{EBIT + a}{EBIT}$$

【例 5-12】 假设春晓服装公司 2017 年实现销售收入为 10 万元,其中变动成本率为 60%,固定成本总额为 2 万元,息税前利润为 2 万元。2018 年的经营杠杆系数计算如下:

$$DOL = \frac{100\,000 - 100\,000 \times 60\%}{100\,000 - 100\,000 \times 60\% - 20\,000} = 2.0$$

该系数表示，当企业销售收入增长 1 倍时，息税前利润将增长 2 倍；反之，当企业营业收入下降 1 倍时，息税前利润将下降 2 倍。一般而言，企业的经营杠杆系数越大，其经营风险就越大。

（三）经营杠杆与经营风险

经营风险是由于生产经营上的因素的不确定而给息税前利润或资产报酬带来的不确定性。经营杠杆系数越大，利润的波动幅度越大，经营风险也就越大。根据经营杠杆系数的简化计算公式，可得出：

$$DOL = \frac{EBIT + a}{EBIT} = 1 + \frac{a}{EBIT}$$

上式表明，在企业不发生经营性亏损、息税前利润为正的前提下，经营杠杆系数最低为 1，不会为负数；只要有固定性经营成本存在，经营杠杆系数总是大于 1。固定成本比重越高、成本水平越高、销售数量和销售价格水平越低，经营杠杆效应越大，反之亦然。

5-4
经营杠杆与财务杠杆的应用

二、财务杠杆效应

（一）财务风险

财务风险是指由于企业运用了债务筹资方式而产生的丧失偿付能力的风险，而这种风险最终是由普通股股东承担的。企业经常会负债经营，不论经营利润多少，债务利息是不变的。当企业在资本结构中增加了债务筹资的比例，固定性筹资成本就会增加，固定的现金流出量相应增加。特别是在利息费用的增加速度超过了息税前利润增加速度的情况下，企业负担的债务成本增加，则净收益就会减少，发生丧失偿债能力的概率增加，导致财务风险增加；反之，当债务资本比率较低时，财务风险就小。

（二）财务杠杆

在一定的息税前利润范围内，债务筹资的利息费用是不变的，随着息税前利润的增加，单位利润所负担的固定性利息费用就会相对减少，从而单位利润可供股东分配的部分会相应增加，普通股股东每股收益（EPS）的增长率将大于营业利润的增长率。反之，当息税前利润减少时，单位利润所负担的固定利息费用就会相应增加，从而单位利润可供股东分配的部分会相应减少，普通股股东每股收益的下降率将大于营业利润的下降率。如果不存在固定利息费用，则普通股股东每股收益的变动率将与息税前利润的变动率保持一致。这种由于固定利息费用的存在，息税前利润的变动引起每股收益产生更大变动程度的现象，被称为财务杠杆效应。固定利息费用是引发财务杠杆效应的根源。

【例 5-13】 假设春晓服装公司每年债务利息 10 万元，所得税率 25%，普通股 10 万股，连续 3 年普通股每股收益资料如表 5-4 所示。

表 5-4

项目	第一年	第二年	第三年
息税前利润（EBIT）	200 000	400 000	600 000
债务利息	100 000	100 000	100 000
税前利润	100 000	300 000	500 000
所得税	25 000	75 000	125 000
税后利润	75 000	225 000	375 000
普通股每股收益（EPS）	0.75	2.25	3.75

由表 5-4 可见，从第一年到第二年，EBIT 增加了 100%，EPS 增加了 200%；从第二年到第三年，EBIT 增加了 50%，EPS 增加了 66.6%。

利用财务杠杆效应，企业适度负债经营，在盈利的条件下可能给普通股股东带来更多的收益。但是也要认识到，当企业遇上亏损或盈利下降时，普通股股东的收益会以更大幅度减少，即财务杠杆效应也会带来财务风险。

财务杠杆效应的大小，可用财务杠杆系数衡量，它是普通股每股收益变动率与息税前利润变动率之比，用公式表示如下：

$$\text{财务杠杆系数（DFL）} = \frac{\text{每股收益变动率}}{\text{息税前利润变动率}} = \frac{\Delta EPS/EPS}{\Delta EBIT/EBIT}$$

式中，DFL 为财务杠杆系数；ΔEPS 为普通股每股收益变动额；EPS 为变动前的普通股每股收益；ΔEBIT 为息税前利润变动额；EBIT 为变动前的息税前利润。

根据表 5-4 的资料，可以计算得出：第 2 年财务杠杆系数为 2，第 3 年财务杠杆系数为 1.33。

如同经营杠杆一样，计算财务杠杆系数必须掌握息税前利润变动率与销售量变动率的资料，这是事后反映，不便于利用 DOL 进行预测。为此，我们也推导出一个只要用基期数据就可以计算财务杠杆系数的简化公式：

$$\text{报告期 DFL} = \frac{\text{息税前利润}}{\text{息税前利润} - \text{利息}} = \frac{EBIT}{EBIT - I}$$

即：$DFL = \dfrac{\text{息税前利润}}{\text{税前利润}}$

【例 5-14】 春晓服装公司全部长期资本为 2 500 万元，债务资本比例为 40%，债务年利率 8%，公司所得税税率 25%。在息税前利润为 400 万元时，请计算该公司的财务杠杆系数。

$$DFL = \frac{EBIT}{EBIT - I} = \frac{400}{400 - 2\,500 \times 40\% \times 8\%} = 1.25$$

计算结果表明：该公司的财务杠杆系数为 1.25，这说明当息税前利润增加 1% 时，每股收益增加 1.25%；反之，当息税前利润下降 1% 时，每股收益下降 1.25%。前一种情况表现为财务风险收益，后一种情况表现为财务风险损失。一般而言，企业的财务杠杆系数越大，其财务风险就越大。

(三) 财务杠杆与财务风险

只要在企业的筹资方式中有固定资本成本的存在，就会存在财务杠杆效应。财务杠杆效应越强，财务风险越大。只要固定性资本成本存在，财务杠杆系数总是大于1。控制财务风险的方法：控制负债比率，即通过合理安排资本结构，适度负债使财务杠杆利益抵消风险增大所带来的不利影响。

三、总杠杆效应
(一) 总杠杆系数

由于存在固定性经营成本，会产生经营杠杆效应，即产销量的增长会引起息税前利润以更大的幅度增长。由于存在固定资本成本，会产生财务杠杆效应，即息税前利润的增长会引起普通股每股收益以更大的幅度增长。一个企业同时存在固定性经营成本和固定性资本成本，那么两者杠杆会共同发生作用，导致产销量的变动使普通股每股收益以更大幅度变动。

总杠杆，又叫联合杠杆或复合杠杆，是指由于固定性经营成本和固定性资本成本的存在，导致普通股每股收益变动率大于产销量变动率的现象。

总杠杆作用的大小可以用总杠杆系数（DTL）表示。总杠杆系数是普通股每股收益变动率相当于产销量变动率的倍数。其定义公式为：

$$DTL = \frac{普通股每股收益变动率}{产销量变动率}$$

依据经营杠杆系数与财务杠杆系数的定义表达式，总杠杆系数可以进一步表达为经营杠杆系数和财务杠杆系数的乘积，反映了企业经营风险与财务风险的组合效果。其计算公式如下：

$$DTL = DOL \times DFL$$

总杠杆系数的计算公式还可以表达为：

$$DTL = \frac{Tcm}{EBIT} \times \frac{EBIT}{EBIT - I} = \frac{Tcm}{EBIT - I}$$

由【例5-13】和【例5-14】资料可知，春晓服装公司第2年的总杠杆系数为：

$$DTL = DOL \times DFL = 2 \times 2 = 4$$

或

$$DTL = \frac{Tcm}{EBIT - I} = \frac{400\,000}{200\,000 - 100\,000} = 4$$

总杠杆系数为4，这表明：当公司销售收入增长1倍时，普通股每股收益将增长4倍，反映了公司的总杠杆收益；反之，当公司销售收入下降1倍时，普通股每股收益将下降4倍，反映了公司的总杠杆风险，即企业的综合风险。

【例5-15】 春晓服装公司生产某服装，销售量在50 000件时售价为300元，单位产品变动成本为200元，固定成本为100万元，利息支出为50万元，求该公司的总杠杆系数。

$$DTL = \frac{Tcm}{EBIT - I} = \frac{50\,000 \times (300 - 200)}{50\,000 \times (300 - 200) - 1\,000\,000 - 500\,000} \approx 1.43$$

（二）总杠杆与公司风险

公司风险包括企业的经营风险和财务风险。总杠杆系数反映了经营杠杆和财务杠杆之间的关系，用以评价企业的整体风险水平。在总杠杆系数一定的情况下，经营杠杆系数与财务杠杆系数此消彼长。只要企业同时存在固定的生产经营成本和固定的利息费用等财务支出，就会存在复合杠杆的作用。在其他因素不变的情况下，复合杠杆系数越大，复合风险越大。

任务四　资本结构决策

适当利用负债经营可以降低企业资本成本，但当债务比率较高时，财务杠杆利益会被债务成本抵消，企业财务风险加大。因此，企业应确定最佳的债务比率（资本结构），使加权平均资本成本最低，企业价值最大。资本结构决策有不同的方法，常用的方法有比较资本成本法与每股收益无差别点法。

一、资本结构的含义

资本结构及其管理是企业筹资管理的核心问题。企业应综合考虑有关影响因素，运用适当的方法确定最佳资本结构，提升企业价值。

资本结构是指企业资本总额中各种资本的构成及其比例关系。筹资管理中，资本结构有广义和狭义之分。广义的资本结构是指全部债务与股东权益的构成比率；狭义的资本结构是指长期负债与股东权益的构成比率，而将短期债务作为营运资金管理。在通常情况下，企业的资本结构仅指狭义上的，即长期债务资本和权益资本的比例。

企业利用债务资本进行举债经营有双重作用，一方面可以实现抵税收益，另一方面在增加债务的同时也会加大企业的财务风险。因此，企业资本结构决策的主要内容是权衡债务的收益与风险，确定最佳资本结构，实现企业价值最大化。

所谓最佳资本结构，是指在一定条件下，使企业平均资本成本最低、企业价值最大的资本结构。从理论上讲，最佳资本结构是存在的，但是，由于企业内部条件和外部环境的影响，伴随着企业管理层的偏好与主观判断，动态地保持最佳资本结构十分困难。因此，在实践中，目标资本结构通常是企业结合自身实际情况进行适度负债经营所确立的资本结构。

二、影响资本结构的因素

1. 企业产品销售的增长情况

企业产品的销售是否稳定对资本结构有重大影响，如果企业的销售很稳定，则盈利就有保障，这样就可以运用较多的负债，既可以降低筹资成本，提高企业效益，又不至于出现偿债危机。相反，如果销售不稳定，企业过多地举债将承受很大的风险。

2. 企业的财务状况和信用等级

企业财务状况良好，信用等级高，债权人愿意向企业提供信用，企业容易获得债务资本。相反，如果企业财务状况欠佳，信用等级不高，债权人投资风险大，这样会降低企业获得信用的能力，加大债务资本筹资的资本成本。

3. 企业资产结构

资产结构对企业资本结构的影响主要包括：（1）拥有大量固定资产的企业，主要通过长期负债和发行股票筹集资金；（2）拥有较多流动资产的企业，更多依赖流动负债筹资；（3）资产适用于抵押贷款的企业负债较多；（4）以研发为主的企业则负债很少。

4. 企业投资人及管理当局的态度

从企业所有者的角度看，如果企业股权分散，企业可能更多地采用权益资本筹资以分散企业风险。如果企业为少数股东控制，股东通常重视控制权，为防止控制权稀释，企业一般尽量避免普通股筹资，而是采用债务资本筹资。从企业管理当局的角度看，高负债资本结构的财务风险高，一旦经营失败或出现财务危机，管理当局将面临市场接管的威胁或者被董事会解聘。因此，稳健的管理当局偏好于选择低负债比例的资本结构。

5. 企业的行业特点

企业的行业特点也影响着其资金结构，那么资产适宜于作贷款抵押的企业倾向于使用较多的债务。比如，房地产公司的财务杠杆一般都很高，而从事技术研究的企业则使用较少的债务。

6. 所得税税率

债务的利息可以抵税，而股票的股利是在税后利润中支付的，因此，企业所得税税率越高，举债经营的好处就越大。

三、最优资本结构决策

最优资本结构是指在适度负债的条件下，使企业加权平均资本成本最低，同时使企业价值最大的资本结构。企业应综合考虑有关影响因素，运用适当的方法确定最优资本结构，并在以后的筹资活动中注意保持。

（一）比较资本成本法

比较资本成本法是指计算可供选择的不同筹资方式组合方案的加权平均资本成本（又叫综合资金成本）并进行比较，以其中资本成本最低的组合为最佳的一种方法。该方法以资本成本的高低作为确定最佳资本结构的唯一标准。

比较资本成本法的操作步骤为：

（1）确定不同筹资方案的资本结构；

（2）计算不同方案的资本成本；

(3) 选择资本成本最低的资本结构，即最佳资本结构。

【例 5-16】 春晓服装公司拟筹建一新子公司，需要投资 5 000 万元，经研究决定，用银行借款、发行债券和发行股票三种方式筹集资金。各种筹资方式的资本成本率分别为 10%，12%，15%，有以下三个方案可供选择：(1) 借款占 20%，债券占 30%，股票占 50%；(2) 借款占 30%，债券占 30%，股票占 40%；(3) 借款占 20%，债券占 40%，股票占 40%。试分析何种筹资方案资本结构最佳。

首先，计算各方案的加权平均资本成本：

$Kw_1 = 20\% \times 10\% + 30\% \times 12\% + 50\% \times 15\% = 13.1\%$

$Kw_2 = 30\% \times 10\% + 30\% \times 12\% + 40\% \times 15\% = 12.6\%$

$Kw_3 = 20\% \times 10\% + 40\% \times 12\% + 40\% \times 15\% = 12.8\%$

其次，根据计算结果，可以看出方案二的加权平均资本成本最低，因此应选择方案二进行筹资，即企业最佳资本结构是：借款占 30%，债券占 30%，股票占 40%。

（二）每股收益无差别点法（EBIT—EPS 分析法）

每股收益（EPS）是综合反映企业经营活动和财务活动的业绩指标。公司财务管理的目标之一是实现股东收益的最大化，所以，判断资本结构是否达到最佳，可以通过分析资本结构对每股收益的影响，可以说，能使企业每股收益达到最大的资本结构，就是最佳的资本结构。

每股收益受到经营利润水平、债务资本等因素的影响，分析每股收益与资本结构的关系，可以找到每股收益无差别点。所谓每股收益无差别点，是指不同筹资方式下，每股收益都相等时的息税前利润（EBIT）或业务量水平。根据每股收益无差别点，可以判断在什么样的息税前利润水平或产销量水平下，适于采用何种筹资组合方式，进而确定企业的目标资本结构。

每股收益的计算公式为：

$$EPS = \frac{(EBIT - I) \times (1 - T)}{N}$$

式中，I 为债务利息；T 为所得税税率；N 为普通股股数。

如果用 EPS_1 和 EPS_2 分别表示两个不同融资方案的每股收益，那么在每股收益无差别点上，有 $EPS_1 = EPS_2$，即：

$$\frac{(EBIT - I_1) \times (1 - T)}{N_1} = \frac{(EBIT - I_2) \times (1 - T)}{N_2}$$

将两种资本结构对应的利息额、普通股股数和所得税代入上式，就可以得到使两种筹集方式的 EPS 相等的息税前利润的水平（ETIT），即每股收益无差别点。

每股收益无差别点的息税前利润（EBIT）计算出来以后，可以与预期的息税前利润进行比较，据以选择筹资方式。当预期的息税前利润大于每股收益无差别点息税前利润时，应采用债务资本筹资方式；当预期的息税前利润小于每股收益无差别点息税前利润时,应采用权益资本筹资方式。

【例 5-17】 假设春晓服装公司原有资本 4 000 万元,其中债务资本 1 000 万元,债务年利息 100 万元,普通股资本 3 000 万元(150 万股)。由于业务需要,企业需融资 1 000 万元,融资后,企业的年息税前利润将达到 700 万元,企业的所得税率为 25%。为了筹集所需的 1 000 万元,企业可以选用的融资方案有两个:

(1) 全部采用发行普通股方式,增发 50 万股,每股 20 元;

(2) 全部采用借入长期债务方式,年利率 10%,年利息 100 万元。

要求:根据以上资料,运用每股收益无差别点法做出资本结构决策。

解:将上述资料的数据代入前面的公式,可得

$$\frac{(EBIT-100)\times(1-25\%)}{200}=\frac{(EBIT-200)\times(1-25\%)}{150}$$

解此等式,可得:EBIT = 500(万元)

将该结果代入上式可得每股收益无差别点法的每股收益(EPS)为 1.5 元。

绘制 EBIT—EPS 分析图,如图 5-10 所示。

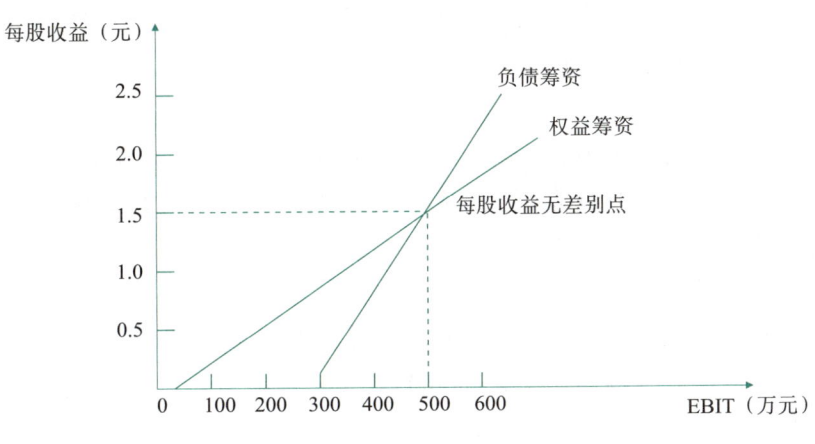

图 5-10 EBIT—EPS 分析图

从图 5-10 中可以看出,当 EBIT 等于 500 万元时,两种筹资方式的 EPS 相等;当 EBIT 大于 500 万元时,运用债务筹资能够获得更高的 EPS;当 EBIT 小于 500 万元时,运用权益筹资可以获得更高的 EPS。上例中,公司融资后的息税前利润可以达到 700 万元,所以应采用债务融资的方案,即方案二。

项目总结

本项目阐述了筹资规模管理、股权筹资管理、债务筹资管理、混合筹资管理、资本成本决策、杠杆效应分析、资本结构决策。

企业筹资是指企业根据其生产经营、投资活动和调整资本结构的需要,通过筹资渠道、运用筹资方式,筹措所需资金的财务活动。筹集资金是企业

5-5
企业价值分析法

资金运动的起点，是决定企业资金规模和生产经营发展速度的重要环节。

资金需要量预测方法主要有：销售百分比法和资金习性预测法等。

股权筹资的方式主要有吸收直接投资、发行普通股票和留存收益。债务筹资主要是企业通过向银行借款、向社会发行公司债券、融资租赁以及赊购商品或劳务等方式筹集和取得的资金，主要包括长期银行借款、发行债券融资租赁等方式筹集的长期债务资金。

资本成本是企业为筹集和使用资本而付出的代价，包括筹资费用和占用费用。

成本性态又称成本习性，是指成本总额对业务量的依存关系。按成本性态可以将企业的全部成本分为固定成本、变动成本和混合成本。成本性态分析方法有技术测定法、契约检查法、历史资料分析法。

息税前利润（EBIT）是指支付利息和缴纳所得税之前的利润。边际贡献又叫贡献毛益、贡献边际，是指销售收入减去变动成本以后的数额。当企业的营业收入总额等于成本总额，边际贡献正好抵偿全部固定成本，息税前利润为零，企业处于不盈不亏的状态，这种特殊的状态称为盈亏临界状态或保本状态，使企业达到盈亏临界状态的销售量和销售额之点，叫做盈亏平衡点（又叫盈亏临界点）。当企业的销售量大于盈亏平衡点销售量时，企业处于盈利状态，销售量越多，盈利越多；当销售量小于盈亏平衡点销售量时，企业处于亏损状态，销售量越小，亏损额越大。

资本结构是指企业资本总额中各种资本的构成及其比例关系。在通常情况下，企业的资本结构仅指狭义上的，即长期债务资本和权益资本的比例。在一定条件下，使企业平均资本成本最低、企业价值最大的资本结构为最佳资本结构。

当预期的息税前利润大于每股收益无差别点息税前利润时，应采用债务资本筹资方式；当预期的息税前利润小于每股收益无差别点息税前利润时，应采用权益资本筹资方式。

拓展阅读

5-6
财务杠杆及
企业筹资效益

课堂内外

1. 阅读：《新制造时代——李书福与吉利、沃尔沃的超级制造》，并整理感想与反思，以备做课堂交流。

2. 选读亚当·斯密《国富论》。
3. 新浪财经，http：//finance.sina.com.cn。

职业能力训练

一、职业选择能力训练（单选，每小题只有一个正确答案）

1. 下列各项中，属于资金使用费的是（　　）。
   A. 债券利息费 B. 借款手续费
   C. 借款公证费 D. 债券发行费

2. 某公司向银行借款2 000万元，年利率为8%，筹资费率为0.5%，该公司适用的所得税税率为25%，则该笔借款的资本成本是（　　）。
   A. 6% B. 6.03%
   C. 8% D. 8.04%

3. 某公司发行了期限5年的长期债券10 000万元，年利率为8%，每年年末付息一次，到期一次还本，债券发行费率为1.5%，企业所得税税率为25%，则该债券的资本成本为（　　）。
   A. 6% B. 6.09%
   C. 8% D. 8.12%

4. 已知某公司股票的β系数为0.5，短期国债收益率为6%，市场平均报酬率为10%，则该公司股票的资本成本为（　　）。
   A. 6% B. 10%
   C. 8% D. 16%

5. 公司在创立时首先的筹资方式是（　　）。
   A. 融资租赁 B. 向银行借款
   C. 吸收直接投资 D. 发行企业债券

6. 某企业平价发行普通股股票600万股，筹资费用率5%，上年按面值（1元/股）确定的股利支付率为14%，预计股利每年增长5%，所得税税率为25%，则该企业留存收益的资本成本为（　　）。
   A. 11.74% B. 19.7%
   C. 19% D. 20.47%

7. 下列各项中，将会导致经营杠杆效应最大的情况是（　　）。
   A. 实际销售额等于目标销售额
   B. 实际销售额大于目标销售额
   C. 实际销售额等于盈亏临界点销售额
   D. 实际销售额大于盈亏临界点销售额

8. 假定某企业的权益资本与负债资本的比例为6∶4，据此可断定该企业（　　）。
   A. 只存在经营风险 B. 经营风险大于财务风险

C. 经营风险小于财务风险 D. 同时存在经营风险和财务风险

9. 某公司的经营杠杆系数为 2，财务杠杆系数为 1.5，预计销售量将增长 10%，在其他条件不变的情况下，则该年普通股每股收益（EPS）的增长率为（　　）。

　　A. 4% B. 5%
　　C. 20% D. 25%

10. 最佳资本结构是指（　　）。

　　A. 股东价值最大的资本结构
　　B. 企业目标资本结构
　　C. 加权平均的资本成本最高的目标资本结构
　　D. 加权平均资本成本最低、企业价值最大的资本结构

11. 下列筹资活动不会加大财务杠杆作用的是（　　）。

　　A. 增发普通股 B. 增发优先股
　　C. 增发公司债券 D. 增发银行借款

12. 假设企业不存在优先股，资产总额为 150 万元，权益资本占 55%，债务利率为 12%，当前销售额为 100 万元，息税前利润为 20 万元，则财务杠杆系数为（　　）。

　　A. 2.5 B. 1.68
　　C. 1.15 D. 2.0

13. 出于优化资本结构和控制风险的考虑，比较而言，下列企业中最不适宜采用高负债资本结构的是（　　）。

　　A. 电力企业 B. 高新技术企业
　　C. 汽车制造企业 D. 餐饮服务企业

14. 如果企业一定期间内的固定性经营成本和固定性资本成本均不为零，则由上述因素共同作用而导致的杠杆效应属于（　　）。

　　A. 经营杠杆效应 B. 财务杠杆效应
　　C. 总杠杆效应 D. 风险杠杆效应

15. 关于最佳资本结构的表述中，错误的是（　　）。

　　A. 最佳资本结构在理论上是存在的
　　B. 资本结构优化的目标是提高企业价值
　　C. 企业平均资本成本最低时资本结构最佳
　　D. 企业的最佳资本结构应当长期固定不变

16. 如果企业的资本来源全部为自有资本，且没有优先股存在，则企业财务杠杆系数（　　）。

　　A. 等于 0 B. 等于 1
　　C. 大于 1 D. 小于 1

二、职业选择能力训练（多选，每小题答案至少有两个选项）

1. 下列成本费用中，属于资本成本中的用资费用的有（　　）。
   A. 借款手续费　　　　　　　B. 股票发行费
   C. 利息　　　　　　　　　　D. 股利

2. 在事先确定企业资金规模的前提下，吸收一定比例的负债资金，可能产生的结果有（　　）。
   A. 降低企业资本成本　　　　B. 降低企业财务风险
   C. 加大企业财务风险　　　　D. 提高企业经营能力

3. 在计算下列各项资本的资本成本时，需要考虑筹资费用的有（　　）。
   A. 留存收益　　　　　　　　B. 长期债券
   C. 长期借款　　　　　　　　D. 普通股

4. 下列各项中，影响财务杠杆系数的有（　　）。
   A. 息税前利润　　　　　　　B. 普通股股利
   C. 优先股股息　　　　　　　D. 借款利息

5. 以下事项中，会导致公司资本成本降低的有（　　）。
   A. 因总体经济环境变化，导致无风险报酬率降低
   B. 企业经营风险高，财务风险大
   C. 公司股票上市交易，改善了股票的市场流动性
   D. 企业一次性需要筹集的资金规模大、占有资金时限长

6. 下列各项中，影响财务杠杆系数的因素有（　　）。
   A. 营业收入　　　　　　　　B. 单位变动成本
   C. 固定成本　　　　　　　　D. 利息费用

7. 企业降低经营风险的途径一般有（　　）。
   A. 增加销售量　　　　　　　B. 增加自有资本
   C. 增加固定成本比例　　　　D. 提高产品售价

8. 下列各项中，运用每股收益无差别点确定合理的资本结构时，可计算的指标有（　　）。
   A. 息税前利润　　　　　　　B. 净利润
   C. 业务量　　　　　　　　　D. 利润总额

9. 下列各项因素中，影响企业资本结构决策的有（　　）。
   A. 企业的经营状况　　　　　B. 企业的应用等级
   C. 国家的货币供应量　　　　D. 管理者的风险编好

10. 下列各项中，将会导致经营杠杆系数提高的情况是（　　）。
    A. 提高销售额　　　　　　　B. 增加固定成本比重
    C. 降低单位变动成本　　　　D. 降低产品销量

三、职业判断能力训练（判断题，正确的打"√"，错误的打"×"）

1. 资本成本是投资人对投入资金所要求的最低收益率，可作为评价投资项目是否可行的主要标准。（　）
2. 由于内部筹集资金一般不产生筹资费用，所以内部筹资的资本成本最低。（　）
3. 经济危机时期，由于企业经营环境恶化、销售下降，企业应当逐步降低债务水平，以减少破产风险。（　）
4. 使企业税后利润最大的资本结构是最佳资本结构。（　）
5. 无论是经营杠杆系数变大，还是财务杠杆系数变大，都可能导致企业的总杠杆系数变大。（　）
6. 在企业承担总风险能力一定、其利率相同的情况下，对于经营杠杆水平较高的企业，应当保持较低的负债水平，而对于经营杠杆水平较低的企业，则可以保持较高的负债水平。（　）
7. 最佳资本结构是使企业筹资能力最强、财务风险最小的资本结构。（　）
8. 在不考虑风险的情况下，当预计息税前利润大于每股收益无差别点时，企业采用财务杠杆效应较大的筹资方案比采用财务杠杆效应较小的筹资方案更为有利。（　）
9. 经营杠杆能够扩大市场和生产等因素变化对利润波动的影响。（　）
10. 在各种资金来源中，凡是须支付固定性占用费的资金都能产生财务杠杆作用。（　）

四、计算分析题

1. 某企业取得 5 年期长期借款 200 万元，年利率为 10%，每年付息一次，到期一次还本，借款费用率为 0.2%，企业所得税税率为 20%，该项借款的资本成本为多少？
2. 某企业以 1 100 元的价格，溢价发行面值为 1 000 元、期限为 5 年、票面利率为 7% 的公司债券一批。每年付息一次，到期一次还本，发行费用率 3%，所得税税率 20%。该批债券的资本成本率为多少？
3. 某公司普通股市价为 30 元，筹资费用率为 2%，本年发放现金股利每股 0.6 元，预期股利年增长率为 10%。计算该股票的资本成本。
4. 某公司普通股 β 系数为 1.5，此时一年期国债利率为 5%，市场平均报酬率为 15%，则该普通股的资本成本率为多少？
5. 红星公司本年年末长期资本账面总额为 1 000 万元，其中：银行长期借款 400 万元，占 40%；长期债券 150 万元，占 15%；普通股 450 万元（共 200 万股，每股面值 1 元，市价 8 元），占 45%。个别资本成本分别为 5%、6%、9%。则该公司的平均资本成本为多少？

6. 红星公司产销某种服装，固定成本为500万元，变动成本率为70%。年产销额5 000万元，变动成本3 500万元，固定成本500万元，息税前利润为1 000万元，年产销额7 000万元时，变动成本为4 900万元，固定成本仍为500万元，息税前利润为1 600万元。要求：计算公司的经营杠杆系数。

7. 某企业目前的资产总额为5 000万元，资产负债率为50%，负债的利息率为10%，全年固定成本和费用总额（含利息）为550万元，净利润为750万元，适用的企业所得税税率为25%。要求（1）计算三个杠杆系数；(2) 预计明年销量增加10%，息税前利润增长率为多少？

8. 某投资项目需要300万元的资金投入，现有两个筹资计划：计划A，全部为权益资本，准备发行6万股普通股；计划B，考虑发行100万元的债务，利率为10%，其余的200万元通过发行4万股普通股来筹集。如果公司所得税税率为25%，计算两个筹资计划的EPS相同时的EBIT。

9. 某公司今年的资本结构是普通股1万元，长期债券2 000元（年利率15%），长期借款7.7万元（年利率10%）。当年实现销售收入12万元，变动成本6万元，固定成本3.6万元。企业适用的所得税税率为25%。要求计算：(1) 息税前利润；(2) 经营杠杆系数；(3) 财务杠杆系数；(4) 复合杠杆系数。

五、职业实践能力训练

（一）职业实践能力训练1

春晓服装公司的财务经理王先生有着丰富的财务管理经验。在2014年，由于服装款式创新不够，销售订单大幅下滑，库存增加，公司经营艰难，为了使公司能够度过难关，王先生向董事会提出，削减债务规模，避免公司破产。2016年，公司采取不同的促销措施，消化库存；同时开发新的服装品种，加大广告力度，市场份额不断扩大，销量明显上升，公司的抗风险能力日渐增强。王先生向董事会建议，可以适当增加债务规模，获得财务杠杆利益。

请问：企业为什么会存在杠杆效益？为什么说杠杆效应是一把双刃剑？

（二）职业实践能力训练2

1. 任务目标：了解筹资渠道和筹资方式；能够计算企业筹资的各个方案的资本成本；能够运用筹资原理和资本结构理论进行相关决策。

2. 任务描述：

H电子科技公司是一家以计算机行业发展为主的产业化、多元化的小型高科技产业公司。公司主要经营计算机及软件、打印机、POS终端机等产品，初步形成了以电子信息技术为主体，兼顾硬件、软件和信息服务业、消费电子业三大产业携手发展的产业格局。经过近十年的发展，该公司在"建立现代企业制度，充分发挥人才、资本与经营机制的优势，以电脑信息产业为基础，发展高新技术为先导"的经营宗旨下，经营业绩不断增加，连续多年各项指标均居同行业领先地位。2016年实现销售收入19 022.5万元，预计下一年销售收入为 21 521 万元，销售净利率为 3.6%，留存比率为 50%。企业目前厂房设备能力已经饱和。假设企业下一年货币资金、应收账款、存货、固定资产、应付账款及其他流动负债与销售收入存在稳定百分比。基于 2015 年的销售状况与企业当前的资本结构，计算企业需对外筹集的资金数量，分析评价筹资决策方案，并编制下一年的预计资产负债表。

3. 与该任务有关的其他相关信息。

H 电子公司 2015 年年末的资产负债表（简表）如表 5-5 所示：

表 5-5 资产负债表 单位：万元

资产		负债与所有者权益	
项目	金额	项目	金额
现金	300	应付账款	3 300
应收账款	2 700	应付费用	1 430
存货	4 800	长期负债	630
固定资产净值	7 500	实收资本	3 450
无形资产	70	留用利润	6 560
资产总额	15 370	负债及所有者权益	15 370

企业下一年对外筹资额有 A、B、C 三个备选方案。

A 方案：按照面值发行长期债券 500 万元，票面利率为 10%，筹资费用率为 2%；发行普通股 500 万元，筹资费用率为 5%，预计第一年股利率为 10%，以后每年递增 3%。

B 方案：发行优先股 800 万元，股利率为 15%，筹资费用率为 2%；向银行借款 200 万元，年利率为 5%。

C 方案：发行普通股 500 万元，筹资费用率为 4%，预计第一年股利率为 12%，以后每年递增 5%，利用公司留存收益筹资 500 万元。

公司适用的所得税税率为 25%。

4. 完成任务（见表 5-6）。

表 5-6 2016 年预计资产负债表 单位：万元

项目	2015 年末资产负债表	2015 年销售百分比	2016 年预计资产负债表
资产			
现金	300		
应收账款	2 700		
存货	4 800		
固定资产净值	7 500		
无形资产	70		
资产总额	15 370		
负债及所有者权益			

续表

项目	2015年末资产负债表	2015年销售百分比	2016年预计资产负债表
应付账款	3 300		
应付费用	1 430		
长期负债	630		
实收资本	3 450		
留用利润	6 560		
可用资金总额	——		
追加外部筹资额	——		
负债及所有者权益总额	15 370		

项目六
投资管理

过度投资与资金链危机

政府投资法治化意义重大

项目导航

知识目标	能力目标
• 理解项目投资决策指标的含义 • 掌握各投资决策指标的计算 • 掌握评价指标在不同决策中的应用 • 掌握独立投资方案、互斥投资方案的决策方法 • 掌握股票和债券估价模型	• 能理解投资决策指标的适用范围、优缺点 • 能应用相应的决策指标进行分析决策 • 能够进行独立投资方案、互斥投资方案的决策 • 能够进行股票、债券估价及衡量股票、债券的投资收益

投资管理是公司理财的重要内容之一。投资决策的好坏会对公司未来的财务状况和经营活动产生较大的影响。因此，企业怎样以市场为基础，进行科学的投资管理显得十分重要。本项目主要就投资管理的基本理论、现金流量分析、确定型投资决策、风险投资决策以及证券投资决策等有关问题进行详细的探讨。

案例导入

公司投资决策成功案例及启示

公司投资决策是指经济决策类型中由公司决策当局就公司投资进行的有关重大活动，诸如对投资方向、投资规模、投资结构、投资成本与收益等所做出的判断和决定，是指导公司投资实施的行动纲领。

1922年5月23日，创始人沃尔特·迪斯尼用1 500美元组成了"欢笑卡通公司"。到1995年迈克尔·艾斯纳收购美国广播公司之前，迪斯尼公司当年的营业额达到121.28亿美元，利润13.937亿美元，市场价值470.4亿美元，分别比1994年增长14.1%、13.8%和63.5%。而与1922年相比，则是几千万倍的增长。在迈克尔·艾斯纳长达18年的经营中，中小企业融资扩张策略和业务集中策略是其始终坚持的经营理念。这两种经营战略相辅相成，一方面保证了迪斯尼公司业务的不断扩张，创造了连续十数年的高速增长；另一方面确保新业务与公司原有资源的整合，同时起到不断削减公司运行成本的作用。归根结底，这两项策略完全与"股东权益最大化"原则符合。

企业的投资行为可以分为两种：一种是日常性投资，企业的自然增长带来了经营性扩张，主要用于增加净营运资本以及进行常规的固定资产追加投资，所需要的中小企业融资额相对较少；另一种是战略性投资，公司出于战略性扩张的目的，比如进行大规模的兼并收购，所需要的中小企业融资额相对较大。1995年，迪斯尼公司斥190亿美元巨资收购美国广播电视网，一跃成为世界第二大媒介和娱乐业产业集团，可以视为其中小企业融资扩张策略的经典之笔。2001年，迪斯尼又斥资53亿美元收购了福克斯家庭全球公司，将其并入ABC家庭。

迪斯尼公司融资案例给我们的启示：首先，上市公司是股东的公司，必须切实以股东权益最大化为公司经营目标。在此原则下，公司的一切投资决策必须与公司的战略发展密切相关，都必须以股东权益最大化为原则，必须满足公司发展的战略需要。迪斯尼公司的两次战略性并购行为，都是与迪斯尼公司多媒体集团的战略定位相关的，都是能够满足公司在有线电视领域发展的迫切需要的。其次，公司的中小企业融资行为，是为投资需求服务的，从维护股东权益的角度，必须在时间上、金额上同投资需求相匹配。更重要的，投资项目必须是经过多方面因素考虑的，不是盲目圈钱的幌子。迪斯尼公司由于经营业绩良好，因此日常性投资项目可以从经营现金流中获取，不需要用净的中小企业融资现金流来补充投资，这就使公司掌握了中小企业融资的主动性，既能够主动借债、享受债务优惠，又可以控制债务比率、降低经营风险。同时，在面临较大的并购需求时，能够主动改善债务结构，使公司可以进行低成本的、有效率的中小企业融资，来满足投资行为的需要。

请思考：迪斯尼公司投资管理活动的成功经验主要表现在哪些方面？

任务一　投资管理概述

投资，广义地讲是指特定经济主体（包括政府、企业和个人）以本金回收并获利为基本目的，将货币、实物资产等作为资本投放于某一个具体对象，以在未来较长期间内获取预期经济利益的经济行为。企业投资是企业为获取未来长期收益而向一定对象投放资金的经济行为。例如，购建厂房设备、兴建电站、购买股票债券等经济行为，均属于投资行为。

一、企业投资的意义

企业需要通过投资配置资产，才能形成生产能力，取得未来的经济利益。

（一）投资是企业生存与发展的基本前提

企业的生产经营，就是企业资产的运用和资产形态的转换过程。投资是一种资本性支出的行为，通过投资支出，企业购建流动资产和长期资产，形成生产条件和生产能力。实际上，不论是新建一个企业，还是建造一条生产流水线，都是一种投资行为。通过投资确立企业的经营方向，配置企业的各类资产，并将它们有机地结合起来，形成企业的综合生产经营能力。如果企业想要进军一个新兴行业，或者开发一种新产品，都需要先行进行投资。因此，投资决策的正确与否，直接关系到企业的兴衰成败。

（二）投资是获取利润的基本前提

企业投资的目的，是要通过预先垫付一定数量的货币或实物形态的资本，购建和配置形成企业的各类资产，从事某类经营活动，获取未来的经济利益。通过投资形成了生产经营能力，企业才能开展具体的经营活动，获取经营利润。那些以购买股票、证券等有价证券方式向其他单位的投资，可以通过取得股利或债息来获取投资收益，也可以通过转让证券来获取资本利得。

（三）投资是企业风险控制的重要手段

企业经营面临着各种风险，有来自市场竞争的风险，有资金周转的风险，还有原材料涨价等成本的风险。投资是企业风险控制的重要手段。通过投资可以将资金投向企业生产经营的薄弱环节，使企业的生产经营能力配套、平衡与协调。通过投资可以实现多元化经营，将资金投放于经营相关程度较低的不同产品或不同行业，分散风险，稳定收益来源，降低资产的流动性风险、变现风险，增强资产的安全性。

二、企业投资管理的特点

企业的投资活动与经营活动是不相同的，投资活动的结果对企业在经济利益上有较长期的影响。企业投资涉及的资金多、经历的时间长，对企业未来的财务状况和经营活动都有较大的影响。与日常经营活动相比，企业投资的主要特点表现在：

（一）属于企业的战略性决策

企业的投资活动一般涉及企业未来的经营发展方向、生产能力规模等问题，如厂房设备的新建与更新、新产品的研制与开发、对其他企业的股权控制等。这些投资活动往往需要一次性地投入大量的资金，并在一段较长的时期内发生作用，对企业经营的方向产生重大影响。

（二）属于企业的非程序化管理

企业有些经济活动是日常重复性进行的，如原材料的购买、人工的雇用、产品的生产制造、产成品的销售等，对这类重复性日常经营活动进行的管理，称为程序化管理。企业有些经济活动往往不会经常性地重复出现，如新产品的开发、设备的更新、企业兼并等，对这类非重复性特定经济活动进行的管理，称为非程序化管理。

企业的投资项目涉及的资金数额较大，影响的时间较长。企业的投资活动涉及企业的未来经营发展方向和规模等重大问题，是不经常发生的。投资经济活动具有一次性和独特性的特点，投资管理属于非程序化管理。每一次投资的背景、特点、要求等都不一样，无明显的规律性可遵循，管理时更需要周密思考，慎重考虑。

（三）投资价值的波动性大

投资项目的价值，是由投资的资产的内在获利能力决定的。这些资产的形态是不断转换的，未来收益的获得具有较强的不确定性，其价值也具有较强的波动性。同时，各种外部因素，如市场利率、物价等的变化，也时刻影响着投资资产价值。因此，企业投资管理决策时，要充分考虑投资项目的时间价值和风险价值。

企业投资项目的变现能力是不强的，因为其投放的标的物大多是机器设备等变现能力较差的长期资产，这些资产的持有目的也不是变现，并不准备在一年或超过一年的一个营业周期内变现。因此，投资项目的价值也是不易确定的。

三、企业投资的分类

将企业投资的类型进行科学的分类，有利于分清投资的性质，按不同的特点和要求进行投资决策，加强投资管理。

（一）直接投资和间接投资

按投资活动与企业本身的生产经营活动的关系，企业投资可以划分为直接投资和间接投资。

直接投资，是将资金直接投放于形成生产经营能力的实体性资产，直接谋取经营利润的企业投资。通过直接投资，购买并配置劳动力、劳动资料和劳动对象等具体生产要素，开展生产经营活动。

间接投资，是将资金投放于股票、债券等权益性资产上的企业投资。之所以称为间接投资，是因为股票、债券的发行方，在筹集到资金后，再把这些资金投放于形成生产经营能力的实体性资产，获取经营利润。而间接投资方不直接介入具体生产经营过程，通过股票、债券上所约定的收益分配权利，获取股利或利息收入，分享直接投资的经营利润。

（二）项目投资与证券投资

按投资对象的存在形态和性质，企业投资可以划分为项目投资和证券投资。

企业可以通过投资，购买具有实质内涵的经营资产，包括有形资产和无形资产，形成具体的生产经营能力，开展实质性的生产经营活动，谋取经营利润。这类投资称为项目投资。项目投资的目的在于改善生产条件、扩大生产能力，以获取更多的经营利润。项目投资属于直接投资。

企业可以通过投资，购买具有权益性的证券资产，通过证券资产上所赋予的权利，间接控制被投资企业的生产经营活动，获取投资收益。这类投资称为证券投资，即购买属于综合生产要素的权益性权利资产的企业投资。

直接投资与间接投资、项目投资与证券投资，两种投资分类方式的内涵和范围是一致的，只是分类角度不同。直接投资与间接投资强调的是投资的方式性，项目投资与证券投资强调的是投资的对象性。

（三）对内投资与对外投资

按投资活动资金投出的方向，企业投资可以划分为对内投资和对外投资。

对内投资，是指在本企业范围内部的资金投放，用于购买和配置各种生产经营所需的经营性资产。对外投资，是指向本企业范围以外的其他单位的资金投放。对外投资多以现金、有形资产、无形资产等资产形式，通过联合投资、合作经营、换取股权、购买证券资产等投资方式，向企业外部其他单位投放资金。

对内投资都是直接投资，对外投资主要是间接投资，也可能是直接投资。

（四）独立投资与互斥投资

按投资项目之间的相互关联关系，企业投资可以划分为独立投资和互斥投资。

独立投资是相容性投资，各个投资项目之间互不关联、互不影响，可以同时并存。例如，建造一个饮料厂和建造一个纺织厂，它们之间并不冲突，可以同时进行。对于一个独立投资项目而言，其他投资项目是否被采纳或放弃，对本项目的决策并无显著影响。因此，独立投资项目决策考虑的是方案本身是否满足某种决策标准。

互斥投资是非相容性投资，各个投资项目之间相互关联、相互替代，不能同时并存。如对企业现有设备进行更新，购买新设备就必须处置旧设备，它们之间是互斥的。对于一个互斥投资项目而言，其他投资项目是否被采纳或放弃，直接影响本项目的决策，其他项目被采纳，本项目就不能被采纳。

因此，互斥投资项目决策考虑的是各方案之间的排斥性，也许每个方案都是可行方案，但互斥决策需要从中选择最优方案。

四、投资管理的原则

为了适应投资项目的特点和要求，实现投资管理的目标，做出合理的投资决策，需要制定投资管理的基本原则，据以保证投资活动的顺利进行。

（一）可行性分析原则

投资项目的金额大，资金占用时间长，一旦投资后具有不可逆转性，对企业的财务状况和经营前景影响重大。因此，在投资决策之时，必须建立严密的投资决策程序，进行科学的可行性分析。

（二）结构平衡原则

由于投资往往是一个综合性的项目，不仅涉及固定资产等生产能力和生产条件的购建，还涉及使生产能力和生产条件正常发挥作用所需要的流动资产的配置。同时，由于受资金来源的限制，投资也常常会遇到资金需求超过资金供应的矛盾。如何合理配置资源，使有限的资金发挥最大的效用，是投资管理中资金投放所面临的重要问题。

（三）动态监控原则

投资的动态监控，是指对投资项目实施过程中的进程控制。特别是对于那些工程量大、工期长的建造项目来说，有一个具体的投资过程，需要按工程预算实施有效的动态投资控制。

任务二　投资项目财务评价指标

6－1
PPP 模式简介

投资决策是对各个可行方案进行分析和评价，并从中选择最优方案的过程。投资项目决策的分析评价需要采用一些专门的评价指标和方法。常用的财务可行性评价指标有净现值、现金净流量、现值指数、内含报酬率和回收期等指标，围绕这些评价指标进行评价也产生了净现值法、内含报酬率法、回收期法等评价方法。同时，按照是否考虑了货币时间价值来分类，这些评价指标可以分为静态评价指标和动态评价指标，考虑了货币时间价值因素的称为动态评价指标，没有考虑货币时间价值因素的称为静态评价指标。

一、项目现金流量

现金流量是投资项目财务可行性分析的主要分析对象，净现值、内含报酬率、回收期等财务评价指标，均是以现金流量为对象进行可行性评价的。利润只是期间财务报告的结果，对于投资方案财务可行性来说，项目的现金流量状况比会计期间盈亏状况更为重要。一个投资项目能否顺利进行，有无经济上的效益，不一定取决于有无会计期间利润，而在于能否带来正现金流量，即整个项目能否获得超过项目投资的现金回收。

由一项长期投资方案所引起的在未来一定期间所发生的现金收支，叫作现金流量（Cash Flow）。其中，现金收入称为现金流入量，现金支出称为现金流出量，现金流入量与现金流出量相抵后的余额，称为现金净流量（Net Cash Flow，NCF）。

在一般情况下，投资决策中的现金流量通常指现金净流量（NCF）。这里所谓的现金既指库存现金、银行存款等货币性资产，也可以指相关非货币性资产（如原材料、设备等）的变现价值。

投资项目从整个经济寿命周期来看，大致可以分为三个时点阶段：投资期、营业期、终结期，现金流量的各个项目也可归属于各个时点阶段之中。

（一）投资期

投资阶段的现金流量主要是现金流出量，即在该投资项目上的原始投资，包括在长期资产上的投资和垫支的营运资金。如果该项目的筹建费、开办费较高，也可作为初始阶段的现金流出量计入递延资产。在一般情况下，初始阶段中固定资产的原始投资通常在年内一次性投入（如购买设备），如果原始投资不是一次性投入（如工程建造），则应把投资归属于不同投入年份之中。

长期资产投资包括在固定资产、无形资产、递延资产等长期资产上的购入、建造、运输、安装、试运行等方面所需的现金支出，如购置成本、运输费、安装费等。对于投资实施后导致固定资产性能改进而发生的改良支出，属于固定资产的后期投资。

营运资金垫支，是指投资项目形成了生产能力，需要在流动资产上追加的投资。由于扩大了企业生产能力，原材料、在产品、产成品等流动资产规模也随之扩大，需要追加投入日常营运资金。同时，企业营业规模扩充后，应付账款等结算性流动负债也随之增加，自动补充了一部分日常营运资金的需要。因此，为该投资垫支的营运资金是追加的流动资产扩大量与结算性流动负债扩大量的净差额。

（二）营业期

营业阶段是投资项目的主要阶段，该阶段既有现金流入量，也有现金流出量。现金流入量主要是营运各年的营业收入，现金流出量主要是营运各年的付现营运成本。

另外，营业期内某一年发生的大修理支出，如果会计处理在本年内一次性作为收益性支出，则直接作为该年付现成本；如果跨年摊销处理，则本年作为投资性的现金流出量，摊销年份以非付现成本形式处理。营业期内某一年发生的改良支出是一种投资，应作为该年的现金流出量，以后年份通过折旧收回。

在正常营业阶段，由于营运各年的营业收入和付现营运成本数额比较稳定，因此营业阶段各年现金流量一般为：

营业现金净流量(NCF) = 营业收入 - 付现成本 = 营业利润 + 非付现成本

式中，非付现成本主要是固定资产年折旧费用、长期资产摊销费用、资产减值准备等。其中，长期资产摊销费用主要有跨年的大修理摊销费用、改良工程折旧摊销费用、筹建开办费摊销费用等。

所得税是投资项目的现金支出，即现金流出量。考虑所得税对投资项目现金流量的影响，投资项目正常营运阶段所获得的营业现金流量，可按下列公式进行测算：

营业现金净流量 = 营业收入 - 付现成本 - 所得税

付现成本 = 营业成本 - 非付现成本

营业现金净流量 = 营业收入 - （营业成本 - 非付现成本）- 所得税

= 营业收入 - 营业成本 - 所得税 + 非付现成本

= 税后营业利润 + 非付现成本

营业现金净流量 = 营业收入 - 付现成本 - 所得税

= 营业收入 - 付现成本 - （营业收入 - 付现成本 - 非付现成本）× 所得税税率

= 营业收入 × （1 - 所得税税率）- 付现成本 × （1 - 所得税税率）+ 非付现成本 × 所得税税率

（三）终结期

终结阶段的现金流量主要是现金流入量，包括固定资产变价净收入、固定资产变现净损益的影响和垫支营运资金的收回。

1. 固定资产变价净收入

投资项目在终结阶段，原有固定资产将退出生产经营，企业对固定资产进行清理处置。固定资产变价净收入，是指固定资产出售或报废时的出售价款或残值收入扣除清理费用后的净额。

固定资产变现净损益对现金净流量的影响用公式表示如下：

固定资产变现净损益对现金净流量的影响 =（账面价值 - 变价净收入）× 所得税税率

如果（账面价值 - 变价净收入）> 0，则意味着发生了变现净损失，可以抵税，减少现金流出，增加现金净流量。如果（账面价值 - 变价净收入）< 0，则意味着实现了变现净收益，应该纳税，增加现金流出，减少现金净流量。

变现时固定资产账面价值指的是固定资产账面原值与变现时按照税法规定计提的累计折旧的差额。如果变现时，按照税法的规定，折旧已经全部计提，则变现时固定资产账面价值等于税法规定的净残值；如果变现时，按照税法的规定，折旧没有全部计提，则变现时固定资产账面价值等于税法规定的净残值与剩余的未计提折旧之和。

2. 垫支营运资金的收回

伴随着固定资产的出售或报废，投资项目的经济寿命结束，企业将与该项目相关的存货出售，应收账款收回，应付账款也随之偿付。营运资金恢复到原有水平,项目开始垫支的营运资金在项目结束时得到回收。

在实务中,对某一投资项目在不同时点上现金流量数额的测算,通常通过编制"投资项目现金流量表"进行。通过该表,能测算出投资项目相关现金流量的时间和数额,以便进一步进行投资项目可行性分析。

【例 6-1】 某公司准备购入一项设备扩充公司的生产能力。现有甲、乙两个方案可供选择,甲方案需投资 1 万元,使用寿命为 5 年,采用直线法计提折旧,5 年后设备无残值。5 年中每年销售收入为 6 000 元,每年的付现成本为 2 000 元。乙方案需投资 1.2 万元,采用直线法计提折旧,使用寿命也为 5 年,5 年后有残值净收入 2 000 元。5 年中每年的销售收入为 8 000 元,付现成本第一年为 3 000 元,以后随着设备陈旧,逐年将增加修理费 400 元,另需垫支营运资金 3 000 元,该公司所得税率为 25%。计算这两个方案的现金净流量。

(1) 计算各方案的年折旧额:

甲方案年折旧额 = 10 000/5 = 2 000(元)

乙方案年折旧额 =(12 000 - 2 000)/5 = 2 000(元)

(2) 营业现金流量计算可采用列表方式,甲乙两方案的营业现金流量如表 6-1 所示。

表 6-1 现金流量计算表 单位:元

方案	项目	1	2	3	4	5
甲方案	销售收入(1)	6 000	6 000	6 000	6 000	6 000
	付现成本(2)	2 000	2 000	2 000	2 000	2 000
	折旧(3)	2 000	2 000	2 000	2 000	2 000
	营业利润(4)=(1)-(2)-(3)	2 000	2 000	2 000	2 000	2 000
	所得税(5)=(4)×25%	500	500	500	500	500
	税后营业利润(6)=(4)-(5)	1 500	1 500	1 500	1 500	1 500
	营业现金净流量=(3)+(6)	3 500	3 500	3 500	3 500	3 500
乙方案	销售收入(1)	8 000	8 000	8 000	8 000	8 000
	付现成本(2)	3 000	3 400	3 800	4 200	4 600
	折旧(3)	2 000	2 000	2 000	2 000	2 000
	营业利润(4)=(1)-(2)-(3)	3 000	2 600	2 200	1 800	1 400
	所得税(5)=(4)×25%	750	650	550	450	350
	税后营业利润(6)=(4)-(5)	2 250	1 950	1 650	1 350	1 050
	营业现金净流量=(3)+(6)	4 250	3 950	3 650	3 350	3 050

(3) 甲乙两个方案的全部现金流量如表 6-2 所示。

表6-2　　　　　　　　　甲乙两个方案的全部现金流量　　　　　　　　　单位：元

方案	项目	0	1	2	3	4	5
甲方案	固定资产投资	-10 000					
	营业现金流量		3 500	3 500	3 500	3 500	3 500
	现金流量合计	-10 000	3 500	3 500	3 500	3 500	3 500
乙方案	固定资产投资	-12 000					
	营运资金垫资	-3 000					
	营业现金流量		4 250	3 950	3 650	3 350	3 050
	固定资产残值						2 000
	营运资金回收						3 000
	现金流量合计	-15 000	4 250	3 950	3 650	3350	8 050

二、净现值（NPV）

（一）基本原理

一个投资项目，其未来现金净流量现值与原始投资额现值之间的差额，称为净现值（Net Present Value）。计算公式为：

净现值（NPV）= 未来现金净流量现值 - 原始投资额现值

计算净现值时，要按预定的贴现率对投资项目的未来现金流量和原始投资额进行贴现。预定贴现率是投资者所期望的最低投资报酬率。净现值为正，方案可行，说明方案的实际报酬率高于所要求的报酬率；净现值为负，方案不可取，说明方案的实际投资报酬率低于所要求的报酬率。

当净现值为零时，说明方案的投资报酬刚好达到所要求的投资报酬，方案也可行。所以，净现值的经济含义是投资方案报酬超过基本报酬后的剩余收益。其他条件相同时，净现值越大，方案越好。采用净现值法来评价投资方案，一般有以下步骤：

第一，测定投资方案各年的现金流量，包括现金流出量和现金流入量。

第二，设定投资方案采用的贴现率。确定贴现率的参考标准可以是：

（1）以市场利率为标准。市场利率是整个社会投资报酬率的最低水平，可以视为一般最低报酬率要求。

（2）以投资者希望获得的预期最低投资报酬率为标准。这就考虑了投资项目的风险补偿因素以及通货膨胀因素。

（3）以企业平均资本成本率为标准。企业投资所需要的资金，都或多或少地发生资本成本，企业筹资承担的资本成本率水平，给投资项目提出了最低报酬率要求。

第三，按设定的贴现率，分别将各年的现金流出量和现金流入量折算成现值。

第四，将未来的现金净流量现值与投资额现值进行比较，若前者大于或等于后者,方案可行;若前者小于后者,方案不可行,说明方案的实际报酬率达不到投资者所要求的报酬率。

【例6-2】 沿用【例6-1】的资料,假设折现率为10%,则:

甲方案的净现值(NPV) = -10 000 + 3 500 × (P/A,10%,5)
$$= -10\ 000 + 3\ 500 \times 3.791$$
$$= 3\ 268.5\ (元)$$

由于甲方案的净现值大于0,所以甲方案可行。

乙方案的净现值(NPV) = -15 000 + 4 250 × (P/F,10%,1) + 3 950 × (P/F,10%,2) + 3 650 × (P/F,10%,3) + 3 350 × (P/F,10%,4) + 8 050 × (P/F,10%,5) = 2 156.50(元)

由于乙方案的净现值大于0,所以乙方案也可行。

(二)净现值法的评价

净现值法简便易行,其主要的优点在于:

第一,适用性强,能基本满足项目年限相同的互斥投资方案的决策。如有A、B两个项目,资本成本率为10%,A项目投资5万元可获净现值1万元,B项目投资2万元可获净现值8 000元。尽管A项目投资额大,但在计算净现值时已经考虑了实施该项目所承担的还本付息负担,因此净现值大的A项目优于B项目。

第二,能灵活地考虑投资风险。净现值法在所设定的贴现率中包含投资风险报酬率要求,就能有效地考虑投资风险。例如,某投资项目期限15年,资本成本率18%,由于投资项目时间长,风险也较大,所以投资者认定,在投资项目的有效使用期限15年中第一个五年期内以18%折现,第二个五年期内以20%折现,第三个五年期内以25%折现,以此来体现投资风险。

净现值法也具有明显的缺陷,主要表现在:

第一,所采用的贴现率不易确定。如果两方案采用不同的贴现率贴现,采用净现值法不能够得出正确结论。同一方案中,如果要考虑投资风险,要求的风险报酬率不易确定。

第二,不适宜于独立投资方案的比较决策。如果各方案的原始投资额现值不相等,有时无法作出正确决策。独立投资方案,是指两个以上投资项目互不依赖,可以同时并存。如对外投资购买甲股票或购买乙股票,它们之间并不冲突。在独立投资方案比较中,尽管某项目净现值大于其他项目,但所需投资额大,获利能力可能低于其他项目,而该项目与其他项目又是非互斥的,因此只凭净现值大小无法决策。

第三,净现值有时也不能对寿命期不同的互斥投资方案进行直接决策。某项目尽管净现值小,但其寿命期短;另一项目尽管净现值大,但它是较长的寿命期内取得的。两项目由于寿命期不同,因而净现值是不可比的。要采用净现值法对寿命期不同的投资方案进行决策,需要将各方案均转化为相等寿命期进行比较。

三、年金净流量（Annual Net Cash Flow，ANCF）

投资项目的未来现金净流量与原始投资额的差额，构成该项目的现金净流量总额。项目期内全部现金净流量总额的总现值或总终值折算为等额年金的平均现金净流量，称为年金净流量（Annual NCF）。年金净流量的计算公式为：

年金净流量 = 净现值/年金现值系数

与净现值指标一样，年金净流量指标的结果大于0，说明每年平均的现金流入能抵补现金流出，投资项目的净现值大于零，方案的报酬率大于所要求的报酬率，方案可行。在两种以上寿命期不同的投资方案比较时，年金净流量越大，方案越好。

【例6-3】 甲、乙两个投资方案，甲方案需一次性投资1万元，可用8年，残值2 000元，每年取得税后营业利润3 500元；乙方案需一次性投资1万元，可用5年，无残值，第一年获利3 000元，以后每年递增10%。如果资本成本率为10%，应采用哪种方案？

两项目使用年限不同，净现值是不可比的，应考虑它们的年金净流量。
由于：甲方案营业期每年 NCF = 3 500 + (10 000 - 2 000)/8 = 4 500（元）
乙方案营业期各年 NCF：
第一年 = 3 000 + 10 000/5 = 5 000（元）
第二年 = 3 000 × (1 + 10%) + 10 000/5 = 5 300（元）
第三年 = 3 000 × (1 + 10%)^2 + 10 000/5 = 5 630（元）
第四年 = 3 000 × (1 + 10%)^3 + 10 000/5 = 5 993（元）
第五年 = 3 000 × (1 + 10%)^4 + 10 000/5 = 6 392.3（元）
甲方案净现值 = 4 500 × 5.3349 + 2 000 × 0.4665 - 10 000
　　　　　　 = 14 940.05（元）
乙方案净现值 = 5 000 × 0.9091 + 5 300 × 0.8264 + 5 630 × 0.7513 + 5 993
　　　　　　　× 0.683 + 6 392.30 × 0.6209 - 10 000 = 11 217.44（元）
甲方案年金净流量 = 14 940.05/ (P/A, 10%, 8)
　　　　　　　　 = 14 940.05/5.3349 = 2 800.44（元）
乙方案年金净流量 = 11 217.44 (P/A, 10%, 5)
　　　　　　　　 = 11 217.44/3.7908 = 2 959.12（元）

尽管甲方案净现值大于乙方案，但它是8年内取得的。而乙方案年金净流量高于甲方案，因此，乙方案优于甲方案。

年金净流量法是净现值法的辅助方法，在各方案寿命期相同时，实质上就是净现值法。因此它适用于期限不同的投资方案决策。但同时它也具有与净现值法同样的缺点，不便于对原始投资额不相等的独立投资方案进行决策。

四、现值指数（PVI）

现值指数（Present Value Index）是投资项目的未来现金净流量现值与原始投资额现值之比。计算公式为：

现值指数 = 未来现金净流量现值 / 原始投资额现值

从现值指数的计算公式可见，现值指数的计算结果有三种：大于1，等于1，小于1。若现值指数大于或等于1，方案可行，说明方案实施后的投资报酬率高于或等于必要报酬率；若现值指数小于1，方案不可行，说明方案实施后的投资报酬率低于必要报酬率。现值指数越大，方案越好。

【例6-4】 有两个独立投资方案，有关资料如表6-3所示。

表6-3　　　　　　　　　　　净现值计算表　　　　　　　　　　　单位：元

项目	A方案	B方案
原始投资额现值	45 000	4 500
未来现金净流量现值	47 250	6 300
净现值	2 250	1 800

从净现值的绝对数来看，方案A大于方案B，似乎应采用方案A；但从投资额来看，方案A的原始投资额现值大大超过了方案B。所以，在这种情况下，如果仅用净现值来判断方案的优劣，就难以做出正确的比较和评价。按现值指数法计算：

A方案现值指数 = 1.05

B方案现值指数 = 1.4

计算结果表明，方案B的现值指数大于方案A，应当选择方案B。

现值指数法也是净现值法的辅助方法，在各方案原始投资额现值相同时，实质上就是净现值法。由于现值指数是未来现金净流量现值与所需投资额现值之比，是一个相对数指标，反映了投资效率，所以，用现值指数指标来评价独立投资方案，可以克服净现值指标不便于对原始投资额现值不同的独立投资方案进行比较和评价的缺点，从而使对方案的分析评价更加合理、客观。但是现值指数无法直接反映投资项目的实际收益率。

五、内含报酬率（IRR）

（一）基本原理

内含报酬率（Internal Rate of Return），是指对投资方案未来的每年现金净流量进行贴现，使所得的现值恰好与原始投资额现值相等，从而使净现值等于零时的贴现率。

内含报酬率法的基本原理是：在计算方案的净现值时，以必要投资报酬率作为贴现率计算，净现值的结果往往是大于0或小于0，这就说明方案实际可能达到的投资报酬率大于或小于必要投资报酬率；而当净现值为0时，说明两种报酬率相等。根据这个原理，内含报酬率法就是要计算出使净现值等于零时的贴现率，这个贴现率就是投资方案的实际可能达到的投资报酬率。

1. 未来每年现金净流量相等时

每年现金净流量相等是一种年金形式，通过查年金现值系数表，可计算出未来现金净流量现值，并令其净现值为0，有：

未来每年现金净流量×年金现值系数－原始投资额现值＝0

计算出净现值为零时的年金现值系数后，通过查年金现值系数表，即可找出相应的贴现率，该贴现率就是方案的内含报酬率。

【例6－5】 接例题【例6－1】，计算甲方案的内含报酬率：

令 3 500×（P/A，I，5）－10 000＝0 （P/A，I，5）＝2.8571（元）

查年金现值系数表：

（P/A，20%，5）＝2.9906；（P/A，24%，5）＝2.7454（元）

利用内插法计算内含报酬率：

$$\frac{IRR - 20\%}{24\% - 20\%} = \frac{2.8571 - 2.9906}{2.7454 - 2.9906}$$

得出甲方案内含报酬率：IRR＝22.18%。高于最低投资报酬率10%，方案可行。

2. 未来每年现金净流量不相等时

如果投资方案的未来每年现金净流量不相等，各年现金净流量的分布就不是年金形式，不能采用直接查年金现值系数表的方法来计算内含报酬率，采用试误法逐次测试。

逐次测试法的具体做法是：根据已知的有关资料，先估计一个折现率，来试算未来现金净流量的现值，并将这个现值与原始投资额现值相比较，如净现值大于0，为正数表示估计的贴现率低于方案实际可能达到的投资报酬率，需要重估一个较高的贴现率进行试算；如果净现值小于0，为负数表示估计的贴现率高于方案实际可能达到的投资报酬率，需要重估一个较低折现率进行试算。如此反复试算，直到净现值等于0或基本接近于0，这时所估计的贴现率就是希望求得的内含报酬率。

【例6－6】 接例题【例6－1】，计算乙方案的内含报酬率如表6－4所示。

表6－4　　　　　　　　　乙方案内含报酬率计算表　　　　　　　　　单位：元

年度	每年NCF	测试13%		测试14%		测试16%	
		复利现值系数	现值	复利现值系数	现值	复利现值系数	现值
0	－15 000	1	－15 000	1	－15 000	1	－15 000
1	4 250	0.885	3 761.25	0.8772	3 728.1	0.8621	3 663.93
2	3 950	0.7831	3 093.25	0.7695	3 039.53	0.7432	2 935.64

续表

年度	每年 NCF	测试 13%		测试 14%		测试 16%	
		复利现值系数	现值	复利现值系数	现值	复利现值系数	现值
3	3 650	0.6931	2 529.82	0.675	2 463.75	0.6407	2 338.56
4	3 350	0.6133	2 054.55	0.5921	1 983.54	0.5523	1 850.21
5	8 050	0.5428	4 369.54	0.5194	4 181.17	0.4761	3 832.61
NPV	—	—	808.41	—	396.09	—	-379.05

内插法计算内含报酬率：

$$\frac{IRR-14\%}{16\%-14\%}=\frac{0-396.09}{-379.05-396.09}$$

得出乙方案内含报酬率：IRR = 15.05%

（二）对内含报酬率法的评价

内含报酬率法的主要优点在于：

（1）内含报酬率反映了投资项目可能达到的报酬率，易于被高层决策人员所理解。

（2）对于独立投资方案的比较决策，如果各方案原始投资额现值不同，可以通过计算各方案的内含报酬率，反映各独立投资方案的获利水平。

内含报酬率法的主要缺点在于：

（1）计算复杂，不易直接考虑投资风险大小。

（2）在互斥投资方案决策时，如果各方案的原始投资额现值不相等，有时无法做出正确的决策。某一方案原始投资额低、净现值小，但内含报酬率可能较高；而另一方案原始投资额高、净现值大，但内含报酬率可能较低。

六、回收期（PP）

回收期（Payback Period），是指投资项目的未来现金净流量与原始投资额相等时所经历的时间，即原始投资额通过未来现金流量回收所需要的时间。

投资者希望投入的资本能以某种方式尽快地收回来，收回的时间越长，所担风险就越大。因而，投资方案回收期的长短是投资者十分关心的问题，也是评价方案优劣的标准之一。用回收期指标评价方案时，回收期越短越好。

（一）静态回收期

静态回收期没有考虑货币时间价值，直接用未来现金净流量累计到原始投资数额时所经历的时间作为静态回收期。

1. 未来每年现金净流量相等时

这种情况是一种年金形式，因此：

静态回收期 = 原始投资额/每年现金净流量

【例 6-7】 某生产企业准备从甲、乙两种设备中选购一种。甲设备购价为 4.2 万元，投入使用后，每年现金净流量为 7 000 元；乙设备购价为 4.4 万元，投入使用后，每年现金流量为 8 000 元。要求：用回收期指标决策该企业应选购哪种设备？

甲设备回收期 = 42 000/7 000 = 6（年）

乙设备回收期 = 44 000/8 000 = 5.5（年）

计算结果表明，乙设备的回收期比甲设备短，该企业应选择乙设备。

2. 未来每年现金净流量不相等时

在这种情况下，应把未来每年的现金净流量逐年加总，根据累计现金流量来确定回收期。

【例 6 – 8】亚力公司有一投资项目，需投资 15 万元，使用年限为 5 年，每年的现金流量不相等，资本成本率为 10%，有关资料如表 6 – 5 所示。要求：计算该投资项目的回收期。

表 6 – 5　　　　　　　　　　项目现金流量表　　　　　　　　　　单位：元

年份	现金净流量	累计净流量
1	30 000	30 000
2	33 000	63 000
3	40 000	103 000
4	45 000	148 000
5	60 000	208 000

从表 6 – 5 的累计现金净流量栏中可见，该投资项目的回收期在第 4 年与第 5 年之间。为了计算较为准确的回收期，采用以下方法计算：

项目回收期 = 4 + （150 000 – 148 000）/60 000 = 4.03（年）

（二）动态回收期

动态回收期需要将投资引起的未来现金净流量进行贴现，以未来现金净流量的现值等于原始投资额现值时所经历的时间为动态回收期。

1. 未来每年现金净流量相等时

在这种年金形式下，假定动态回收期为 n 年，则：

（p/A，i，n）= 原始投资额现值/每年现金净流量

计算出年金现值系数后，通过查年金现值系数表，利用插值法，即可推算出动态回收期 n。

前述【例 6 – 1】中甲方案，

（p/A，i，n）= 原始投资额现值/每年现金净流量
　　　　　　 = 10 000/3 500 = 2.8571

假定资本成本率为 10%，查表得知当 i = 10% 时，第 3 年年金现值数为 2.4869，第 4 年年金现值系数为 3.1699。这样，根据相应的回收期运用插值法计算，得出甲方案的动态回收期 n = 3.54 年。

2. 未来每年现金净流量不相等时

在这种情况下，应把每年的现金净流量逐一贴现并加总，根据累计现金

流量现值来确定回收期。前述【例 6-1】中乙方案，根据乙方案的现金流量计算现金流量现值表（见表 6-6）。

表 6-6　　　　　　　　　　乙方案现金流量现值表　　　　　　　　　　单位：元

年份	现金净流量	现值系数	净流量现值	累计现值
1	4 250	0.9091	3 863.68	3 863.68
2	3 950	0.8264	3 264.28	7 127.96
3	3 650	0.7513	2 742.25	9 870.20
4	3 350	0.6830	2 288.05	12 158.25
5	8 050	0.6209	4 998.25	17 156.50

项目回收期 = 3 +（10 000 - 9 870.2）/2 288.05 = 3.06（年）

回收期法的优点是计算简便，易于理解。这种方法是以回收期的长短来衡量方案的优劣，收回投资所需的时间越短，所冒的风险就越小。可见，回收期法是一种较为保守的方法。

回收期法中静态回收期的不足之处是没有考虑货币的时间价值。

【例 6-9】　A、B 两个投资方案的相关资料如表 6-7 所示。

表 6-7　　　　　　　　　　项目现金流量表　　　　　　　　　　单位：元

项目	年份	A 方案	B 方案
原始投资额	0	-10 000	-10 000
现金净流量	1	1 000	6 000
	2	3 000	3 000
	3	6 000	1 000
静态回收期	—	3 年	3 年

从表 6-7 中的资料看，A、B 两个投资方案的原始投资额相同，回收期也相同，以静态回收期来评价两个方案，似乎并无优劣之分。但如果考虑货币的时间价值，用动态回收期分析，则 B 方案显然要好得多。

静态回收期和动态回收期还有一个共同局限，就是它们计算回收期时只考虑了未来现金净流量（或现值）总和中等于原始投资额（或现值）的部分，没有考虑超过原始投资额（或现值）的部分。显然，回收期长的项目，其超过原始投资额（或现值）的现金流量并不一定比回收期短的项目少。

任务三　项目投资管理

项目投资是指将资金直接投放于生产经营实体性资产，以形成生产能力，

6-2
财务评价的贴现率（折现率）与票据贴现率不同

如购置设备、建造工厂、修建设施等。项目投资一般是企业的对内投资，也包括以实物性资产投资于其他企业的对外投资。

一、投资方案的类型

根据投资方案中投资方案的数量，可将投资方案分为单一方案和多个方案；根据方案之间的关系，可以分为独立方案、互斥方案和组合或排队方案等。

所谓独立方案是指一组互相分离、互不排斥的方案或单一的方案。在独立方案中，选择某一方案并不排斥选择另一方案。就一组完全独立的方案而言，其存在的前提条件是：(1) 投资资金来源无限制；(2) 投资资金无优先使用的排列；(3) 各投资方案所需的人力、物力均能得到满足；(4) 不考虑地区、行业之间的相互关系及其影响；(5) 每一投资方案是否可行，仅取决于本方案的经济效益，与其他方案无关。符合上述前提条件的方案即为独立方案。

互斥方案是指互相关联、互相排斥的方案，即一组方案中的各个方案彼此可以相互代替，采纳方案组中的某一方案，就会自动排斥这组方案中的其他方案。例如，为了生产一种新产品，可以选择进口设备，也可以选择国产设备，它们的使用寿命、购置价格和生产能力均不同。企业只需购买其中之一就可以，而不会同时购买。

二、独立投资方案的决策

独立投资方案的决策属于优分决策，评价各方案本身是否可行，即方案本身是否达到某种要求的可行性标准。独立投资方案之间比较时，决策要解决的问题是如何确定各种可行方案的投资顺序，即各独立方案之间的优先次序。排序分析时，以各独立方案的获利程度作为评价标准，一般采用内含报酬率法进行比较决策。

【例6-10】 某企业有足够的资金准备投资于三个独立投资项目。A项目投资额1万元，期限5年；B项目原始投资额1.8万元，期限5年；C项目原始投资额1.8万元，期限8年。贴现率为10%，其他有关资料如表6-8所示。问：如何安排投资顺序？

表6-8　　　　　　　　　　独立投资方案的可行性指标　　　　　　　　　　单位：元

项目	A项目	B项目	C项目
原始投资额	-10 000	-18 000	-18 000
每年NCF	4 000	6 500	5 000
期限	5年	5年	8年
净现值（NPV）	+5 164	+6 642	+8 675
现值指数（PVI）	1.52	1.37	1.48
内含报酬率（IRR）	28.68%	23.61%	22.28%
年金净流量（ANCF）	+1 362	+1 752	+1 626

将上述三个方案的各种决策指标加以对比,见表6-9。从两表数据可以看出:

A项目与B项目比较:两项目原始投资额不同但期限相同,尽管B项目净现值和年金净流量均大于A项目,但B项目原始投资额高,获利程度低。因此,应优先安排内含报酬率和现值指数较高的A项目。

B项目与C项目比较:两项目原始投资额相等但期限不同,尽管C项目净现值和现值指数高,但它需要经历8年才能获得。B项目5年项目结束后,所收回的投资可以进一步投资于其他后续项目。因此,应该优先安排内含报酬率和年金净流量较高的B项目。

A项目与C项目比较:两项目的原始投资额和期限都不相同,A项目内含报酬率较高,但净现值和年金净流量都较低。C项目净现值高,但期限长;C项目年金净流量也较高,但它是依靠较大的投资额取得的。因此,从获利程度的角度来看,A项目是优先方案。

表6-9　　　　　　　　　　独立投资方案的比较决策

净现值(NPV)	C>B>A
现值指数(PVI)	A>C>B
内含报酬率(IRR)	A>B>C
年金净流量(ANCF)	B>C>A

综上所述,在独立投资方案比较性决策时,内含报酬率指标综合反映了各方案的获利程度,在各种情况下的决策结论都是正确的。本例中,投资顺序应该按A、B、C顺序实施投资。现值指数指标也反映了方案的获利程度,除了期限不同的情况外,其结论也是正确的。但在项目的原始投资额相同而期限不同的情况下(如B和C的比较),现值指数实质上就是净现值的表达形式。至于净现值指标和年金净流量指标,它们反映的是各方案的获利数额,要结合内含报酬率指标进行决策。

三、互斥投资方案的决策

互斥投资方案之间互相排斥,不能并存,因此决策的实质在于选择最优方案,属于选择决策。选择决策要解决的问题是应该淘汰哪个方案,即选择最优方案。从选定经济效益最大的要求出发,互斥决策以方案的获利数额作为评价标准。因此,一般采用净现值法和年金净流量法进行选优决策。但由于净现值指标受投资项目寿命期的影响,因而年金净流量法是互斥方案最恰当的决策方法。

(一)项目的寿命期相等时——净现值法

从【例6-10】可知,A、B两项目寿命期相同,而原始投资额不等;B、C两项目原始投资额相等而寿命期不同。如果【例6-10】这三个项目是互斥投资方案,三个项目只能采纳一个,不能同时并存。

A 项目与 B 项目比较，两项目原始投资额不等。尽管 A 项目的内含报酬率和现值指数都较高，但互斥方案应考虑获利数额，因此净现值高的 B 项目是最优方案。两项目的期限是相同的，年金净流量指标的决策结论与净现值指标的决策结论是一致的。

B 项目比 A 项目投资额多 8 000 元，按 10% 的贴现率水平要求，分 5 年按年金形式回收，每年应回收 2 110 元（8 000/3.7908）。但 B 项目每年现金净流量比 A 项目也多取得 2 500 元，扣除增加的回收额 2 110 元后，每年还可以多获得投资报酬 390 元。这个差额，正是两项目年金净流量指标值的差额（1 752 − 1 362）。所以，在原始投资额不等、寿命期相同的情况下，净现值与年金净流量指标的决策结论一致，应采用年金净流量较大的 B 项目。

事实上，互斥方案的选优决策，各方案本身都是可行的，均有正的净现值，表明各方案均收回了原始投资，并有超额报酬。进一步在互斥方案中选优，方案的获利数额作为了选优的评价标准。在项目的寿命期相等时，不论方案的原始投资额大小如何，能够获得更大的获利数额即净现值的，则为最优方案，也就是净现值法。所以，在互斥投资方案的选优决策中，原始投资额的大小并不影响决策的结论，无须考虑原始投资额的大小。

（二）项目的寿命期不相等时——年等额净回收额

【例 6 - 10】中 B 项目与 C 项目比较，寿命期不等。尽管 C 项目净现值较大，但它是 8 年内取得的。我们可以通过比较年金净流量来做出投资决策。根据下面公式：

$$NPV = A \times (P/A, i, n) \quad A = NPV/(P/A, i, n)$$

按每年平均的获利数额来看，B 项目的年金净流量（1 752 元）高于 C 项目（1 626 元），如果 B 项目 5 年寿命期届满后，所收回的投资重新投入原有方案，达到与 C 项目同样的投资年限，取得的经济效益也高于 C 项目。

（三）项目的寿命期不相等时——共同年限法

实际上，在两个寿命期不等的互斥投资项目比较时，需要将两项目转化成同样的投资期限，才具有可比性。共同年限法的原理是：假设投资项目可以在终止时进行重置，通过重置使两个项目达到相同的年限，然后比较其净现值。该方法也称为重置价值链法、最小公倍寿命法。

【例 6 - 11】 现有甲、乙两个项目，所要求的最低投资报酬率为 10%。甲项目投资额 4 万元，可用 6 年，无残值。乙项目投资额 17 800 元，可用 3 年，无残值，每年现金净流量见表 6 - 10。问：两项目何者为优？

表 6 - 10　　　　　　　　　项目现金流及现值　　　　　　　　　单位：元

时间	折现系数（10%）	甲项目		乙项目	
		现金流	现值	现金流	现值
0		− 40 000	− 40 000	− 17 800	− 17 800
1	0.9091	13 000	11 818	7 000	6 364

续表

时间	折现系数（10%）	甲项目		乙项目	
		现金流	现值	现金流	现值
2	0.8264	8 000	6 611	13 000	10 743
3	0.7513	14 000	10 518	12 000	9 016
4	0.683	12 000	8 196		
5	0.6209	11 000	6 830		
6	0.5645	15 000	8 468		
净现值			12 441		8 323

根据上述材料，我们用共同年限法进行分析：假设乙项目可以重置一次，该项目的期限就延长到了6年，与甲项目相同。重置后两个项目的现金流量如表6-11所示。

表6-11　　　　　　　　　重置后项目现金流及现值　　　　　　　　　单位：元

时间	折现系数（10%）	甲项目		乙项目		重置乙项目	
		现金流	现值	现金流	现值	现金流	现值
0		-40 000	-40 000	-17 800	-17 800	-17 800	-17 800
1	0.9091	13 000	11 818	7 000	6 364	7 000	6 364
2	0.8264	8 000	6 611	13 000	10 743	13 000	10 743
3	0.7513	14 000	10 518	12 000	9 016	-5 800	-4 358
4	0.683	12 000	8 196			7 000	4 781
5	0.6209	11 000	6 830			13 000	8 072
6	0.5645	15 000	8 468			12 000	6 774
净现值			12 441		8 323		14 576

按最小公倍年数测算，甲项目经历了1次投资循环，乙项目经历了2次投资循环。各项目的相关评价指标为：

甲项目净现值 = 12 441（元）

乙项目净现值 = 14 576（元）

上述计算说明，延长寿命期后，两项目投资期限相等，甲项目净现值12 441元低于乙项目净现值14 576元，故乙项目优于甲项目。

共同年限法的优点是易于理解。缺点是共同比较期的时间可能比较长，未来较长时间的现金流量难以预计。例如，一个项目是7年，另一个项目是9年，就需要以63年作为共同比较期。我们有计算机，可以完成长期限分析的巨大计算，但是真正的恐惧是来自预计60多年后的现金流量。我们实在难以预计如此遥远的未来数据。

四、固定资产更新决策

固定资产反映了企业的生产经营能力,固定资产更新决策是项目投资决策的重要组成部分。从决策性质上看,固定资产更新决策属于互斥投资方案的决策类型。因此,固定资产更新决策所采用的决策方法是净现值法和年金净流量法,一般不采用内含报酬率法。

(一) 寿命期相同的设备重置决策

一般来说,用新设备来替换旧设备如果不改变企业的生产能力,就不会增加企业的营业收入,即使有少量的残值变现收入,也不是实质性收入增加。因此,大部分以旧换新进行的设备重置都属于替换重置。在替换重置方案中,所发生的现金流量主要是现金流出量。如果购入的新设备性能提高,扩大了企业的生产能力,这种设备重置属于扩建重置。

【例 6-12】 某公司现有一台旧机床是三年前购进的,目前准备用一台新机床替换。该公司所得税税率为 25%,资本成本率为 10%,其余资料如表 6-12 所示。

表 6-12　　　　　　　　　　新旧设备资料　　　　　　　　　　单位:元

项目	旧设备	新设备
原价	84 000	76 500
税法残值	4 000	4 500
税法使用年限(年)	8 年	6 年
已使用年限(年)	3 年	0 年
尚可使用年限(年)	6 年	6 年
垫支营运资金	10 000	11 000
大修理支出	18 000(第 2 年年末)	9 000(第 4 年年末)
每年折旧费(直线法)	10 000	12 000
每年营运成本	13 000	7 000
目前变现价值	40 000	76 500
最终报废残值	5 500	6 000

本例中,两台机床的使用年限均为 6 年,可采用净现值法决策,将两个方案的有关现金流量资料整理后,列出分析表见表 6-13 和表 6-14 所示。

表 6-13　　　　　　　　　　保留旧机床方案　　　　　　　　　　单位:元

项目	现金流量	年份	现值系数	现值
1. 每年营运成本	$-13\,000 \times (1-25\%) = -9\,750$	1~6	4.355	-42 461.20
2. 每年折旧抵税	$10\,000 \times 25\% = 2\,500$	1~5	3.791	9 477.5
3. 大修理费	$-18\,000 \times (1-25\%) = -13\,500$	2	0.826	-11 151.00
4. 残值变现收入	5 500	6	0.565	3 107.5

续表

项目	现金流量	年份	现值系数	现值
5. 残值净收益纳税	-（5 500-4 000）×25%=-375	6	0.565	-211.88
6. 营运资金收回	10 000	6	0.565	5 650
7. 目前变现收入	-40 000	0	1	-40 000.00
8. 变现净损失减税	-（40 000-54 000）×25%=-3 500	0	1	-3 500.00
9. 垫支营运资金	-10 000	0	1	-10 000.00
净现值	—	—	—	-89 089.08

表 6-14　　　　　　　　　　　　　购买新机床方案　　　　　　　　　　　　　单位：元

项目	现金流量	年份	现值系数	现值
1. 设备投资	-76 500.00	0	1	-76 500.00
2. 垫支营运资金	-11 000.00	0	1	-11 000.00
3. 每年营运成本	-7 000×（1-25%）=-5 250	1~6	4.355	-22 863.75
4. 每年折旧抵税	12 000×25%=3 000	1~6	4.355	13 065
5. 大修理费	-9 000×（1-25%）=-6 750	4	0.683	-4 610.25
6. 残值变现收入	6 000	6	0.565	3 390
7. 残值净收益纳税	-（6 000-4 500）×25%=-375	6	0.565	-211.88
8. 营运资金收回	11 000	6	0.565	6 215
净现值	—	—	—	-92 515.88

表 6-13 和表 6-14 结果说明：在两方案营业收入一致的情况下，新设备现金流出总现值为 92 515.88 元，旧设备现金流出总现值为 89 089.08 元。因此，继续使用旧设备比较经济。

（二）寿命期不同的设备重置决策

寿命期不同的设备重置方案，用净现值指标可能无法得出正确决策结果，应当采用年金净流量法决策。

【例 6-13】　安保公司现有旧设备一台，由于节能减排的需要，准备予以更新。当前贴现率为 15%，企业所得税税率为 25%，其他有关资料如表 6-15 所示。

表 6-15　　　　　　　　　　　　　安保公司新旧设备　　　　　　　　　　　　　单位：元

	旧设备	新设备
原价	35 000	36 000
预计使用年限	10 年	10 年
已经使用年限	4 年	0 年
税法残值	5 000	4 000
最终报废残值	3 500	4 200
目前变现价值	10 000	36 000
每年折旧费（直线法）	3 000	3 200
每年营运成本	10 500	8 000

根据上述资料计算出两种方案的年金成本，如表 6-16 和表 6-17 所示。

表 6-16　　　　　　　　　　　保留设备　　　　　　　　　　　　单位：元

项目	现金流量	年份	现值系数	现值
1. 每年营运成本	（-10 500）×（1-25%）=-7 875	1~6	3.7845	-29 802.94
2. 每年折旧抵税	3 000×25%=750	1~6	3.7845	2 838.38
3. 残值变现收入	3 500	6	0.4323	1 513.05
4. 残值净损失抵税	（5 000-3 500）×25%=375	6	0.4323	162.11
5. 目前变现收入	-10 000	0	1	-10 000
6. 变现净损失减税	（10 000-23 000）×25%=-3 250	0	1	-3 250
净现值	—	—	—	-38 539.40
年金成本				-10 183.49

表 6-17　　　　　　　　　　　购买新设备　　　　　　　　　　　　单位：元

项目	现金流量	年份	现值系数	现值
1. 设备投资	-36 000	0	1	-36 000
2. 每年营运成本	（-8 000）×（1-25%）=-6 000	1~10	5.0188	-30 112.80
3. 每年折旧抵税	3 200×25%=800	1~10	5.0188	4 015.04
4. 残值变现收入	4 200	10	0.2472	1 038.24
5. 残值净收益纳税	（4 000-4 200）×25%=-50	10	0.2472	-12.36
净现值	—	—	—	-61 071.88
年金成本				-12 168.62

表 6-16 和表 6-17 结果说明：在两方案营业收入一致的情况下，新设备年金成本为 12 168.62 元，旧设备年金成本为 3 917.01 元。因此，继续使用旧设备比较经济。

任务四　证券投资管理

6-3
投资项目评价的
补充评价因素

证券资产是企业进行金融投资所形成的资产。证券投资不同于项目投资，项目投资的对象是实体性经营资产，经营资产是直接为企业生产经营服务的资产，如固定资产、无形资产等，它们往往是一种服务能力递减的消耗性资产。证券投资的对象是金融资产，金融资产是一种以凭证、票据或者合同合约形式存在的权利性资产，如股票、债券及其衍生证券等。

一、证券投资概述
(一) 证券资产的特点
1. 价值虚拟性

证券资产不能脱离实体资产而完全独立存在,但证券资产的价值不是完全由实体资本的现实生产经营活动决定的,而是取决于契约性权利所能带来的未来现金流量,是一种未来现金流量折现的资本化价值。如债券投资代表的是未来按合同规定收取债息和收回本金的权利,股票投资代表的是对发行股票企业的经营控制权、财务控制权、收益分配权、剩余财产追索权等股东权利。证券资产的服务能力在于它能带来未来的现金流量,按未来现金流量折现即资本化价值,是证券资产价值的统一表达。

2. 可分割性

实体项目投资的经营资产一般具有整体性要求,如购建新的生产能力,往往是厂房、设备、配套流动资产的结合。证券资产可以分割为一个最小的投资单位,如一股股票、一份债券,这就决定了证券资产投资的现金流量比较单一,往往由原始投资、未来收益或资本利得、本金回收所构成。

3. 持有目的多元性

实体项目投资的经营资产往往是为消耗而持有,为流动资产的加工提供生产条件。证券资产的持有目的是多元的,既可能是为未来积累现金即为未来变现而持有,也可能是为谋取资本利得即为销售而持有,还有可能是为取得对其他企业的控制权而持有。

4. 强流动性

证券资产具有很强的流动性,其流动性表现在:(1) 变现能力强。证券资产往往都是上市证券,一般都有活跃的交易市场可供及时转让。(2) 持有目的可以相互转换。当企业急需现金时,可以立即将为其他目的而持有的证券资产变现。证券资产本身的变现能力虽然较强,但其实际周转速度取决于企业对证券资产的持有目的。作为长期投资的形式,企业持有的证券资产的周转一次一般都会经历一个会计年度以上。

5. 高风险性

证券资产是一种虚拟资产,决定了金融投资受公司风险和市场风险的双重影响,不仅发行证券资产的公司业绩影响着证券资产投资的报酬率,资本市场的市场平均报酬率变化也会给金融投资带来直接的市场风险。

(二) 证券投资的目的
1. 分散资金投向,降低投资风险

投资分散化,即将资金投资于多个相关程度较低的项目,实行多元化经营,能够有效地分散投资风险。当某个项目经营不景气而利润下降甚至导致亏损时,其他项目可能会获取较高的收益。将企业的资金分成内部经营投资和对外证券投资两个部分,实现了企业投资的多元化。而且与对内投资相比,对外证券投资不受地域和经营范围的限制，投资选择面非常广，投资资金的退出和收回也比较容易，是多元化投资的主要方式。

2. 利用闲置资金，增加企业收益

企业在生产经营过程中，由于各种原因有时会出现资金闲置、现金结余较多的情况。这些闲置的资金可以投资于股票、债券等有价证券上，谋取投资收益，这些投资收益主要表现在股利收入、债息收入、证券买卖差价等方面。同时有时企业资金的闲置是暂时性的，可以投资于在资本市场上流通性和变现能力较强的有价证券，这类证券能够随时变卖收回资金。

3. 稳定客户关系，保障生产经营

企业生产经营环节中，供应和销售是企业与市场相联系的重要通道。没有稳定的原材料供应来源，没有稳定的销售客户，都会使企业的生产经营中断。为了保持与供销客户良好而稳定的业务关系，可以对业务关系链的供销企业进行投资，保持对它们一定的债权或股权，甚至控股。这样能够以债权或股权对关联企业的生产经营施加影响和控制，保障本企业的生产经营顺利进行。

4. 提高资产的流动性，增强偿债能力

资产流动性强弱是影响企业财务安全性的主要因素。除现金等货币资产外，有价证券投资是企业流动性最强的资产，是企业速动资产的主要构成部分。在企业需要支付大量现金，而现有现金储备又不足时，可以通过变卖有价证券迅速取得大量现金，保证企业的及时支付。

(三) 证券资产投资的分类

(1) 债券投资，是指企业将资金投入各种债券，如公司债和短期融资券等。

(2) 股票投资，是指企业购买其他企业发行的股票作为投资，如普通股、优先股股票。

(3) 基金投资，基金就是许多投资者将资金汇集，然后由基金公司的专家负责管理，用来投资于多家公司的股票或者债券。

(4) 证券组合投资，是指企业将资金同时投放于债券、股票等多种证券，这样可分散证券投资风险。组合投资是企业证券投资的常用投资方式。

(四) 证券资产投资的风险

由于证券资产的市价波动频繁，证券投资的风险往往较大。获取投资收益是证券投资的主要目的，证券投资的风险是投资者无法获得预期投资收益的可能性。按风险性质划分，证券投资的风险分为系统性风险和非系统性风险两大类别。

(1) 系统性风险。证券资产的系统性风险，是指由于外部经济环境因素变化引起整个资本市场不确定性加强，从而对所有证券都产生影响的共同性风险。系统性风险影响到资本市场上的所有证券，无法通过投资多元化的组合而加以避免，也称为不可分散风险。

（2）非系统性风险。证券资产的非系统性风险，是指由特定经营环境或特定事件变化引起的不确定性，从而对个别证券资产产生影响的特有性风险。非系统性风险源于每个公司自身特有的营业活动和财务活动，与某个具体的证券资产相关联，同整个证券资产市场无关。非系统性风险可以通过持有证券资产的多元化来抵消，也称为可分散风险。公司特有风险是以违约风险、变现风险、破产风险等形式表现出来的。

二、股票投资
（一）股票的价值

投资于股票预期获得的未来现金流量的现值，即为股票的价值或内在价值、理论价格。股票是一种权利凭证，它之所以有价值，是因为它能给持有者带来未来的收益，这种未来的收益包括各期获得的股利、转让股票获得的价差收益、股份公司的清算收益等。价格小于内在价值的股票，是值得投资者投资购买的。股份公司的净利润是决定股票价值的基础。股票给持有者带来未来的收益一般是以股利形式出现的，因此也可以说股利决定了股票价值。

1. 股票估价基本模型

从理论上说，如果股东不中途转让股票，股票投资没有到期日，投资于股票所得到的未来现金流量是各期的股利。假定某股票未来各期股利为 D_t（t 为期数），R_s 为估价所采用的贴现率即所期望的最低收益率，股票价值的估价模型为：

$$V_S = \frac{D_1}{(1+R_s)^1} + \frac{D_2}{(1+R_s)^2} + \cdots + \frac{D_n}{(1+R_s)^n} + \cdots$$

$$= \sum_{t=1}^{\infty} \frac{D_t}{(1+R_s)^t}$$

进行股票估价需要对预期股利进行预测。股利的多少取决于股份公司的盈利及股利政策，可以根据历史资料的统计分析进行预测，如回归分析法、时间序列的趋势分析等。在上述股票估价模型中要求无限期的预计普通股的每期股利（D_t），实际上是不可能做到的。因此，运用的模型都是各种简化办法，如每年股利相等或固定比率增长等。

优先股是特殊的股票，优先股股东每期在固定的时点上收到相等的股利，优先股没有到期日，未来的现金流量是一种永续年金，其价值计算为：

$$V_S = \frac{D}{R_s}$$

2. 常用的股票估价模式

与债券不同的是，持有期限、股利、贴现率是影响股票价值的重要因素。如果投资者准备永久持有股票，未来的贴现率也是固定不变的，那么未来各期不断变化的股利就成为评价股票价值的难题。为此，我们不得不假定未来的股利按一定的规律变化，从而形成几种常用的股票估价模式。

(1) 固定增长模式。一般来说，公司并没有把每年的盈余全部作为股利分配出去，留存的收益扩大了公司的资本额，不断增长的资本会创造更多的盈余，进一步又引起下期股利的增长。如果公司本期的股利为 D_0，未来各期的股利按上期股利的 g 速度呈几何级数增长，根据股票估价基本模型，股票价值 V_S 为：

$$V_S = \sum_{t=1}^{\infty} \frac{D_0(1+g)^t}{(1+R_S)^t}$$

因为 g 是一个固定的常数，当 R_S 大于 g 时，上式可以化简为：

$$V_S = \frac{D_1}{R_S - g}$$

【例 6-14】 假定某投资者准备购买 A 公司的股票，并且准备长期持有，要求达到 15% 的收益率，该公司今年每股股利 1.5 元，预计未来股利会以 10% 的速度增长，则 A 股票的价值为：

$V_S = 1.5 \times (1 + 10\%) / (15\% - 10\%) = 33$（元）

如果 A 股票目前的购买价格低于 33 元，该公司的股票是值得购买的。

(2) 零增长模式。如果公司未来各期发放的股利都相等，并且投资者准备永久持有，那么这种股票与优先股是相类似的。或者说，当固定增长模式中 g = 0。

【例 6-15】 某股票，每年分配股利 2 元每股，市场利率为 16%，该股票的价值是多少？

$V_S = 2/0.16 = 12.5$（元）

(3) 阶段性增长模式。许多公司的股利在某一阶段有一个超常的增长率，这段期间的增长率 g 可能大于 R_S，而后阶段公司的股利固定不变或正常增长。对于阶段性增长的股票，需要分段计算，才能确定股票的价值。

其步骤为：

①计算出非固定增长期间的股利现值；

②根据固定增长股票估价模型，计算非固定增长期结束时股票价值，并求其现值；

③将上述两个步骤求得的现值加在一起，所得的就是阶段性增长股票的价值。

【例 6-16】 假定某投资者准备购买 B 公司的股票，打算长期持有，要求达到 15% 的收益率。B 公司今年每股股利 2 元，预计未来 3 年股利以 20% 的速度高速增长，而后以 12% 的速度转入正常增长。现计算该公司股票的价值。

则 B 股票的价值分两段计算：

首先，计算高速增长期股利的现值（见表 6-18）：

表 6-18　　　　　　　　　　高速增长期股利的现值　　　　　　　　　　单位：元

年份	股利 D_t	现值系数（15%）	现值（V_S）
1	2×1.2=2.4	0.870	2.088
2	2.4×1.2=2.88	0.756	2.177
3	2.88×1.2=3.456	0.658	2.274
	合计（3年股利的现值）		6.539

其次，正常增长期股利在第三年年末的价值：

$V_3 = D_4/(R_S - g) = 3.456 \times (1+12\%)/(15\% - 12\%) = 129.02$（元）

计算其现值：

$PV(V_3) = 129.02 \times (P/F, 15\%, 3) = 129.02 \times 0.6575 = 84.831$（元）

最后，计算该股票的价值：

$V_0 = 6.539 + 84.831 = 91.37$（元）

（二）股票投资的收益率

1. 股票收益的来源

股票投资的收益由股利收益、股利再投资收益、转让价差收益三部分构成。并且，只要按货币时间价值的原理计算股票投资收益，就无须单独考虑再投资收益的因素。

2. 股票的内部收益率

股票的内部收益率，是使得股票未来现金流量贴现值等于目前的购买价格时的贴现率，也就是股票投资项目的内含报酬率。股票的内部收益率高于投资者所要求的最低报酬率时，投资者才愿意购买该股票。在固定增长股票估价模型中，用股票的购买价格 P_0 代替内在价值 V_S，有：

$$R = \frac{D_1}{P_0} + g$$

从上式可以看出，股票投资内部收益率由两部分构成：一部分是预期股利收益率 D_1/P_0；另一部分是股利增长率 g。

如果投资者不打算长期持有股票，而将股票转让出去，则股票投资的收益由股利收益和资本利得（转让价差收益）构成。这时，股票内部收益率 R 是使股票投资净现值为零时的贴现率，计算公式为：

$$NPV = \sum_{t=1}^{n} \frac{D_t}{(1+R)^t} + \frac{P_t}{(1+R)^n} - P_0 = 0$$

【例 6-17】假设有一只股票的价格为 20 元，预计下一期的股利是 1 元，该股利收益按大约 10% 的速度持续增长，要求：计算该股票的预期报酬率。

根据业务设计，股票的预期报酬率为：

$R = 1/20 + 10\% = 15\%$

如果用 15% 作为必要报酬率，则后一年的股价为

$P = D_1 \times (1+g)/(R-g) = 1 \times (1+10\%)/(15\%-10\%) = 22$（元）

如果你现在用 20 元购买该股票，年末你将收到 1 元股利，并且得到 2 元

(22-20) 的资本利得。

$$股票预期报酬率 = 预期股利收益率 + 预期资本利得收益率$$
$$= 5\% + 10\%$$
$$= 15\%$$

只有股票的预期报酬率高于投资者要求的最低报酬率，投资才是有利的，最低报酬率是投资的机会成本，通常用市场利率来衡量。

三、债券投资

（一）债券要素

债券是依照法定程序发行的约定在一定期限内还本付息的有价证券，它反映证券发行者与持有者之间的债权债务关系。债券一般包含以下三个基本要素：

1. 债券面值

债券面值，是指债券设定的票面金额，它代表发行人借入并且承诺于未来某一特定日期偿付债券持有人的金额，债券面值包括两方面的内容：（1）票面币种。即以何种货币作为债券的计量单位，一般而言，在国内发行的债券，发行的对象是国内有关经济主体，则选择本国货币，若在国外发行，则选择发行地国家或地区的货币或国际通用货币（如美元）作为债券的币种。（2）票面金额。票面金额对债券的发行成本、发行数量和持有者的分布具有影响，票面金额小，有利于小额投资者购买，从而有利于债券发行，但发行费用可能增加；票面金额大，会降低发行成本，但可能减少发行量。

2. 债券票面利率

债券票面利率，是指债券发行者预计一年内向持有者支付的利息占票面金额的比率。票面利率不同于实际利率，实际利率是指按复利计算的一年期的利率，债券的计息和付息方式有多种，可能使用单利或复利计算，利息支付可能半年一次、一年一次或到期一次还本付息，这使得票面利率可能与实际利率发生差异。

3. 债券到期日

债券到期日，是指偿还债券本金的日期，债券一般都有规定到期日，以便到期时归还本金。

（二）债券的估价

将在债券投资上未来收取的利息和收回的本金折为现值，即可得到债券的内在价值。债券的内在价值也称为债券的理论价格，只有债券价值大于其购买价格时，该债券才值得投资。影响债券价值的因素主要有债券的面值、期限、票面利率和所采用的贴现率等因素。

1. 债券估价基本模型

典型的债券类型，是有固定的票面利率、每期支付利息、到期归还本金的债券，这种债券模式下债券价值计量的基本模型是：

$$V_b = \sum_{t=1}^{n} \frac{I_t}{(1+R)^t} + \frac{M}{(1+R)^n}$$

式中，V_b 表示债券的价值，I_t 表示债券各期的利息，M 表示债券的面值，R 表示债券价值评估时所采用的贴现率即所期望的最低投资报酬率。一般来说，经常采用市场利率作为评估债券价值时所期望的最低投资报酬率。

从债券价值基本计量模型中可以看出，债券面值、债券期限、票面利率、市场利率是影响债券价值的基本因素。

【例6-18】 某债券面值1 000元，期限20年，每年支付一次利息，到期归还本金，以市场利率作为评估债券价值的贴现率，目前的市场利率为10%，如果票面利率为12%，则债券的价值分别为多少？

V_b = 1 000×12%×(P/A,10%,20) + 1 000×(P/F,10%,20)

= 1 170.68（元）

即该种债券的价格必须低于1 170.67元才值得购买。

2. 一次还本付息且不计算复利的债券的估价模型

我国很多债券属于一次还本付息且不计复利的债券。

【例6-19】 公司拟购买一份面值为100元，期限为5年，票面利率为6%，不计复利的债券，当前市场利率为8%，该债券价值为：

V = (100 + 100×6%×5)×(P/F,8%,5)

= 130×0.6806

= 88.48（元）

即该种债券的价格必须低于88.48元才值得购买。

3. 零息债券的估价模型

有些债券以贴现方式发行，到期按面值偿还，这种债券被称为零息债券。

【例6-20】 公司准备购买C债券，该债券面值为100元，10年期，以贴现方式发行，到期按面值偿还，当时市场利率为10%，其价值为：

V = 100×(P/F,10%,10)

= 100×0.3855

= 38.55（元）

即该种债券的价格必须低于38.55元才值得购买。

4. 永久债券的估价模型

永久债券是指没有到期日，永不停止支付利息的债券。英国和美国都发行过这种公债。对于永久债券，通常政府都保留了回购债券的权利。优先股实际上也是一种永久债券，如果公司的股利支付没有问题，将会持续地支付固定的优先股息。

【例6-21】 公司拟购买一优先股，该优先股承诺每年支付优先股息40元。假设折现率为10%，该优先股的价值为：

V = 40/10% = 100（元）

(三) 债券投资收益的衡量

债券的收益水平通常用到期收益率来衡量。债券到期收益率是指自企业债券购买日至到期日可获得的收益率。它是考虑资金时间价值，按复利计算的投资收益率，是指使债券投资未来现金流入的现值等于债券买入价格时的贴现率，是使净现值为零的贴现率。计算公式如下：

$$P_0 = \frac{I_1}{(1+i)^1} + \frac{I_2}{(1+i)^2} + \cdots + \frac{I_n}{(1+i)^n} + \frac{M}{(1+i)^n}$$

式中：P_0 为债券价格；I 为每期利息；M 为债券面值；n 为年数；i 为折现率，债券到期收益率。

在上式中将折现率求解出来，即为债券到期收益率。

【例6-22】 假设某公司拟于2017年4月1日按平价购入100万元债券，票面利率为6%，期限为5年，每年4月1日计算并支付一次利息，要求计算其到期收益率。

$100 = 100 \times 6\% \times (P/A, i, 5) + 100 \times (P/F, i, 5)$

用 i = 6% 测算：

$100 \times 6\% \times (P/A, 6\%, 5) + 100 \times (P/F, 6\%, 5)$

$= 6 \times 4.2124 + 100 \times 0.7473$

$= 100$（万元）

上述计算可知平价认购的每年支付一次利息的债券，其到期收益率正好等于票面利率。如果债券的市场价格高于或低于债券面值，情况就会有所变化。

如例6-24，如果该债券的买价为105万元，则：

$105 = 100 \times 6\% \times (P/A, i, 5) + 100 \times (P/F, i, 5)$

根据上面的试算已知，i = 6% 时，等式右边等于100万元，由于结果小于105万元，还应降低折现率进一步测算。

用 i = 4% 测算：

$100 \times 6\% \times (P/A, 4\%, 5) + 100 \times (P/F, 4\%, 5)$

$= 6 \times 4.4518 + 100 \times 0.8219 = 108.9$（万元）

其折现结果大于105万元，说明债券到期收益率介于4%~6%，用插值法得：

到期收益率 = 4.88%

四、证券投资组合策略

证券投资组合策略是投资者根据市场上各种证券的具体情况以及投资者对风险的偏好与承担能力，选择相应证券进行组合时所采用的方针。常见的证券投资组合策略有以下三种。

(一) 保守型投资组合策略

该组合策略要求尽量模拟证券市场现状（无论是证券种类还是各证券的比重），将尽可能多的证券包括进来，以便分散掉全部可避免风险，从而得到

6-4
交易所债券市场个人投资三大模式

与市场平均报酬率相同的投资报酬率。这种投资组合是一种比较典型的保守型组合策略，其所承担的风险与市场风险接近。保守型投资组合策略基本上能分散掉可避免风险，但所得到的收益也不会高于证券市场的平均收益。

（二）冒险型投资组合策略

该组合要求尽可能多地选择一些成长性较好的股票，而少选择低风险、低收益的股票，这样就可以使投资组合的收益高于证券市场的平均收益。这种组合的收益高，风险也高于证券市场的平均风险。采用这种投资组合，如果做得好，可以取得远远超过市场平均收益的投资收益，但如果失败，会产生较大的损失。

（三）适中型投资组合策略

该组合策略认为，股票的价格主要由企业的经营业绩决定，只要企业的经济效益好，股票的价格终究会体现其优良的业绩。所以在进行股票投资时，要全面深入地进行证券投资分析，选择一些品质优良的股票组成投资组合，如果做得好，就可以获得较高的投资收益，而又不会承担较大的投资风险。

五、证券投资组合的具体方法

证券投资是一个充满风险的投资领域，由于风险的复杂性和多样性，投资者进行投资时必须防范风险，没有风险的证券投资是不存在的。而规范风险最有效的方法就是进行证券投资组合，以分散全部可避免风险。常用的证券投资组合方法主要有以下四种。

（一）投资组合的三分法

比较流行的投资组合三分法是：1/3 的资金存入银行以备不时之需；1/3 的资金投资于债券、股票等有价证券；1/3 的资金投资于房地产等不动产。同样，投资于有价证券的资金也要进行三分：1/3 投资于风险较大的有发展前景的成长型股票；1/3 投资于安全性较高的债券或优先股等有价证券；1/3 投资于中等风险的有价证券。

（二）按风险等级和收益高低进行投资组合

证券的风险大小可以分为不同等级，收益也有高低之分。投资者可以测定出自己期望的投资收益率和所能承担的风险程度，然后，在市场中选择相应风险的和收益的证券作为投资组合。一般来说，在选择证券进行投资组合时，同等风险的证券，应尽可能选择收益高的；同等收益的债券，应尽可能选择风险低的。此外，要选择一些风险呈负相关的证券进行投资组合。

（三）选择不同行业、区域和市场的证券作为投资组合

进行这种投资组合时应注意以下问题：

（1）尽可能选择足够数量的证券进行投资组合，这样可以分散掉大部分可分散风险。根据投资专家的估算，在美国纽约证券市场上随机购买 40 种股票，就可以分散掉大部分可分散风险。

（2）选择证券的行业也应分散，不可集中投资于同一行业的证券，这是

为了避免行业不景气，而使投资遭受重大损失。

（3）选择证券的区域也应尽可能分散，这是为了避免因地区市场衰退而使投资遭受重大损失。

（4）将资金分散投资于不同的证券市场，这样可以防范同一证券市场的可分散风险。因为不同证券市场具有较大的独立性，即便在同一个国家，有时也可能一个市场强，一个市场弱。

（四）选择不同期限的证券进行投资组合

这种投资组合要求投资者根据未来的现金流量来安排不同投资期限的证券，进行长、中、短期相结合的投资组合。同时，投资者可以根据可用资金的期限来安排资金，长期不用的资金可以进行长期投资，以获取较大的投资收益，近期就可能要使用的资金，最好投资于风险小，易于变现的有价证券。

项目总结

本项目首先对投资管理进行了基本的介绍，接着介绍了投资项目财务评价指标、项目投资管理和证券投资管理。

投资是企业为获取未来长期收益而向一定对象投放资金的经济行为。我们从以下四个方面认识投资管理：企业投资的意义、企业投资管理的特点、企业投资的分类和投资管理的原则。

投资项目决策的分析评价，需要采用一些专门的评价指标和方法。常用的财务可行性评价指标有净现值、年金净流量、现值指数、内含报酬率和回收期等指标，围绕这些评价指标进行评价也产生了净现值法、内含报酬率法、回收期法等评价方法。

项目投资是指将资金直接投放于生产经营实体性资产，以形成生产能力。投资档案的决策主要有独立投资方案的决策、互斥投资方案的决策、固定资产更新决策。

证券资产是企业进行金融投资所形成的资产，证券投资主要有股票投资和债券投资。

拓展阅读

6-5

投资的 7 个维度，你在哪个级别

课堂内外

1. 阅读：王化成：《公司财务管理》，中信出版社 2008 年版，282~285 页。
2. 阅读：孙福明：《企业理财学》，清华大学出版社 2008 年版，194~196 页。

3. 新浪财经：http：//finance.sina.com.cn。

职业能力训练

一、职业选择能力训练（单选，每小题只有一个正确答案）

1. 将企业投资区分为直接投资和间接投资的分类标准是（　　）。
   A. 按投资活动与企业本身的生产经营活动的关系
   B. 按投资活动对企业未来生产经营前景的影响
   C. 按投资对象的存在形态和性质
   D. 按投资项目之间的相互关联关系

2. 已知某投资项目按14%折现率计算的净现值大于0，按16%折现率计算的净现值小于0，则该项目的内部收益率肯定（　　）。
   A. 大于14%，小于16%　　　　B. 小于14%
   C. 等于15%　　　　　　　　　D. 大于16%

3. 一般情况下，使某投资方案的净现值小于零的折现率（　　）。
   A. 一定小于该投资方案的内含报酬率
   B. 一定大于该投资方案的内含报酬率
   C. 一定等于该投资方案的内含报酬率
   D. 可能大于也可能小于该投资方案的内含报酬率

4. 某投资项目各年的预计净现金流量分别为：$NCF_0 = -200$ 万元，$NCF_1 = -50$ 万元，$NCF_{2\sim3} = 100$ 万元，$NCF_{4\sim11} = 250$ 万元，$NCF_{12} = 150$ 万元，则该项目的静态投资回收期为（　　）。
   A. 2.0年　　　　　　　　　　B. 2.5年
   C. 3.2年　　　　　　　　　　D. 4.0年

5. 市场利率上升时，债券价值的变动方向是（　　）。
   A. 上升　　　　　　　　　　　B. 下降
   C. 不变　　　　　　　　　　　D. 随机变化

6. 某投资者购买A公司股票，并且准备长期持有，要求的最低收益率为11%，该公司本年的股利为0.6元/股，预计未来股利年增长率为5%，则该股票的内在价值是（　　）元/股。
   A. 10.0　　　　　　　　　　　B. 10.5
   C. 11.5　　　　　　　　　　　D. 12.0

7. 某种股票为固定成长股，当前的市场价格是40元，每股股利是2元，预期的股利增长率是5%，则该股票的内部收益率为（　　）。
   A. 5%　　　　　　　　　　　　B. 5.5%
   C. 10%　　　　　　　　　　　 D. 10.25%

8. ABC公司在2017年年末考虑卖掉现有的一台闲置设备。该设备于8年前以40 000元购入，税法规定的折旧年限为10年，按直线法计提折旧，预计残值率为 10%，目前可以按 10 000 元价格卖出，假设所得税税率为 25%，卖出现有设备对当期现金净流量的影响是（　　）。

A. 减少 360 元　　　　　　　　B. 减少 1 200 元

C. 增加 9 640 元　　　　　　　D. 增加 10 300 元

9. 下列说法中不正确的是（　　）。

A. 内含报酬率是能够使未来每年现金净流星现值等于原始投资额现值的折现率

B. 内含报酬率是方案本身的投资报酬率

C. 内含报酬率是使方案净现值等于零的折现率

D. 内含报酬率是使方案现值指数等于零的折现率

10. 静态回收期是（　　）。

A. 净现值为零的年限　　　　　B. 现金净流量为零的年限

C. 累计净现值为零的年限　　　D. 累计现金净流量为零的年限

11. 已知某投资项目的原始投资额现值为 100 万元，净现值为 25 万元，则该项目的现值指数为（　　）。

A. 0.25　　　　　　　　　　　B. 1.25

C. 1.05　　　　　　　　　　　D. 0.75

12. 对投资规模不同的两个独立投资方案进行评价，应优先选择（　　）。

A. 净现值大的方案　　　　　　B. 项目周期短的方案

C. 内含报酬率大的方案　　　　D. 投资额小的方案

13. 下列各项因素，不会对投资项目内含报酬率指标计算结果产生影响的是（　　）。

A. 原始投资额　　　　　　　　B. 资本成本

C. 项目计算期　　　　　　　　D. 现金净流量

14. 下列各项中，不属于静态投资回收期优点的是（　　）。

A. 计算简便　　　　　　　　　B. 便于理解

C. 直观反映返本期限　　　　　D. 正确反映项目总回报

15. 某投资方案的年营业收入为 100 000 元，年总营业成本为 60 000 元，其中年折旧额 10 000 元，所得税税率为 25%，该方案的每年营业现金净流量为（　　）元。

A. 30 000　　　　　　　　　　B. 40 000

C. 16 800　　　　　　　　　　D. 43 200

二、职业选择能力训练（多选，每小题答案至少有两个选项）

1. 企业需要通过投资配置资产，才能形成生产能力，取得未来经济利益，下列有关投资意义表述正确的有（　　）。

A. 投资是企业生存与发展的基本前提

B. 投资是获取利润的基本前提

C. 投资是企业选择最优资本结构的重要手段

D. 投资是企业风险控制的重要手段

2. 下列各项中，属于证券资产特点的有（　　）。

A. 可分割性　　　　　　　B. 高风险性

C. 强流动性　　　　　　　D. 持有目的多元性

3. 下列属于证券投资系统风险的有（　　）。

A. 价格风险　　　　　　　B. 再投资风险

C. 违约风险　　　　　　　D. 变现风险

4. 下列关于投资项目营业现金净流量预计的各种做法中，正确的有（　　）。

A. 营业现金净流量等于税后营业利润加上非付现成本

B. 营业现金净流量等于营业收入减去付现成本再减去所得税

C. 营业现金净流量等于税后收入减去税后付现成本再加上非付现成本引起的税负减少额

D. 营业现金净流量等于营业收入减去营业成本再减去所得税

5. 若净现值为负数，表明该投资项目（　　）。

A. 各年利润小于0，不可行

B. 它的投资报酬率小于0，不可行

C. 它的投资报酬率没有达到预定的折折现率，不可行

D. 它的投资报酬率不一定小于0

6. 当其他因素不变，下列各项因素上升会使债券的内在价值上升的有（　　）。

A. 债券面值　　　　　　　B. 票面利率

C. 市场利率　　　　　　　D. 购买价格

7. 下列投资决策评价指标中，其数值越大越好的指标有（　　）。

A. 净现值　　　　　　　　B. 年金净流量

C. 回收期　　　　　　　　D. 内含报酬率

8. 影响项目内涵报酬率的因素包括（　　）。

A. 投资项目的有效年限

B. 银行贷款利率

C. 企业要求的最低投资报酬率

D. 投资项目的现金流量

9. 如果其他因素不变，一旦贴现率提高，则下列指标中其数值将会变小的有（　　）。

A. 现值指数　　　　　　　B. 内含报酬率

C. 净现值　　　　　　　　D. 动态回收期

10. 下列属于净现值指标缺点的有（　　）。

A. 不能直接反映投资项目的实际收益率水平
B. 当各项目原始投资额现值不等时,仅用净现值无法确定独立投资方案的优劣
C. 所采用的折现率不易确定
D. 没有考虑投资的风险性

三、职业判断能力训练(判断题,正确的打"√",错误的打"×")

1. 净现值法不仅适宜于独立投资方案的比较决策,而且能够对寿命期不同的互斥投资方案进行直接决策。( )

2. 对内投资都是直接投资,对外投资不一定都是间接投资。( )

3. 一般情况下,使某投资方案的净现值小于零的贴现率,一定高于该投资方案的内含报酬率。( )

4. 若 A、B、C 三个方案是独立的,投资规模不同时,应采用年金净流量法作出优先次序的排列。( )

5. 如果市场利率高于债券票面利率,则债券需溢价发行。( )

6. 在两个以上寿命期不同的投资方案比较时,年金净现金流量越大,方案越好。( )

7. 证券资产是一种虚拟资产,决定了金融投资受公司风险和市场风险的双重影响。( )

8. 股票的内部收益率高于投资者所要求的最高报酬率时,投资者才愿意购买该股票。( )

9. 债券的内在价值也称为债券的理论价格,只有债券价值小于其购买价格时,该债券才值得投资。( )

10. 现值指数是投资项目的未来现金净流量现值与原始投资额现值之比。( )

四、计算分析题

1. A 公司找到一个投资机会,该项目投资建设期为 2 年,营业期 5 年,预计该项目需固定资产投资 750 万元,分两年等额投入。会计部门估计每年固定成本为(不含折旧)40 万元,变动成本是每件 180 万元。固定资产折旧采用直线法,折旧年限为 5 年,估计净残值为 50 万元。营销部门估计各年销售量均为 40 000 件,单价 250 元/件。生产部门估计需要 250 万元的净营运资本投资,在投产开始时一次投入。为简化计算,假设没有所得税。要求计算各年的净现金流量。

2. 乙公司为了扩大生产能力,拟购买一台新设备,该投资项目相关资料如下:

资料一:新设备的投资额为 1 800 万元,经济寿命期为 10 年。采用直接法计提折旧,预计期末净残值为 300 万元。假设设备购入即可投入生产,不

需要垫支营运资金，该企业计提折旧的方法、年限、预计净残值等与税法规定一致。

资料二：新设备投产后 1 至 6 年每年为企业增加营业现金净流是 400 万元，7~10 年每年为企业增加营业现金净流量 500 万元，项目终结时，预计设备净残值全部收回。

资料三：假设该投资项目的贴现率 10%，相关货币时间价值系数如表 6-19 所示：

表 6-19　　　　　　　　　　　相关货币时间价值系数表

期数（n）	4	6	10
(P/F, 10%, n)	0.6830	0.5645	0.3855
(P/A, 10%, n)	3.1699	4.3553	6.1446

（1）计算项目静态投资回收期。
（2）计算项目净现值。
（3）评价项目投资可行性并说明理由。

3. 乙公司是一家机械制造企业，适用的所得税税率为 25%，公司现有套设备（以下简称旧设备），已经使用 6 年，为降低成本，公司管理层拟将该设备提前报废，另行购置一套新设备，新设备的投资于更新起点一次性投入，并能立即投入运营，设备更新后不改变原有的生产能力，但营运成本有所降低，会计上对于新旧设备折旧年限、折旧方法以及净残值等的处理与税法保持致，假定折现率为 12%，要求考虑所得税费用的影响，相关资料如表 6-20 所示。

表 6-20　　　　　　　　　　　新旧设备相关资料　　　　　　　　　　　单位：万元

项目	旧设备	新设备
原价	5 000	6 000
预计使用年限	12 年	10 年
已使用年限	6 年	0 年
净残值	200	400
当前变现价值	2 600	6 000
年折旧费（直线法）	400	560
年运营成本（付现成本）	1 200	800

已知：(P/F, 12%, 10) = 0.3220　　(P/A, 12%, 10) = 5.6502

要求：

（1）计算新设备在其可使用年限内形成的现金净流出量的现值（不考虑设备运营所带来的营业收入，也不把旧设备的变现价值作为新设备投资的减项）。

（2）计算新设备的年金成本。

（3）对于该更新项目，应采用净现值和年金净流法哪个指标进行比较？并说明理由。

（4）已知继续使用旧设备的年金成本为 1 407.74 万元，请作出方案的选择。

4. 甲企业计划利用一笔长期资金投资购买股票。现有 M 公司股票、N 公司股票、L 公司股票可供选择，甲企业只准备投资一家公司股票。已知 M 公司股票现行市价为每股 3.5 元，上年每股股利为 0.15 元，预计以后每年以 6% 的增长率长。N 公司股票现行市价为每股 7 元，上年每股股利为 0.6 元，股利分配政策将一贯坚持固定股利政策。公司股票现行市价为 4 元，上年每股支付股利 0.2 元。预计该公司未来三年股利第 1 年增长 14%，第 2 年增长 14%，第 3 年增长 5%。第 4 年及以后将保持每年 2% 的固定增长率水平。甲企业所要求的投资必要报率为 10%。

要求：

（1）利用股票估价模型，分别计算 M、N、L 公司股票价值。

（2）代甲企业作出股票投资决策。

5. 某公司在 2017 年 1 月 1 日平价发行新债券，每张面值 1 000 元票面利率 10%，5 年到期，每年 12 月 31 日付息。

（1）2017 年 1 月 1 日购买该债券并持有债券至到期日的内部收益率是多少？

（2）假定 2018 年 1 月 1 日的市场利率下降到 8%，那么此时债券的价值是多少？

（3）假定 2018 年 1 月 1 日的市价为 1 040 元，此时购买该债券并持有债券至到期日的内部收益率是多少？

五、职业实践能力训练

1. 任务目标：企业投资活动调研。

2. 实践形式及要求：分小组调研并形成调研报告，调研报告不低于 2 000 字。

3. 实践内容：学生按班级人数分组，每个班级分成 5 个小组，选定正副组长，并且根据调研任务合理分工，明确各自职责。每小组自行确定一家企业进行调研，要求是能够深入调研的企业，内容包括：企业目前的投资状况，企业投资的各项指标，企业不同投资方案的选择，企业是否有固定资产更新计划等。

项目七 营运资金管理

技术创新型企业营运资金管理理想信念

项目导航

知识目标	能力目标
• 掌握企业最佳现金持有量的确定方法 • 理解企业持有现金的动机和现金日常管理 • 学会制定企业内部现金管理制度 • 掌握应收账款信用成本的确定、信用政策的确定 • 学会制定应收账款收账政策 • 掌握存货成本的内容以及存货控制方法 • 重点掌握经济订货批量的基本模型 • 理解存货管理方法	• 会与企业内部各部门沟通营运资金管理的制度、原则和方法 • 能比较敏锐地判断经济社会环境和政策法规变化对营运资金管理的影响 • 会分析判断企业、行业和经济发展对营运资金管理的要求

营运资金又称营运资本,是企业维持日常经营活动所需要的资金,是流动资产减去流动负债后的差额,即可用来偿还支付义务的流动资产减去支付义务的流动负债的差额。其特点是周转速度快,变现能力强;占用数量具有波动性;实物形态具有多变性;资金来源具有灵活多样性;获利能力相对较弱,投资风险相对太小。一家企业的营运资金到底多少才算足够,才能保证生产能力的正常进行并具备良好的偿债能力,是决策的关键。

> **案例导入**

海尔的营运资金管理

海尔以零库存、零距离、零营运资金作为营运资金管理的目标，通过具体措施实现这三个目标。

（1）零库存。海尔通过三个 JIT，实施零库存管理。①JIT 采购，就是需要多少，采购多少；通过国际化分供方，采购到完成订单最需要的零部件和原材料。②JIT 送料，在海尔，仓库只是一个配送站。海尔规定，在仓库存放的所有物料从采购进来到车间的制造系统不能超过 7 天，海尔立体库的零部件一般只存放 3 天。③JIT 配送，海尔在全国建立物流中心系统，无论任何地方，海尔都可以送货。

（2）零距离。即根据用户的需求拿到订单，再以最快的速度满足需求。这与商流有关，商流是以空间消灭时间。用户在网上订货，海尔根据订单送货，流程便结束。如果没有零距离，不知道用户的需求，那么企业所有的工作都是徒劳的。

企业在给分供方的付款期到来之前，会先把用户的货款拿来，因为企业是根据用户的订单来制造的。这就使企业进入良性运作的过程。

（3）零营运资金。为实现零营运资金的管理目标，海尔着重从以下三方面入手。①现金管理方面。海尔有一个观念："现金流第一，利润第二。"②存货管理方面。原材料的占用，中国家电企业一般为 10 天，三星中国能做到 8.5 天，而海尔可以做到 7 天。海尔成品库存的天数，约为 20 天，也低于中国家电一般企业。③应收账款管理方面。海尔的做法是先有订单后有生产，现款现货，但给供应商的付款按惯例有一个账期，到期就在网上支付。张瑞敏经常出国，去不同的国家，所做的事就认准一条：减少国外的应收账款，加快国外资金周转。

请思考：海尔的"零库存、零距离及零营业资金"管理的核心思想是什么？其作用又是如何体现的？

任务一　现金管理

一、现金的持有动机和成本

（一）现金的持有动机

现金是指广义的现金，即在生产过程中暂时停留在货币形态的资金。除库存现金外，现金还包括银行存款、银行本票、银行汇票等。至于有价证券，则是现金的一种转换形式。企业持有一定数量的现金，主要基于以下三个方

面的动机:

1. 交易性动机

交易性动机是指持有现金以满足企业日常支付的需要,如购买原材料、支付工资、偿付到期债务、缴纳税款等。尽管企业在经营中也取得收入,但企业每天的现金流入量与现金流出量在时间上、数额上通常存在一定程度的差异,为满足日常交易的需要,企业持有一定数量的现金余额是十分必要的。一般来说,企业为满足交易性动机所持有的现金余额主要取决于企业的销售水平。企业销售额增加,有关支付业务所需现金余额也随之增加。

2. 预防性动机

预防性动机是指持有现金以防止意外事件的发生对现金的需求。企业预计的现金需要量一般是指正常情况下的需要量,但有很多意外事件(如生产事故、主要客户未能及时付款等)会引起企业现金支出的增加。因此,在正常现金需要量的基础上,追加一定数量的现金余额以应付未来现金流量的波动是企业现金管理上的一项重要要求。企业为应付意外情况必须准备的现金数额主要取决于以下三个因素:一是企业愿意承担风险的程度;二是企业临时举债能力的强弱;三是企业预测现金流量的可靠程度。

3. 投机性动机

投机性动机是指企业为了抓住各种瞬息即逝的市场机会,获取较大的收益而准备一定的现金余额。如遇有原材料或其他资产供应的机会,或证券市场价格相对低位而出现逢低买入的机会等。投机性动机只是企业确定现金余额时需要考虑的次要因素之一,其持有量的大小往往与企业在金融市场的投机机会及企业对待风险的态度有关。

企业除了以上原因持有现金外,也会基于满足某一特定要求而持有现金。企业在确定现金余额时,一般应综合考虑各方面的原因。

想一想:

企业持有的现金总额等于满足各种动机所需要现金之和吗?

(二) 现金的成本

现金的成本通常由以下三个部分组成:

1. 持有成本

持有成本是指企业因保留一定现金余额而增加的管理费及丧失的再投资收益。

企业保留现金,对现金进行管理,会发生一定的管理费用,如管理人员的工资及必要的安全措施费用。这部分费用在一定范围内不会随着现金持有量的大小而变化,一般属于固定成本,与决策无关。

现金属于非盈利性资产,保留现金必然丧失再投资的机会及相应的投资收益,放弃的再投资收益属于机会成本。现金持有量越大,持有现金的机会成本就越高;反之,则越低。因此,现金的机会成本属于变动成本,它与现金的持有量成正比,即:

$$机会成本 = 现金平均持有量 \times 机会成本率$$

其中,机会成本率通常用短期有价证券利率表示,也可用资本成本率或资金利润率表示。

2. 转换成本

转换成本是指企业用现金购入有价证券以及转让有价证券换取现金时付出的交易费用。如委托买卖佣金、委托手续费、证券过户费、交割手续费等。严格地讲，转换成本并不都是固定费用，有的具有变动成本的性质，如委托买卖的佣金与印花税，这些费用通常按照委托成交金额计算。依据委托成交金额计算的转换成本与证券转换次数无关，属于决策的无关成本。这样，与证券转换次数密切相关的转换成本便只包括其中的固定性交易费用。这时，转换成本与证券转换次数成正比，即：

$$转换成本 = 证券转换次数 \times 每次转换固定成本$$

3. 短缺成本

短缺成本是指在现金持有量不足而又无法及时通过有价证券变现加以补充而给企业造成的损失，包括直接损失和间接损失。直接损失是指由于现金的短缺而导致企业的生产经营及投资受到影响而造成的损失。间接损失是指由于现金的短缺而给企业带来的无形损失。现金的短缺成本与现金持有量成反比，即现金持有量越大，发生短缺的可能性越小，短缺成本越低；反之，则越高。

二、最佳现金持有量的确定

基于交易、预防、投机等动机的需要，企业必须保持一定数量的现金余额。现金作为盈利性最差的资产，其数额过多会导致企业盈利水平下降，其数额过少又可能出现现金短缺，从而影响生产经营。这样就需要根据企业对现金的需求情况，确定理想的现金持有量，即最佳现金持有量。常用的确定最佳现金持有量的方法主要有：

（一）现金周转期模式

现金周转期模式是根据现金周转期来确定最佳现金持有量的模式，该模式主要包括以下三项内容。

1. 确定现金周转期

现金周转期是指企业从现金投入生产经营开始，到销售商品回收现金为止所需要的时间，即现金周转一次所需要的天数。现金周转期越短，则企业的现金持有量就越小。一般，现金周转期的长短取决于以下三个方面：

（1）存货周转期，是指从购买原材料开始，并将原材料转化为产成品至销售商品收回现金为止所需要的时间。（2）应收账款周转期，是指从应收账款形成到收回现金所需要的时间。（3）应付账款周转期，是指从购买原材料形成应付账款开始直到以现金偿还应付账款为止所需要的时间。它们之间的关系为：现金周转期 = 存货周转期 + 应收账款周转期 - 应付账款周转期。

2. 确定现金周转率

现金周转率是指一定时期内现金周转的次数，具体计算公式为：

$$现金周转率 = \frac{计算期天数}{现金周转期}$$

式中：计算期天数通常按年计算，即 360 天。现金周转率与现金周转期互为倒数，周转期越短，则周转次数越多，在现金需求额一定的情况下，现金持有量将会减少。

3. 确定最佳现金持有量

$$最佳现金持有量 = \frac{全年现金需求量}{现金周转率}$$

【例 7-1】 连财公司的材料采购和产品销售均采用赊购赊销方式，应收账款平均收账期为 60 天，应付账款周转期为 28 天，存货周转期为 40 天。预计该企业 2018 年的现金需求总量为 720 万元，一年按 360 日计算。

要求：运用现金周转期模式确定连财公司的最佳现金持有量。

（1）计算现金周转期。

现金周转期 = 40 + 60 - 28 = 72（天）

（2）计算现金周转率。

$$现金周转率 = \frac{360}{72} = 5（次）$$

（3）计算最佳现金持有量。

$$最佳现金持有量 = \frac{720}{5} = 144（万元）$$

以现金周转期模式确定最佳现金持有量方法简单明了，但要求企业的生产经营活动保持相对稳定，并且要保持长期稳定的信用政策，否则计算出的最佳现金持有量是不确定的。

（二）成本分析模式

成本分析模式是在不考虑转换成本的情况下，通过对持有成本和短缺成本进行分析而确定最佳现金持有量的一种方法。由于持有成本分为机会成本和管理费用，所以，成本分析模式是找到机会成本、管理成本和短缺成本所组成的总成本曲线中最低的点所对应的现金持有量，将它作为最佳现金持有量。现金的机会成本与现金持有量成正比；管理费用具有固定成本的属性，不随现金持有量变化；而现金短缺成本与现金持有量呈反比例变化。

在实际工作中最佳现金持有量的计算过程是分别计算出各备选方案的总成本之和，再从中选出总成本之和最低的现金持有量即为最佳现金持有量。

【例 7-2】 连财公司有甲、乙、丙、丁四种现金持有方案，各方案的成本资料如表 7-1 所示。

表 7-1　　　　　　　　　　　　　　　　　　　　　　　　　　　　　　　　　　　　单位：元

项目	甲	乙	丙	丁
现金持有量	30 000	50 000	80 000	110 000
机会成本率	10%	10%	10%	10%
管理费用	20 000	20 000	20 000	20 000
短缺成本	10 000	7 000	2 000	0

要求：运用成本分析模式确定企业的最佳现金持有量。

（1）确定各方案的机会成本。

甲：机会成本 = 30 000 × 10% = 3 000（元）

乙：机会成本 = 50 000 × 10% = 5 000（元）

丙：机会成本 = 80 000 × 10% = 8 000（元）

丁：机会成本 = 110 000 × 10% = 11 000（元）

（2）确定各方案的总成本。

甲：总成本 = 20 000 + 3 000 + 10 000 = 33 000（元）

乙：总成本 = 20 000 + 5 000 + 7 000 = 32 000（元）

丙：总成本 = 20 000 + 8 000 + 2 000 = 30 000（元）

丁：总成本 = 20 000 + 11 000 + 0 = 31 000（元）

（3）确定连财公司的最佳现金持有量。

当连财公司现金持有量为 80 000 元时的总成本之和最低为 30 000 元，故丙方案的 80 000 元为该企业的最佳现金持有量。

（三）存货模式

存货模式是由美国经济学家 William J. Baumol 首先提出来的。Baumol 认为公司最佳现金持有量在许多方面与存货的经济批量问题相似。因此，可用存货的经济批量来确定最佳现金持有量。

值得注意的是，运用存货模式确定最佳现金持有量时，有以下基本假设为前提：（1）企业所需的现金可通过证券变现获得，且证券变现的不确定性很小；（2）企业预算期内现金需求总量可以预测；（3）现金的支出过程比较稳定、波动较小，而且每当现金余额降至零时，均可通过部分证券变现补足；（4）证券的利率或报酬率以及每次固定性交易费用可以获悉。如果这些条件基本得到满足，企业便可以用存货模式来确定现金的最佳持有量。

存货模式的着眼点也是现金的有关成本最低。在现金持有成本中，管理费用因其相对稳定并同现金持有量的多少关系不大，存货模式将其视为无关成本而不予考虑。由于现金是否会发生短缺、会短缺多少、各种短缺情形发生时可能的损失如何等都存在很大的不确定性并且不易计量，因而存货模式对短缺成本也不予考虑。在存货模式中，只考虑机会成本和转换成本（固定成本部分，下同）。由于机会成本和转换成本随着现金持有量的变动而呈相反的变动趋势，企业必须对现金与有价证券的分割比例进行合理安排，从而使机会成本与转换成本保持最佳组合。也就是说,凡是能够使现金管理的机会成本与转换成本之和最低的现金持有量即为最佳现金持有量。

设 T 为一定时期内现金总需求量,F 为每次转换有价证券的固定成本,Q 为最佳现金持有量(每次证券变现的数量),K 为有价证券利息率,TC 为现金管理相关总成本。则:

现金相关总成本 = 机会成本 + 转换成本

即:$TC = \dfrac{Q}{2} \times K + \dfrac{T}{Q} \times F$ （公式 7 – 1）

持有现金的机会成本和转换成本之和最小时,现金管理的相关总成本最低,此时的现金持有量为最佳现金持有量。即:

$$Q = \sqrt{\dfrac{2TF}{K}}$$ （公式 7 – 2）

将公式 7 – 2 代入公式 7 – 1 中,可得

$$TC = \sqrt{2TFK}$$

【例 7 – 3】 连财公司预计全年(按 360 天计算)需要现金 600 万元,现金与有价证券的转换成本为每次 600 元,有价证券的年收益率为 8%。

要求:计算该公司的最佳现金持有量、最低现金管理的相关总成本、有价证券交易次数、交易间隔期、转换成本、机会成本。

(1) 确定最佳现金持有量。

最佳现金持有量 $(Q) = \sqrt{\dfrac{2TF}{K}} = \sqrt{\dfrac{2 \times 6\,000\,000 \times 600}{8\%}} = 300\,000$ （元）

(2) 计算最低现金管理的相关总成本。

相关总成本 $(TC) = \sqrt{2TFK}$
$= \sqrt{2 \times 6\,000\,000 \times 600 \times 8\%} = 24\,000$ （元）

(3) 计算有价证券交易次数。

有价证券交易次数 $(N) = \dfrac{T}{Q} = \dfrac{6\,000\,000}{300\,000} = 20$ （次）

(4) 计算交易间隔期。

交易间隔期 $= \dfrac{360}{20} = 18$ （天）

(5) 计算转换成本。

转换成本 $= \dfrac{T}{Q} \times F = N \times F = 20 \times 600 = 12\,000$ （元）

(6) 计算机会成本。

机会成本 $= \dfrac{Q}{2} \times K = \dfrac{300\,000}{2} \times 8\% = 12\,000$ （元）

三、现金日常管理

在现金管理中,企业确定了最佳现金持有量后,还应采取各种措施,加

强现金的日常管理,以保证现金的安全、完整,最大限度地发挥其效用。现金日常管理的基本内容主要包括以下几个方面:

(一) 现金基本管理制度

企业进行现金管理,首先必须遵循基本的管理制度。

1. 实行内部牵制制度

在现金管理中,钱账分管,会计、出纳分离,管钱的不管账,管账的不管钱,使出纳人员和会计人员相互牵制、相互监督,保证少出差错,堵塞漏洞。

2. 建立现金交接制度和查库制度

凡是现金收付,必须坚持复核。在款项转移或出纳人员调换时,必须办理交接手续,做到责任清楚。要及时进行现金清理,现金的收支应做到日清月结,确保现金的账面余额与实际库存额一致,银行存款账户余额与银行对账要相符。

3. 遵守国家规定的库存现金的使用范围

4. 做好银行存款的管理

一方面,企业应对结算户存款、单位定期存款进行管理,以确保银行存款的安全、完整;另一方面,企业应善于灵活运用各种转账结算,有效地调度资金,以提高资金的使用效果。

除此以外,企业还应遵守库存现金限额,严格现金存取手续,不得坐支现金等制度。

(二) 加速收款

为了提高现金的使用效率加速现金周转,企业应尽量缩短账款的回收时间。发生应收账款会增加企业资金的占用,但它又可能是必要的,因为它可以扩大销售规模,增加销售收入。而如何既利用应收账款吸引顾客,又缩短收款时间,这需要在两者之间找到适当的平衡点,并采取妥善的收账策略。

(三) 控制支出

与现金收入管理相反,现金支出管理的主要是在合理合法的前提下,控制现金的支出和尽可能延缓现金的支出时间。

(四) 闲置现金管理

企业在生产经营过程中,会产生大量的现金,这些现金在用于资本投资或其他业务活动之前,通常会闲置一段时间。这些现金可用于短期证券投资以获得利息收入或资本利得;而当企业现金短缺时,又可以通过出售证券获得现金。如果闲置现金管理得当,可以为企业带来相当可观的收益。

但要注意的是,企业现金管理的目的首先是保证主营业务的现金需求,其次才是使这些现金获得较多的收益。这两个目的要求企业把闲置资金投入到流动性高、风险性低、交易期限短的金融工具中,以期在容易变现的条件下获得较多的收入。

7－1
控制现金支出的策略

任务二　应收账款管理

应收账款管理是营运资金管理中的一项重要内容，应收账款会直接影响企业的现金流量。一个企业如果为了单纯地增加销售收入而盲目赊销，其后果不堪设想。完善的应收账款管理体系包括赊销前的信用调查，信用标准的设定，信用条件的确立和收账政策的制定。

一、应收账款的功能与成本

应收账款是指企业因赊销产品或劳务而形成的应收款项，与商业信用的提供密切相关，是企业营运资本的重要项目。

（一）应收账款的功能

应收账款的功能是指它在生产经营中的作用，主要有以下两个方面：

（1）促进销售。在市场经济中，采用赊销方式为客户提供商业信用，可以提高企业产品的竞争力，促进产品销售，提高产品的市场占有率。赊销实际上等于向客户提供了一笔在一定期限内可以无偿使用的资金，这对于购买方来说具有很大的吸引力。

（2）减少库存。赊销促进产品销售，自然就减少了企业库存商品的数量，加快了企业存货的周转速度，并进一步降低与库存有关的管理费用、仓储费用、保险费等各方面的支出。相对于存货因仓储、保管等发生的费用支出而言，企业应收账款所发生的相关费用还是比较少的。

（二）应收账款的成本

企业在采取赊销方式促进销售的同时，也会因持有应收账款而付出一定的代价，即应收账款的成本。其内容主要包括：

（1）机会成本。应收账款的机会成本是指因资金投放在应收账款上而丧失的其他收入。这一成本的大小通常与企业维持赊销业务所需要的资金数量、资金成本率有关。在正常情况下，应收账款收账天数越少，一定数量资金所维持的赊销额越大，维持赊销业务所需资金越少；应收账款天数越多，维持相同赊销业务所需资金就越多，应收账款的机会成本就越大。

应收账款机会成本一般可按以下公式计算：

$$应收账款机会成本 = 维持赊销业务所需资金 \times 资金成本率$$

式中：资金成本率一般可按短期有价证券利息率计算。

维持赊销业务所需资金一般按应收账款所占用的变动成本计算。其计算公式为：

$$维持赊销业务所需资金 = 应收账款平均余额 \times 变动成本率$$

$$应收账款平均余额 = 日赊销收入净额 \times 平均收账期$$

$$= \frac{\text{年赊销收入净额}}{360} \times \text{平均收账期}$$

【例 7-4】 连财公司 2018 年度赊销收入为 5 000 万元,信用条件为"2/10,1/20,N/60",估计有 70% 客户会利用 2% 折扣,10% 客户会利用 1% 折扣。变动成本率为 70%,资金成本率为 10%。

要求:计算应收账款的机会成本。

①计算平均收账期。

平均收账期 = 70% × 10 + 10% × 20 + 20% × 60 = 21(天)

②计算应收账款平均余额。

$$\text{应收账款平均余额} = \frac{5\,000}{360} \times 21 = 291.67（万元）$$

③计算维持赊销业务所需要的资金。

$$\text{维持赊销业务所需要的资金} = \frac{5\,000}{360} \times 21 \times 70\% = 204.17（万元）$$

④计算应收账款机会成本。

$$\text{应收账款机会成本} = \frac{5\,000}{360} \times 21 \times 70\% \times 10\% = 20.42（万元）$$

(2) 管理成本。应收账款管理成本是指企业对应收账款进行管理所发生的费用支出,是应收账款成本的重要组成部分,主要包括对客户的资信调查费用、收集各种信息的费用、应收账款账簿记录费用、收账费用及其他费用。

(3) 坏账成本。应收账款坏账成本是指应收账款因某些原因无法收回而给企业带来的损失。这一成本一般与应收账款数额成正比。

应收账款坏账成本 = 年赊销额 × 预计坏账损失率

一般来说,严格的信用政策产生坏账的概率比较小,过于宽松的信用政策比较容易产生坏账。为规避坏账给企业生产经营活动的稳定性带来不利影响,企业应合理提取坏账准备。

二、应收账款政策的制定

信用政策又称应收账款政策,是指企业在采用信用销售方式时,为对应收账款进行规划和控制所确定的基本原则和规范。信用政策主要包括:信用标准、信用条件和收账政策。

(一) 信用标准

信用标准是客户获得商业信用所必须具备的条件,通常以预期坏账损失率作为判别标准。如果企业的信用标准较严,只对信誉好、坏账损失率低的顾客给予赊销,就会减少坏账损失,减少应收账款的机会成本,但这就不利于扩大销售量,甚至会减少销售量;反之,如果信用标准较宽,虽然会增加销售,但会相应增加坏账损失和应收账款的机会成本。

1. 影响信用标准的因素分析

企业应根据具体情况,综合权衡不同信用标准的影响。在具体制定或选择信用标准时，应考虑三个基本因素：（1）同行业竞争对手的情况；（2）企业风险承担能力；（3）客户的资信状况。

企业资信评估，常用的方法是5C评估法。5C评估法，是指重点分析影响信用的五个方面的一种方法。这五个方面是：品德（character）、能力（capacity）、资本（capital）、抵押品（collateral）和环境（conditions）。由于这五个方面英文的第一个字母都是C，故称5C评估法，也称5C系统。（1）品德，指顾客愿意履行其付款义务的可能性。顾客是否愿意尽自己最大努力来归还货款，直接决定着账款的回收速度和数量。这是决定是否给予客户信用的首要因素，主要通过了解客户以往的付款履约记录进行评价。（2）能力，指顾客偿还货款的能力，主要根据顾客的经营规模和经营状况来判断。（3）资本，是指一个企业的财务状况，主要根据有关的财务比率来判断。（4）抵押品，是指顾客能否为获得商业信用提供担保资产。如有担保资产，则对顺利收回货款比较有利。（5）环境，是指不利环境对企业的影响及企业应对不利环境的能力。

2. 信用标准的定量分析

信用标准的定量分析主要解决两个问题：一是制定信用标准，即确定坏账损失率，以作为给予或拒绝向客户提供商业信用的依据；二是具体确定客户的信用等级。

信用标准的制定主要通过比较不同方案之间的销售收入和相关成本，最后比较不同方案之间的净收益来进行。在具体实行信用标准时，首先必须对具体的客户的信用等级进行评定，同时确定对其提供商业信用时可能导致的坏账损失率。

确定客户信用等级的具体步骤是：（1）设定信用等级的评价标准，即根据对客户信用资料的调查分析，选取一组具有代表性的、能够说明付款能力和财务状况的若干比率，作为信用风险评价指标，并给出不同信用状况的指标标准值及其对应的拒付风险系数。通常可以选用的评价指标有：流动比率、速动比率、现金比率、产权比率、已获利息倍数、应收账款周转率、存货周转率、总资产报酬率、赊销付款履约情况等。（2）根据特定客户的财务数据，计算出以上选定指标的指标值，并与本企业制定的标准值相比较，然后确定各指标相对应的拒付风险系数（或称坏账损失率），最后计算总的拒付风险系数。总的拒付风险系数可以反映向客户提供商业信用时可能发生的坏账损失率。（3）根据上面计算出的该客户的拒付风险系数，以确定是否给该客户提供商业信用。

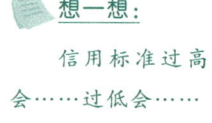

想一想：

信用标准过高会……过低会……

【例7-5】连财公司现行信用标准为允许坏账损失率不超过10%的客户获得本企业赊销，去年销售收入为100万元（全部为赊销），变动成本率为70%，平均坏账损失率为8%，实际收账天数45天，应收账款机会成本率为10%。今年公司准备提高信用标准，将允许的最高坏账损失率限定为5%，预计改变后平均坏账损失率将降为4%，实际收账天数缩短为30天，但销售额将降低 10%。试分析公司应否改变信用政策。

要求：分析公司应否改变信用政策。

（1）计算两个方案信用成本

原方案：应收账款平均余额 = $\dfrac{1\,000\,000}{360} \times 45 = 125\,000$（元）

机会成本 = 125 000 × 70% × 10% = 8 750（元）

坏账损失 = 1 000 000 × 8% = 80 000（元）

新方案：应收账款平均余额 = 1 000 000 × (1 - 10%) / 360 × 30 = 75 000（元）

机会成本 = 75 000 × 70% × 10% = 5 250（元）

坏账损失 = 1 000 000 × (1 - 10%) × 4% = 36 000（元）

（2）计算两个方案信用成本前收益。

原方案：信用成本前收益 = 1 000 000 × (1 - 70%) = 300 000（元）

新方案：信用成本前收益 = 1 000 000 × (1 - 10%)(1 - 70%) = 270 000（元）

（3）计算两个方案信用成本后收益。

原方案：信用成本后收益 = 300 000 - 8 750 - 80 000 = 211 250（元）

新方案：信用成本后收益 = 270 000 - 5 250 - 36 000 = 228 750（元）

（4）比较两个方案信用成本后收益。计算结果标明，改变信用政策后，能使公司利润增加 17 500 元（228 750 - 211 250），因此，公司应选择新方案。

（二）信用条件

信用条件是指企业接受客户信用订单时所提出的付款要求，主要包括信用期限、折扣期限和现金折扣等。信用期限是指企业允许客户从购货到支付货款的时间间隔；折扣期限是为顾客规定的可享受现金折扣的付款时间；现金折扣是在顾客提前付款时给予的优惠。如"1/10，n/30"，表示在 10 天之内付款，可以获得 1% 的折扣；如果放弃折扣优惠，全部货款必须在 30 天内支付。在这里，30 天为信用期限，10 天为折扣期限，1% 为现金折扣。企业提供优惠的信用条件，能增加销售量，但也会增加应收账款的机会成本、坏账成本、现金折扣成本等。其中现金折扣成本是指企业为督促客户早日付款开出早付款有现金折扣的信用条件，客户享受了现金折扣而导致企业未收回的款项部分，实际为企业早收款的一种潜在损失。

现金折扣成本 = 销售净额 × 折扣期内付款的销售额比例 × 现金折扣率

企业到底采取何种信用条件，需要综合考虑各方面影响进行分析。

【例 7-6】 连财公司产销 A 产品，变动成本率为 60%。今年该企业有两种信用政策可供选择：甲方案，给予客户 60 天信用期限（n/60），预计销售收入为 5 100 万元，货款将于第 60 天收到；乙方案，信用政策为（2/10，1/20，n/90），预计销售收入为 5 400 万元，将有 30% 的货款于第 10 天收到，20% 的货款于第 20 天收到，其余 50% 的货款于第 90 天收到（前两部分货款不会产生坏账，后一部分货款的坏账损失率为该部分货款的 4%）。企业的资金成本率为 8%。

要求：分析确定公司应采取何种信用政策。

（1）计算两个方案信用成本。

甲方案：应收账款平均余额 = $\dfrac{5\,100}{360} \times 60 = 850$（万元）

机会成本 = $850 \times 60\% \times 8\% = 40.8$（万元）

乙方案：平均收账期 = $10 \times 30\% + 20 \times 20\% + 90 \times 50\% = 52$（天）

应收账款平均余额 = $\dfrac{5\,400}{360} \times 52 = 780$（万元）

机会成本 = $780 \times 60\% \times 8\% = 37.44$（万元）

现金折扣成本 = $5\,400 \times 30\% \times 2\% + 5\,400 \times 20\% \times 1\%$
$= 43.2$（万元）

坏账损失 = $5\,400 \times 50\% \times 4\% = 108$（万元）

（2）计算两个方案信用成本前收益。

甲方案：信用成本前收益 = $5\,100 \times (1 - 60\%) = 2\,040$（元）

乙方案：信用成本前收益 = $5\,400 \times (1 - 60\%) = 2\,160$（元）

（3）计算两个方案信用成本后收益。

甲方案：信用成本后收益 = $2\,040 - 40.8 = 1\,999.2$（元）

乙方案：信用成本后收益 = $2\,160 - 37.44 - 43.2 - 108 = 1\,971.36$（元）

（4）比较两个方案信用成本后收益。

计算结果标明，甲方案比乙方案能多获得利润 27.84 万元（1 999.2 - 1 971.36），所以，公司应选用甲方案。

（三）收账政策

收账政策是指当客户违反信用条件，拖欠甚至拒付账款时企业所采取的收账策略和措施。在企业向客户提供商业信用时，必须考虑三个问题：第一，客户是否会拖欠或拒付货款，程度如何；第二，怎样最大限度防止客户拖欠账款；第三，一旦账款遭到拖欠甚至拒付，企业应采取怎样的对策。前两个问题的解决主要靠信用调查和严格信用审批制度。第三个问题则必须通过制定完善的收账政策，采取有效的收账措施才能予以解决。

企业催收账款的一般程序包括：信用政策及客户信用分析；信函通知；电话催收、专人催收；法律行动。

企业对拖欠的应收账款进行催收，需要付出一定的收账费用，如收款所花的邮电通信费、派专人收款的差旅费和不得已时的法律诉讼费等。通常企业为了扩大销售、增强竞争能力，往往对客户的逾期未付款规定一个允许的拖欠期限，超过规定的期限，企业就应采取各种形式进行催收。如果企业的收账政策过宽，会减少收账费用，将会导致拖欠款项的客户增多并且拖延款项的时间延长，从而增加应收账款的投资和坏账损失；收账政策过严，会使拖欠款项的客户减少及拖延款项的时间缩短，从而减少应收账款的投资和坏账损失，但却会增加收账费用。因此，企业在制定收账政策时，要权衡利弊得失，掌握好宽严界限。

制定合理的收账政策就是在增加的收账费用和减少坏账损失及应收账款机会成本之间进行权衡，若前者小于后者，则说明制定的收账政策是可取的。

【例 7-7】 假设连财公司应收账款原有的收账政策和拟改变的收账政策如表 7-2 所示。

表 7-2

项目	现行收账政策	拟改变的收账政策
赊销额（万元）	500	500
变动成本率	60%	60%
年收账费用	10	20
平均收账期（天）	60	30
坏账损失率	5%	3%
机会成本率	10%	10%

要求：分析确定公司应采取何种收账政策。

（1）计算两个方案信用成本。

现行方案：机会成本 $= \dfrac{500}{360} \times 60 \times 60\% \times 10\% = 5$（万元）

坏账损失 $= 500 \times 5\% = 25$（万元）

收账费用 $= 10$（万元）

信用成本合计：$5 + 25 + 10 = 40$（万元）

新方案：机会成本 $= \dfrac{500}{360} \times 30 \times 60\% \times 10\% = 2.5$（万元）

坏账损失 $= 500 \times 3\% = 15$（万元）

收账费用 $= 20$（万元）

信用成本合计：$2.5 + 15 + 20 = 37.5$（万元）

（2）计算两个方案信用成本前收益。根据题意，两方案的赊销额和变动成本率均相等，因此，两方案信用成本前收益相等。

信用成本前收益 $= 500 \times (1 - 60\%) = 200$（万元）

（3）比较两个方案信用成本。通过比较，新方案比现行方案信用成本低 2.5 万元（40 - 37.5），所以企业应采用新收账政策。

三、应收账款的日常管理

应收账款的管理主要依赖于企业的内部管理，企业应根据自身特点在内部建立自己的信用体系，充分掌握客户的资信情况，对已发生的应收账款，进一步强化日常管理工作，采取有力的措施进行分析、控制，及时发现问题，提前采取对策，应收账款的日常管理的内容主要有：

（一）企业信用调查

企业信用调查是指通过收集有关信息资料，对客户的偿债能力和主观愿望作出判断和估计，以便企业制定正确、合理的信用政策。信用调查的具体方法主要有：

1. 直接调查

直接调查是调查人员直接与被调查单位接触，通过当面采访、访问、观察、记录等方式获取信用资料的一种方法。这种方法需要被调查单位配合才能保证信息的准确性和及时性，若得不到被调查客户的合作，则会使调查资料不完整或部分不真实。

2. 间接调查

间接调查是调查人员不直接与被调查单位接触，而是通过被调查单位或其他单位公布的或提供的资料获取客户信用信息的一种方法。

（二）企业信用评估

企业可通过正规的信用评估机构对客户进行信用评估。目前，信用评估机构在评估等级方面主要有两种：第一种采用三类九级制，即把企业的信用情况分为 AAA、AA、A；BBB、BB、B；CCC、CC、C 三类九级。第二种采用三级制，即 AAA、AA、A 三级。企业在信用评估时，最好聘请专门的信用评估机构进行评估，因为专门的信用评估机构通常评估方法先进，评估调查细致，评估程序合理，可信度较高。

（三）应收账款的追踪分析

7-2
第三方信用
评估机构有哪些？

应收账款一旦形成，就存在无法回收的风险。为保证应收账款能及时、完整地回收，企业还应该做好应收账款的追踪分析工作。追踪分析客户赊购商品后的使用情况或销售情况，观察其所购材料能否及时投入生产，生产的产品市场销售情况如何，其所购商品能否及时销售，货款回收情况如何。同时也要了解客户财务状况的发展变化情况，客户有无恶意违约、不履行其偿债义务的倾向等。

（四）应收账款的账龄分析

应收账款的账龄是指从应收账款形成到目前为止的时间。应收账款的账龄和其发生坏账的可能性有着密切的联系。通常情况下，账龄越长，发生坏账的可能性越大，尤其是已经逾期的应收账款。通过对应收账款进行账龄分析，可以对不同账龄的应收账款采取不同的管理措施，如采取不同的收账方式，选用不同的坏账损失计提比率等。

（五）应收账款收现保证率分析

应收账款收现保证率是指为保证生产经营活动正常进行企业必须回收的应收账款占当期应收账款的比例。企业在生产经营中所需要的现金，首先可以由其所持有的货币资金供应，不足部分可以通过出售存货、短期借款等方式解决，应收账款回收也是企业现金的重要来源。在其他可靠、稳定来源之外，企业还必须回收一定比率的应收账款以满足生产经营的需要。

应收账款收现保证率公式如下：

$$\frac{应收账款}{收现保证率} = \frac{当期必要现金支付总额 - 其他稳定可靠的现金流入总额}{当期应收账款总计金额}$$

任务三　存货管理

存货是指企业在生产经营过程中为销售或者耗用而储备的物资，包括各类材料、商品、在产品、半成品、产成品等。在企业流动资产中，存货占的比重较大，一般占到40%~60%。存货利用程度的好坏，对企业财务状况的影响极大。因此，加强存货的规划和控制，使存货保持在最佳水平上是财务管理的一项重要内容。

一、存货的功能与成本

企业进行存货管理的主要目的是控制存货水平，在充分发挥存货功能的基础上降低存货成本。

（一）存货的功能

存货功能是指存货在生产经营过程中所具有的作用，主要体现在以下几个方面：

1. 防止停工待料

生产过程中所需要的原材料是生产中必需的物质资料。为了保证生产顺利进行，必须适当地储备一些材料、在产品和半成品。就企业外部而言，供货方的生产和销售可能会因为某些原因而暂停或推迟，从而影响企业材料的及时采购、入库和投产。就企业内部而言，有适量的材料和在产品、半产品储备，能使各生产环节的生产调度更加合理，各生产工序步调更为协调，联系更加紧密，出现意外情况时有缓冲的余地，不至于因等待材料、半成品而影响生产。

2. 适应市场变化

存货储备能增强企业在生产和销售方面的机动性和适应市场变化的能力。企业有足够的库存产品，便能有效供应市场，满足顾客的需要。反之，如果产品的库存不足，可能会失去目前或未来的推销良机，并有可能因此而失去顾客和潜在顾客。

3. 降低进货成本

很多企业为扩大销售规模，对购货方提供较优厚的商业折扣。企业采取批量集中进货，可获得较高的折扣。此外，通过增加每次购货数量，减少购货次数，可以降低采购费用支出。即便在推崇以零存货为管理目标的今天，仍有不少企业采取大批量购货方式,原因就在于这种方式有助于降低购货成本。只要购货成本的降低额大于因存货增加而导致的储存等各项费用的增加额,该措施就可行。

4. 维护均衡生产

有的企业生产的产品属于季节性产品,有的企业产品需求很不稳定。如果根据需求状况时高时低地进行生产,有时生产能力可能得不到充分利用,有时又会出现超负荷生产,这些都会使生产成本提高。为实行均衡生产,降低生产成本,就必须适当储备一定的半成品存货或保持一定的原材料存货。

(二) 存货的成本

企业持有一定数量的存货,必定会有一定的成本支出。存货成本主要有以下几项:

1. 采购成本

采购成本是指由购买存货而发生的买价(购买价格或发票价格)和运杂费构成的成本,其总额取决于采购数量和单位成本。单位成本一般不随采购数量的变动而变动。在采购批量决策中,存货的采购成本通常属于决策无关成本。

2. 订货成本

订货成本又称进货费用,是指企业为订购货物而发生的各种成本,包括采购人员的工资、采购部门的一般性费用(如办公费、水电费、折旧费等)和采购业务费(如差旅费、邮电费、检验费等)。订货成本可以分为两大部分:一部分是为维持一定的采购能力而发生的、各期金额比较稳定、和采购次数无关的成本(如折旧费、办公费、水电费等),称为固定成本,这类成本和存货每次采购量的多少无关,属于决策无关成本;另一部分是每次基本保持不变,随订货次数的变动而成正比例变动的成本(如差旅费、检验费等),称为变动成本,这类成本和存货每次采购数量密切相关,属于决策相关成本。

3. 储存成本

储存成本是企业为储存存货而发生的各种费用支出,如仓储费、保管费、搬运费、保险费、存货占用资金支付的利息费、存货残损和变质损失等。存货的储存成本也分为变动性储存成本和固定性储存成本。变动性储存成本与储存存货的数量成正比,储存存货数量越多,变动性储存成本就越高,如存货占用资金的利息费、存货的保险费等。固定性储存成本与存货的储存数量无关。如仓库折旧费、仓库保险人员的固定月工资等,这类成本属于决策无关成本。

4. 缺货成本

缺货成本是指由于存货数量不能及时满足生产和销售的需要而给企业带来的损失。包括由于原材料储备不足造成的停工损失、由于商品储备不足造成销售中断的损失和丧失销售机会损失等。缺货成本属于决策无关成本还是相关成本，应视企业是否允许出现缺货的不同情形而定。若允许缺货，则缺货成本与存货数量呈反向相关，属于决策相关成本；若企业不允许缺货，此时缺货成本为零，也就无须考虑。

二、经济订货批量模型

经济订货批量是指能够使一定时期存货的相关总成本达到最低点的订货数量。从上述存货成本的构成中可以看出，决定存货经济订货批量的成本因素主要包括变动订货成本，变动储存成本和允许缺货时的缺货成本。在某种存货全年需求量一定的情况下，降低订货批量，必须增加订货次数。一方面，存货的变动储存成本随平均存货的下降而减少；另一方面，变动订货成本随订货批次的上升而增多。反之，减少订货批次必然要增加订货数量，在减少订货成本的同时使储存成本增加。存货决策的目的就是确定这几种成本合计数最低时的订货批量，即经济订货批量。

（一）经济订货批量基本模型

经济订货批量基本模型以如下假设为前提：（1）企业一定时期的订货总量可以较为准确地予以预测；（2）存货的耗用或者销售比较均衡；（3）存货的价格稳定，且不存在商业折扣，订货日期完全由企业自行决定，并且每当存货量降为零时，下一批存货均能马上一次到位；（4）仓储条件及所需现金不受限制；（5）不允许出现缺货情形；（6）所需存货市场供应充足，不会因买不到所需存货而影响其他方面。

为了推导经济订货批量基本模型，作如下假设：

A：某种存货全年需要量；Q：经济订货批量；B：每次订货成本；C：单位存货全年平均储存成本；T：全年存货相关总成本。

由于存货一次到货且耗用或销售比较均衡，故平均存货量为每次订货批量的一半。

又由于企业不允许缺货，故不考虑缺货成本，存货相关成本只有变动订货成本和变动储存成本。即：

存货相关总成本 = 变动进货费用 + 变动储存成本

$$T = \frac{A}{Q} \times B + \frac{Q}{2} \times C \qquad (公式7-3)$$

存货相关总成本，订货成本和储存成本的关系如图 7-1 所示。

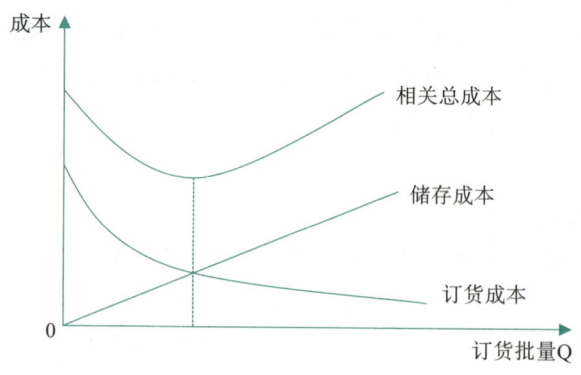

图 7-1

从图 7-1 看出，相关总成本 T 是一条凹形曲线，当一阶导数为 0 时，其值最低，求 T 对 Q 的导数得：

$$经济订货批量\ Q = \sqrt{\frac{2AB}{C}} \qquad （公式 7-4）$$

将公式 7-4 代入公式 7-3 可得：

$$经济订货批量相关总成本\ T = \sqrt{2ABC}$$

【例 7-8】 连财公司生产中需要使用甲零件，全年需要量 3 600 个，单价 5 元，每次订货成本 50 元，每个零件每年储存成本 4 元。

要求：确定该公司经济订货批量、相关总成本、全年订货次数、储存成本、订货成本、存货平均占用资金。

（1）计算经济订货批量。

$$经济订货批量\ Q = \sqrt{\frac{2AB}{C}} = \sqrt{\frac{2 \times 3\ 600 \times 50}{4}} = 300\ （个）$$

（2）计算相关总成本。

$$经济订货批量相关总成本\ T = \sqrt{2ABC} = \sqrt{2 \times 3\ 600 \times 50 \times 4} = 1\ 200\ （元）$$

（3）计算全年订货次数。

$$全年订货次数\ N = \frac{A}{Q} = \frac{3\ 600}{300} = 12\ （次）$$

（4）计算储存成本。

$$储存成本 = \frac{Q}{2} \times C = \frac{300}{2} \times 4 = 600\ （元）$$

（5）计算订货成本。

$$订货成本 = \frac{A}{Q} \times B = \frac{3\ 600}{300} \times 50 = 600\ （元）$$

（6）计算存货平均占用资金。

$$存货平均占用资金 = \frac{Q}{2} \times P = \frac{300}{2} \times 5 = 750\ （元）$$

（二）存在数量折扣时的经济订货批量

在上述基本模型中，我们假定不存在数量折扣。但在现实生活中，当顾客购买数量达到一定标准时,在价格上给予一定折扣是供应商常用的一种销售策略。购买越多,顾客所获得的优惠越大。此时,进货企业在确定经济订货批量时,除了考虑订货成本和储存成本以外,还要考虑采购成本。因为每次采购数量不同,存货购买价格不一样,导致存货采购成本不同,采购成本变成了决策相关成本。即:

$$存货相关成本 = 采购成本 + 变动订货成本 + 变动储存成本$$

存在数量折扣的经济订货批量一般按下列步骤进行决策:

第一,按照存货经济订货的基本模型计算在没有数量折扣情况下的经济订货量及存货总成本;

第二,按不同数量折扣的不同优惠价格,计算在不同折扣起点数量订货的相关总成本;

第三,比较不考虑数量折扣的经济订货量与各折扣起点订货量下的存货总成本,其中总成本最低的批量就是最佳订货量。

【例 7-9】 连财公司每年耗用甲材料 9 600 千克,单价为 10 元,每次订货成本 400 元,单位存货年平均储存变动成本为单价的 30%。供货单位提出,如果一次订货 2 400 千克,在价格上可享受 2% 的折扣;如果一次订货 4 800 千克,在价格上可享受 3% 的折扣。要求:确定该公司如何订货。

(1) 计算不存在数量折扣的情况下的经济订货量 (Q) 及其相关总成本 (T)。

$$经济订货量\ Q = \sqrt{\frac{2AB}{C}} = \sqrt{\frac{2 \times 9\ 600 \times 400}{10 \times 30\%}} = 1\ 600\ (千克)$$

$$相关总成本\ T = 9\ 600 \times 10 + \frac{9\ 600}{1\ 600} \times 400 + \frac{1\ 600}{2} \times 10 \times 30\% = 100\ 800\ (元)$$

(2) 计算一次订货量为 2 400 千克和 4 800 千克时的相关总成本。

当 Q = 2 400 千克时:

$$相关总成本\ T = 9\ 600 \times 10 \times (1 - 2\%) + \frac{9\ 600}{2\ 400} \times 400 + \frac{2\ 400}{2} \times 10 \times (1 - 2\%) \times 30\% = 99\ 208\ (元)$$

当 Q = 4 800 千克时:

$$相关总成本\ T = 9\ 600 \times 10 \times (1 - 3\%) + \frac{9\ 600}{4\ 800} \times 400 + \frac{4\ 800}{2} \times 10 \times (1 - 3\%) \times 30\% = 100\ 904\ (元)$$

(3) 比较总成本并确定最佳经济订货量。

由于订货量为 2 400 千克时的存货总成本最低 (99 208 元),因此应按 2 400 千克组织订货。

三、存货的日常管理

(一) 存货 ABC 分类管理

存货 ABC 分类管理就是将存货按照一定的标准分成 A、B、C 三类,然

7-3
存货再订货点的
确定

后，按照各类存货的重要程度分别采取不同的方法进行管理。这样，企业就可以分清主次，突出管理重点，提高存货管理的整体效率。存货的划分标准主要有两个：一是存货的金额，二是存货的品种数量，以存货的金额为主。其中，A 类存货标准是：存货金额很大，存货的品种数量很少；B 类存货标准是：存货金额较大，存货的品种数量较多；C 类存货标准是：存货金额较小，存货的品种数量繁多。

虽然每个企业的生产特点不同，从而每个企业存货的具体划分标准各不相同，但是，一般来说，三类存货的金额比重大致为：$A:B:C = 0.7:0.2:0.1$，而品种数量比重大致为 $A:B:C = 0.1:0.2:0.7$。将存货划分为 A、B、C 后，再采取不同的管理方法。A 类存货应进行重点管理，经常检查这类存货的库存情况，严格控制该类存货的支出。由于该类库存的品种数量很少，而占用企业资金很多，所以，企业应对其按照每一个品种进行管理；B 类存货的金额相对较小，数量也较多，可以通过划分类别的方式进行管理，或者按照其在生产中的重要程度和采购难易程度分别采用 A 类或 C 类存货的管理方法；C 类存货占用的金额比重很小，品种数量又很多，可以只对其进行总量控制和管理。

（二）适时供应法

适时供应指存货恰好在需要时取得并且投入流程。在工艺流程中，适时供应思想能够使得生产准备成本最小，经济订货批量下降，存货占用资金量最低，这就要求公司具有高效采购计划、极为可靠的供应商以及有效的存货处理系统。通过计算机网络系统获得即时信息，有利于适时供应思想成为现实。

原材料存货可以通过内部管理效率来减少，同时，通过与可靠供应商的合作，可以降低原材料库存；对于减少在产品的占用，通过提高内部物流管理效率可以达到目标；产成品存货受客户满意程度的影响，适销对路，必然减少库存。适时供应将导致较快的生产流程，要求管理者一方面降低存货水平，另一方面防止缺货成本的发生，实现最佳的存货投资水平。

（三）存货的归口分级管理

（1）在企业经营者的领导下，财务部门对存货资金实行统一管理。企业对存货资金实行集中统一管理，可以促进供产销相互协调，实现资金使用的综合平衡以及存货流转的顺畅进行，加速企业资金周转。财务部门的统一管理主要包括以下几个方面的工作：①根据国家财务制度和财经法规，结合企业的具体情况，制定企业资金管理的各种制度。②认真测算企业存货资金需要量，并及时足额筹措资金。③对各单位的资金运用情况进行检查和分析，及时发现问题，处理问题，并按照已制定的资金管理制度对相关部门进行考核评估。

（2）实行资金的归口管理。根据使用资金和管理资金相结合、物资管理和资金管理相结合的原则，存货资金由哪个部门管理。具体而言，各项资金归口管理的分工一般如下：①原材料、燃料、包装物等资金归供应部门管理。②在产品和自制半成品资金归生产部门管理。③产成品资金归销售部门管理。④工具用具占用的资金归工具部门管理。⑤修理用备件占用资金归设备动力部门管理。

（3）实行资金的分级管理。资金的分级管理是在资金归口管理的前提下，各归口管理部门根据具体情况进一步对各资金计划指标进行分解，分配给所属单位或个人，层层落实，实行分级管理。具体而言，可按下列方式进行分解：①原材料资金计划指标可分配给供应计划、材料采购、仓库保管、整理准备各业务组管理。②在产品资金计划指标可分配给各车间、半成品库管理。③产成品资金计划指标可分配给销售、仓库保管、产成品发运等各业务组管理。

项目总结

营运资金是指在企业生产经营活动中占用在流动资产上的资金。本项目主要讲解了营运资金中的现金管理的理论和方法，应收账款管理的理论和方法以及存货管理的理论和方法。

企业持有现金主要出于以下三方面的原因：①交易性需要；②预防性需要；③投机性需要，但企业持有现金是有成本的，企业需要确定最佳现金持有量。

应收账款信用管理主要包括信用政策和收账政策。信用政策是指企业为了鼓励和指导信用销售（赊销）而采取的一系列优惠标准和条件。它包括信用标准、信用条件、信用期限、现金折扣政策等。信用标准是指顾客获得企业的交易信用所应具的条件。企业在设定某一顾客的信用标准时，往往先要评估它赖账的可能性。这可以通过五C系统来进行。所谓五C系统，是评估顾客信用品质的五个方面，即：品质（Character），能力（Capacity），资本（Capital），抵押（Collateral）和条件（Conditions）。信用条件是指企业要求顾客支付赊销款项的条件，包括信用期限、折扣期限和现金折扣。信用期限是企业为顾客规定的最长付款时间，折扣期限是为顾客规定的可享受现金折扣的付款时间，现金折扣是在顾客提前付款时给予的优惠。应收账款的收账管理主要包括应收账款回收情况的监督和制定适当的收账政策。

存货是指企业在生产经营过程中为销售或者耗用而储备的物资。存货管理要尽力在各种存货成本与存货收益之间做出权衡，达到最佳结合。最优存货决策模型主要有：①经济订货量基本模型；②存在数量折扣时的经济订货批量。

拓展阅读

7-4
营运资金管理模式

课堂内外

1. 阅读：孙莹，王竹泉等："中国上市公司营运资金管理调查：2014"，《会计研究》，2015 年第 12 期。
2. 阅读：李心合："营运资金管理的重心转移：从资金到营运"，《财务与会计》，2013 年第 2 期。
3. CPA 考试用书，财务成本管理。
4. 全国会计专业技术资格考试辅导教材，《财务管理》。
5. 新浪财经，http：//www.sina.com.cn。

职业能力训练

一、职业选择能力训练（单选，每小题只有一个正确答案）

1. 营运资金是指（   ）。
   A. 流动资产   B. 流动资产——流动负债
   C. 全部资产——全部负债   D. 库存现金

2. 在一定范围内，下列不随现金持有量变动而变动的成本是（   ）。
   A. 机会成本   B. 管理成本
   C. 短缺成本   D. 转换成本

3. 下列项目中属于持有现金的机会成本是（   ）。
   A. 现金管理人员的工资   B. 现金安全措施的费用
   C. 现金被盗损失   D. 现金的再投资收益

4. 在确定最佳现金持有量时，成本分析模式和存货管理模式均需要考虑的因素是（   ）。
   A. 持有现金的机会成本   B. 固定性转换成本
   C. 现金短缺成本   D. 现金保管成本

5. 最佳现金持有量的存货管理模式中，应考虑的相关成本主要有（   ）。
   A. 现金管理成本   B. 占有现金的机会成本
   C. 交易成本的委托买卖佣金   D. 现金短缺成本

6. 企业现金收支状况比较稳定，全年的现金需要量为 200 000 元，每次转换有价证券的固定成本为 400 元，有价证券的年利率为 10%，则达到最佳现金持有量的全年转换成本是（   ）元。

A. 1 000 B. 2 000
C. 3 000 D. 4 000

7. 用存货模式确定最佳现金持有量时，只考虑现金的（　　）。
   A. 机会成本 B. 转换成本
   C. 短缺成本 D. 机会成本与转换成本之和

8. 在一定时期，当现金需要量一定时，同现金持有量成正比的成本是（　　）。
   A. 机会成本 B. 转换成本
   C. 短缺成本 D. 管理成本

9. 某企业预计全年需用现金1 600万元，预计存货周转期为110天，应收账款周转期为50天，应付账款周转期为70天，则现金周转期为（　　）。
   A. 210天 B. 90天
   C. 150天 D. 160天

10. 企业由于现金持有量不足，造成企业信用危机而给企业带来的损失，属于现金的（　　）。
    A. 机会成本 B. 短缺成本
    C. 管理成本 D. 转换成本

11. 企业为了应付紧急情况而需要保持一定的现金支付能力，这种机动一般称为（　　）。
    A. 交易动机 B. 预防动机
    C. 投机动机 D. 特定需要动机

12. 假设某企业预测年度赊销净额为600万元，应收账款周转期为30天，则该企业的应收账款平均余额为（　　）。
    A. 20万元 B. 30万元
    C. 40万元 D. 50万元

13. 下列不属于应收账款管理成本的是（　　）。
    A. 有价证券收益率 B. 客户信用情况调查费用
    C. 收集信息费用 D. 催收账款费用

14. 企业适当延长信用期限可以（　　）。
    A. 减少坏账损失的风险 B. 减少机会成本
    C. 加快周转速度 D. 扩大销售

15. 在下列项目中，不属于信用条件的是（　　）。
    A. 现金折扣 B. 信用期间
    C. 折扣期间 D. 数量折扣

16. 在其他因素不变的情况下，企业采用积极的收款政策，可能导致的后果是（　　）。
    A. 坏账损失增加 B. 应收账款投资增加
    C. 收账费用增加 D. 平均收款期延长

17. 企业将资金占用在应收账款上而放弃其他方面投资可获得的收益是应收账款的（　　）。
   A. 管理成本　　　　　　　　B. 机会成本
   C. 坏账成本　　　　　　　　D. 缺货成本

18. 企业存货成本的构成有（　　）。
   A. 取得成本、订货成本、缺货成本
   B. 取得成本、购置成本、缺货成本
   C. 取得成本、储存成本、缺货成本
   D. 订货成本、储存成本、购置成本

19. 存货 ABC 分类管理法中最基本的分类标准是按（　　）分类的。
   A. 金额　　　　　　　　　　B. 品种
   C. 数量　　　　　　　　　　D. 体积

20. 在存在商业折扣的情况下，与经济批量无关的成本是（　　）。
   A. 储存成本　　　　　　　　B. 购置成本
   C. 进货成本　　　　　　　　D. 资金成本

21. 如果一个公司年销售 16 万件某产品，每年订购 4 次数量相同的存货，那么该公司的平均存货量为（　　）。
   A. 40 000 件　　　　　　　　B. 80 000 件
   C. 20 000 件　　　　　　　　D. 60 000 件

22. 某企业全年需要 A 材料 2 400 吨，每次的订货成本为 400 元，每吨材料年储存成本为 12 元，则每年最佳订货次数为（　　）。
   A. 12　　　　　　　　　　　B. 6
   C. 3　　　　　　　　　　　 D. 4

23. 企业针对划分为 A 类的存货，一般宜进行（　　）。
   A. 重点管理　　　　　　　　B. 分类管理
   C. 一般管理　　　　　　　　D. 分品种管理

二、职业选择能力训练（多选，每小题答案至少有两个选项）

1. 企业持有现金的动机有（　　）。
   A. 交易动机　　　　　　　　B. 预防动机
   C. 投资动机　　　　　　　　D. 投机动机

2. 企业持有现金的成本通常包括（　　）。
   A. 机会成本　　　　　　　　B. 管理成本
   C. 转换成本　　　　　　　　D. 短缺成本

3. 确定最佳现金持有量的存货模式考虑的成本主要是（　　）。
   A. 机会成本　　　　　　　　B. 管理成本
   C. 短缺成本　　　　　　　　D. 转换成本

4. 最佳现金持有量的确定方法，常用的有（　　）。

A. 现金周转模式 B. 存货模式
C. 成本分析模式 D. 随机模式

5. 在运用现金周转模式确定最佳现金持有量时，现金周转期取决于（　　）的长短。

A. 应收账款周转期 B. 存货周转期
C. 应付账款周转期 D. 固定资产周转期

6. 现金预算通常由（　　）部分构成。

A. 现金收入 B. 现金支出
C. 现金多余或不足 D. 资金筹集与运用

7. 现金日常管理的内容包括（　　）。

A. 邮政信箱法 B. 银行业务集中法
C. 加速收款 D. 控制支出

8. 应收账款的成本主要有（　　）。

A. 机会成本 B. 折扣成本
C. 管理成本 D. 坏账成本

9. 构成企业信用政策的主要内容是（　　）。

A. 信用标准 B. 信用条件
C. 信用期限 D. 收账政策

10. 下列各项中，属于应收账款管理成本的是（　　）。

A. 坏账损失
B. 收账费用
C. 客户信誉调查费
D. 应收账款占用资金的应计利息

11. 对信用期限的叙述不正确的是（　　）。

A. 信用期限越长，企业坏账风险越小
B. 延长信用期限，有利于销售收入增加
C. 延长信用期限，不利于销售收入增加
D. 信用期限越长，应收账款机会成本越低

12. 信用条件包括（　　）。

A. 信用期限 B. 折扣期限
C. 现金折扣率 D. 收账政策

13. 应收账款日常管理的内容包括（　　）。

A. 应收账款的追踪分析 B. 应收账款账龄分析
C. 应收账款的信用标准管理 D. 应收账款的信用条件

14. 影响应收账款机会成本大小的因素有（　　）。

A. 全年赊销总额 B. 变动成本率
C. 应收账款收账天数 D. 资金成本率

15. 通过应收账款账龄分析可以了解到（　　）信息。

A. 尚在信用期限内的客户比例
B. 已经超过信用期而尚未付款的客户比例
C. 相关应收账款成为坏账的可能性
D. 应收账款余额的准确性

16. 与经济订货批量决策相关的成本是（　　）。
A. 变动订货成本　　　　　B. 变动储存成本
C. 缺货成本　　　　　　　D. 购置成本

17. 存货在企业发挥（　　）功能。
A. 保证生产正常进行　　　B. 降低存货取得成本
C. 有利于销售　　　　　　D. 便于维持市场均衡生产，降低产品成本

18. 存货的取得成本通常包括（　　）。
A. 订货成本　　　　　　　B. 购置成本
C. 储存成本　　　　　　　D. 机会成本

19. 企业存货按照（　　）标准划分为 A、B、C 三类。
A. 金额标准　　　　　　　B. 品种数量标准
C. 质量标准　　　　　　　D. 用途标准

20. 影响订货成本高低的因素是（　　）。
A. 全年存货需要总量　　　B. 每次订货的数量
C. 每次订货的品种数量　　D. 每次订货的费用

三、职业判断能力训练（判断题，正确的打"√"，错误的打"×"）

1. 为保证企业生产经营所需现金，企业持有的现金越多越好。（　　）
2. 企业现金持有量越多，进行证券变现的次数越少，相应的转换成本越小。（　　）
3. 现金的短缺成本与现金持有量成正比例关系。（　　）
4. 现金的持有成本与现金持有量成正比例关系。（　　）
5. 存货模式中，最佳现金持有量就是使现金机会成本、转换成本与短缺成本之和最低的现金持有量。（　　）
6. 企业拥有现金所发生的管理成本是一种固定成本，与现金持有量之间无明确的比例关系。（　　）
7. 如果不存在应收账款和应付账款，则现金转换周期等于存货周转期。（　　）
8. 企业向客户提供现金折扣的主要目的是为了扩大销售。（　　）
9. 企业花费的收账费用越多，坏账损失就越少，平均收款期也会缩短。（　　）
10. 只要花费必要的收账费用，积极做好收账工作，坏账损失是完全可以避免的。（　　）
11. 信用标准是指客户获得企业商业信用所具备的最低条件，代表公司愿

意承担的最大的付款风险的金额。（　　）

12. 关于信用期限的决策标准是：只要延长信用期限增加的收入大于相应的成本增加，就可以延长信用期。（　　）

13. 企业制定收账政策要在增加收账费用与减少坏账损失、减少应收账款机会成本之间进行权衡，若前者大于后者，说明制定的收账政策是可行的。（　　）

14. 信用期限是指企业允许顾客的最短付款时间，即从购货到支付货款的时间间隔。（　　）

15. 在无商业折扣的情况下，购置成本是不随采购次数变动而变动的，是存货决策的一项无关成本。（　　）

16. 在存货 ABC 分类管理模式下，应当重点管理的品种数量不多，但金额很大的那部分存货。（　　）

17. 在存货年需要总量确定的情况下，经济订货批量越大，进货间隔期越长。（　　）

四、职业应用能力训练

1. 某企业预计全年需用资金 2 000 万元，预计存货周转期为 90 天，应收账款和应付账款周转期均为 60 天。

要求：根据上述资料，用现金周转模式计算最佳现金持有量。

2. 某公司预计全年需要支付现金 900 000 元，公司有价证券投资的年收益率为 9%，每笔证券买卖的交易费用为 80 元，每天现金支出量固定不变。

要求：根据上述资料，运用存货模式计算分析下列问题：

（1）该公司最佳现金持有量；

（2）现金转换周期（1 年按 360 天计算）；

（3）最低的现金总成本。

3. 某公司现有 A、B、C 三种现金持有方案，具体内容如表 7-3：

表 7-3

方案 项目	A	B	C
现金持有量（万元）	100	200	300
机会成本率（%）	8	8	8
短缺成本（万元）	15	5	0

要求：选择最佳现金持有方案。

4. 某企业现金收支状况比较稳定，预计全年（按 360 天计算）需要现金 15 万元，现金与有价证券转换成本为每次 300 元，有价证券的年利率为 10%。

要求：（1）计算企业最佳现金持有量；

（2）计算最佳现金持有量下的机会成本、转换成本、有价证券的交易次数及交易间隔期。

5. 某公司预测的年度（按 360 天计算）赊销额为 300 万元，应收账款平均收账天数为 60 天，变动成本率为 60%，资金成本率为 10%。

要求：计算该企业应收账款的机会成本。

6. 某企业生产甲产品的固定成本为 8 万元，变动成本率为 60%该企业有两种信用标准选择。A 标准：信用条件为"n/30"，预计坏账损失率为 5%，销售收入为 400 000 元，预计收账费用为 3 000 元；B 标准：信用条件为"n/45"，预计坏账损失率为 10%，销售收入为 600 000 元，预计收账费用为 5 000 元。上述信用条件下企业均不给予折扣，企业投资的最低收益率为 10%。

要求：根据上述资料，计算分析下列指标：

（1）A 标准的边际贡献、应收账款机会成本和信用期的净收益；

（2）B 标准的边际贡献、应收账款机会成本和信用期的净收益；

（3）根据计算结果，选择对企业有利的信用标准。

7. 某公司预计年消耗乙材料 6 000 千克，单位储存成本为 9 元，平均每次进货费用为 30 元，假设该材料不存在缺货情况，试计算：

（1）乙材料的经济采购批量；

（2）年度订货的批次及订货间隔期。

8. 某企业全年需从外购入某材料 8 000 吨，每批进货费用为 400 元，单位材料的年储存成本为 40 元，该材料每吨买价为 1 500 元。销售企业规定：客户每批购买量不足 500 吨，按标准价格计算；每吨购买量超过 500 吨，价格优惠 2%；每批购买量超过 1 000 吨，价格优惠 3%。

要求：（1）计算该企业进货批量为多少时，才是有利的；

（2）计算该企业最佳进货批次；

（3）计算该企业最佳的进货间隔期为多少天。

五、职业实践能力训练

实训练习一　应收账款管理

一、任务目标：制定应收账款管理政策

二、任务描述：选择一家中小型制造业企业或商品批发企业，为其制定应收账款管理政策。

三、任务准备：

1. 学生分组。将学生按 6~8 人分为一组，选定正负组长负责组内工作；

2. 联系企业。一组学生与一个企业联系，熟悉企业性质、类型、规模、信用标准、客户等。

四、实践内容：

能够深入了解企业应收账款的管理原则、管理体制及管理职责、单证的管理、结算的管理、核算的管理、信用管理、坏账的管理等内容，为企业制订应收账款管理政策。

实训练习二　存货管理

一、任务目标：运用 ABC 管理法制订存货管理方案

二、任务描述：选择一家中小型制造业企业或商品批发企业，运用 ABC 管理法制订存货管理方案。

三、任务准备：

1. 学生分组。将学生按 6~8 人分为一组，选定正负组长负责组内工作；

2. 联系企业。一组学生与一个企业联系，熟悉企业性质、类型、规模、存货等。

四、实践内容：

能够深入了解企业的各类存货，制订存货分类表并进行数据统计，制订存货的管理和控制方法。

项目八 利润分配管理

现象与本质—透视利润质量

项目导航

知识目标	能力目标
• 了解利润的构成 • 了解利润分配的原则、流程 • 掌握现金股利和股票股利的区别及其对公司的影响 • 熟悉股利发放过程中的重要日期 • 熟悉各种股利理论 • 掌握各种股利政策的含义、优缺点和适用范围	• 能够理解利润分配的原则与流程 • 能合理分析企业内外经济环境、政策法规等因素变化对利润分配方案的影响 • 能够准确计算企业应缴纳的企业所得税，并熟悉企业所得税年度汇算清缴流程 • 能够根据公司实际情况选择相应的股利分配政策 • 能分析各种股利支付形式的优缺点

  利润分配是财务管理的重要内容，一个企业的利润分配不仅会影响企业的融资活动、投资活动，而且还涉及多种利益主体之间的关系，并且会影响企业的长远发展。本项目主要内容包括利润的构成，利润分配原则、程序，股利政策等。

案例导入

净赚 224 亿元却不分红　格力电器触及跌停市值缩水 300 亿

  新京报讯：2018 年 4 月 26 日早间，格力电器以 45.12 元/股开盘，较上日 50.07 元/股的价格下跌 9.97%，每股下跌 5 元，触及跌停。

目前格力电器总股本 60.2 亿股，按照上日收盘价看，格力电器总市值为 3 014 亿元。根据早盘格力电器最低成交价，公司对应总市值缩水 300 亿元。昨日晚间，格力电器发布 2017 年年度报告，公司 2017 年营业收入达到了 1 482.9 亿元，同比增长 36.92%；实现净利润 224 亿元，同比增长 44.87%。业绩创新高的格力电器表示，2017 年度不派发现金红利，不送红股，不以公积金转增股本。数据显示，2012 年至 2016 年度，格力电器分别进行了"10 派 10 元""10 派 15 元""10 转增 10 股派 30 元""10 派 15 元""10 派 18 元"的分红。同花顺数据显示，上市以来（1995—2016 年），格力电器的历年分红总额达到了 417.92 亿元。

格力电器在年报中称，2017 年不分红是公司根据 2018 年经营计划和远期产业规划，公司留存资金将用于生产基地建设、智慧工厂升级，以及智能装备、智能家电集成电路等新产业的技术研发和市场推广。

（资料来源：凤凰财经 finance.ifeng.com，2018 年 4 月 26 日。）

请思考：从上述案例中，我们获取了哪些与利润分配相关的信息？

任务一　利润分配概述

企业作为独立的经济实体，应当以自己的收入抵补其支出，并且实现盈利，最后以"净利润"表示。企业净利润的大小在很大程度上反映企业生产经营的经济效益，表明企业在某一会计期间的经营成果。企业必须按《中华人民共和国公司法》等有关规定对净利润进行分配。

一、利润的概念及其构成

根据我国《企业会计准则》规定，利润（Profit）是指企业在一定会计期间的经营成果。包括营业利润、利润总额和净利润三个部分。

1. 营业利润

营业利润是企业利润的主要来源。它是指企业在销售商品、提供劳务等日常活动中所产生的利润。

营业利润 = 营业收入 - 营业成本 - 税金及附加 - 管理费用 - 销售费用 - 财务费用 - 资产减值损失 + 公允价值变动收益（- 公允价值变动损失）+ 投资收益（- 投资损失）

其中：

营业收入是指企业经营业务所确认的收入总额，包括主营业务收入和其他业务收入

营业成本是指企业经营业务所发生的实际成本总额，包括主营业务成本

和其他业务成本。

资产减值损失是指企业计提各项资产减值准备所形成的损失。

公允价值变动收益（或损失）是指企业交易性金融资产等公允价值变动形成的应计入当期损益的利得（或损失）。

投资收益（或损失）是指企业以各种方式对外投资所取得的收益（或发生的损失）。

2. 利润总额

利润总额＝营业利润＋（营业外收入－营业外支出）

其中：

营业外收入是指企业发生的与其日常活动无直接关系的各项利得。

营业外支出是指企业发生的与其日常活动无直接关系的各项损失。

3. 净利润

净利润＝利润总额－所得税费用

其中，所得税费用是指企业确认的应从当期利润总额中扣除的所得税费用。

二、利润分配的原则

利润分配是财务管理的一项重要内容。一个企业的利润分配不仅会影响企业的融资和投资决策，而且还涉及国家、企业、投资者、职工等多方面的利益关系，涉及企业的长远利益与近期利益、整体利益与局部利益等关系的处理与协调。为合理组织企业财务活动和正确处理财务关系，企业在进行利润分配时应遵循以下原则：

（一）依法分配

企业的利润分配必须依法进行，这是处理各方面利益关系的关键。为规范企业的利润分配行为，国家制定和颁布了相关法规。这些法规规定了企业利润分配的基本要求、一般程序和重大比例，企业应认真执行，不得违反。

（二）兼顾各方面利益

利润分配是利益价值形式对社会产品的分配，必须兼顾各方面的利益。企业的利润分配直接关系国家、企业投资者、债权人、职工等有关各方的切身利益。正确处理它们之间的关系，协调其矛盾，对企业的生存、发展是非常重要的。企业在进行利润分配时，应当统筹兼顾，维护各利益相关者的合法权益。

（三）分配与积累并重

企业进行利润分配，应正确处理长远利益和近期利益的关系，将两者有机结合起来，坚持分配与积累并重原则。恰当处理分配与积累的关系，要求企业留存一部分净利润以供未来分配之需，这部分积累不仅为企业扩大再生产筹措了资金，同时也增强了企业抵抗风险的能力，提高了企业经营的安全性和稳定性。

（四）投资与收益对等

企业分配收益应当体现谁投资谁受益、受益大小与投资比例相适应的原则，即投资与受益对等原则，这是正确处理投资者利益关系的关键。投资者因其投资行为而享有收益权，并且其投资收益应同其投资比例对等。这就要求企业在向投资者分配收益时，应依据各方投入资本的多少来进行，决不允许发生任何一方随意多分多占的现象。这样才能从根本上保护投资者利益，鼓励投资者积极投资。

三、利润分配的一般程序

利润分配程序是指企业根据适用法律、法规或规定，对企业一定时期实现的净利润进行分配必须经过的先后步骤。根据我国《公司法》等有关规定，企业当年实现的利润总额应按国家税法的有关规定作相应调整，然后依法缴纳所得税。缴纳所得税后的净利润按下列顺序进行分配。

8-1
马克思收入
分配理论核心

（一）计算可供分配的利润

将本年净利润（或亏损）与年初未分配利润（或亏损）合并，计算出可供分配利润。如果可供分配利润为负数（即累计为亏损），则不能进行后续分配；如果可供分配的利润为正数（即累计为盈利），则进行后续分配。

（二）提取法定公积金

法定公积金按照净利润扣除弥补以前年度亏损后的10%提取。当年法定公积金累计达到注册资本的50%时，可以不再提取。提取法定公积金的主要目的是为了增加企业内部积累，有利于企业扩大再生产。根据企业的需要，可以用法定公积金弥补亏损或转增资本等，但企业用法定公积金转增资本后，法定公积金的余额不得低于转增前公司注册资本的25%。

（三）提取任意公积金

公司从税后利润中提取法定公积金后，经股东会或股东大会决议，还可从税后利润中提取任意盈余公积金。任意盈余公积金的提取与否及提取比例由股东会根据公司发展需要和盈余情况决定，法律不作强制规定。

（四）向投资者分配利润或股利

根据《公司法》的规定，公司弥补亏损和提取公积金后所得税后利润，可以向投资者（股东）分配利润（股利），其中有限责任公司股东按照实缴的出资比例分取红利，全体股东约定不按照出资比例分取红利除外；股份有限公司按照股东持有的股份比例分配，但股份有限公司章程规定不按持股比例分配的除外。在公司弥补亏损和提取法定公积金之前向股东分配利润的，股东必须将违反规定分配的利润退还公司。

四、股利支付形式与程序

(一) 股利支付形式

股利支付形式包括现金股利、股票股利、财产股利和负债股利等。其中比较常用的是现金股利和股票股利。

1. 现金股利

现金股利是以现金支付的股利，它是股利支付最常见的方式。发放现金股利的多少主要取决于公司的股利政策和经营业绩。现金股利来源于公司的净利润，支付现金股利会减少公司的留存收益（未分配利润），因此发放现金股利并不会增加股东的财富总额，而且股东权益会相应减少。

上市公司发放现金股利主要出于三个原因：投资者偏好、减少代理成本和传递公司的未来信息。公司采用现金股利形式时，必须具备两个基本条件：第一，公司要有足够的未指明用途的留存收益（未分配利润）；第二，公司要有足够的现金。

【例 8-1】 某公司发放 1 元现金股利前后相关账户金额变动情况，如表 8-1 所示。

表 8-1 现金股利前后相关账户金额变动情况 单位：元

现金股利分配前		现金股利分配后（每股发放 1 元现金股利）	
相关账户	金额	相关账户	金额
现金	150 000	现金	50 000
其他资产	850 000	其他资产	850 000
资产合计	1 000 000	资产合计	900 000
负债	0	负债	0
股东权益（流通在外普通股股数 100 000 股）	1 000 000	股东权益（流通在外普通股股数 100 000 股）	900 000
负债及股东权益合计	1 000 000		900 000
每股市价（1 000 000÷100 000）	10	每股市价（900 000÷100 000）	9

2. 股票股利

股票股利是公司以增发股票的方式所支付的股利。我国实务中通常也称其为"红股"。与现金股利不同，股票股利不会导致公司现金流出，只是资金在股东权益账户之间的此增彼减，即将未分配利润转化为股本和资本公积，因而股东权益总额不会发生变化。股票股利会使发行在外的普通股股票数量增加，不会改变公司股东权益总额，但会改变股东权益的构成。

【例 8-2】 假设某上市公司发放 10% 股票股利。以市价发放股票股利前后的股东权益如表 8-2 所示。

表 8-2 以市价发放 10% 股票股利前后股东权益　　　　　　　　　　　单位：万元

发放股票股利前股东权益	发放股票股利后股东权益
股本（100 万股，每股面值 1 元）100	股本（110 万股，每股面值 1 元）110
资本公积 100	资本公积 190
留存收益 500	留存收益 400
股东权益合计 700	股东权益合计 700
负债和股东权益合计 1 000	负债和股东权益合计 1 000

注：假设股票的市价为每股 10 元。现有股东每持有 10 股即可获赠 1 股普通股，随着股票股利的发放，"未分配利润"有 1 000 000（1 000 000×10%×10）元的资本要转至股本和资本公积账户上去。由于面值 1 元不变，因此，增发 100 000 股普通股，股本账户仅增加 100 000 元，其余 900 000 元超面额部分则转移到资本公积账户，所以该公司股东权益总额不变。

以市价计算股票股利的做法，是很多西方国家通行的做法。但在我国，股票股利价格是按照股票面值来计算的。如果采用面值计算股票股利，则资本公积账户不会发生变化。承上例，以面值计算股票股利前后股东权益变化如表 8-3 所示。

表 8-3 以面值发放 10% 股票股利前后股东权益　　　　　　　　　　　单位：万元

发放股票股利前股东权益	发放股票股利后股东权益
股本（100 万股，每股面值 1 元）100	股本（110 万股，每股面值 1 元）110
资本公积 100	资本公积 100
留存收益 500	留存收益 490
股东权益合计 700	股东权益合计 700
负债和股东权益合计 1 000	负债和股东权益合计 1 000

可见，发放股票股利，不会对公司股东权益总额产生影响，但会引起资金在各股东权益项目间的再分配。对于股份有限公司来说，分配股票股利不会导致现金流出，如果公司现金短缺或者有好的项目需要增加投资，可以考虑采用股票股利形式。一方面扩张了股本，另一方面起到股票分割的作用。处于高速成长阶段的公司可以利用分配股票股利的方式来进行股本扩张，以使股价保持在一个合理的水平，避免因股价过高而影响股票的流动性。

3. 财产股利

财产股利，是以现金以外的其他资产支付的股利，主要是以公司所拥有的其他公司的有价证券，如债券、股票等，作为股利支付给股东。

4. 负债股利

负债股利，是以负债方式支付的股利，通常以公司的应付票据支付给股东，有时也以发放公司债券的方式支付股利。财产股利和负债股利实际上是现金股利的替代，但这两种股利支付形式在我国实务中很少使用。各种股利支付形式及特点见表 8-4。

表 8-4　　　　　　　　　　　各种股利支付形式及特点

股利支付方式	特　点
现金股利	现金股利是以现金支付的股利，它是股利支付的主要方式。公司支付现金股利除了要有累计盈余（特殊情况下可用弥补亏损后的盈余公积支付）外，还要有足够的现金。
股票股利	股票股利是股份公司将可供分配利润以股票形式发放给股东的行为。
财产股利	财产股利是以现金以外的资产支付的股利，它有两种基本形式：一是本公司持有的其他公司的有价证券；二是公司的物资、产品、不动产等实物股利。
负债股利	负债股利是公司以负债支付的股利，通常以公司的应付票据支付给股东，在不得已的情况下也可以发行公司债券来抵付股利。

（二）股利支付程序

公司股利的发放必须遵守相关的要求，按照日程安排来进行。一般情况下，先由董事会提出分配方案，然后提交股东大会决议，股东大会决议通过分配预案之后，向股东宣布发放股利的方案，并确定股权登记日、除息（或除权）日和股利发放日等。制定股利政策时必须明确这些日期界限。

1. 股利宣告日

股利宣告日即股东大会决议通过并由董事会将股利支付情况予以公告的日期。公告中将宣布每股应支付的股利、股权登记日、除息日以及股利支付日。

2. 股权登记日

股权登记日即有权领取本期股利的股东资格登记截止日期。凡是在此制定日期收盘之前取得公司股票，成为公司在册股东的投资者都可以作为股东享受公司分派的股利。在这一天之后取得股票的股东则无权领取本次分派的股利。

3. 除息日

除息日也称除权日，是指从股价中除去股利的日子，即领取股利的权利与股票分离的日期。在除息日之前购买的股票才能领到本次股利，而在除息日当天或是以后购买的股票，则不能领取本次股利。由于失去了"付息"的权利，除息日的股票价格会下跌。一般情况下除息日股票的开盘参考价为前一个交易日的收盘价减去每股股利。

4. 股利发放日

股利发放日即公司按照公布的分红方案向股权登记日在册的股东实际支付股利的日期。

8-2

股利分配的顺序

任务二　利润分配管理

不同行业、不同类型的企业，同一企业不同时期，其合理的利润分配关系到所有投资人或股东的权益,也会影响到企业的长期发展。

一、利润分配管理

在企业的财务活动实践中,利润分配涉及投资规模、融资需求、法律法规的限制、内外部各方关系人利益的平衡等多个方面。首先,利润分红(现金股利分配)将使资金流出企业,对于计划扩大生产规模、追加投资的公司而言,这意味着其未来融资需求增大,融资成本相应增加,从而要求公司合理安排利润(股利)分配的形式及规模。其次,利润(股利)分配需要遵循相关法规规定,一是严格遵循分配顺序,做到"无利不分";二是必须符合证券监管法规对投资者保护的要求。最后,留存收益与股利分配是此消彼长的关系。对于长期持股的投资者而言,将利润留存在企业用于追加投资,在未来以资本利得的方式获取回报可以降低税负;对于短期持股的投资者而言,通过现金分红实现投资回报可以避免股价波动带来的投资风险。因而,如何平衡不同关系人之间的利益分歧是利润分配管理的重要内容。

企业的利润分配有广义和狭义之分,广义的利润分配是指对企业的收入和净利润进行分配,包含两个层次的内容:第一层次是对企业收入的分配;第二层次是对企业净利润的分配。狭义的利润分配则仅仅是指对企业净利润的分配。本教材所指的利润分配是指狭义的利润分配。

二、股利理论
(一) 股利无关论

股利无关论认为,在一定的假设条件限定下,股利政策不会对公司的价值或股票的价格产生任何影响,一个公司的股票价格完全由公司的投资决策的获利能力和风险组合决定,而与公司的利润分配政策无关,该理论是建立在完全市场理论之上的。

股利无关论认为股利分配对公司的市场价值(或股票价格)不会产生影响。股利无关论认为:①投资者并不关心公司的股利分配。若公司留存较多的利润用于再投资,会导致公司股票价格上升;此时尽管股利较低,但需要现金的投资者可以出售股票换取现金。若公司发放较多的股利,投资者又可以用现金再买入一些股票以扩大投资。也就是说投资者对股利或资本利得并无偏好。②股利的支付比率不影响公司价值。既然投资者不关心股利分配,公司的价值就完全由其投资的获利能力所决定,公司的盈余在股利和保留盈余之间的分配并不影响公司的价值。

但是股利无关论是建立在完美且完全资本市场假设的基础之上,假定条件包括:①完善的竞争假设,任何一位证券交易者都没有足够的力量通过其交易活动对股票的现行价格产生明显的影响;②信息完备假设,所有的投资者都可以平等地免费获取影响股票价格的任何信息;③交易成本为零假设,证券的发行和买卖等交易活动不存在经纪人费用、交易税和其他交易成本。

在利润分配与不分配或资本利得与股利之间均不存在税负差异；④理性投资者假设，每个投资者都是财富最大化的追求者。

（二）股利相关论

1. "一鸟在手"理论

"一鸟在手"理论源于谚语"双鸟在林，不如一鸟在手"。该理论认为，由于公司未来的经营活动存在诸多不确定的因素，投资者会认为现在获得股利的风险低于将来获得资本利得的风险，相对于资本利得而言，投资者更加偏好现金股利。这样公司如何分配股利就会影响股票价格和公司价值，即公司价值与股利政策是相关的。一般来说，当公司提高其股利支付率时，就会降低不确定性，投资者可以要求较低的必要报酬率，公司股票价格上升；如果公司降低股利支付率或者延期支付，就会使投资风险增大，投资者必然要求较高报酬率以补偿其承受的风险，公司的股票价格也会下降。

由"一鸟在手"理论可知，股票价格与股利支付率成正比，权益资本成本与股利支付率成反比。相应地，公司管理层在做决策时也必须采取高股利支付率政策，增大现金股利发放率，以消除投资者对未来的不确定感，这样才能使企业价值最大化，而不能像股利无关论理论那样无视股东当前的利益要求。为此，公司可采用较为稳定的股利政策，如固定股利政策、固定股利支付率政策等。

2. 税收差别理论

股利无关理论的一个重要假设是现金股利和资本利得没有所得税的差异。实际上，两者的所得税税率经常是不同的。一般来说，股利收入的所得税税率要高于资本利得的所得税税率。

由于不对称税率的存在，因此股利政策会影响公司价值和股票价格。税收差别理论认为，由于股利收入的所得税税率通常都高于资本利得的所得税税率，这种差异会对股东财富产生影响，出于避税的考虑，投资者更偏爱低股利政策。因此，低股利政策会使公司股票价格上扬，反之则会下降。除了税率上的差异，股利收入和资本利得的纳税时间也不同，股利收入在收到股利时纳税，而资本利得税要到股票真正售出的时候才会发生。考虑到货币时间价值和风险价值，即使股利和资本利得这两种收入所征收的税率相同，实际的资本利得税也比股利收入要低。

3. 信号传递理论

信号传递理论认为管理当局与企业外部投资者之间存在信息不对称，管理者占有更多关于企业前景方面的内部信息，股利是管理者向外界传递其掌握的内部信息的一种手段。如果他们预计到公司的发展前景良好，未来业绩将大幅度增长时就会通过增加股利的方式将这一信息及时告诉股东和潜在的投资者；相反，如果预计到公司的发展前景不太好，未来盈利将持续性不理想时，那么他们往往会维持甚至降低现有股利水平，这等于向股东和潜在投资者释放了不利的信号。因此，股利能够传递未来盈利能力的信息，这样导

8-3
完全竞争市场

致股利对股票价格有一定的影响。当公司支付的股利水平上升时，公司的股价会上升；当公司支付的股利水平下降时，公司的股价也会下降。

4. 代理成本理论

现代企业管理认为企业是一组契约关系的连接。契约关系的各方成为企业的利益相关者，各利益相关者之间的利益和目标并不完全一致。在信息不对称的情况下，企业各利益相关者之间形成诸多委托—代理关系。代理理论认为，股利政策有助于减缓管理者与股东之间的代理冲突，即股利政策是协调股东与管理者之间代理关系的一种约束机制。该理论认为，股利的支付能够有效地降低代理成本。

（1）股东与管理者之间的代理问题。在股权较为分散时，公司的代理问题主要出现在管理者和股东之间。现金股利在解决管理者和股东间利益冲突、减少代理成本的问题上可能起到的作用为：①通过现金股利的发放减少留在管理者手中的现金，约束了管理者的过度投资；②股利发放增加了公司更多发行社会公共股的可能性，从而使公司更频繁地受到来自资本市场的监督，大大降低股东的监督成本。

（2）控股股东与中小股东之间的代理问题。当股权比较集中时，控股股东一般能够有效影响管理者的决定，所以管理者与股东间的代理问题并不显著。此时，利益冲突突出表现在控股股东与中小股东之间，控股股东一方面由于持股较多，其自身利益与公司利益更加密切，因此决策行为会更加谨慎；另一方面，当控股股东所持股份较多，而在利益方面和中小股东存在分歧时，控股股东将会有强烈的动机以牺牲中小股东的利益为代价去追求自身效用最大化。

三、利润分配的制约因素

企业利润分配涉及不同关系人的切身利益，影响企业的再筹资能力，直接影响企业市场价值的大小。因此，受众多不确定因素的影响，企业在确定利润分配政策时，应当考虑相关因素的影响，主要包括法律因素、公司因素、股东因素及其他因素。

8-4
追随者理论

（一）法律因素

为了保护债权人和股东的利益，法律法规就公司的利润分配作出了如下规定：

1. 资本保全约束。资本保全约束规定公司不能用资本（包括实收资本或股本和资本公积）发放股利，防止企业任意减少资本结构中的所有者权益的比例。资本保全是为了保护投资者的利益而做出的法律限制，这样的限制能保证支付股利不会侵蚀公司资本。

2. 资本积累约束。资本积累约束规定公司必须按照一定的比例和基数提取各种公积金。在进行利润分配时，一般应当贯彻"无利不分"的原则，即当企业出现年度亏损时，一般不进行利润分配。法律法规有关企业积累的规定有利于提高企业的生产经营能力，增强企业抵御风险的能力，维护了债权人的利益。

3. 超额累积利润约束。由于股东接受股利缴纳的所得税高于其进行股票交易的资本利得税，于是许多国家规定公司不得超额累积利润，一旦公司的保留盈余超过法律认可的水平，将被加征额外税额。我国法律对公司累计利润尚未作出限制性规定。

4. 偿债能力约束。如果公司已经无力偿还到期债务或将因支付股利使其失去偿付能力，则公司不能支付现金股利。如果企业因分配现金股利而影响了企业的偿债能力或正常的经营活动，则股利分配就要受到限制。

（二）公司因素

公司基于短期经营和长期发展的考虑，在确定利润分配政策时，需要关注以下因素：

（1）现金流量。公司在进行利润分配时，要保证正常的经营活动对现金的需求，以维持资金的正常周转，使生产经营得以有序进行。

（2）资产的流动性。所谓资产的流动性是指企业资产转化为现金的难易程度。在通常情况下，企业的现金流量与资产整体流动性越好，其支付现金股利的能力就越强。而成长中的、盈利性较好的企业，如其大部分资金投在固定资产和永久性营运资金上，则它们通常因不愿意支付现金股利而危及企业的安全。

（3）盈余的稳定性。企业决定是否分配股利或分配多少股利，不能只考虑以往的盈利水平，同时还要考虑当期的经营业绩和未来发展前景。一般地，盈利越稳定或收益越有规律的企业更易于预测和控制未来的盈利，其股利支付率通常也越高。并且，盈利稳定的企业对保持较高的股利支付率更具信心。

（4）潜在投资机会。有良好投资机会的公司往往少发股利，相反，缺乏良好投资机会的公司，则倾向于支付较高的股利。此外，如果公司将留存收益用于再投资所得报酬低于股东个人单独将股利收入投资于其他投资机会所得报酬时，公司就不应多留存收益，而应多发股利。

（5）筹资因素。如果公司具有较强的筹资能力，随时能筹集到所需资金，那么它会具有较强的股利支付能力，能承担较高的股利支付率。否则，应考虑保持较多留存利润。

（6）举债能力。公司如果有较强的筹资能力，则可考虑发放较高股利，并以再筹资来满足企业经营对货币资金的需求；反之，则要考虑保留更多的资金用于内部周转或偿还将要到期的债务。一般而言，规模大、获利丰厚的大公司能较容易地筹集到所需资金，因此，它们倾向于多支付现金股利；而创办时间短、规模小、风险大的企业，通常需要经营一段时间以后才能从外部取得资金，因而往往要限制股利支付。

（三）股东因素

不同阶层、不同收入水平以及不同投资目的的股东，对股利分配的要求也是不同的。

（1）控制权。如果公司大量支付现金股利，再发行新的普通股以融通所需资金，现在股东的控制权就有可能被稀释。另外，随着新普通股的发行，流通在外的普通股股数必将增加，最终会导致普通股的每股盈利和每股市价下降，从而影响现有股东的利益。因此，具有控制权的大股东们往往倾向于公司少分配现金股利，多留存利润。

（2）稳定的收入。一些股东依赖现金股利维持生活，还有一些股东认为通过增加留存收益引起股价上涨而获得的资本利得是有风险的，而目前的股利是确定的，即便是现在较少的股利，也强于未来的资本利得，因此他们往往也要求较多的股利支付。

（3）避税。政府对企业利润征收所得税以后，还要对自然人股东征收个人所得税，股利收入的税率要高于资本利得的税率。一些高股利收入的股东出于避税的考虑，往往倾向于较低的股利支付水平。

（四）行业因素

不同行业的股利支付率也存在差异。经研究，成熟行业的股利支付率通常比新兴行业的高；公用事业的公司大多实行高股利支付政策，而高科技行业的公司股利支付率通常较低。这说明股利政策具有明显的行业特征。究其原因是：投资机会在行业内是相似的，而在不同行业之间则存在差异。

（五）其他因素

除了前面所述四个因素，还有其他一些因素也会影响股利政策的选择。

（1）债务契约。当公司举借长期债务时，债权人为了保护自身的利益，可能会对公司发放股利加以限制，通常会在债务契约中增加相应限制条款。债务契约的限制性规定，限制了公司的股利支付，促使公司增加留用利润，扩大再投资规模，从而增强公司的经营能力，保证公司能按期偿还债务。

（2）通货膨胀。在通货膨胀时期，企业的购买力下降，原计划以折旧基金为来源购置固定资产则难以实现，为了弥补资金来源的不足，购置长期资产，企业往往会使用以前年度盈利，因此股利支付会较低。因此，在通货膨胀时期，企业一般会采取偏紧的利润分配政策。

四、股利政策

公司在制定股利政策时会受到多种因素的影响，不同的股利政策会对公司的股票价格产生不同的影响。股利政策既要保持相对稳定，又要符合公司的财务目标和发展目标。在实际工作中，股利政策主要包括五种类型：剩余股利政策、固定股利政策、稳定增长股利政策、固定股利支付率政策和低正常股利加额外股利政策。

（一）剩余股利政策

1. 剩余股利政策的含义

剩余股利政策是指公司在有良好的投资机会时，根据目标资本结构，测算出投资所需的权益资本额,先从盈余中留用,然后将剩余的盈余作为股利来分配,即净利润首先满足公司的权益资金需求,如果还有剩余,就派发股利;如果没有,则不派发股利。

剩余股利政策是一种投资优先的股利政策。采用这种股利政策的先决条件是公司必须有良好的投资机会,并且该投资机会的预期报酬率要高于股东要求的必要报酬率,这样才能为股东所接受。如果公司投资项目的预期报酬率不能达到股东要求的必要报酬率,则股东会更愿意公司发放现金股利,以便股东再寻找其他投资机会。

2. 剩余股利政策的具体应用程序

实施剩余股利政策,一般应按以下步骤来确定股利分配额:(1)根据选定的最佳投资方案,测算投资所需的资本数额;(2)按照公司的目标资本结构,测算投资所需要增加的股东权益资本的数额;(3)税后净利润首先用于满足投资所需要增加的股东权益资本的数额;(4)在满足投资需要后的剩余部分用于向股东分配股利。

【例 8-3】 某公司 20×7 年的税后净利润为 2 000 万元,由于公司处于成长期,投资机会较多,20×8 年的投资计划需要资金 2 500 万元,确定的目标资本结构为负债资本占 45%,权益资本为 55%。该公司采用剩余股利政策,则该公司应当如何融资和分配股利?

分析:

(1)确定目标资本结构需要筹集的权益资本 = 2 500 × 55%
= 1 375(万元)

(2)确定应分配的股利总额 = 2 000 - 1 375 = 625(万元)

(3)该公司还应当筹集负债资金 = 2 500 - 1 375 = 1 125(万元)

3. 剩余股利政策的优缺点及适用性

采用剩余股利政策的公司,因其有良好的投资机会,投资者会对公司未来的获利能力有较好的预期,因而其股票价格会上升。此外,充分利用留存收益来满足再投资的需要,有助于降低筹资成本,保持理想的资本结构,实现企业价值的长期最大化。

剩余股利政策也有一定的缺陷,主要表现为:完全执行剩余股利政策,将使股利发放额每年随投资机会和盈利水平的波动而波动。即在盈利水平不变的情况下,股利也会随着投资机会的多寡呈反向变动,投资机会越多,股利越小;投资机会越少,股利发放越多。而在投资机会维持不变的情况下,股利发放额将随公司每年盈利的波动而同方向波动。剩余股利政策不利于投资者安排收入与支出,也不利于公司树立良好的形象。因此,该政策比较适合于初创和成长期的公司。

(二)固定股利政策

对于利润稳定、发展预期良好的企业而言,可以采用固定股利政策,这样有利于稳定市场信心及获得股东的长期支持。

1. 固定股利政策的含义。固定股利政策是公司将每年派发的股利额固定在某一特定水平上，然后在一段时间内不论公司的盈利情况和财务状况如何，派发的股利额均保持不变。只有当企业对未来利润增长确有把握，并且这种增长被认为不会发生逆转时，才增加每股股利额。

2. 固定股利政策的优缺点及适用性。

采用该政策的理论依据是"一鸟在手"理论和信号传递理论。根据上述理论，固定股利政策有以下优点：（1）固定股利政策向投资者传递公司经营状况稳定的重要信息。如果公司支付的股利稳定，就说明该公司的经营业绩比较稳定，经营风险小，有利于股票价格上升；如果公司的股利政策不稳定，股利忽高忽低，这就给投资者传递了企业不稳定的信息，导致投资者对风险的担心，进而使股票价格下降。（2）固定股利政策有利于投资者安排股利收入和支出，有利于吸引那些打算进行长期投资并对股利有很高依赖的股东。（3）固定股利政策充分考虑到股票价格会受多种因素影响（包括股东的心理状态和其他相关要求），为了将股利维持在稳定的水平上，即使推迟某些投资计划或暂时偏离目标资本结构，也可能比降低股利或股利增长率更为有利。

固定股利政策也有一定的缺陷，主要表现为：股利的支付与企业的盈利脱节，可能导致企业资金短缺，财务状况恶化；在企业无利可分的情况下，若依然实施固定股利政策，也是违反《中华人民共和国公司法》的行为。因此，固定股利政策适用于成熟的、生产能力扩张需求减少、盈利充分并且获利能力比较稳定的公司。

（三）**稳定增长股利政策**

对于利润稳定增长的企业而言，可以根据利润增长幅度提高股利支付额度，这样有利于增强公司股票的市场吸引力。

1. 稳定增长股利政策含义。稳定增长股利政策是指在一定时期内保持公司的每股股利额稳定增长的股利政策。采用这种股利政策的公司一般会随着公司盈利的增加，保持每股股利平稳地提高。

2. 稳定增长股利政策的优缺点及适用性。公司确定稳定的股利增长率，实际上是向投资者传递该公司经营业绩稳定增长的信息，可以降低投资者对该公司经营风险的担心，从而有利于股票价格上涨。但与固定股利政策一样，稳定增长的股利政策可能会给公司带来一定的财务负担，因此，公司在采取这种股利政策时，要使股利增长率等于或略低于利润增长率，这样才能保证稳定股利增长具有可持续性。

稳定增长股利政策适用于处于成长或成熟阶段的公司。行业特点和公司经营风险也是影响公司是否应当采用稳定增长股利政策的重要因素。通常，公共事业行业的公司经营活动比较稳定，受经济周期影响较小，比较适合采用稳定增长股利政策，而一些竞争非常激烈的行业，由于公司经营风险较大，经营业绩变化较快，一般不适合采用这种股利政策。

(四) 固定股利支付率政策

固定股利政策有时会给企业带来财务负担,因此对于利润预期不够稳定的企业而言,可采用固定股利支付率政策。

1. 固定股利支付率政策含义。固定股利支付率政策是公司确定的股利支付率,并长期按此比率从净利润中支付股利的政策。在这一股利政策下,只要企业的税后利润一经计算确定,所派发的股利也就相应确定了。从企业支付能力的角度来看,这是一种真正稳定的股利政策。持这种股利政策者认为,只有维持固定的股利支付率,才算真正公平地对待每一位股东,他们坚持的原则是"公司赚2元,1元给股东,1元留给公司"。

2. 固定股利支付率政策的优缺点及适应性。固定股利支付率政策可以使股利与企业盈余紧密结合,以体现多盈多分、少盈少分、不盈不分的原则,且能保持股利与利润间一定的比例关系,体现了风险投资与风险收益的对称。因此,这种股利政策不会给公司带来较大的财务负担。

固定股利支付率政策也有一定缺陷,主要表现为:①股利水平可能变动较大,忽高忽低,这样可能传递该公司经营不稳定的信息,容易使股票价格产生较大波动,不利于树立良好的公司形象。②缺乏财务弹性。股利支付率是公司股利政策的主要内容,股利分配模式的选择、股利政策的制定是公司的财务手段和方法。在公司发展的不同阶段,公司应当根据自身的财务状况制定不同的股利政策,这样更有利于实现公司的财务目标。但在固定股利支付率政策下,公司丧失了利用股利政策的财务方法,缺乏财务弹性。(3)确定合理的固定股利支付率难度很大。一个公司如果股利支付率确定低了,则不能满足投资者对现实股利的要求;反之,公司股利支付率确定高了,就会使大量资金因支付股利而流出,又会因资金缺乏而制约其发展。可见,确定公司较优的股利支付率的难度是较大的,所以很少有公司会单独采用这种股利分配政策,而大部分是充分考虑自身因素,和其他政策相结合使用。

(五) 低正常股利加额外股利政策

企业经营具有波动性和不可预期性,固定股利能稳定市场信心,但可能给企业带来财务负担,而浮动股利虽不会给公司带来财务负担,却容易向市场传递公司经营不稳定的信号。因此有必要将固定股利与浮动股利结合使用,取长补短。

(1) 低正常股利加额外股利政策含义。低正常股利加额外股利政策是一种介于固定股利政策与变动股利政策之间的折中的股利政策。公司事先设定一个较低的经常性股利额,在一般情况下,公司每期都按此金额支付正常股利。只有企业盈利较多时,再根据实际情况发放额外股利。

低正常股利加额外股利政策的理论依据是"一鸟在手"理论和股利信号理论。将公司派发的股利固定地维持在较低的水平,则当公司盈利较少或需用较多的保留盈余进行投资时,公司仍然能够按照既定的股利水平派发股利,体现了"一鸟在手"理论。而当公司盈利较多且有剩余资金时,公司可派发额外股利，体现了股利信号理论。公司将派发额外股利信息传递给股票投资者，有利于股票价格上扬。

（2）低正常股利加额外股利政策优缺点及适用性。低正常股利加额外股利政策具有较大的灵活性。在公司盈利较少或投资需要较多资本时，可以只支付较低的正常股利，这样既不会给公司造成较大的财务负担，又能保证股东定期得到一笔固定的股利收入；在公司盈利较多且不需要较多投资资本时，可以向股东发放额外股利。这种股利政策既可以在一定程度上维持股利的稳定性，又有利于企业的资本结构达到目标资本结构，使灵活性与稳定性较好地结合，因而为许多企业所采用。

该政策也有一定的缺陷，主要表现为：（1）股利派发仍然缺乏稳定性，额外股利随盈利的变化，时高时低，给人不稳定的印象；（2）如果公司较长时期一直发放额外股利，股东就会误认为这是"正常股利"，一旦取消，极易造成公司"财务状况"逆转的负面影响，股价下跌在所难免。

低正常股利加额外股利政策适用于处于高速增长阶段的公司。因为公司在这一阶段迅速扩大规模，需要大量资金，而由于已经度过初创期，股东往往又有分配股利的要求，该政策就能够很好地平衡资金需求和股利分配这两方面的要求。另外，对于那些盈利水平各年间浮动较大的公司来说，无疑也是一种较为理想的支付政策。

【例8-4】 某公司本年实现净利润2 000万元，年初未分配利润为3 500万元。上年实现净利润1 800万元，分配股利1 080万元。

要求：分别计算不同股利政策下应该分配的股利额。

（1）如果预计明年需要增加投资资本1 600万元，公司的目标资本结构为权益资本60%，债务资本40%。公司采用剩余股利政策，本年应发放多少股利？

（2）如果公司采用固定股利政策，本年应发放多少股利？

（3）如果公司采用固定股利支付率政策，本年应发放多少股利？

（4）如果公司采用低正常股利加额外股利政策，规定每股正常股利为0.1元，按净利润超过正常股利部分的40%发放额外股利，该公司普通股股数为2 000万股，公司本年应发放多少股利？

分析：

（1）预计明年投资所需的权益资金 = 1 600 × 60% = 960（万元）

本年发放的股利 = 2 000 - 960 = 1 040（万元）

（2）本年发放的股利 = 上年发放的股利 = 1 080（万元）

（3）固定股利支付率 = 1 080 ÷ 1 800 = 60%

本年发放的股利 = 2 000 × 60% = 1 200（万元）

（4）正常股利额 = 2 000 × 0.1 = 200（万元）

额外股利额 = （2 000 - 200）× 40% = 720（万元）

本年发放的股利 = 200 + 720 = 920（万元）

五、股票分割和股票回购

(一) 股票分割

1. 股票分割的含义

股票分割又称拆股,是指公司管理当局将公司股票分割的行为。比如,一股换三股的股票分割,是指三股新股换取一股旧股的行为。从会计的角度看,股票分割对公司的资本结构、资产的账面价值、股东权益的各账户(股本、资本公积、留存收益等)等都不产生影响,只是使公司发行在外的股票总数增加,每股股票代表的账面价值降低。因此,股票分割与发放股票股利的作用非常相似,都是在不增加股东权益的基础上增加股票的数量。所不同的股票分割导致的股票数量的增加量可以远大于发放股票股利。

【例 8-5】 某公司现有股本 10 000 万元(1 000 万股,每股面值 10 元)资本公积 20 000 万元,盈余公积 10 000 万元,未分配利润 60 000 万元,股票市价为每股 80 元。现按 1:2 进行股票分割后,该公司股东权益的变动情况如表 8-5 所示。

表 8-5   某公司股票分割前后的股东权益情况   单位:万元

股票分割前		股票分割后	
股本(每股面值 10 元,1 000 万股)	10 000	股本(每股面值 5 元,2 000 万股)	10 000
资本公积	20 000	资本公积	20 000
盈余公积	10 000	盈余公积	10 000
未分配利润	60 000	未分配利润	60 000
股东权益合计	100 000	股东权益合计	100 000

从表 8-5 中可以看出股东权益合计没变,且股东权益结构没有发生变化。

2. 股票分割的作用

虽然股票分割既不能增加公司的资产价值,也不会改变公司的股东权益结构,但股票分割有如下几方面作用:

(1)采用股票分割可以使股票每股市价降低,促进股票流通和交易。这是因为,如果股价过高,只有富有的个人投资者和机构投资者才买得起,这会减少股票的潜在市场。若能使股价下跌,购买股票的人增多,股价就会重新上涨,而且股权分散并不影响股东的控制权。

(2)股票分割可向投资者传递公司发展前景良好的信息。因为股票分割意味着公司想以较低的发行价吸引投资者购买公司的新股票,亦即意味着公司的投资机会较多,发展前景良好。因此,公司的股票价格有上升趋势。

(3)为新股发行做好准备。股票价格太高,使许多潜在投资者力不从心而不敢轻易对公司股票进行投资。在新股发行之前,利用股票分割降低股票价格,有利于提高股票的可转让性和促进市场交易获得,由此增加投资者对股票的兴趣,促进新股的流通。

(4)股票分割有助于公司兼并、合并政策的实施。当一个公司兼并或合并另一家公司时,可首先将自己的股票加以分割,增加对被兼并方股东的吸引力。如:假定有甲、乙两个公司,甲公司股票每股市价为80元,乙公司股票每股市价为8元,甲公司准备通过股票交换的方式对乙公司实施并购,如果甲公司以1股股票换取乙公司10股股票,可能会使乙公司的股东在心理上难以接受;相反,如果甲公司先进行股票分割,将原来1股分割为5股,然后,再以1:2的比例换取乙公司股票,则乙公司的股东在心理上可能会更容易接受。通过股票分割的办法改变被并购公司股东的心理差异,更有利于公司并购方案的实施。

(5)股票分割也可能会增加股东的现金股利,使股东感到满意。股票分割后,公司一般不会维持与以前相同的现金股利,但只要每股现金股利的下降幅度小于股票分割幅度,股东实际收到的股利就有可能增加。

(二)股票回购

1. 股票回购的含义

股票回购是指上市公司出资将其发行在外的普通股以一定的价格购买回来予以注销或作为库存股的一种资本运作方式。公司不得随意收购本公司的股份,只有满足相关法律规定的情形才允许股票回购。

2. 股票回购的动机

在证券市场上,股票回购动机主要有以下几点:

(1)提高每股收益。由于每股收益指标是以流通在外的股票总数作为分母计算的基础,在企业净利润不变的情况下,分母减少则可以提高每股收益的数值。有些企业为了自身的形象和股东渴望高回报等原因,采取股票回购的方式来减少实际流通的股份总数,从而达到了提高每股收益指标的目的。

(2)改变企业的资本结构。股票回购是改善企业资本结构的一个较好途径。回购一部分股份后,负债在企业总资产中的比重就会上升,而所有者权益的比重会减少。

(3)传递企业的信息以稳定或提高企业的股价。股价过低,无疑将对企业经营造成一定的负面影响,使人们对企业未来的发展信心下降,使消费者对企业产品产生怀疑。在这种情况下,企业回购本企业股票以支撑企业股价,有利于改善企业形象,股价在上升过程中,股东又重新关注企业的经营情况,消费者对企业产品的信任增加,企业也有了进一步增发或者配股融资的可能。因此,在股价过低时回购股票,是维护企业形象的有利途径。

(4)巩固既定控制权或转移企业控制权,防止敌意收购。许多股份有限公司的大股东为了保证其所代表公司的控制权不被改变,往往采取直接或间接的方式回购股票,从而巩固既有的控制权。因此股票回购在国外经常作为一种重要的反收购措施而被运用。回购可以提高本公司的股价,减少在外流通的股份。这样可以防止流通在外的股票落入收购企业手中。

3. 股票回购的影响

（1）股票回购对上市公司的影响：①股票回购需要企业支付大量资金用于回购，这容易造成企业资金紧张，导致企业资产流动性降低，可能会影响企业的后续发展。②企业进行股票回购时会导致企业资本减少，这在一定程度上削弱了对债权人利益的保障能力。③股票回购可能使企业的发起人股东更注重创业利润的兑现，从而忽视企业长远的发展，会导致企业的根本利益的受损。④股票回购容易导致企业操纵股价。企业回购自己的股票，容易导致其利用内幕消息进行炒作，从而使股东蒙受投资损失。因此，世界各国对股票回购行为都有法律的约束。

（2）股票回购对股东的影响：①与现金股利相比，股票回购对于股东来说，一方面可以导致股价上涨，另一方面股东在出售股票时获取的收益也可以不用缴纳投资所得税，而现金股利必须缴纳所得税。②股东对企业派发的现金股利的行为没有选择性，而对股票回购则具有可选择性，需要现金的股东可选择卖出股票，而不需要现金的股东则可继续持有股票。③如果企业急于回购相当数量的股票，而对股票回购的出价太高，以至于偏离均衡价格，那么结果会不利于选择继续持有股票的股东，因为回购行动过后，股票价格会出现回归性下跌。

项目总结

公司当年实现的净收益（净利润），应按照国家有关规定进行分配。具体顺序为：①计算可供分配利润；②提取法定公积金；③向投资者分配利润。

股利的种类主要包括现金股利、股票股利、财产股利和负债股利等几种。现金股利是股份公司以现金的形式发放给股东的股利。股票股利形式是指企业以股票形式发放的股利，即按股东股票的比例发放股票作为股利的一种形式。财产股利是以现金以外的财产发放的股利。负债股利比较少。

常见的股利政策包括剩余股利政策、固定股利政策、固定股利支付率政策及低正常股利加额外股利政策。

拓展阅读

8-5

股票回购——荷兰式拍卖回购

课堂内外

1. 刘行，张艺馨："股利税与资本结构：中国经验证据"，《会计研究》，2015年第2期。

2. 顾小龙，李天钰："现金股利、控制权结构与股价崩溃风险"，《金融研究》，2015年第7期。

3. 中国证券会，《关于修改上市公司现金分红若干规定的决定》。

4. 新浪财经，http：//finance.sina.com.cn。

职业能力训练

一、职业选择能力训练（单选，每小题只有一个正确答案）

1. 下列净利润分配事项中，根据相关法律法规和制度，应当最后进行的是（　　）。
   A. 向股东分配股利　　　　B. 提取任意公积金
   C. 提取法定公积金　　　　D. 弥补以前年度亏损

2. 最常见也是最容易被投资者接受的股利支付形式是（　　）。
   A. 股票股利　　　　　　　B. 现金股利
   C. 财产股利　　　　　　　D. 负债股利

3. （　　）规定公司必须按照一定的比例和基数提取各种公积金。
   A. 偿债能力约束　　　　　B. 资本保全约束
   C. 资本积累约束　　　　　D. 超额累积利润约束

4. 某股利分配理论认为，由于对资本利得收益征收的税率低于对股利收益征收的税率，企业应采用低股利政策。该股利分配理论是（　　）。
   A. 代理理论　　　　　　　B. 信号传递理论
   C. "手中鸟"理论　　　　　D. 所得税差异理论

5. 下列各项中，受企业股票分割影响的是（　　）。
   A. 每股股票价值　　　　　B. 股东权益总额
   C. 企业资本结构　　　　　D. 股东持股比例

6. 下列各项股利支付形式中，不会改变企业资本结构的是（　　）。
   A. 股票股利　　　　　　　B. 财产股利
   C. 负债股利　　　　　　　D. 现金股利

7. （　　）是以公司所拥有的其他公司的有价证券，如债券、股票等，作为股利支付给股东。
   A. 现金股利　　　　　　　B. 股票股利
   C. 财产股利　　　　　　　D. 负债股利

8. 确定股东是否有权领取本期股利的截止日期是（　　）。
   A. 除息日　　　　　　　　B. 股权登记日
   C. 股利宣告日　　　　　　D. 股利发放日

9. 厌恶风险的投资者偏好确定的股利收益，而不愿将受益留存在公司内部去承担未来的投资风险，因此公司采用高现金股利正常有利于提升公司价值。这种观点的理论依据是（　　）。

A. 代理理论 B. 信号传递理论
C. 所得税差异理论 D. "手中鸟"理论

10. 下列各项股利政策中，最能体现"多盈多分、少盈少分、无盈不分"股利分配原则的是（ ）。

A. 剩余股利政策 B. 低正常股利加额外股利正常
C. 固定股利支付率政策 D. 稳定增长的股利政策

二、职业选择能力训练（多选，每小题答案至少有两个选项）

1. 下列关于发放股票股利的表述中，正确的有（ ）。

A. 不会导致公司现金流出
B. 会增加公司流通在外的股票数量
C. 会改变公司股东权益的内部结构
D. 会对公司股东权益总额产生影响

2. 下列各项股利政策中，股利水平与当期盈利直接关联的有（ ）。

A. 固定股利政策
B. 稳定增长股利政策
C. 固定股利支付率政策
D. 低正常股利加额外股利正常

3. 公司基于短期经营和长期发展的考虑，在确定利润分配政策时，需要关注的因素包括（ ）。

A. 现金流量 B. 盈余的稳定性
C. 债务契约 D. 投资机会

4. 按照资本保全约束的要求，企业发放股利所需资金的来源包括（ ）。

A. 本年利润 B. 留存收益
C. 原始投资 D. 股本

5. 下列各项中，属于剩余股利政策优点的有（ ）。

A. 保持目标资本结构
B. 降低再投资资本成本
C. 使股利与企业盈余紧密结合
D. 实现企业价值的长期最大化

6. 确定公司股利分配政策应该考虑的法律限制因素包括（ ）。

A. 资本保全约束 B. 资本积累约束
C. 超额累积利润约束 D. 偿债能力约束

7. 下列有关表述中正确的有（ ）。

A. 在除息日之前，股利权从属于股票
B. 从除息日开始，新购入股票的股东不能分享本次已宣告发放的股利
C. 自除息日起的股票价格中不包含本次派发的股利

D. 在股权登记日当天买入股票的股东没有资格领取本期股票

8. 从公司的角度看，以下（　　）因素会影响股利分配。
A. 资产的流动性　　　　　　B. 盈余的稳定性
C. 控制权的稀释　　　　　　D. 潜在的投资机会

三、职业判断能力训练（判断题，正确的打"√"，错误的打"×"）

1. 当公司处于经营稳定或成长期，对未来的盈利和支付能力可作出准确判断并具有足够把握时，可以考虑采用稳定增长的股利政策，增强投资者信心。（　　）
2. 在股利支付程序中，除息日是指领取股利的权利与股票分离的日期，在除息日购买股票的股东有权参加本次股利的分配。（　　）
3. 股利宣告日是指股东大会决议通过并由股东大会将股利支付情况予以公告的日期。（　　）
4. 剩余股利政策适用于成熟的、生产能力扩张需求减少、盈利充分并且获利能力比较稳定的公司。（　　）
5. 信号传递理论认为管理当局与企业外部投资者之间存在信息不对称，所以股利是管理者向外界传递其掌握的内部信息的一种手段。（　　）
6. 股东为防止控制权稀释，往往希望公司提高股利支付率。（　　）
7. 在持续通货膨胀的条件下，公司应采取偏紧的股利政策。（　　）
8. 股票回购容易造成资金紧缺，资产流动性变差，影响公司后续发展。（　　）

四、计算题

（一）宏达公司2017年确定的目标资本结构为负债资本占40%，权益资本为60%，公司年初未分配利润为100万元，2017年的税后利润为2 800万元，2018年计划追加投资3 000万元，采取剩余股利政策进行股利分配（法定公积金按10%提取，公益金按5%提取）。

要求计算：

（1）可供分配的利润和提取法定公积金、公益金的数额是多少？
（2）公司分配的股利总额是多少？

（二）汇鸿公司目前发行在外的普通股股数为2 000万股，公司管理层正在制定2017年度的股利分配计划，预计2017年度可实现税后净利润1 700万元，完成投资计划需要资金1 600万元，公司目前的资本结构为自有资金占60%（假设不再提取公积金）。

要求计算：

（1）若公司采用剩余股利政策，在分配股利之前需要从外部增加的借款和股权资金分别为多少？
（2）若公司采用固定股利支付率政策，股利支付率为60%，维持目前的资本结构不变,则分配股利前需要从外部增加的借款和股权资金分别为多少?

(3) 若计划年度分配股利 0.4 元/股,维持目前的资本结构不变,并且不增发新股,预计可实现税后净利润能否满足投资计划和股利分配计划?

五、职业实践能力训练

(一) 任务目标:上市公司股利分红方案

(二) 实践形式及要求

将班级同学进行分组,确定每小组负责人。由各小组讨论并确定自己感兴趣或熟悉的上市公司,在此基础上查阅网络资料,分析并总结该公司股利分红方案。

(三) 实践内容

1. 各小组学习任务目标和任务描述,确定研究公司;
2. 全面复习股利支付形式、各种股利政策及其优缺点;
3. 每组组长组内分工,明确各自的任务;
4. 各小组针对其研究公司,由各小组组长汇总组内分析材料,形成各组上市公司股利分红方案研究报告,并在班级内部交流。

项目九
企业内部控制

项目导航

知识目标	能力目标
• 了解内部控制的发展历程及概念 • 掌握内部控制的要素和措施及内部控制的设计与评价 • 掌握企业主要业务节点内部控制措施	• 能够理解内部控制的发展历程,能准确描述内部控制的概念 • 能正确理解内部控制五要素的含义,并能合理分析企业的内部控制环境 • 能够针对企业的基本业务活动特点,设计基本的内部控制制度

规矩规范－内部控制的灵魂

对于企业财务管理人员而言,控制的概念并不陌生。因为控制是管理的一项主要职能。进行控制的主要理由是:合理保证企业经营目标的实现,降低企业风险,合理保证企业对于法律、法规的遵从等。因此,控制是与目标相联系的,没有目标,控制就没有意义。

案例导入

中航油事件

中国航油新加坡股份有限公司(下称"中航油新加坡公司")成立于1993年。是中央直属大型国企中国航空油料控股公司(下称"集团公司")的海外子公司,2001年在新加坡交易所主板上市,成为中国首家利用海外自有资产在国外上市的中资企业。在总裁陈久霖的带领下,中航油新加坡公司从一个濒临破产的贸易型企业发展成工贸结合的实体企业，业务从单一进口航油采购扩展到国际石油贸易，净资产从 1997 年起步时的 21.9 万美元增长为 2003 年的 1 亿多美元，总资产近 30 亿元，可谓"买来个石油帝国"，一时成为资本市场的明星。中航油新加坡公司被新加坡国立大学选为 MBA 的教学案例，陈久霖被《世界经济论坛》评选为"亚洲经济新领袖"，并入选"北大杰出校友"名录。

中航油新加坡公司在取得中国航油集团公司授权后，自 2003 年开始做油品套期保值业务。但在此期间，总裁陈久霖擅自扩大业务范围，从事石油衍生品期权交易。2004 年 12 月，中航油新加坡公司因从事高风险的石油衍生品期权交易，蒙受巨额亏损 5.54 亿美元。此后不久，中航油新加坡公司向新加坡证券交易所申请停牌，并向当地法院申请破产保护，成为继巴林银行破产以来最大的投机丑闻。

（资料来源：百度，2018 年 3 月 15 日。）

请思考：请查阅相关材料，探析中航油事件是如何发生的？有办法加以防范吗？

任务一　内部控制概述

任何组织都希望在一个有条不紊、高效率的方式下开展业务活动，提供可靠的财务会计信息和各项管理信息供自身和其他方面使用，它们需要一些控制来减少决策的失误和工作中的缺陷。

一、内部控制的发展历程
（一）国外内部控制发展历程

古罗马帝国宫廷库房采用"双人记账制"，即每一笔财产收付要由两名记账员同时登记，然后定期或不定期（周末或岁末）地将两本账册进行核对，以确定是否存在差错或舞弊行为，从而达到控制财务收支的目的。

13 世纪初，地中海沿岸各城市商业比较发达，在佛罗伦萨市，一些借贷资本家就以经营货币资金作为主要业务，对于收进来的钱，记在贷主（Creditor）的名下，对于放出去的钱则记在借主（Debtor）的名下，并利用这些账户间的内在的相互牵制关系，来计算并核对自己的财产和盈亏。1494 年，意大利人第一次详细介绍了这种记账方法并在世界各国推广。这种记账方法以账目间的相互核对为主要内容并实施相应的岗位分离，因此可以讲，意大利的复式记账法标志着内部牵制制度的成熟。

最初的内部控制的定义可以追溯到 1949 年，美国公众会计师协会出版了它对内部控制的第一份研究成果《内部控制——一个协调的系统要素和它对管理层和独立会计师的重要性》。在这份研究成果中给出了会计职业界对内部控制的第一个定义：内部控制包括组织机构的设计和企业内部采取的所有相互协调的方法和措施。这些方法和措施用于保护企业的财产，检查会计信息的准确性，提高经营效率，推动企业执行既定的管理政策。

美国注册会计师协会审计委员会于1958年发布的《第29号审计程序公告》。在这一公告中，该委员会将内部控制分为内部会计控制和内部管理控制两个部分，并将内部会计控制与保护资产的安全完整和财务记录的可靠性直接联系在一起，具体的措施有交易授权与批准制度、资产的实物控制、从事财务记录和审核与从事经营或财产保管职务分离的控制。

在内部控制和风险管理的演进过程之中，COSO的突出贡献举世公认。COSO（Committee of Sponsoring Organizations of Treadway Commission）是Treadway委员会中专门研究内部控制问题的委员会，而著名的Treadway委员会创立于1985年，由美国注册会计师协会（AICPA）、美国管理会计师学会（IMA）、财务经理协会（FEI）、国际内部审计人员协会（IIA）以及管理会计学会（AAA）发起。它在1992年所发布的，并于1994年做出局部修正的《内部控制——整合框架》，已经成为世界通行的内部控制权威文献，被国际和各国审计准则制定机构、银行监管机构和其他方面所采纳。

COSO报告将内部控制（Internal Control）定义为：内部控制是一个过程，它受到董事会、管理人员和其他职员的影响，以期为实现经营的效果和效率、财务报告的可靠性及遵守相关的法律法规提供合理保证。

COSO报告认为，内部控制有5个相互联系的要素构成，即控制环境、风险评估、控制活动、信息与沟通、监控组成。

（1）控制环境（Control Environment）——形成组织的氛围，影响员工的控制意识，它是内部控制其他要素的基石，提供纪律与框架。内部控制环境的好坏决定内部控制其他要素能否有效运行。

（2）风险评估（Risk Assessment）——识别并分析实现经营目标的有关风险，提供如何管理风险的基础。

（3）控制活动（Control Activities）——帮助确保管理指令得到执行的政策与程序。

（4）信息与沟通（Information and Communication）——以适当的形式与频率识别、获取和交换信息以帮助员工执行其职务。

（5）监控（Monitoring）——评估内部控制绩效的程序。

20世纪90年代末，随着安然、世通等重大的财务案件的相继发生，美国国会推出了《萨班斯—奥克斯利法案》，旨在从法律上加强在美国上市公司的内部控制建设和监控，以免企业陷入危机。COSO《内部控制——整合框架》成为美国证券交易委员会（SEC）唯一推荐使用的内部控制框架，《萨班斯—奥克斯利法案》第404条款的"最终细则"也明确表明COSO《内部控制——整合框架》可以作为评估企业内部控制的标准。由于《萨班斯—奥克斯利法案》适用对象涵盖了在美国上市的外国公司，这使 COSO《内部控制——整合框架》在美国乃至国际的应用得到了快速而广泛的推进。

在《萨班斯—奥克斯利法案》中，主要的改革措施包括：设立会计监督委员会（Accounting Oversight Board），加强会计师独立性规定，提高公司管理人员与董事所需承担的责任，规定高级管理人员必须对公司的内部控制负责，加重白领犯罪的惩罚。该法案的第 201 条禁止会计师事务所对其客户提供某些非审计业务，第 302 条规定企业的 CEO 和 CFO 必须对季报和年报内容签名证实，第 404 节则规定企业每年必须对 SEC 提交内部控制报告。

（二）中国内部控制发展历程

9－1
IT 管理

早在西周时代就已经有了体现内部牵制原理的上计制度，通过"上计"官员的设置与确定逐级"上计"的制度，实行自下而上的财计报告制度和自上而下的检查监督制度的结合，以此实现了对各级官吏的控制。西汉时期，上计制度有了进一步的完善，通常由宰相主持，皇帝亲自受计，规定各级官吏将各自辖区内的谷物、钱财等变化情况汇编成册并逐级上报，以达到监督控制下面官吏经手的财务收支情况。秦汉时期则进一步从不同方面构建了相互牵制的关系，不仅税收与国库收支控制关系明确，而且在运输、钱币铸造、价格平抑等方面形成了分工牵制关系。而隋唐时期的"三省六部制"则使会计与出纳之间的分工更加明确，牵制作用更加明显，其中唐朝五分管的经济牵制制度更是具有相当的科学性和系统性。在宋朝，除了实行"官职分离"、"职差分离"之外，还规定"主库吏三年一易"，以防止舞弊发生。由此可见，我国在很早以前就已经懂得了钱、物、账必须实行分管的内部牵制原理。

中国内部控制的研究是随着审计事业的恢复而逐步发展起来的。1996 年财政部发布《独立审计准则第 9 号——内部控制与审计风险》，首次完整提出了内部控制的"三要素"，即控制环境、控制程序和会计系统，并要求注册会计师应当审查企业内部控制。

1999 年修订并于 2000 年 7 月 1 日起正式施行的《会计法》从法律角度对内部控制做出了规定，对单位内部会计监督提出了明确的思想要求（职责明确、相互分离、相互制约、相互监督）。

财政部于 2001 年 6 月 22 日发布了《内部会计控制基本规范（试行）》和《内部会计控制规范——货币资金（试行）》，明确了单位建立和完善内部会计控制体系的基本框架和要求，以及货币资金内部控制的要求。

2002 年年底至 2003 年，财政部陆续发布了《内部会计控制规范——工程项目（试行）》《内部会计控制规范——销售与收款（试行）》，以及有关担保、成本费用、实物资产、对外投资等方面的征求意见稿。

2006 年 7 月 15 日，财政部发起成立了"企业内部控制标准委员会"；中国注册会计师协会也发起成立了"会计师事务所内部治理指导委员会"。

2007 年 3 月 2 日，企业内部控制标准委员会公布《企业内部控制规范——基本规范》和 17 项具体规范的征求意见稿，广泛征求意见。

随着市场经济的发展和企业环境的变化，单纯依赖会计控制已难以应对企业面对的市场风险，会计控制必须向风险控制发展。同时，各部门之间内控要求也有待于进一步协调，以便为进行内部控制自我评估和外部评价提供统一标准。

2008年6月28日，财政部、证监会、审计署、银监会、保监会联合发布了《企业内部控制基本规范》。基本规范自2009年7月1日起先在上市公司范围内施行，鼓励非上市的其他大中型企业执行。执行基本规范的上市公司，应当对本公司的内部控制的有效性进行自我评价，披露年度自我评价报告，并可聘请具有证券、期货业务资格的中介机构对内部控制的有效性进行审计。基本规范共七章，分别是：总则、内部环境、风险评估、控制活动、信息与沟通、内部监督和附则。和基本规范同时发布的还包括《企业内部控制评价指引》《企业内部控制应用指引》和中注协主持起草的《企业内部控制鉴证指引》等配套规范的征求意见稿。

2010年4月26日又出台了与《企业内部控制基本规范》相配套的3个相关指引，配套指引自2011年1月1日起首先在境内外同时上市的公司施行，自2012年1月1日起，强制要求上交所、深交所主板上市的公司披露年度自我评价报告和内部控制审计报告。这些规定的出台对我国内控制度的建设具有十分深远的意义，标志着内控信息披露制度逐步迈向强制披露的道路。《企业内部控制基本规范》在企业内部控制规范体系中处于最高层次，起统驭作用，建立了内部控制的总体框架和基本要求，是制定配套指引和完善企业内控制度的依据。配套指引是《基本规范》的具体化，包括系列应用指引、评价指引和审计指引。从我国颁布的《企业内部控制基本规范》来看，内部控制涉及的领域已非常广泛，覆盖了公司层面、业务层面的几乎所有活动，突破原来的内部牵制、会计控制的范围，积极倡导有条件的企业根据市场自由竞争的需要建立全面内部控制和全面风险管理。

二、内部控制的概念

内部控制是指为确保实现企业目标而实施的程序和政策。内部控制还应确保识别可能阻碍实现这些目标的风险因素并采取预防措施。

1. 内部控制是一个过程，是达到目的的工具，不是目的本身

内部控制是管理过程的一个组成部分。内部控制不是一个事件或者环境，而是一系列保证企业的活动得以顺利进行的行为，这些行为的范围很广泛，而且包含在管理层的运作业务的方式中。内部控制是管理活动的一部分，但是并非所有的管理活动都是内部控制的组成部分。如目标的建立，尽管是一项重要的管理责任，却是内部控制的前提。同理，管理层的许多行为和决定都不是内部控制。

内部控制不是附加的，而是嵌入的。内部控制是企业经营过程的一部分，与经营过程结合在一起，而不是凌驾于企业的基本活动之上，它使经营达到

预期的效果，并监督企业经营过程的持续进行。内部控制只是管理的一种工具，并不能取代管理。当内部控制嵌入企业的基层组织并成为企业核心部分时是最有效的。嵌入式的内部控制可以对企业的环境变化做出快速的反应。

2. 内部控制并不只是政策手册和表格，而是由组织中各层级的人员实施的

内部控制是由企业的董事会、管理层和其他人员实施的，它通过组织中人的言行来实现的。人们确立企业的目标，并落实控制机制。同样，内部控制影响人的行为，人们并不总能理解、沟通或者坚持实施。每个人将各自不同的背景、技术和能力带到工作中，并且有着不同的需求。这些影响着内部控制并受到内部控制的影响。人们必须知道他们的责任和权限。相应的，人们的责任与他们做事的方式、公司目标之间应该有明确、紧密的联系。

不仅仅是管理人员、内部审计师或董事会，组织中的每一个人都对内部控制负有责任。确立这种组织思想有利于将企业的所有员工团结一致，使其主动维护及改善企业的内部控制，而不是与管理阶层相互对立、被动地执行内部控制。组织中的人员包括董事会、管理层和其他人员。董事会的主要职责是监督，但他们也负责指明工作方向和批准某些交易和政策，所以董事会是内部控制中的重要因素。管理层负责实施组织的内部控制，CEO 应对控制系统承担最终责任。

3. 内部控制为企业的管理层和董事会提供合理保证，而不是绝对保证

内部控制无论设计和运行多么完善，也只能对管理层和董事会就组织目标提供合理保证。实现目标的可能性受到内部控制本身局限性的影响，因为人们进行决策判断所基于的事实可能是错误的，负责设置内部控制的人员需要考虑相关的成本和效益，人为的一个小错误等都可能导致内部控制的失败。内部控制应当符合成本与效益原则，内部控制并不是要消除任何滥用职权的可能性，而是要创造一种为防范滥用职权而投入的成本与滥用职权的累计数额之比呈现合理状态（即经济原则）的机制。另外，控制也可能因两个或多个人员的共谋而被规避。最后，管理层有可能凌驾于内部控制之上。

4. 内部控制通过调整来达到一个或多个独立但又有交叉的目标

每个企业均有使命、战略和目标。目标可以是全公司范围的，也可以是针对特定业务活动的。尽管很多目标是针对特定企业的，但有些确实是共同的目标。例如，所有企业均要在行业内和消费者中保持良好的声誉，向报表使用者提供可靠的财务报表，在经营方面遵纪守法等。

三、内部控制基本理论框架

随着企业内控实践的丰富，内部控制理论逐渐发展起来，大致可以分为内部牵制、内部控制制度、内部控制结构、内部控制整合框架以及企业风险管理整合框架五个阶段。

1. 内部牵制。在内部牵制阶段，内部控制的主要内容是账目间的相互核

对，内部控制的主要方式是设置不兼容岗位。这在早期被认为是确保所有账目正确无误的一种理想控制方法。

2. 内部控制制度。在内部控制制度阶段，内部控制以内部会计控制为核心，重点是建立健全规章制度。

3. 内部控制结构。在内部控制结构阶段，内部控制被认为是合理保证企业特定目标的实现而建立各种政策和程序，分为内部控制环境、会计制度和控制程序三个方面。

4. 内部控制整合框架。内部控制整合框架阶段，就是在以上三个阶段的基础上，把内部控制要素整合成五个相互关联的部分，即控制环境、风险评估、控制活动、信息与沟通及监控。

5. 企业风险管理整合框架。企业风险管理框架是在内部控制整合框架五要素基础上的拓展，形成了八个相互关联的要素整体，包括内部环境、目标设定、事项识别、风险评估、风险应对、控制活动、信息与沟通及监控八个要素相互关联，贯穿于企业风险管理的过程中。

任务二　企业内部控制基本规范

由中航油事件可以看出，一个组织内部的控制是否健全有效关系到一个组织的生存与发展。因此，加强组织内部的控制和管理是一项重要的制度设计。对于处在激烈的竞争和风险环境中的企业来说，加强内部控制是企业提升竞争能力和持续发展的保证。

一、内部控制目标

基本规范确定的内部控制目标是合理保证企业经营管理合法合规、资产安全、财务报告及相关信息真实完整，提高经营效率和效果，促进企业实现发展战略。具体包括：

（1）合理保证企业经营管理合法合规。守法和诚信是企业健康发展的基石。内部控制要求企业必须将发展置于国家法律法规允许的基本框架之下，在合法合规的基础上实现自身的发展。

（2）合理保证企业资产安全。资产安全完整是投资者、债权人和其他利益相关者普遍关注的重大问题，是单位可持续发展的物质基础。良好的内部控制，应当为资产安全提供扎实的制度保障。

（3）合理保证企业财务报告及相关信息真实完整。可靠的信息报告能够为单位管理层提供适合其既定目标的准确而完整的信息，支持管理层的决策和对营运活动及业绩的监控。同时，保证对外披露的信息报告的真实、完整，有利于提升单位的诚信度和公信力，维护单位良好的声誉和形象。

9-2
COSO 风险管理

（4）提高经营效率和效果。要求单位结合自身所处的特定的经营、行业和经济环境，通过健全有效的内部控制，不断提高营运活动的盈利能力和管理效率。

（5）促进企业实现发展战略。这是内部控制的终极目标。它要求单位将近期利益与长远利益结合起来，在单位经营管理中努力做出符合战略要求，有利于提升可持续发展能力和创造长久价值的策略选择。

二、内部控制要素

企业建立与实施有效的内部控制，应当包括下列要素：

（一）内部环境

内部环境规定单位的纪律与框架，影响经营管理目标的制定，塑造单位文化氛围并影响员工的控制意识，是实施内部控制的基础。内部环境的主要构成要素分析如下：

（1）治理结构。治理结构是由股东大会、董事会、监事会和管理层组成的，决定公司内部决策过程和利益相关者参与公司治理的办法，主要作用在于协调公司内部不同产权主体之间的经济利益矛盾，克服或减少代理成本。

（2）机构设置及权责分配。董事会在公司管理中居于核心地位，董事会应该对公司内部控制的建立、完善和有效运行负责。监事会对董事会建立与实施内部控制进行监督。公司管理层对内部控制制度的有效执行承担责任，其中处于不同层级的管理者掌握着不同的控制权力并承担相应的责任，同时相邻层级之间存在着控制和被控制的关系。

（3）内部审计。内部审计控制是内部控制的一种特殊形式，包括内部审计机构设置、人员配备、工作开展及其独立性的保证等。

（4）人力资源政策。良好的人力资源政策是企业健康发展的不竭源泉，而且对贯彻和执行内部控制有很大的帮助，还能确保执行企业政策和程序的人员具有胜任能力和正直品行。

（5）企业文化。企业文化是一切从事经济活动的组织之中形成的组织文化，是企业在长期的经营实践中形成的共同思想、作风、价值观念和行为准则，是一种具有企业个性的信念和行为方式。

（6）法律环境。企业如果不具有较强的法律意识，不能充分认识到法律风险的存在，并对其进行有效控制，轻则给企业带来经济损失，重则会给企业带来灭顶之灾。因此企业应当加强法制教育，增强董事、监事、经理及其他高级管理人员和员工的法制观念，严格依法决策、依法办事、依法监督，建立健全法律顾问制度和重大法律纠纷案件备案制度。

（二）风险评估

风险是指一个潜在事项的发生对目标实现产生的影响。风险评估是单位及时识别、科学分析经营活动中与实现控制目标相关的风险，合理确定风险应对策略，是实施内部控制的重要环节。风险评估主要包括目标设定、风识别、风险分析和风险应对。

（三）控制活动

控制活动是指单位管理层根据风险评估结果，采取相应的控制措施，将风险控制在可承受度之内，是实施内部控制的具体方式。常见的控制措施有：不相容职务分离控制、授权审批控制、会计系统控制、财产保护控制、预算控制、运营分析控制、绩效考评控制等。

（四）信息与沟通

信息与沟通是单位及时、准确搜集、传递与内部控制相关的信息，保证信息的真实性、及时性和有用性，确保信息在单位内部、单位与外部之间进行有效沟通，是实施内部控制的重要条件。

信息与沟通的主要环节有：确认、计量、报告有效的经济业务；在财务报告中恰当揭示财务状况、经营成果和现金流量；保证管理层和单位内部、外部的顺畅沟通，包括与利益相关者、监管部门、注册会计师、供应商等的沟通。

（五）内部监督

内部监督是单位对内部控制建立与实施情况进行监督检查，评价内部控制的有效性，发现内部控制缺陷，及时加以改进，是实施内部控制的重要保证。内部监督可以发现内控缺陷，改善内控体系，促进企业内部控制的健全性、合理性，提高企业内部控制施行的有效性；是外部监管的有力支撑；可以减少代理成本，保障股东的利益。

上述五个要素相互关联与配合，形成一个整合系统。这个系统可以对外部环境的改变做出动态反映。

三、有关各方在内部控制中的职责和作用

（一）董事会

董事会是公司的常设权力机构，向股东大会负责，实行集体领导，是股份公司的权力机构和领导管理、经营决策机构，是股东大会闭会期间行使股东大会职权的权力机构。对外是公司进行经济活动的全权代表，对内是公司的组织、管理的领导机构。董事会由股东大会选出的董事组成。董事一般由本公司的股东担任，也有的国家允许有管理专长的专家担任董事，以有利于提高管理水平。

董事会在内部控制中的重要职责表现为：科学选择恰当的管理层并对其进行监督；清晰了解管理层实施有效的风险管理和内部控制的范围；指导并统一单位的最大风险承受能力；及时知悉最重大的风险以及管理层是否恰当地予以应对。董事会负责单位内部控制的建立健全和有效实施。

（二）审计委员会

审计委员会是董事会设立的专门工作机构，主要负责公司内、外部审计的沟通、监督和核查工作。审计委员会的主要职责包括：审核及监督外部审

计机构是否独立客观及审计程序是否有效；就外部审计机构提供非审计服务制定政策并执行；审核公司的财务信息及其披露；监督公司的内部审计制度及其实施；负责内部审计与外部审计之间的沟通；审查公司内部控制制度对重大关联交易进行审计。

审计委员会的主要目标是督促提供有效的财务报告，并控制、识别与管理许多因素对公司财务状况带来的风险。公司面临的风险涉及竞争、环境、财务、法律、运营、监管、战略与技术等方面。审计委员会本身无法监管所有这些风险，应该由各方（包括董事会其他委员会）共同合作。

审计委员会负责人应当具备相应的独立性、良好的职业操守和专业胜任能力。

（三）管理层

管理层直接对一个单位的经营管理活动负责。总经理在内部控制中承担重要责任，其职责包括：为高级管理人员提供领导和指引；定期与主要职能部门（营销、生产、采购、财务、人力资源等部门）的高级管理人员进行会谈，以便对他们的职责，包括他们如何管理风险等进行核查。管理层负责组织领导单位内部控制的日常运行。

（四）风险管理部门

风险管理部门及其人员的职责包括：建立风险管理政策；确定各业务单元对于风险管理的权利和义务；提高整个单位的风险管理能力；指导风险管理与其他经营计划和管理活动的整合；建立一套通用的风险管理语言；帮助管理人员制订风险管理报告规程；向董事会或管理层等报告单位风险管理进展和暴露的问题。

（五）财务部门

单位的财务活动应当贯穿单位经营管理全过程。财务部门负责人在制定目标、确定战略、分析风险和作出管理等决策时应扮演一个关键的角色。管理层应当赋予财务部门及其负责人参与决策的权力，并支持其关注经营管理的更广范畴，限制财务负责人的关注领域和知悉范围，会削弱、制约单位的管理能力。

（六）内部审计部门

内部审计部门及其人员在评价内部控制的有效性，以及提出改进建议方面起着关键作用。单位应当授予内部审计部门适当的权力以确保其审计职责的履行；对内部审计部门负责人的任免应当慎重；内部审计部门负责人与董事会及其审计委员会应保持畅通沟通；应当赋予内部审计部门追查异常情况的权力和提出处理处罚建议的权力。

（七）单位员工

所有员工都在实现内部控制中承担相应职责并发挥积极作用。管理层应当重视员工的作用，并为员工反映诉求提供信息通道。

四、内部控制的措施

内部控制措施是实现内部控制目标、发挥控制功能的技术手段。主要包括：

（一）不相容职务分离控制

不相容职务是指那些如果由一个人担任既可能发生错误和舞弊行为，又可能掩盖其错误和舞弊行为的职务。

不相容职务一般包括：授权批准与业务经办、业务经办与会计记录、会计记录与财产保管、业务经办与稽核检查、授权批准与监督检查等。对于不相容职务如果不实行相互分离的措施，就容易发生舞弊等行为。如果担任不相容职务的职工之间相互串通勾结，则不相容职务分离就失去作用了。但如果企业没有适当的职务分离，则发生错误和舞弊的可能性更大。

不相容职务的分离的核心是"内部牵制"。因此，在设计、建立单位内部控制制度时，首先应确定哪些岗位和职务是不相容的；其次要明确规定各个机构和岗位的职责权限，使不相容岗位和职务之间能够相互监督、相互制约，形成有效的制衡机制。

（二）授权审批控制

授权审批是指单位在办理各项经济业务时，必须经过规定程序的授权批准。授权按照其形式可分为常规授权和特别授权。常规授权是企业在日常经营管理活动中按照既定的职责和程序进行的授权，用以规范经济业务的权力、条件和有关责任者，其时效性一般较长。特别授权是对非经常经济行为进行专门研究后作出的授权。与常规授权不同，特别授权的对象是某些例外的经济业务，只涉及特定的经济业务处理的具体条件及有关具体人员。

单位必须建立授权批准体系，明确授权批准范围；授权批准层次；授权批准程序；授权审批的责任。单位对于重大业务和事项，应当实行集体决策审批或联签制度，任何个人不得单独进行决策或擅自改变集体决策意见。

（三）会计系统控制

会计作为一个信息系统，对内能够向管理层提供经营管理的诸多信息，对外可以向投资者、债权人等提供用于投资决策的信息。会计系统控制主要是通过对会计主体所发生的各项能够用货币计量的经济业务进行确认、计量和报告进行的控制。

会计系统控制的主要内容包括：依法设置会计机构，配备会计从业人员并指定会计主管人员，国有的和国有资产占控股地位或主导地位的大、中型企业还必须设置总会计师；建立会计工作的岗位责任制，对会计人员进行科学合理的分工，使之相互监督和制约；按照规定取得和填制原始凭证；设计科学的凭证格式并进行连续编号；规定合理的凭证传递程序；明确凭证的装订和保管手续责任；合理设置账户，登记会计账簿，进行复式记账；按照《中华人民共和国会计法》和相关的会计准则及会计制度的要求编制、报送、保管财务会计报告。

(四) 财产保护控制

财产主要是指企业的货币资金、存货以及固定资产等。它们在企业资产总额中的比重较大,是企业进行经营活动的基础,因此企业应加强实物资产的保管控制,保证实物资产的安全、完整。

财产保护控制主要包括:

(1) 财产记录和实物保管。关键是要妥善保管涉及资产的各种文件资料,避免记录受损、被盗、被毁。对重要的文件资料,应当留有备份,以便在遭受意外损失毁坏时重新恢复,这在计算机处理条件下尤为重要。

(2) 定期盘点和账实核对。它是指定期对实物资产进行盘点,并将盘点结果与会计记录进行比较。盘点结果与会计记录如不一致,可能说明资产管理上出现错误、浪费、损失或其他不正常现象,应当分析原因,查明责任,完善管理制度。

(3) 限制接近。它是指严格限制未经授权人员对资产的直接接触,只有经过授权批准的人员才能接触该资产。限制接近包括限制对资产本身的接触和通过文件批准方式对资产使用或分配的间接接触。一般情况下,对货币资金、有价证券、存货等变现能力强的资产必须限制无关人员的直接接触。

(五) 预算控制

预算控制的内容涵盖了单位经营活动的全过程,单位通过预算的编制和检查预算的执行情况,可以比较、分析内部各单位未完成预算的原因,并对未完成预算的不良后果采取改进措施,确保各项预算的严格执行。

在实际工作中,预算编制不论采用自上而下或自下而上的方法,其决策权都应该落实在内部管理的最高层,由这一权威层次进行决策、指挥和协调。预算确定后由各预算单位组织实施,并辅之以对等的权、责、利关系,由内部审计部门等负责监督预算的执行。

预算控制的主要环节有:(1) 确定预算项目、标准和程序;(2) 编制和审定预算;(3) 预算指标的下达和责任人落实;(4) 预算执行的授权;(5) 预算执行过程的监控;(6) 预算差异的分析和调整;(7) 预算业绩的考核和奖惩。

(六) 运营分析控制

开展运营活动分析的目的就在于把握企业经营是否向着预算规定的目标值发展,一旦发生偏差和问题就能找出问题所在,并根据新的情况解决问题或修正预算。一个企业的成功不仅仅依靠安全生产、扩大销售等手段,还依靠对运营成果进行总结分析。

运营分析控制要求单位建立运营情况分析制度,管理层应当综合运用生产、购销、投资、融资、财务等方面的信息,通过因素分析、对比分析、趋势分析等方法,定期开展运营情况分析,发现存在的问题,及时查明原因并加以改进。

（七）绩效考评控制

绩效考评控制要求单位科学设置考核评价指标，对单位内部各职能部门和全体员工的业绩进行定期考核和客观评价，并将考核结果作为确定员工薪酬以及职务晋升、评优、降级、调岗和辞退等的依据。

绩效考评是一个过程，即首先明确企业要做什么（目标和计划），然后找到衡量工作做得好坏的标准进行监测，发现做得好的，进行奖励，使其继续保持或者做得更好，能够完成更高的目标。另外对发现不好的地方，通过分析找到问题所在，进行改正，使工作做得更好，该过程就是绩效考评过程。

（八）内部报告控制

内部报告控制，要求企业建立和完善单位内部报告制度，明确相关信息的收集、分析、报告和处理程序，及时提供业务活动中的重要信息，全面反映经济活动情况，增强内部管理的时效性和及时性。

内部报告方式通常包括：例行报告、实时报告、专题报告、综合报告等。

（九）信息技术控制

信息技术控制要求企业结合实际情况和计算机信息技术应用程度，建立与本企业经营管理业务相适应的信息化控制流程，提高业务处理效率，减少和消除人为操纵因素，同时加强对计算机信息系统开发与维护、访问与变更、数据输入与输出、文件存储与保管、网络安全等方面的控制，保证信息系统安全、有效运行。

五、内部控制的设计与评价

（一）内部控制的设计

1. 内部控制设计的原则

企业建立与实施内部控制，应当遵循下列原则：

（1）全面性原则。内部控制应当贯穿决策、执行和监督全过程，覆盖企业及其所属单位的各种业务和事项。

（2）重要性原则。内部控制应当在全面控制的基础上，关注重要业务事项和高风险领域。

（3）制衡性原则。内部控制应当在治理结构、机构设置及权责分配、业务流程等方面形成相互制约、相互监督，同时兼顾运营效率。

（4）适应性原则。内部控制应当与企业经营规模、业务范围、竞争状况和风险水平等相适应，并随着情况的变化及时加以调整。

（5）成本效益原则。内部控制应当权衡实施成本与预期效益，以适当的成本实现有效控制。

2. 内部控制的设计程序

内部控制设计的程序可以简要总结如下：

（1）确定控制目标

这既是管理经济活动的基本要求，又是实施内部控制的最终目的，也是

9-3
巴林银行倒闭案例

评价内部控制的最高标准。在实际工作中,管理人员和审计人员总是根据控制目标,建立和评价内部控制系统。因此,设计内部控制,首先应该根据经济活动的内容特点和管理要求提炼内部控制目标,然后据以选择具有相应功能的内部控制要素,形成控制系统。

(2) 整合控制流程

控制流程,是依次贯穿于某项业务活动始终的基本控制步骤及相应环节。控制流程通常与业务流程相吻合,主要由控制点组成。当企业的业务流程存在控制缺陷时,则需要根据控制目标和控制原则加以整合。

(3) 鉴别控制环节

实现控制目标,主要是控制容易发生偏差的业务环节。这些可能发生错弊因而需要控制的业务环节,通常称为控制环节或控制点。控制点按其发挥作用的程度不同,可以分为关键控制点和一般控制点。那些在业务处理过程中发挥作用最大、影响范围最广,甚至决定全局成败的控制点,对于保证整个业务活动的控制目标具有至关重要的作用的控制点,即为关键控制点;相比之下,那些只能发挥局部作用,影响特定范围的控制点,则为一般控制点。比如,材料采购业务中的"验收"控制点,对于保证材料采购业务的完整性、实物安全性等控制目标都起着重要的保障作用,因此是材料采购控制系统中的关键控制点;相比之下,"审批""签约""记账"等控制点,即是一般控制点。需要说明的是,关键控制点和一般控制点在一定条件下是可以相互转化的。某个控制点在此项业务活动中是关键控制点,在另外一项活动中则可能是一般控制点,反之亦然。

(4) 确定控制措施。控制点的功能,是通过设置具体的控制技术和手续而实现的。这些为预防和发现错弊而在某控制点所运用的各种控制技术和手续等,通常被概括为控制措施。如现金控制系统中的"审批"控制点设有以下控制措施:A. 主管人员授权办理现金收付业务;B. 经办人员在现金收支原始凭证上签字或盖章;C. 部门负责人审核该凭证并签章批准等控制措施。

银行存款控制系统的"结算"控制点设有以下控制措施:A. 出纳人员核查原始凭证;B. 填制或取得结算凭证;C. 加盖收讫或付讫戳记;D. 签字或盖章;E. 登记结算登记账簿等控制措施。以上两个控制点的差异,说明由于其控制的业务内容不同,所要实现的控制目标不同,因而相匹配的控制措施也不相同。因此,实际工作中,必须根据控制目标和对象设置相应的控制技术和手续。

(5) 绘制流程图或调查表。在明确控制流程、控制点和相应的控制措施的基础上,绘制相应业务流程的流程图或调查表,并加以适当的文字说明。

(二) 内部控制的评价

内部控制评价,是指由企业董事会和管理层实施的,对企业内部控制有效性进行评价,形成评价结论,出具评价报告的过程。内部控制的有效性是指企业建立与实施内部控制能够为控制目标的实现提供合理的保证。

1. 评价原则

企业实施内部控制评价，应当遵循下列原则：

（1）风险导向原则。内部控制评价应当以风险评估为基础，根据风险发生的可能性和对企业单个或整体控制目标造成的影响程度来确定需要评价的重点业务单元、重要业务领域或流程环节。

（2）一致性原则。内部控制评价应当采用统一可比的评价方法和标准，保证评价结果的可比性。

（3）公允性原则。内部控制评价机构的确定应当以事实为依据，评价结果应当有适当的证据支持。

（4）独立性原则。内部控制评价机构的确定及评价工作的组织实施应当保持相应的独立性。

（5）成本效益原则。内部控制评价应当以适当的成本实现科学有效的评价。

2. 评价内容

单位应当与实现内部控制目标相关的内部环境、风险评估、控制活动、信息与沟通、内部监督等内部控制要素进行全面系统、有针对性的评价。

企业实施内部控制评价，包括对内部控制设计有效性和运行有效性的评价。内部控制有效性设计是指为实现控制目标所必需的内部控制要素都存在并且设计恰当；内部控制运行有效性是指现有内部控制按照规定程序得到了正确执行。

评价内容包括但不限于：

（1）被评价单位内部控制是否在风险评估的基础上涵盖了企业层面的风险和所有重要的业务流程层面的风险。

（2）被评价单位内部控制设计的方法是否适当，内部控制建设的时间进度安排是否科学，阶段性工作要求是否合理。

（3）被评价单位内部控制设计和运行的组织是否有效，人员配备、职责分工和授权是否合理。

（4）被评价单位是否开展内部控制自查并上报有关自查报告。

（5）被评价单位是否建立有利于促进内部控制各项政策措施落实和问题整改的机制。

（6）被评价单位在评价期间是否出现过重大风险事故等。

3. 评价程序

企业按照制定评价方案、实施评价活动、编制评价报告等程序开展内部控制评价。

内部控制评价机构根据企业整体控制目标，制定内部控制评价工作方案，明确评价目的、范围、组织、标准、方法、进度安排和费用预算等内容，报管理层的董事会审批。

内部控制评价机构应当根据审批通过的评价方案组织实施内部控制评价

工作，通过适当的方法搜集、确认、分析相关信息，确定与实现整体控制目标相关的风险及细化控制目标，并在此基础上辨识与细化控制目标相对应的控制活动，然后针对控制活动进行必要的测试，获取充分、相关、可靠的证据，以对内部控制的有效性进行评价，并做出书面记录。

实施评价活动是指根据所搜集的证据，判断相关控制的设计与运行是否有效。在判断内部控制设计与运行的有效性时，应当充分考虑下列因素：

（1）是否针对风险设置了合理的细化控制目标。
（2）是否针对细化控制目标设置了对应的控制活动。
（3）相关控制活动是如何运行的。
（4）相关控制活动是否得到了持续一致的运行。
（5）实施相关控制活动的人员是否具备必需的权限和能力。

企业在实施内部控制评价时，应对内部控制缺陷进行分类分析。内部控制缺陷一般可分为设计缺陷和运行缺陷。设计缺陷是指缺少为实现控制目标所必需的控制，或现存控制设计不适当，即使正常运行也难以实现控制目标。运行缺陷是指现存设计完好的控制没有按设计意图运行，或执行者没有获得必要授权或缺乏胜任能力以有效地实施控制。

企业存在下列情况之一，应当认定内部控制存在设计或运行缺陷：

（1）未实现规定的控制目标。
（2）未执行规定的控制活动。
（3）突破规定的权限。
（4）不能及时提供控制运行有效的相关证据。

单位完成内部控制评价后，应编写内部控制评价报告，说明内部控制程序是否符合国家有关规定，是否符合单位管理方针和政策，是否满足单位经营管理的需要，是否有利于单位经营目标的实现，内部控制在运行中存在的漏洞或缺陷，改进的措施及具体计划和进度安排等。内部控制评价报告至少应当包括下列内容：

（1）内部控制评价的目的和责任主体。
（2）内部控制评价的内容和所依据的标准。
（3）内部控制评价的程序和所采用的方法。
（4）衡量重大缺陷严重偏离的定义，以及确定严重偏离的方法。
（5）被评估的内部控制整体目标是否有效的结论。
（6）被评估的内部控制整体目标如果无效，存在的重大缺陷及其可能的影响。
（7）造成重大缺陷的原因及相关责任人。
（8）所有在评估过程中发现的控制缺陷，以及针对这些缺陷的补救措施及补救措施的实施计划等。

任务三　企业内部控制的主要业务节点

每个企业的实际经营情况各不相同，因此，现实中不存在一个完全固定的内部控制模式，各企业在制定本企业业务节点的内部控制制度时，必须要结合自身的具体情况，使制定出的内部控制制度与企业经营活动进行有效匹配，充分发挥内部控制的作用。本任务主要介绍销售与收款、采购与付款及货币资金业务节点内部控制的一般原理与方法。

一、销售与收款控制

销售与收款环节密切相关。因此，其控制应与销售环节的销售订单控制、销售价格控制和销售发票控制结合起来，保证控制的有效性。企业特别是生产型企业，其整个业务过程是投入成本，获得收入，进而实现利润的过程。所以销售控制贯穿于企业整个生产经营活动，销售交易的内部控制主要包括以下五个方面。

（一）销售交易的内部控制

1. 适当的职责分离

适当的职责分离有助于防止各种有意或无意的错误。例如，主营业务收入如果是由记录应收账款之外的职员独立登记，并由另一位不负责账簿记录的职员定期调整总账和明细账，就构成了一项交互牵制；规定负责主营业务收入和应收账款记账的职员不得经手货币资金，也是防止舞弊的一项重要控制。

2. 恰当的授权审批

对于授权审批问题，应当关注以下三个关键点的审批程序：其一，在销售发生之前，赊销已经正确审批，没有经过正常审批，不得发出货物，目的在于防止企业因向虚构或者无力支付货款的客户发货而蒙受损失。其二，销售价格、销售条件、运费和折扣等必须经过审批，不得超越审批权限，目的在于保证销售交易按照企业定价政策规定的价格开票收款。其三，审批人员应当根据销售与收款授权批准制度的规定，在授权范围内进行审批，不得超越审批权限，目的在于防止因审批人决策失误而造成严重损失。特殊情况下，对于超过企业既定销售政策和信用政策规定范围的销售交易，需要经过适当的授权。

3. 凭证的预先编号

对凭证预先进行编号，旨在防止销售以后遗漏向客户开具账单或登记入账，也可防止重复开具账单或重复记账。当然，如果对凭证编号不作清点，预先编号就会失去其控制意义。由收款员对每笔销售开具账单后，将发运凭证按顺序归档，而由另一位职员定期检查全部凭证的编号，并调查凭证缺号的原因，就是实施这项控制的一种方法。

4. 充分的凭证和记录

只有具备充分的记录手续，才有可能实现各项控制目标。例如，企业在收到客户订购单后，就立即编制一份预先编号的一式多联的销售单，分别用于批准赊销、审批发货、记录发货数量以及向客户开具账单和销售发票等。在这种制度下，只要定期清点销售单和销售发票，漏开账单单位情形就不大可能发生。相反，企业如果在发货以后才开具账单，没有其他辅助控制措施，这种制度下漏开账单的情况就很可能会发生。

5. 按月寄出对账单

由不负责现金出纳、销售和应收账款记账的人员按月向客户寄发对账单，能促使客户在发现应付账款余额不正确后及时反馈有关信息。为了使这项控制更加有效，最好将账户余额中出现的所有核对不符的账项，指定一位既不掌管货币资金也不记录主营业务收入和应收账款账目的主管人员处理，然后由独立人员按月编制对账情况汇总报告并交管理层审阅。

（二）收款交易的内部控制

尽管由于每个企业的性质、所处行业、规模以及内部控制健全程度等不同，而使得其与收款交易相关的内部控制内容有所不同，但以下与收款交易相关的内部控制是应当共同遵循的：

（1）企业应当按照《现金管理暂行条例》《支付结算办法》等规定，及时办理销售收款业务。企业应将销售收入及时入账，不得账外设账，不得擅自坐支现金。销售人员应当避免接触销售现款。

（2）企业应当建立应收账款账龄分析制度和逾期应收账款催收制度。销售部门应当负责应收账款的催收。财会部门应当督促销售部门加紧催收。对催收无效的逾期应收账款可通过法律程序予以解决。

（3）企业应当制定合理的收账策略，收账策略的积极与否，直接影响到收账数量、收账期与坏账损失的比率。收账费用与坏账成本之间存在着反比例变动的非线性关系。企业采取积极的收账策略，收账费用增加，坏账成本相对减少；反之，企业采取消极的收账策略，收账费用减少，但坏账成本可能增加。企业应当权衡不同收账策略下成本和收益后确定合理的收账策略来控制应收账款的收回。

（4）企业应当按客户设置应收账款台账，及时登记每一客户应收账款余额增减变动情况和信用额度的使用情况。对长期往来客户应当建立起完善的客户资料，并对客户资料实施动态管理，及时更新。

（5）企业对于可能成为坏账的应收账款应当报告有关决策机构，由其进行审查，确定是否确认为坏账。企业发生的各项坏账，应查明原因，明确责任，并在履行规定的审批程序后作出会计处理。企业注销的坏账应当进行备查登记，做到账销案存。已注销的坏账又收回时应当及时入账，防止形成账外资金。

（6）企业应收票据的取得和贴现必须经由保管票据以外的主管人员的书面批准。应由专人保管应收票据，对于即将到期的应收票据，应及时向付款人提示付款；已贴现票据应在备查簿中登记，以便日后追踪管理；并应制定逾期票据的冲销管理程序和逾期票据追踪监控制度。

（7）企业应当定期与往来客户通过函证等方式核对应收账款、应收票据、预收款项等往来款项。如有不符，应查明原因，及时处理。

二、采购与付款交易的内部控制

（一）采购交易的关键内部控制

（1）企业要确保请购单、订购单、验收单和卖方发票一应俱全，并附在付款凭单后，并对卖方发票、验收单、订购单和请购单作内部核查。采购活动需经适当级别批准，防止注销凭证的重复使用，以有效保证所记录的采购都确实收到商品或已接受劳务。

（2）相关单证连续编号并登记入账。企业为了保证已经发生的采购交易均已完整记录，要求订购单均经事先连续编号并将已完成的采购登记入账；验收单均经事先连续编号并已登记入账；应付凭单均经事先连续编号并已登记入账。

（3）适当的职责分离。适当的职责分离有助于防止各种有意或无意的错误。企业应当建立采购与付款交易的岗位责任制，明确相关部门和岗位的职责、权限，确保办理采购与付款交易的不相容岗位相互分离、制约和监督。如：请购与审批；询价与确定供应商；采购合同的订立与审批；采购与验收；采购、验收与相关会计记录；付款审批与付款执行。

（二）内部核查程序

（1）采购与付款交易相关岗位及人员的设置情况。重点检查是否存在采购与付款交易不相容职务混岗的现象。

（2）采购与付款交易授权批准制度的执行情况。重点检查大宗采购与付款交易的授权批准手续是否健全，是否存在越权审批的行为。

（3）应付账款和预付账款的管理。重点审查应付账款和预付账款支付的正确性、时效性和合法性。

（4）有关单据、凭证和文件的使用和保管情况。重点检查凭证的登记、领用、传递、保管、注销手续是否健全，使用和保管制度是否存在漏洞。

（三）付款交易的内部控制

对于每个企业而言，由于性质、所处行业、规模以及内部控制健全程度等不同，而使得与付款交易相关的内部控制内容可能有所不同，一般包括：

（1）由采购请购单、订货单和验收单共同构成的收货业务完成后，会计部门就取得了供货方的发票和验收单等表示货物已经验收入库并应支付货款或应付账款。已经发生的原始凭证经过审核无误后才能付款，如在现金支付交易时，供应商的发票是否有"付讫"戳记，防止二次付款，应付的款项付款凭证是否经授权批准等。

（2）企业应当按照《现金管理暂行条例》《支付结算办法》等有关货币资金内部控制的规定办理采购付款交易。企业财会部门在办理付款交易时，应当对采购发票、结算凭证、验收证明等相关凭证的真实性、完整性、合法性及合规性进行严格审核。企业应当建立预付账款和定金的授权批准制度，加强预付账款和定金的管理。

（3）企业应当加强应付账款和应付票据的管理。由专人按照约定的付款日期、折扣条件等管理应付款项。已到期的应付款项需经有关授权人员审批后方可办理结算与支付。企业应当建立退货管理制度，对退货条件、退货手续、货物出库、退货货款回收等作出明确规定，及时收回退货款。企业应当定期与供应商核对应付账款、应付票据、预付款项等往来款项。如有不符，应查明原因，及时处理。

（四）成本会计制度的内部控制

（1）生产业务是否根据管理层一般或特定的授权进行的。要求企业对以下三个关键点，应履行恰当手续，经过特别审批或一般审批：生产指令的授权批准、领料单的授权批准、工薪的授权批准。

（2）确保企业记录的成本为实际发生而非虚构的。成本的核算是以经过审核的生产通知单、领发料凭证、产量和工时记录、工薪费用分配表、材料费用分配表、制造费用分配表为依据的。

（3）保证企业所有耗费和物化劳动是否均已反映在成本中。检查生产通知单、领发料凭证、产量和工时记录、工薪费用分配表、材料费用分配表、制造费用分配表等均事先编号并与成本明细账相核对。

（4）检查产品成本是否以正确的金额，在恰当的会计期间及时记录于相应的账户等。要求企业采用适当的成本核算方法，并且前后各期一致；采用适当的费用分配方法，并且前后各期一致；采用适当的成本核算流程和账务处理流程；存货保管人员与记录人员职务相分离；定期对存货进行存货盘点等。

三、货币资金内部控制

货币资金是企业资产中流动性最强的资产，企业必须加强对货币资金的管理，建立良好的货币资金内部控制。为此，货币资金的内部控制通常要做到以下五个方面的要求。

（一）岗位分工及授权批准

（1）企业应当建立货币资金业务的岗位责任制，明确相关部门和岗位的职责权限，确保办理货币资金业务的不相容岗位相互分离、制约和监督。出纳人员不得兼任稽核、会计档案保管和收入、支出、费用、债权债务账目的登记工作。现金支出的授权，经办（出纳）和记录（会计）应有不同人员担任；经办、销售业务人员不得同时办理现金收支业务。

（2）企业应当对货币资金业务建立严格的授权批准制度，明确审批人员对货币资金业务的授权批准方式、权限、程序、责任和相关控制措施，规定经办人办理货币资金业务的职责范围和工作要求。审批人员应当根据货币资金授权批准制度的规定，在授权范围内进行审批，不得超越审批权限。经办人员应当在职责范围内，按照审批人员的批准意见办理货币资金业务。对于审批人员超越授权范围审批的货币资金业务，经办人员有权拒绝办理，并及时向审批人员的上级授权部门报告。

（3）企业应当按照规定的程序办理货币资金支付业务

①支付申请。企业有关部门或个人用款时，应当提前向审批人提交货币资金支付申请，注明款项的用途、金额、预算、支付方式等内容，并附有效经济合同或相关证明。

②支付审批。审批人根据其职责、权限和相应程序对支付申请进行审批。对不符合规定的货币资金支付申请，审批人应当拒绝批准。

③支付复核。复核人应当对批准后的货币资金支付申请进行复核，复核货币资金支付申请的范围、权限、程序是否正确，手续及相关单证是否齐备，金额计算是否准确，支付方式、支付企业是否妥当等。复核无误后，交由出纳人员办理支付手续。

④办理支付。出纳人员应当根据复核无误的支付申请，按规定办理货币资金支付手续，及时登记库存现金和银行存款日记账。

（4）企业对于重要货币资金支付业务，应当实行集体决策和审批，并建立责任追究制度，防范贪污、侵占、挪用货币资金等行为。

（5）严禁未经授权的机构或人员办理货币资金业务或直接接触现金。

（二）库存现金的管理

（1）企业应当加强现金库存限额的管理，超过库存限额的现金应及时存入银行。企业必须根据《现金管理暂行条例》的规定，结合本企业的实际情况，确定本企业现金的开支范围，不属于现金开支范围的业务应当通过银行办理转账结算。

（2）现金收入应当及时存入银行，不得用于直接支付企业自身的支出。因特殊情况需坐支现金的，应事先报经开户银行审查批准。企业借出款项必须执行严格的授权批准程序，严禁擅自挪用、借出货币资金。

（3）企业取得的货币资金收入必须及时入账，不得私设"小金库"，不得账外设账，严禁收账不入账。现金是否每日清点，账实是否相符，有无"白条"抵库。

（4）现金凭证的审核。现金凭证包括外来原始凭证、自制原始凭证和现金记账凭证。审核现金收支范围是否符合国家规定，有无用于发放职工工资、津贴、奖金、个人劳务报酬、出差人员差旅费、结算起点以下的零星开支及其他需要支付现金的零星支出等之外的现金支付。现金销售收入是否足额及

9-4
德国最愚蠢
的银行

时解缴银行，对外收费是否符合规定的收费标准。有无坐支现金，向银行谎报用途套取现金；已审核的现金原始凭证是否填写附件张数并加盖附件注销，以免重复报销。

（三）银行存款管理

（1）企业应当严格按照《支付结算办法》等国家有关规定，加强银行账户的管理，严格按照规定开立账户，办理存款、取款和结算。企业应当定期检查、清理银行账户的开立及使用情况，发现问题应及时处理。企业应当加强对银行结算凭证的填制、传递及保管等环节的管理与控制。

（2）企业应当严格遵守银行结算纪律，不准签发没有资金保证的票据或远期支票，套取银行信用；不准签发、取得和转让没有真实交易和债权债务的票据，套取银行和他人资金；不准无理拒绝付款，任意占用他人资金，不准违反规定开立和使用银行账户。

（3）企业应当指定专人定期核对银行账户（每月至少核对一次），编制银行存款余额调节表，使银行存款余额与银行对账单调节相符。对于未达账项，要及时查询，向财务负责人说明查询结果，经财务负责人审核后方可将银行存款余额调节表报银行。

（4）银行凭证的审核。应审核是否符合《支付结算办法》《票据法》等规定，有无签发空头支票，出借银行账号；是否以合法的和手续完备的原始凭证作为依据编制银行记账凭证。从银行支付的材料采购款、工程款等是否符合国家规定，有无预算、合同，资金是否落实。领用转账支票是否填写"支票领用申请单"，并经过部门主管和财务主管批准。作废的支票及其存根是否加盖"作废"戳记并与银行对账单一并妥善保管。签发支票所使用的各种印章，是否由财务主管和银行出纳分别保管。空白收据和空白支票是否设立登记簿严格管理，有无办理购买、领用登记和交回注销手续。

（四）票据、有关印章等的管理

（1）企业应当加强与货币资金相关的票据的管理，明确各种票据的购买、保管、领用、背书转让、注销等环节的职责权限和程序，并专设登记簿进行记录，防止空白票据的遗失和被盗用。

（2）企业应当加强银行预留印鉴的管理。财务专用章应由专人保管，个人名章必须由本人或其授权人保管。严禁一人保管支付款项所需的全部印章。

按规定需要有关负责人签字或盖章的经济业务，必须严格履行签字或盖章手续。

（3）严格保守保险柜的秘密，保管好银柜钥匙，不得任意转交他人，下班后不得存放在办公桌内。严格遵守保密制度，未经领导批准，不得对外提供任何会计信息。

（五）监督检查

（1）企业应当建立对货币资金业务的监督检查制度，明确监督检查机构或人员的职责权限，定期和不定期地进行检查。

（2）货币资金监督检查的内容主要包括：

①货币资金业务相关岗位及人员的设置情况。重点检查是否存在货币资金业务不相容职务混岗的现象。

②货币资金授权批准制度的执行情况。重点检查货币资金支出的授权批准手续是否健全，是否存在越权审批行为。

③支付款项印章的保管情况。重点检查是否存在办理付款业务所需的全部印章交由一人保管的现象。

④支付款项印章的保管情况。重点检查票据的购买、领用、保管手续是否健全，票据保管是否存在漏洞。

（3）严格资金管理制度，定期或不定期进行财产清查，做到账实相符、账账相符，保证企业资产安全完整。

（4）对监督检查过程中发现的货币资金内部控制中的薄弱环节，应当及时采取措施，加以纠正和完善。

项目总结

企业风险管理是一个过程，受企业董事会、管理层和其他员工的影响，包括内部控制及其战略和整个公司的应用，旨在为实现经营的效率和效果、财务报告的可靠性以及法规的遵循提供合理保证。

内部控制不是一个事件或者环境，而是一系列保证企业活动得以顺利进行的行为。它是企业经营过程的一部分，与经营过程结合在一起，而不是凌驾于企业的基本活动之上。内部控制的目标是合理保证单位经营管理合法合规、资产安全、财务报告及相关信息真实完整，提高经营效率和效果，促进单位实现发展战略。内部控制的要素包括内部控制环境、风险评估、控制活动、信息与沟通和内部监督五个要素，这五个要素相互关联与配合，形成一个整合系统。

在充满不确定性与变化快速的经营环境下，对于财务管理来说，风险管理早已不限于与财务相关的风险，应强化企业内部控制，协助企业使风险管理发挥其功能，并运用风险管理协助企业创造价值。

拓展阅读

9－5

乱世重典——《萨班斯—奥克斯利》法案

课堂内外

1. 财政部：《企业内部控制基本规范及配套指引》。
2. 韦德洪、张星文：《财务控制学》，国防工业出版社 2012 年版。
3. 德勤会计师事务所：《中国企业内控十年专题报告》，2014。
4. 胡为民：《内部控制与企业风险管理：案例与评析》，电子工业出版社 2013 年版。

职业能力训练

一、职业选择能力训练（单选，每小题只有一个正确答案）

1. （   ）规定单位的纪律与架构，影响经营管理目标的制定，塑造单位文化氛围并影响员工的控制意识，是实施内部控制的基本。
   A. 风险评估   B. 控制活动
   C. 内部监督   D. 控制环境

2. 《企业内部控制基本规范》适用于中国境内设立的（   ）。
   A. 大中型企业   B. 小企业
   C. 其他单位   D. 个体户

3. （   ）享有法律法规和企业章程规定的合法权利，依法行使企业经营方针、筹资等重大事项的表决权。
   A. 股东（大）会   B. 董事会
   C. 监事会   D. 经理层

4. （   ）负责内部控制的建立健全和有效实施。
   A. 董事会   B. 监事会
   C. 经理层   D. 企业成立专门机构

5. （   ）主要是通过对会计主体所发生的各项能够用货币计量的经济业务进行确认、计量和报告进行的控制。
   A. 财产保护控制   B. 会计系统控制
   C. 运营分析控制   D. 预算控制

6. （   ）要求企业建立和完善单位内部报告制度，明确相关信息的收集、分析、报告和处理程序，及时提供业务活动中的重要信息，全面反映经济活动情况，增强内部管理的时效性和及时性。
   A. 财产保护控制   B. 信息技术控制
   C. 内部报告控制   D. 预算控制

二、职业选择能力训练（多选，每小题答案至少有两个选项）。

1. 企业应该设置不相容职务，通常包括（   ）。
   A. 授权批准与业务经办   B. 会计记录与财产保管
   C. 业务经办与稽核检查   D. 授权批准与监督检查

2. 企业建立与实施有效的内部控制，内部控制要素包括内部环境及（　　）。
   A. 内部监督　　　　　　　B. 风险评估
   C. 控制活动　　　　　　　D. 信息与沟通
3. 内部控制是由企业（　　）实施的，旨在实现控制目标的过程。
   A. 董事会　　　　　　　　B. 监事会
   C. 经理层　　　　　　　　D. 全部员工
4. 内部控制的目标是（　　），提高经营效率和效果，促进企业实现发展战略。
   A. 合理保证企业经营管理合法合规
   B. 资产安全
   C. 财务报告及相关信息真实完整
   D. 保护员工利益
5. 下列属于企业内部控制设计原则的有（　　）。
   A. 重要性原则　　　　　　B. 适应性原则
   C. 谨慎性原则　　　　　　D. 成本效益原则
6. 企业财产保护控制主要包括（　　）。
   A. 财产记录和实物保管　　B. 定期盘点和账实核对
   C. 限制接近　　　　　　　D. 财务预算

   解析：企业财产保护控制主要包括：①财产记录和实物保管；②定期盘点和账实核对；③限制接近。
7. 企业采购与付款交易活动中的职责分离包括（　　）。
   A. 请购与审批　　　　　　B. 采购合同的订立与审批
   C. 付款审批与付款执行　　D. 询价与确定供应商

三、职业判断能力训练（判断题，正确的打"√"，错误的打"×"）

1. 为企业内部控制提供咨询的会计师事务所，可以同时为同一企业提供内部控制审计服务。（　　）
2. 企业应当成立专门机构或者指定适当的机构具体负责组织协调内部控制的建立实施及日常工作。（　　）
3. 企业应当结合业务特点和内部控制要求设置内部机构，明确职责权限，将权利与责任落实到各责任单位。（　　）
4. 企业应健全法律顾问制度和重大法律纠纷案件备案制度。（　　）
5. 授权审批控制包括常规授权和特别授权，常规授权是指企业在特殊情况，特定条件下进行的授权。（　　）
6. 企业对于重大的业务和事项，应当实行集体决策审批或者联签制度，任何个人不得单独进行决策。（　　）
7. 会计系统控制要求企业应当设置会计机构，配备会计人员，会计机构

负责人应当具备会计师以上专业技术职务资格。（   ）

8. 内部监督分为日常监督和专项监督，日常监督是指企业在发展战略经营活动等发生较大调整或变化的情况下，对内部控制的某一方面进行有针对性的监督检查。（   ）

四、职业实践能力训练

（一）任务目标：企业内部控制调查与分析

（二）实践形式及要求：

将班级同学进行分组，确定每小组负责人。选取各自熟悉的企业或利用网络资料收集相关企业信息，在此基础上，调查与分析该公司的内部控制制度，并形成文字汇报材料。

（三）实践内容：

1. 各小组学习任务目标和任务描述，确定研究方向；

2. 每组组长组内分工，明确各自的任务；

3. 要求选取企业内部控制制度的某个方面进行调查与分析，可以是企业内部控制要素分析、采购与付款流程分析、销售与收款流程分析或者是货币资金内部控制等方面的内容；

4. 各小组汇报调查与分析结果，教师点评。

项目十 财务分析

项目导航

知识目标	能力目标
• 了解财务分析的定义、分析主体及目的 • 掌握财务分析方法、理解财务分析的局限性 • 掌握偿债能力指标、营运能力指标及盈利能力指标的计算方法 • 掌握杜邦财务分析体系框架，并分析各个指标对企业整体财务指标的影响程度	• 能够理解财务分析的定义，能描述各利益相关主体对财务分析的不同诉求 • 会运用连环替代法和差额分析法分析各因素对企业的影响 • 会计算并分析企业的偿债能力、营运能力及盈利能力 • 能应用杜邦财务分析体系对企业财务活动进行综合分析与评价

注册会计师是资本市场的守护者

系统思维－财报分析法宝

科学决策的前提是拥有有效的信息。在进行财务决策时，充分有效的财务信息是不可或缺的。财务报表分析能为决策者提供有意义的财务信息。财务报表分析能揭示企业过去的业绩，提供企业未来绩效的发展趋势，还能够发现企业经营活动中存在的问题，挖掘企业发展潜力，保障企业的长久发展。

案例导入

小米成为港交所"同股不同权第一股"

2018年7月9日，小米集团正式在港交所主板挂牌，成为港股市场"同股不同权"创新试点的首家上市公司。据悉,小米此次全球发售股份数目 21.8 亿股,发行价每股 17 港元,发售结构为 95% 国际发售,5% 香港公开发售,B 类股份以每手 200 股份为单位买卖。

据介绍,通过技术创新与商业模式创新,小米在过去 8 年时间里达成了一系列创纪录的商业成绩。小米初期毫无硬件行业经验,面对苹果、三星等强大对手,用不到三年时间,做到手机行业中国第一,之后用了三年半又成为印度第一。2017 年小米收入 1 146 亿元,7 年时间就跨过了 1 000 亿元营收门槛。根据艾瑞咨询数据,2017 年收入超过 1 000 亿元且赢利的大型互联网公司中,小米同比增长 67.5%,增速排名全球第一。

雷军 7 月 8 日发出公开信称,小米能够上市就意味着巨大成功,李嘉诚、马云、马化腾等投资者认购了小米的股票。"这是对小米管理层和员工莫大的信任和重托。"

招股书显示,小米 2017 年营收增速为 67.5%,2018 年一季度增速为 89.5%,公司的基本面堪称优秀,但小米的发行价却选择了 17 到 22 港元的下限区间。以 17 港元计算,小米估值约 543 亿美元,相当于 2019 年市盈率的 24 倍,2020 年的 15 倍。接近小米的中介人士称,雷军坚持厚道定价,希望投资者都有钱赚。

雷军在上市前的公开信中表示,经过高管团队反复测算,坚信未来小米还有巨大的成长空间。"首先,我们的智能手机业务排在全球第四,而智能手机仅看存量就是个巨大的市场。我们要力争保证持续的高速成长,力争尽快冲入世界三强;其次,我们会有计划、有节奏地进行品类拓展,还有很多千亿级的市场等着我们一仗仗打过去,不断从胜利走向更大的胜利;第三,国际市场广阔天空大有可为。2018 年 1 季度小米的国际业务在全部收入中的占比已经达到 36%。我们要进一步推进国际化,尽早实现国际业务收入占全部收入的一半以上。仅这三条策略,就保障了小米未来的成长性。"雷军说:"我们要努力做好产品,回报全世界支持我们的米粉;做好公司,回报我们的员工和广大的投资者。"

(资料来源:2018 年 7 月 9 日,经济日报——中国经济网。)

请思考:

通过阅读上述案例资料,我们可以获取哪些财务报表信息?"同股不同权"对于公司经营管理活动的影响主要表现在哪些方面?

任务一 财务分析概述

在现代企业经营中,财务分析是企业财务管理的一个重要组成部分,它能够帮助企业管理当局做出正确的投资决策、资金营运和融资规划,能帮助企业有效控制成本和制定合理的发展战略，还能帮助企业内外部财务信息使用者对企业做出综合的考核和评价。它是现代企业必不可少的重要管理手段。

一、财务分析基本认知

（一）财务分析概念

财务分析是以财务报表等资料为依据，运用一定的分析方法和技术，对企业的经营和财务状况进行分析，评价企业以往的经营业绩，衡量企业现在的财务状况，预测企业未来发展趋势，为企业正确的经营和财务决策提供依据的过程。

财务分析中最重要的分析资料就是财务会计报表。财务会计报表是综合反映企业一定时期财务状况、经营成果以及现金流量情况的书面报告文件。财务报表至少应当包括下列组成部分：①资产负债表；②利润表；③现金流量表；④所有者权益变动表；⑤附注。

（二）财务分析的作用

财务分析是对企业一定时期财务活动的总结，为企业将来的财务预测、计划及决策等提供依据。因此，财务分析在企业的财务管理活动中具有重要作用。

（1）财务分析是评价财务状况和经营业绩的重要依据。通过对财务会计报表等资料的综合分析，计算相关指标，可以了解企业的资产结构、负债水平及盈利状况等，进而判断企业的偿债能力、资产营运能力及盈利能力等，合理评价经营业绩，揭示企业财务活动可能存在的问题。

（2）挖掘企业潜力，实现财务管理目标。企业进行财务分析，可以发现财务活动中存在的问题，通过分析，找出差距，揭露矛盾，深入挖掘潜力，提出解决问题的具体策略和措施，合理保障企业财务活动按照企业的财务管理目标有效运行。

（3）帮助企业科学评价企业未来的发展趋势。通过各种财务分析，可以判断企业未来的发展趋势，预测企业偿债能力、营运水平及盈利趋势，为投资者进行投资决策、债权人的信贷决策以及经营管理者的日常生产经营决策提供决策依据，有效避免决策失误，保证企业的长足发展。

（三）财务分析的主体和内容

财务分析的内容受财务分析主体的制约，不同的财务分析主体进行财务分析的内容是不同的。

（1）投资者。投资者是提供资金给企业的出资人，在企业中承担了最大的义务和风险。投资者进行财务分析主要是从出资者的角度，更多关注企业的盈利能力和风险水平，以期实现资本的保值增值。在现代企业制度中，投资者一般不直接参与企业的经营管理，对企业盈利水平和风险状况的了解只能通过财务分析手段来分析财务报表等资料来获取相关信息。

（2）债权人。债权人作为企业资金的借出者，最为关心资金的安全与完整。相对于出资者而言，债权人承担的风险较小。企业财务状况的好坏，尤其是偿债能力的强弱，极大地影响着债权人资金的安全与否。债权人对财务报表分析的首要目的是评估企业短期、长期偿债能力，分析重点主要是企业的负债结构及其对债务的保障程度。

（3）企业经营者。企业经营者进行财务分析的目的主要是全面评价企业的经营业绩、偿债能力和资产运营效率，关注企业的财务风险和经营风险，找出企业财务活动中存在的问题，扬长避短，充分挖掘企业发展潜力，改善经营管理，促使企业经济效益得到提高。

（4）政府及相关部门。在企业的管理活动中，政府兼具多重身份。既管理或调控宏观经济政策，又是国有企业重要的投资者，因此政府对企业财务分析的目的要依据其身份不同而有所区别。通过财务分析，可以了解企业遵守各项法规的情况：是否依法纳税、是否侵犯劳动者合法权益等，以维护市场经济秩序，保障国家和社会利益。

（5）其他利益相关者。除上述财务分析主体之外，企业的供应商、客户、员工、竞争对手及社会公众，都可能需要通过财务分析了解企业的相关情况，从而成为企业财务分析的主体。供应商希望与企业保持稳定的合作关系，因此希望通过财务分析了解企业的持续购买能力，在赊购的情况下，供应商又是企业的债权人，十分关注企业的短期偿债能力；客户是企业产品的购买者，客户会关注企业能否长期持续经营下去，能否与之建立并维持长期的业务关系，能否为其提供稳定的货源；员工通常与企业存在长久、持续的关系，他们对企业的盈利能力和偿债能力都会予以关注；竞争对手通过对双方企业的财务进行分析，可以判断双方的竞争优势与劣势，为提高竞争能力打下基础。

10-1
巴菲特与财务分析

二、财务分析的方法

财务报表的分析可以结合企业的经营环境，从不同的角度、根据不同的目的进行分析。基本的财务分析方法主要有：比率分析法、比较分析法、因素分析法等。

（一）比率分析法

比率分析法是把存在关联的两个项目进行对比，通过计算比率，反映它们之间的关系，揭示并评价企业财务状况和经营成果的一种财务分析方法。根据分析目的和要求不同，比率分析主要有以下三种：

（1）相关比率。相关比率是指企业经济活动中两项相关但又不同的指标的数值比率。如反映企业偿债能力的比率，如流动比率、资产负债率等；反映盈利能力的比率，如净资产收益率、总资产报酬率等。

（2）结构比率。结构比率是指计算某项经济指标各个组成部分占指标总体的比重。这类比率揭示了部分与整体的关系，以分析其构成的合理性，揭示经济活动变化的规律性。如存货与流动资产的比率，流动负债与负债总额的比率等。

(3) 效率比率。效率比率是反映投入与产出关系的财务比率。效率比率的分子代表产出的项目，通常是各种利润数据，分母则是代表某种投入的数据，通常是资产、成本费用等，如净利润与资产的比率、利润总额与成本费用的比率等。

(二) 比较分析法

比较分析法是将两个或两个以上的可比数据进行对比，计算出差额或比率，揭示差异并寻找差异原因的分析方法。按照对比的方式分为两种：一是绝对比较，二是相对比较。

(1) 绝对比较。绝对比较是将指标数值进行绝对数比较，主要揭示指标数值的变化数量，直观判断指标变动规模的大小。其计算公式为：

$$绝对差异 = 比较数 - 基数$$

(2) 相对数比较。相对数比较是将指标数值进行相对数比较，主要揭示指标数值的变动程度或幅度，判断指标相对变动水平。相对数比较根据其比较基数不同，又可分为定基动态比率和环比动态比率。

①定基动态比率，是以某一时期的数额为固定的基期数额而计算出来的动态比率。其计算公式为：

$$定基动态比率 = \frac{分析期数额}{固定基期数额} \times 100\%$$

②环比动态比率，是以每一分析期的数据与上期数据相比较计算出来的动态比率。其计算公式为：

$$环比动态比率 = \frac{分析期数额}{前期数额} \times 100\%$$

(三) 因素分析法

因素分析法又称因素替换法、连环替换法，是指将总指标按构成因素进行分解，然后从数量上确定各因素的变动对总指标的影响程度和影响额。采用这种方法的出发点在于，当有若干因素对分析对象发生影响作用时，假定其他各个因素都无变化，顺序确定每一个因素单独变化所产生的影响。

因素分析法既可以全面分析各因素对某一经济指标的影响，又可以单独分析某个因素对某一经济指标的影响，在财务分析中应用比较广泛。因素分析法具体有两种：连环替代法和差额分析法。

1. 连环替代法

连环替代法是将分析指标分解为各个可以计量的因素，并根据各个因素之间的依存关系，顺次用各因素的比较值（通常为实际值）替代基准值（通常为标准值或计划值），据以测定各因素对分析指标的影响。

【例 10-1】 某企业原材料耗用情况如表 10-1 所示。

表 10－1

项目	计划	实际	差异
产品产量（个）	100	115	＋15
单位材料耗用量（千克）	200	190	－10
单价（元）	10	11	＋1
材料费用总额（元）	200 000	240 350	＋40 350

要求：运用连环替代法分析各因素变动对材料费用总额的影响程度。

解析：材料费用总额＝产量×单耗×单价

即 $K_0 = 100 \times 200 \times 10 = 200\,000$（元）

$K_1 = 115 \times 200 \times 10 = 230\,000$（元）

$K_2 = 115 \times 190 \times 10 = 218\,500$（元）

$K_3 = 115 \times 190 \times 11 = 240\,350$（元）

$K_1 - K_0 = 230\,000 - 200\,000 = +30\,000$（元）（产量变动的影响）

$K_2 - K_1 = 218\,500 - 230\,000 = -11\,500$（元）（单耗变动的影响）

$K_3 - K_2 = 240\,350 - 218\,500 = +21\,850$（元）（单价变动的影响）

$K_3 - K_0 = 240\,350 - 200\,000 = +30\,000 - 11\,500 + 21\,850 = +40\,350$（元）

2. 差额分析法

差额分析法是连环替代法的简化形式；是利用各个因素的实际值与计划值之间的差额，来计算各因素对分析指标的影响。

续例 10－1，运用差额分析法进行分析：

产量的影响额＝（115－100）×200×10＝＋30 000（元）

单耗的影响额＝115×（190－200）×10＝－11 500（元）

单价的影响额＝115×190×（11－10）＝＋21 850（元）

合计：（＋30 000－11 500＋21 850）＝＋40 350（元）

采用因素分析法应注意的问题：

（1）注意因素分解的关联性。即确定构成经济指标的因素，必须是客观上存在着因果关系，要能够反映形成该项指标差异的内在构成原因，否则，就失去了其存在的价值。

（2）因素替代的顺序性。替代因素时，必须按照各因素的依存关系，排列成一定的顺序依次替代，不可随意加以颠倒，否则，就会得出不同的计算结果。

（3）顺序替代的连环性，即计算每一个因素变动时，都是在前一次计算的基础上进行，并采用连环比较的方法确定因素变化影响结果。因为只有保持计算程序上的连环性，才能使各个因素影响之和等于分析指标变动的差异，以全面说明分析指标变动的原因。

（4）计算结果的假定性，连环替代法计算的各因素变动的影响数，会因替代计算的顺序不同而有差别，即其计算结果只是在某种假定前提下的结果，为此，在具体运用此方法时，应注意力求使这种假定是合乎逻辑的假定，是具有实际经济意义的假定，这样，计算结果的假定性，就不会妨碍分析的有效性。

三、财务分析基础

财务分析的基础是企业提供的财务报告，财务报告是企业向政府部门、投资者、债权人等与本企业有利益关系的组织或个人提供的，反映企业在一定时期内的财务状况、经营成果、现金流量以及影响企业未来经营发展的重要经济事项的书面文件。企业的财务报告由会计报表、会计报表附注和财务情况说明书组成（不要求编制和提供财务情况说明书的企业除外）。

（一）资产负债表

资产负债表是反映企业某一特定日期（年末、季末、月末）全部资产、负债和所有者权益情况的会计报表。其编制依据为"资产=负债+所有者权益"。资产负债表中的资产项目显示了企业拥有或控制的各种经济资源及其分布；负债项目显示了企业所承担的债务的不同偿还期限，可据以了解企业面临的财务风险；所有者权益项目反映了企业投资者对本企业资产所持有的权益份额。具体见表10-2。

表10-2　　　　　　　　　　　　　资产负债表

编制单位：A公司　　　　　　　　　20×7年12月31日　　　　　　　　　单位：万元

资产	期初数	期末数	负债及所有者权益	期初数	期末数
流动资产：			流动负债：		
货币资金	250	145	短期借款	415	320
交易性金融资产	60	90	交易性金融负债	0	0
应收票据	55	69	应付票据	45	40
应收账款	2 450	1 015	应付账款	711	656
预付账款	85	45	预收账款	120	60
应收股利	0	0	应付职工薪酬	196	215
应收利息	0	0	应交税费	72	86
其他应收款	135	95	应付利息	76	54
存货	980	2 130	应付股利	0	0
一年内到期的非流动资产			其他应付款	235	140
其他流动资产			一年内到期的非流动负债		
流动资产合计	4 015	3 589	流动负债合计	1 870	1 571
非流动资产：			非流动负债：		
可供出售金融资产	0	0	长期借款	2 110	1 182

续表

资产	期初数	期末数	负债及所有者权益	期初数	期末数
持有出售金融资产	0	0	应付债券	1 348	1 520
长期股权投资	325	415	递延所得税负债	49	102
投资性房地产	0	0	其他非流动负债		
固定资产	5 540	4 350	非流动负债合计	3 507	2 804
在建工程	125	98	负债合计	5 377	4 375
工程物资	624	713	股东权益		
无形资产	376	237	实收资本	3 450	3 450
递延所得税资产	45	105	资本公积	296	195
其他非流动资产	0	0	盈余公积	375	247
非流动资产合计	7 035	5 918	未分配利润	1 552	1 240
			所有者权益合计	5 673	5 132
资产总计	11 050	9 507	负债及所有者权益合计	11 050	9 507

（二）利润表

利润表也称损益表，是反映企业在一定期间生产经营成果的财务报表。利润表以"利润＝收入－费用"这一会计等式为依据编制而成。见表10－3。

表10－3　　　　　　　　　　　　　利　润　表

编制单位：A公司　　　　　　　　　　20×7年　　　　　　　　　　　　　单位：万元

项目	20×7	20×6
一、营业收入	14 350	13 645
减：营业成本	12 700	12 057
税金及附加	145	135
销售费用	120	115
管理费用	260	229
财务费用	347	306
资产减值损失	158	126
加：公允价值变动损益（损失以"－"号填写）	130	118
投资收益（亏损以"－"号填写）	232	235
二、营业利润（亏损以"－"号填写）	982	1 030
加：营业外收入	72	93
减：营业外支出	116	45
其中：非流动资产处置损失	56	26
三、利润总额（净亏损以"－"号填写）	938	1 078
减：所得税费用	246	283
四、净利润	692	795

(三) 现金流量表

现金流量表是以现金和现金等价物为基础编制的,提供企业在某一特定期间内有关现金和现金等价物的流入和流出信息的报表。其中现金包括企业的库存现金、可以随时动用的银行存款和其他货币资金。现金等价物是企业持有期限短、流动性强、易于转换为已知金额的现金、价值变动风险小的投资,一般指企业购买期限为三个月内的短期债券投资。见表10-4。

10-2
五步读财报

表 10-4　　　　　　　　　　　　现金流量表

编制单位：A 公司　　　　　　　　20×7 年　　　　　　　　　　　　　单位：万元

一、经营活动产生的现金流量	20×7	20×6
销售商品、提供劳务收到的现金	153 859	122 145
收到的其他与经营活动有关的现金	2 298	3 430
经营活动现金流入小计	156 157	125 757
购买商品、接受劳务支付的现金	126 726	105 755
支付给职工以及为职工支付的现金	6 307	5 750
支付的各种税费	3 850	2 808
支付的其他与经营活动有关的现金	12 528	12 605
经营活动现金流出小计	149 411	126 918
经营活动产生的现金流量净额	6 746	-1 343
二、投资活动产生的现金流量		
收回投资所收到的现金	61 386	46 068
取得投资收益所收到的现金	278	379
处置固定资产、无形资产和其他长期资产所收回的现金净额	3 298	3 882
处置子公司及其他营业单位收到的现金净额	2 295	0
收到的其他与投资活动有关的现金	0	0
投资活动现金流入小计	67 257	50 329
购建固定资产、无形资产和其他长期资产所支付的现金	6 078	3 720
投资所支付的现金	61 443	48 446
取得子公司及其他营业单位支付的现金净额	5.64	102
支付的其他与投资活动有关的现金	0	
投资活动现金流出小计	67 526.64	52 268
投资活动产生的现金流量净额	-269.64	-1 939
三、筹资活动产生的现金流量		
吸收投资收到的现金	1 416	900
其中：子公司吸收少数股东投资收到的现金	0	0
取得借款收到的现金	4 647	2 117
收到其他与筹资活动有关的现金	0	0
筹资活动现金流入小计	6 063	3 017
偿还债务支付的现金	2 378	1 903
分配股利、利润或偿付利息支付的现金	876	507
支付的其他与筹资活动有关的现金	73.80	0
筹资活动现金流出小计	3 327.80	2 410
筹资活动产生的现金流量净额	2 735.20	607

任务二 基本财务比率分析

财务比率是指财务报表上某些有关系的财务项目之间的数额之比。财务比率分析通过这些项目之间的计算分析和比较，判断企业的财务状况、盈利能力以及经营管理效率等方面的情况。进行财务分析常用的比率包括偿债能力比率、资产营运能力比率以及企业盈利能力分析等。

为了便于方便财务分析的具体计算，本任务将使用 A 公司 20×7 年财务报表为例，该公司的资产负债表、利润表和现金流量表如表 10-2 至表 10-4 所示。

一、偿债能力分析

在会计意义上，流动性是指资产变现或转换成现金或是偿付负债预期所需要的时间。债权人，特别是短期债权人，对现金与短期负债的比率（流动比率）非常重视。这个比率可以显示出一家企业是否有足够的现金偿付流动的或即将到期的债务，对于上市公司来说，股东可以通过流动性来评估未来的现金股息或股票回购的可能性。一般而言，公司流动性越大，经营失败的风险就越小。

企业偿债能力是反映企业财务状况和经营能力的重要标志。企业偿债能力低，不仅说明企业资金紧张，难以支付日常经营支出，而且说明企业资金周转不灵，难以偿还到期应偿付的债务，甚至面临破产危险。企业的负债包括流动负债和长期负债。企业偿还流动负债的能力是由流动资产的变现能力决定的。除货币资金以外，变现能力较强的流动资产还包括有价证券、应收票据及应收账款等。债务一般按到期时间分为短期债务和长期债务，偿债能力分析也可以分为短期偿债能力和长期偿债能力。

（一）短期偿债能力分析

企业在短期（一年或一个正常的营业周期内）需要偿还的负债主要指流动负债。因此，短期偿债能力衡量的是企业对其流动负债的偿还能力。企业的短期偿债能力，一方面取决于企业短期内持有的货币资金；另一方面取决于企业短期内产生货币资金的能力，即在短期内有多少流动资产能够转化为货币资金。

1. 营运资金（Net working capital）

营运资金是指流动资产超过流动负债的部分。其计算公式如下：

$$营运资金 = 流动资产 - 流动负债$$

计算营运资金使用的"流动资产"和"流动负债"，可以直接取自资产负债表。作为短期偿债能力的指标，营运资金是比较重要的，因为它显示了企业持有多少流动资产为短期债权人提供保护，营运资金越多则偿债越有保障。当营运资金为正时，说明企业财务状况稳定，说明企业没有偿债压力；反之，当营运资金为负时，企业持有的流动资产不足以偿还到期债务，需要采取其他相应的措施来弥补流动资产不足，从而导致不能偿债的风险很大，财务状况不稳定。因此，企业必须保持正的营运资金，以避免流动负债的偿付风险。

营运资金是一个绝对值，所以对于两家规模不同的企业而言，通过比较净营运资本来判断其短期偿债能力是不可取的。

【例10-2】 甲企业和乙企业拥有相同的营运资金，见表10-5。

表10-5　　　　　　　　　甲企业和乙企业营运资金表　　　　　　　　　单位：万元

	甲企业	乙企业
流动资产	1 200	4 800
流动负债	400	4 000
营运资金	800	800

通过分析表10-5可知，尽管两家企业的营运资金都是800元，但是甲企业的短期偿债能力要明显好于乙企业。因此，在分析短期偿债能力时，直接使用营运资金作为短期偿债能力指标受到限制，更多的是借助相对值来进行判断。

2. 流动比率

流动比率指的是流动资产与流动负债的比率关系，是分析企业流动状况、评价短期偿债能力最常用的指标。其公式如下：

$$流动比率 = \frac{流动资产}{流动负债}$$

根据表10-2资料，A公司20×7年的流动比率可计算如下：

20×7年末流动比率 = 3 589 ÷ 1 571 = 2.28

A公司20×7年末流动比率大于2，说明该企业具有较强的短期偿债能力。

与营运资金相比，流动比率能更好地揭示短期的偿债能力，因为流动比率表明每1元流动负债有多少流动资产作为保障，流动比率越大通常短期偿债能力越强。从债权人的角度来看，流动比率越高，表明流动资产超过流动负债的营运资产也越多，一旦面临清算时，则具有巨额的营运资金作为缓冲，确保债权得以足额清偿。一般认为，生产企业合理的流动比率标准值在2左右。但由于流动比率受到若干因素的影响，实务中很难为各行业确定一个共同的标准。

一般情况下，营业周期、流动资产中的应收账款数额和存货周转速度是影响流动比率的主要因素。凡是营业周期较短的企业，其流动比率可以相对低一些，因为营业周期较短，就意味着具备较高的应收账款周转率，而且无须储存大量存货。反之,如果营运周期较长,则其流动比率也会相应提高。计算出来的流动比率,只有和同行业平均流动比率、本企业历史流动比率进行比较,才能知道这个比率是高还是低,在此基础上分析过高或过低的原因等。

3. 速动比率

流动比率虽然可以用来评价流动资产总体的变现能力,但存在一定的局限性。如果企业的流动比率较高,但流动资产的流动性较差,则企业的短期偿债能力仍然不强。因此,人们希望获得比流动比率更能体现企业变现能力的指标,这个指标就是速动比率。

速动比率是企业一定时期的速动资产与流动负债的比率。其公式如下:

$$速动比率 = \frac{速动资产}{流动负债}$$

速动资产 = 流动资产 - 存货 - 一年内到期的非流动资产 - 其他流动资产

根据表 10-2 资料,A 公司 20×7 年末速动资产为 1 459 万元 (3 589 - 2 130)。

A 公司 20×7 年末的速动比率可计算如下:

20×7 年末速动比率 = 1 459 ÷ 1 571 = 0.93

A 公司 20×7 年末的速动比率比较接近公认的标准 1,偿还短期债务能力较强。但进一步分析可以发现,在 A 公司年末的速动资产中应收账款比重比较高,占比 70% (1 015 ÷ 1 459 × 100%),而应收账款是否能够及时收回带有很大的不确定性,所以我们需要进一步计算分析现金比率。

速动资产是指那些不需变现或变现过程较短,可以很快用来偿还流动负债的流动资产,一般是指流动资产扣除变现能力较差且不稳定的存货、一年内到期的非流动资产及其他流动资产等之后的余额,主要包括货币资金、交易性金融资产、应收账款、应收票据、其他应收款等。在流动资产中,存货属于流动性最差的资产项目,在经济不景气或存货出现残缺时,不能及时出售,或者按较低价格抛售,这都会影响资金的流转和企业的支付能力。这样,将变现能力弱的存货、将于一年内到期的非流动资产等项目从流动资产中剔除后,用速动资产与流动负债进行比较,能更加准确、可靠地评价企业资产的流动性及其偿还短期负债的能力。

一般认为,剔除了约占流动资产总额的 50% 的存货等项目后,速动比率为 1 较为合理,它说明每 1 元流动负债有 1 元的速动资产作为偿债的保证;而低于 1 的速动比率被认为短期偿债能力较低。当然,速动比率也不是越高越好,太高会造成资产闲置,增加企业的机会成本。但是,不同行业对速动比率的要求是不同的,因为速动资产中的应收账款比重会因不同行业而不同。比如以现金销售为主的商品零售行业,其速动比率要远远低于 1;反之,应收账款比重比较高的企业,其速动比率必须要大于 1。当然,与流动比率一样,速动比率也没有一个统一的标准，必须通过比较，才能作出正确的评价。

速动比率也有一定的局限性：其一，应收账款的可收回性，即应收账款的质量以及对应收账款的会计核算是否足够稳健，必定会对速动比率的客观作用产生影响；其二，速动比率会随行业、企业、经济环境和具体情况的不同而异，比如，一旦发生临时性支出，会造成企业运用较多的现金支付款项，这势必导致速动比率下降，很可能影响债务的支付。

4. 现金比率

特殊情况下，比如企业的应收款项和存货都发生了严重的流动性问题，或者企业抵押了其应收款项和存货等。这时，考察企业短期偿债能力最好的指标是现金比率。现金比率是指现金和交易性金融资产对企业流动负债的比例关系。其公式如下：

$$现金比率 = \frac{货币资金 + 交易性金融资产}{流动负债}$$

根据表 10-2 资料，A 公司 20×7 年的现金比率可计算如下：

20×7 年末现金比率 =（145+90）÷1 571 = 0.15

虽然 A 公司流动比率和速动比率相对较高，但现金比率偏低，说明该公司短期偿债能力还是有一定的风险，应缩短应收账款信用期限，加大应收账款催收力度，以加速应收账款资金的周转。

公式中的"货币资金""交易性金融资产"通常使用资产负债表中的"货币资金"和"以公允价值计量且其变动计入当期损益的金融资产"。现金比率表明 1 元流动负债有多少现金资产作为偿还保障。现金比率越高，表示企业可以用以偿付流动负债的现金资产数额越多，可变现损失的风险越小，变现时间也越短，流动负债的偿还越有保证。

当然，现金比率是基于一个非常保守的观点，同时也忽略了企业流动资产与流动负债之间的内在循环关系。现金比率高虽然表示企业的偿债能力强或紧急应变能力强，却会导致企业持有大量现金资产，造成现金资源的闲置，产生大量的机会成本等。

5. 现金流量比率

现金流量比率是经营现金净流量与流动负债进行对比所确定的比率，反映企业用每年的经营现金净流量偿还到期债务的能力。其计算公式如下：

$$现金流量比率 = \frac{经营现金净流量}{(期初流动负债 + 期末流动负债) \div 2}$$

根据表 10-2、表 10-4 资料，A 公司 20×7 年末的现金流量比率为：

$$现金流量比率 = \frac{6\ 746}{(1\ 870 + 1\ 571) \div 2} = 3.92$$

现金流量比率表明每 1 元流动负债的经营现金流量的保障程度。该比率越高，偿债越有保障。

公式中的"经营现金净流量"，通常使用现金流量表中的"经营活动产生的现金流量净额"。现金流量表的主表是根据收付实现制原则编制的,因此"经营活动产生的现金流量净额"既不受会计政策和会计估计不同选择的影响,可以避免流动比率和速动比率所固有的局限性;也不受流动资产变现能力的影响,可以直接反映企业本身经营活动的"造血"功能——创造现金流量的实际能力。同时,现金流量比率能充分考虑现金的其他支付用途后的剩余支付能力,因此,它比流动比率和速动比率更准确地反映了企业短期偿债能力。现金流量比率越高,不仅表明企业支付到期债务的能力越强,而且也说明企业经营活动创造现金流量的能力越强,这是企业经营活动效率和质量较高、财务状况良好的重要标志。

公式中的"流动负债",通常使用资产负债表中的"流动负债"年初与年末的平均数。为了简便,也可以使用期末数。

以上五个指标是反映短期偿债能力的主要指标。在进行分析时,要注意以下几个问题:①上述指标各有侧重,在分析时要结合使用,以便全面、准确地做出判断;②上述指标中分母均是流动负债,没有考虑长期负债问题。但如果有在一年内到期的长期负债,则应视为流动负债;③财务报表中没有列示的因素,如企业借款能力、准备出售长期资产等,也会影响企业短期偿债能力,在分析时,也应认真考虑。

(二) 长期偿债能力分析

企业对其债务要承担到期还本付息的义务。评价企业长期债务偿还能力时,不仅要分析企业偿还本金的能力,还要考虑企业偿还利息的能力,因此,评估企业长期偿债能力最好的指标是企业在一定时期内创造收益的能力。盈利性好的企业会从经营活动中产生足够的现金流量,也可以从债权人或投资者那里获得所需要的资金,这样就可以保持日后偿付本息的能力。企业的长期偿债能力主要利用以下指标来分析:

1. 资产负债率

资产负债率又称负债比率,是企业负债总额与资产总额间的比例关系。其公式如下:

$$资产负债率 = \frac{负债总额}{资产总额} \times 100\%$$

根据表 10-2 资料,A 公司 20×7 年末资产负债率为:

$$资产负债率 = \frac{4\,375}{9\,507} \times 100\% = 46\%$$

资产负债率反映总资产中有多大比例是通过负债取得的,可以衡量企业清算时资产对债权人权益的保障程度。企业的资产是由负债和所有者权益构成的,因此,资产总额应该大于负债总额,资产负债率应该小于 100%。这一比率越低,表明资产对负债的保障能力越高,企业的长期偿债能力越强。

但是,不同的主体对资产负债率指标的大小有不同的看法。从债权人的立场看，债权人最关心的是贷给企业的款项的安全程度，也就是能否按期收回本金和利息。如果投资人提供的资本占企业总资本的比重比较小，表明企业的风险主要是由债权人承担的，这对于债权人是不愿意的。因此，债权人希望企业的资产负债率越低越好，承担的风险越低，到期收取本息就越有保证。从投资人的立场看，由于企业通过举债筹措的资金与投资者提供的资金在经营中发挥着同样的作用。所以，从投资者的立场看，当全部资本利润率高于借款利息率时，借入资金越多，投资者所获得的利润越大。从经营者的立场看，在进行举债决策时，应当审时度势，全面考虑，充分估计预期的利润和增加的风险，权衡二者之间的利害得失，做出正确决策。

资产负债率衡量企业总资产中由债权人提供的资产比率的大小。对债权人而言，负债对总资产的比例越小，表示股东权益的比率越大，企业的自有资金力量越强，债权的保障越高；对股东来说，则希望以较高的资产负债率扩大企业获利基础，并以较小的投资控制整个企业。若企业经营状况良好，通过提高资产负债率，可以充分发挥财务杠杆效应使股东获得较高的报酬率，但是当企业状况不好时，较高的资产负债率所产生的利息费用将使企业不堪重负，得不偿失。

2. 利息保障倍数

利息保障倍数表明了企业支付利息的能力，是指企业一个会计期间内获得的息税前利润与固定利息费用的倍数关系。其公式如下：

$$利息保障倍数 = \frac{息税前利润}{利息费用} = \frac{净利润 + 利息费用 + 所得税费用}{利息费用}$$

根据表10-2、表10-3资料，A公司20×7年的利息保障倍数为：

$$利息保障倍数 = \frac{692 + 347 + 246}{347} = 3.70$$

公式中的息税前利润是指利润表中未扣除利息费用的税前利润，即"净利润+利息费用+所得税费用"。由于利润表中利息费用通常包含在财务费用中，因此，报表分析往往直接使用"净利润+财务费用+所得税费用"来计算。此外，要注意的是该指标计算中作为分母的利息费用，它包括企业各类长、短期负债所要支付的全部利息费用，即不但包括计入财务费用账户的利息费用，也包括列入固定资产、在建工程等各项资本化支出的利息费用。为了简便，本例中使用财务费用表示。

利息保障倍数不仅反映了企业获利能力的大小，而且反映了获利能力对偿还到期债务的保证程度，它既是企业举债经营的前提依据，也是衡量企业长期偿债能力大小的重要标志。若要维持正常偿债能力，从长期看，利息保障倍数至少应当大于1，且比值越高，企业长期偿债能力一般也就越强。如果利息保障倍数过小，企业将面临亏损、偿债安全性与稳定性下降的风险。究竟企业利息倍数应是利息的多少倍才算偿付能力强，这要根据往年经验结合行业特点来判断。

3. 产权比率

产权比率是指负债总额与所有者权益总额之间的比例关系。其公式如下：

$$产权比率 = \frac{负债总额}{所有者权益} \times 100\%$$

根据表 10-1 资料，A 公司 20×7 年末的产权比率为：

$$产权比率 = \frac{4\,375}{5\,132} \times 100\% = 85\%$$

产权比率表明 1 元所有者权益所对应的债务数额。负债对所有者权益比率，表明所有者权益对债权人权益的保障程度。对债权人来说，此比率越低，则表明企业长期偿债能力越强，则债权人权益越安全。具体来说，该项指标反映由债权人提供的资本与所有者提供的资本的相对关系，反映企业基本的财务结构是否稳定，反映了债权人资本受所有者权益的保障程度，或者是企业清偿时对债权人利益的保障程度。通常认为，产权比率高，是高风险、高报酬的财务结构；产权比率低，是低风险、低报酬的财务结构。

产权比率与资产负债率对评价偿债能力的作用基本一致，只是资产负债率侧重于分析债务偿付安全性的物质保障程度，产权比率则侧重于揭示财务结构的稳健程度以及自有资金对偿债风险的承受能力。

4. 权益乘数

权益乘数是总资产与权益的比例关系。其公式如下：

$$权益乘数 = \frac{总资产}{股东权益} = \frac{1}{1 - 资产负债率} = 1 + 产权比率$$

根据表 10-1 资料，A 公司 20×7 年末的权益乘数为：

$$权益乘数 = \frac{9\,507}{5\,132} = 1.85$$

权益乘数表明 1 元股东权益拥有的总资产。它和产权比率都是常用的反映财务杠杆水平的指标。财务杠杆表明债务的多少，与偿债能力有关，并且可以表明权益净利率的风险。权益乘数表明企业的负债程度，乘数越大，说明企业有越高的负债程度，有较大的杠杆利益，同时也承担较大的风险。

5. 现金流量利息保障倍数。现金利息保障倍数是经营获得现金流量与利息费用的比重。其计算公式如下：

$$现金流量利息保障倍数 = \frac{经营净现金流量}{利息费用}$$

根据表 10-3、表 10-4 资料，A 公司 20×7 年的现金流量利息保障倍数为：

$$现金流量利息保障倍数 = \frac{6\,746}{347} = 19.44$$

现金流量利息保障倍数反映的是企业用当期经营活动带来的现金净流量支付当年的利息的能力。现金基础的利息保障表明，1 元的利息费用有多少倍的经营现金流量做保障，它比收益基础的利息保障倍数更可靠，因为实际用以支付利息的是现金，而不是收益。A 公司本年现金流量利息保障倍数为 19.44，因此说明其具有充足的经营现金保障利息的支付水平。

6. 现金流量债务比。现金流量债务比，是指经营活动产生的净现金流量与债务总额的比率。其计算公式如下：

$$现金流量债务比 = \frac{经营净现金流量}{(期初负债总额 + 期末负债总额) \div 2}$$

根据表 10 - 2、表 10 - 4 资料，A 公司 20×7 年的现金流量利息保障倍数为：

$$现金流量债务比 = \frac{6\ 746}{(5\ 377 + 4\ 375) \div 2} = 1.38$$

公式中的"负债总额"，一般情况下使用年末与年初负债的加权平均数，为了简便，也可以使用期末数。

该比率表明企业用经营现金流量偿还全部债务的能力。比率越高，承担债务总额的能力越强。

7. 影响偿债能力的其他因素

评价和分析企业的偿债能力，除了上述通过报表项目计算财务比率进行分析以外，还应该关注一些表外项目，这些信息隐藏在报表之外，也会影响企业的偿债能力，必须引起足够的重视。

（1）长期租赁。当企业急需某种设备或资产而又缺乏必要的资金时，可以通过租赁的方式解决。企业租赁有两种形式：融资租赁和经营租赁。融资租赁引起一些固定性支出（租金）需要反映在资产负债表中，体现为长期负债，在分析长期偿债能力时，已经包括在债务比率指标计算之中。但经营租赁引起的未来的一些固定性支出（租金）是没有反映在资产负债表中的，当企业的经营租赁比重比较大、期限比较长或具有经常性时，则构成了一项长期性融资，到期必须支付租金，从而对企业的偿债能力产生影响。

（2）或有事项。或有事项是指过去的交易或者事项形成的，其结果须由某些未来事项的发生或不发生才能决定的不确定事项，如未决诉讼、应收票据贴现等。或有事项的特点是最终结果不确定，一旦发生便会影响企业的财务状况，从而加大企业的偿债义务。

（3）可动用的银行贷款指标或授信额度

当企业拥有良好信用的时候，银行会给予企业一定数额的可动用银行贷款指标或授予一定的信用额度，这些数据信息属于财务报表的表外信息，但可以随时增加企业的支付能力，因此可以提高企业的偿债能力。

（4）资产质量

财务报表反映的资产金额为资产的账面价值，但由于财务会计计量属性本身的局限性，资产的账面价值与实际价值可能存在差异，资产可能被高估或低估。此外，资产的变现能力也会影响偿债能力，如果企业存在很快变现的长期资产，会增加企业的偿债能力。

二、资产营运能力分析

企业营运能力是指企业利用资金的效果,通过投入与产出(主要指收入)之间的关系反映。资产营运能力指标主要包括营业周期、存货周转率、应收账款周转率、固定资产周转率和总资产周转率等指标。

(一) 营业周期

营业周期是指从取得存货开始到售出存货并收回现金为止的这段时间。营业周期的长短取决于存货周转天数和应收账款周转天数。其公式如下:

营业周期 = 存货周转天数 + 应收账款周转天数

把存货周转天数和应收账款周转天数相加计算出来的营业周期,指的是需要多长时间能将期末存货全部变为现金。一般情况下,营业周期短,说明资金周转速度快;营业周期长,说明资金周转速度慢。

(二) 存货周转率

1. 存货周转率

存货周转率是某一特定期间的营业成本与存货平均成本的比值,用以衡量企业存货通过销售实现周转的速度,并可用以检验存货的管理水平。其公式如下:

$$存货周转率 = \frac{营业成本}{平均存货}$$

其中:平均存货 = (期初存货余额 + 期末存货余额) ÷ 2

根据表 10-2、表 10-3 资料,A 公司 20×7 年存货周转率为:

$$存货周转率 = \frac{12\,700}{(980 + 2\,130) \div 2} = 8.17$$

存货周转率反映企业销售存货的速度,反映企业销售能力。存货周转率高,周转天数少,表明存货的周转速度快,变现能力强,进而则说明企业具有较强的存货营运能力和较高的存货管理效率。存货周转率过低,通常是企业库存管理存在问题、供产销配合不好、库存积压和资金积压的结果,会导致企业库存成本上升,利息支出增加,资金流动性减弱,应及时加以改善。在分析存货周转率时,应结合企业自身的特点进行。适当的存货量与合理的存货结构也应结合企业自身特点、市场状况、行业特征等进行确定。

2. 存货周转天数

根据存货周转率及其计算方法,可以计算存货周转一次平均所需要的时间,称为存货周转天数。其公式如下:

$$存货周转天数 = \frac{360}{存货周转率} = \frac{存货平均余额 \times 360}{营业成本}$$

根据表 10-2、表 10-3 资料,A 公司 20×7 年末存货周转天数为:

$$存货周转天数 = \frac{360}{8.17} = \frac{1\,555 \times 360}{12\,700} = 44.07$$

一般而言,存货周转天数越低,说明存货管理水平越好。存货周转天数指标的好坏反映存货管理水平,它不仅影响企业的短期偿债能力,也是整个企业管理的重要内容。

存货周转率分析的目的是从不同角度和环节上找出存货管理中存在的问题,使存货管理在保证市场经营连续性的同时,尽可能少占用资金,提高资金使用效率,增强企业的短期偿债能力,促使企业管理水平的提高。

(三) 应收账款周转率

1. 应收账款周转率

应收账款周转率是指营业收入与平均应收账款总额之间的比值,用以衡量特定时期内企业收回赊销款项的速度和效率。其公式如下:

$$应收账款周转率 = \frac{营业收入}{平均应收账款}$$

其中:平均应收账款 =(期初应收账款余额 + 期末应收账款余额)÷ 2

根据表 10-2、表 10-3 资料,A 公司 20×7 年应收账款周转率为:

$$应收账款周转率 = \frac{14\ 350}{(2\ 450 + 1\ 015) \div 2} = 8.28$$

在市场经济条件下,商业信用被广泛应用,应收账款成为一项重要的流动资产。应收账款周转率是评价应收账款流动性大小的一个重要财务比率,可以用来分析应收账款变现速度和管理效率。应收账款周转率高,说明企业能在短期内收回货款,利用经营活动产生的资金支付短期债务的能力强,可以在一定程度上弥补流动比率低带来的不利影响。如果应收账款周转率过低,则反映出企业资金利用率不高或销售信用政策太松,影响了资金的正常周转。

2. 应收账款周转天数

应收账款周转天数表示应收账款周转一次所需天数。其公式如下:

$$应收账款周转天数 = \frac{360}{应收账款周转率} = \frac{平均应收账款 \times 360}{营业收入}$$

根据表 10-2、表 10-3 资料,A 公司 20×7 年应收账款周转率为:

$$应收账款周转天数 = \frac{360}{8.28} = \frac{1\ 732.5 \times 360}{14\ 350} = 43.46$$

应收账款周转天数越少,说明企业的应收账款周转速度越快。但是,应收账款周转天数没有一定的评价标准和比较基础,需根据企业的信用政策而定。同时,分析应收账款周转天数要与企业以往年度的同种指标、行业平均值以及本行业里其他企业的同种指标进行对比。

(四) 流动资产周转率

流动资产周转率是营业收入与全部流动资产的平均余额的比值。其公式如下:

$$流动资产周转率 = \frac{营业收入}{平均流动资产}$$

其中:平均流动资产 =(期初流动资产余额 + 期末流动资产余额)÷ 2

根据表 10-2、表 10-3 资料,A 公司 20×7 年的流动资产周转率:

$$流动资产周转率 = \frac{14\,350}{(4\,015 + 3\,589) \div 2} = 3.77$$

流动资产周转率反映流动资产的周转速度。周转速度快，会相对节约流动资产，等于相对扩大资金投入，增强企业盈利能力；而周转速度慢，就需要补充流动资产参加周转，占用过多的资金，降低企业盈利能力。

（五）固定资产周转率

固定资产周转率是指企业营业收入与固定资产的比值。它是反映企业固定资产周转情况，从而衡量固定资产利用效率的一项指标。其公式如下：

$$固定资产周转率 = \frac{营业收入}{平均固定资产}$$

其中：平均固定资产 =（期初固定资产余额 + 期末固定资产余额）÷ 2

根据表 10-2、表 10-3 资料，A 公司 20×7 年固定资产周转率为：

$$固定资产周转率 = \frac{14\,350}{(5\,540 + 4\,350) \div 2} = 2.9$$

固定资产周转率主要用于分析对厂房、设备等固定资产的利用效率。该比率越高，说明固定资产的利用率越高，管理水平越好。如果固定资产周转率与同行业平均水平相比偏低，说明企业的生产效率较低，可能会影响企业的获利能力。

运用固定资产周转率进行分析时，需要考虑折旧所导致的净值不断减少以及更新重置导致的净值突然增加的影响。同时，折旧方法的不同也会影响其可比性，故在分析时，一定要剔除这些不可比因素。

（六）总资产周转率

总资产周转率是营业收入与平均资产总额的比值。其公式如下：

$$总资产周转率 = \frac{营业收入}{平均资产总额}$$

其中：平均资产总额 =（期初资产总额 + 期末资产总额）÷ 2

根据表 10-2、表 10-3 资料，A 公司 20×7 年总资产周转率为：

$$总资产周转率 = \frac{14\,350}{(11\,050 + 9\,507) \div 2} = 1.4$$

该指标反映总资产的利用效率，周转越快，反映资产利用越充分。

总之，各项资产的周转指标用于衡量企业运用资产赚取收入的能力，经常和反映盈利能力的指标结合起来应用，以便全面评价企业的盈利能力。

三、盈利能力分析

盈利能力是企业赚取利润的能力。无论是投资人、债权人还是企业管理人员，都非常重视和关心企业的盈利能力。通过对企业盈利能力的分析，可以了解企业的投资是否得到合理的回报，评价企业的管理业绩，帮助投资者作出相关决策。反映企业盈利能力的指标主要有销售毛利率、销售净利率、总资产净利率和净资产收益率。

（一）销售毛利率

销售毛利率是销售毛利占营业收入的百分比。其公式如下：

$$销售毛利率 = \frac{销售毛利}{销售收入} \times 100\% = \frac{销售收入 - 销售成本}{销售收入} \times 100\%$$

其中：销售毛利 = 销售收入 - 销售成本

根据表 10-3 资料，A 公司 20×7 年销售毛利率为：

$$销售毛利率 = \frac{14\,350 - 12\,700}{14\,350} \times 100\% = 11.5\%$$

销售毛利率表示每 1 元销售收入扣除销售成本后，有多少可用于支付各项期间费用并形成盈利。销售毛利率越高，表明产品的盈利能力越强。销售毛利率是企业销售净利率的基础，没有足够的毛利率便不能盈利。

（二）销售净利率

销售净利率是指净利与营业收入的百分比。其公式如下：

$$销售净利率 = \frac{净利润}{销售收入} \times 100\%$$

根据表 10-3 资料，A 公司 20×7 年销售净利率为：

$$销售毛利率 = \frac{692}{14\,350} \times 100\% = 4.8\%$$

该指标反映每 1 元营业收入带来的净利润是多少，表示产品的最终盈利能力。企业在增加营业收入的同时，必须相应获得更多的净利润，才能使销售净利率保持不变或有所提高。通过分析销售净利率的升降变动，可以促使企业在扩大销售的同时，注意改善经营管理，提高盈利水平。

（三）总资产净利率

总资产净利率是指净利润与平均总资产的百分比，反映每 1 元资产创造的净利润。

其公式如下：

$$总资产净利率 = \frac{净利润}{平均总资产} \times 100\%$$

根据表 10-2、表 10-3 资料，A 公司 20×7 年总资产净利率为：

$$总资产净利率 = \frac{692}{(11\,050 + 9\,507) \div 2} \times 100\% = 6.7\%$$

把企业一定时期的净利润与企业资产进行比较，表明企业资产利用的综合效果。该指标越高，表明资产的利用效率越高，说明企业在增加收入和节约资金使用等方面取得了良好的效果，否则相反。

（四）净资产收益率

净资产收益率又称权益净利率，是净利润与平均净资产的百分比，表明每 1 元净资产赚取的净利润。其公式如下：

$$净资产收益率 = \frac{净利润}{平均净资产} \times 100\%$$

10-3
上市公司财务分析

根据表 10-2、表 10-3 资料，A 公司 20×7 年净资产收益率为：

$$净资产收益率 = \frac{692}{(5\ 673 + 5\ 132) \div 2} \times 100\% = 12.8\%$$

净资产收益率是衡量企业盈利能力的核心指标，反映了企业所有者权益的投资报酬率。企业的投资报酬，在扣除相关的费用、固定的利息费用、所得税费用之后，最终都要归所有者所拥有，所以，相比较其他利益相关主体，投资者更加关注重视净资产的收益率。

任务三 财务综合分析

从偿债能力、营运能力、盈利能力和发展角度对企业进行分析是单独从某一特定角度，就企业某一方面的经营活动所做的分析，只是满足了某种特定需要。如果要全面、准确、客观地揭示和披露企业的财务状况、经济效益的优劣等，就需要对企业财务活动进行综合分析与评价。

财务综合分析就是将企业的偿债能力、营运能力等各项分析指标有机联系起来，作为一个完整的体系，相互配合使用，全面地对企业财务状况、经营状况进行解剖和分析，从整体上、本质上反映和把握企业生产经营的财务状况和经营效果，从而实现对企业经济效益作出较为准确的评价与判断。财务综合分析的方法很多，主要介绍杜邦分析法和沃尔评分法。

一、杜邦分析法
（一）杜邦分析法的概念与基本结构

杜邦分析法，亦称杜邦财务分析体系，是利用各种财务比率指标之间的内在联系构建的一个综合指标体系，对企业财务状况和经济效益进行综合分析与评价的一种系统分析方法。它是由美国杜邦公司在 20 世纪 20 年代率先采用的一种财务分析方法，故称杜邦财务分析体系。其基本结构如图 10-1 所示。

杜邦财务分析体系中主要反映了以下几种财务比率的关系：

（1）$净资产收益率 = \dfrac{净利润}{平均净资产}$

$\qquad = \dfrac{净利润}{平均资产总额} \times \dfrac{平均资产总额}{平均净资产}$

$\qquad = 资产净利率 \times 平均权益乘数$

（2）$资产净利率 = \dfrac{净利润}{平均资产总额}$

$\qquad = \dfrac{净利润}{营业收入} \times \dfrac{营业收入}{平均资产总额}$

$\qquad = 销售净利率 \times 总资产周转率$

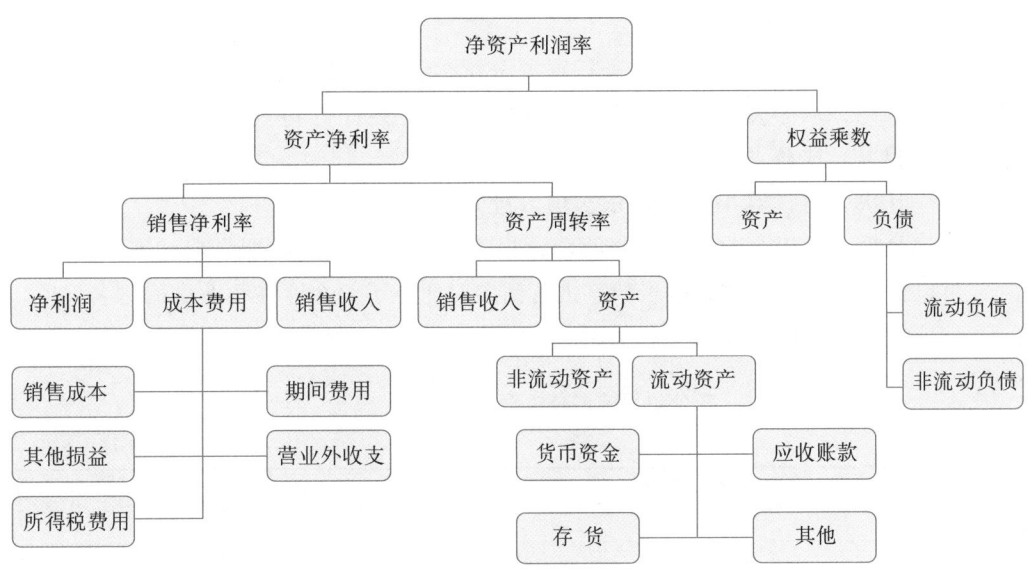

图 10-1 杜邦分析体系的基本结构

由公式（1）（2）式可得：

净资产收益率 = 销售净利率 × 总资产周转率 × 平均权益乘数

杜邦财务分析体系的基本思路是将财务分析作为一个系统工程，全面分析企业的偿债能力、营运能力、盈利能力及其相互之间的关系，使分析者对企业的财务状况有更深入且广泛的认识，进而实施有效的财务决策。

根据图 10-1，我们可以看到，提高权益净利率的途径有以下三个方面：

（1）提高销售净利率。影响销售净利率的主要因素是销售收入和成本费用，这就要求企业一方面要提高产能，扩大销售量，增加销售收入；另一方面，要降低成本费用，分析成本费用的基本结构是否合理。因此，扩大销售收入、降低成本费用是提高销售利润率的基本途径。通过分析企业盈利水平，可以发现企业收入和成本费用积极或消极变化的原因，寻找有效对策，从而提高企业利润水平。

（2）提高总资产周转率。提高总资产周转率需要在扩大销售收入的同时，加速企业经营性资产的流动性，减少资金闲置。这就要求企业合理安排资产结构，降低资产存量，特别是找出长期闲置和利用程度较低的资产项目，通过加强企业管理调整产品结构，分析各项资产的占用数额和周转速度，降低存货存量，加快应收账款的变现，提高资产周转速度，降低资金占用。

（3）提高权益乘数。按杜邦分析法，如果企业总资产的需要量不变，适度开展负债经营，相对减少所有者权益所占份额，可使权益乘数提高，从而提高权益净利率。因此，企业既要合理使用全部资产，又要妥善安排资本结构，这样才能有效提高权益净利率。较高的权益乘数固然可以较好地发挥财务杠杆作用，但也会导致较大的财务风险。因此，这就要求企业将负债控制在一个合理的水平上，不能太高，但也不能太低。

10-4
EVA 财务指标

（二）杜邦财务分析步骤

我们在利用杜邦分析法进行财务分析时，一般采取以下步骤：

首先，从净资产收益率开始，根据相应的会计资料（主要是资产负债表和利润表）来逐步分解计算各指标。

其次，将计算出的指标依次填入杜邦分析图。

最后，对于企业不同时期的会计报表数字，进行前后期纵向动态对比，还可以根据不同企业财务报表数字进行横向对比，了解企业在行业中的排名位置。

【例 10-3】 B 公司相关财务指标如表 10-6 所示。

表 10-6　　　　　　　　　　B 公司相关财务指标

编制单位：B 公司　　　　　　　　　　　　　　　　　　　　　　　　　　　　　单位：万元

项目	20×6 年	20×7 年
一、基本财务数据		
净利润	102.84	126.53
销售收入	4 112.24	7 576.13
资产总额	3 062.00	3 305.80
负债总额	2 056.77	2 156.60
成本费用总额	4 039.67	7 367.47
二、财务比率		
净资产利润率	0.1	0.11
资产净利率	0.03	0.04
资产负债率	0.67	0.65
权益乘数	3.05	2.88
销售净利率	0.03	0.02
总资产周转率	1.34	2.29

注：为简化计算，本表计算涉及的资产负债表项目统一使用期末数代替相关的期初期末算术平均数。

根据表 10-6 中的数据，我们可以根据杜邦分析法做出杜邦模型。如图 10-2。

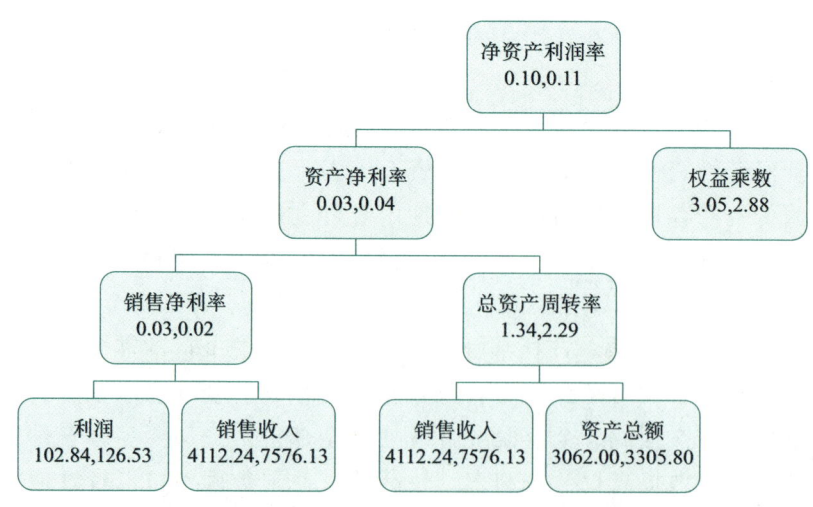

图 10-2　B 公司 20×6—20×7 年度杜邦模型

说明：每个项目下的数据，逗号前后分别为 20×6 年和 20×7 年数据。

通过图 10-2 可知，B 公司净资产收益率的改变，是由于资本结构的改变，即权益乘数下降，由原先的 3.05 降为 2.88；同时，资产净利率和成本控制也出现变动，最终使得净资产收益率变动。

在杜邦模型中，在资产净利率下面有销售净利率与总资产周转率，我们可以看出，相比于 20×6 年，B 公司 20×7 年的总资产周转率有所提高，说明资产的利用得到了比较好的控制，显示出比前一年较好的效果，表明该公司利用其总资产产生销售收入的效率在增加。

然而，在总资产周转率提高的同时，销售净利率的减少却阻碍了资产净利率的增加。我们继续沿着杜邦模型的框架来看，可以发现该公司 20×7 年大幅度提高了销售收入，但是净利润的提高幅度却很小，再者，该公司的总成本也有了大幅度增加，如从 4 039.67 万元增加到 7 367.47 万元，这使得该公司的净利润下降。

至此，我们可以知道，B 公司需要在缩减营运成本方面做出努力，才能够确保在销售收入增加的时候，销售净利率也能够随之增长。所以，通过杜邦模型中的指标变动，便为企业经营指明了方向。同时，导致该公司净资产收益率上涨幅度较小的主要原因，是企业营运的总成本过大。另外，该公司的权益乘数在 20×7 年度下降，说明企业的负债程度降低，偿还债务能力增强。这个指标也反映了财务杠杆对利润水平的影响。实际上，财务杠杆具有正反两方面的作用。

比如说，在收益较好的年度，财务杠杆可以使股东获得的潜在报酬增加，但股东要承担因负债增加而引起的风险；在收益不好的年度，可能使股东潜在报酬下降。我们可以看出，该公司的权益乘数连续处于 2~5，即负债率在 50%~80%。这种情况下，企业管理者应该准确把握公司所处的环境，准确预测利润，合理控制负债带来的风险。

总体来说，B 公司当前最为重要的任务是要努力减少各项成本费用，同时还要保持资金较高的资产周转率。这样可以使销售利润率得到提高，进而使资产净利率也有大的提升。

综上所述，杜邦分析法以净资产利润率为主线，将企业在某一时期的经营成果及资产运营状况全面联系在一起，并层层分解，逐步深入，从而构成一个完整的分析体系。在实际运用中，它能较好地帮助管理者发现企业经营管理中存在的问题，进而有针对性地解决问题。

然而，杜邦分析体系也存在一定的局限性，主要表现如下：

(1) 计算资产利润率的"总资产"和"净利润"不匹配。总资产是全部资产提供者享有的资产，而净利润是专属于所有者的。两者相除不满足投入与产出匹配的原则，因此该指标所反映的报酬率比较模糊。

(2) 没有区分有息负债和无息负债。利息支出仅仅是有息负债的成本，因此只有利息支出与有息负债相除才是实际的平均利息率。并且，只有有息负债与所有者权益相除才能得到更符合实际的财务杠杆。无息负债本来就没有杠杆作用,将其计入财务杠杆会歪曲杠杆的实际作用。

(3) 杜邦分析法不能满足企业加强内部管理的需要。杜邦分析法基本局限于事后财务分析,事前预测、事中控制的作用较弱,不利于计划、控制和决策。这主要是因为杜邦分析的资料来源主要是财务报表,没有充分利用管理会计的数据资料,如基于管理会计原理的成本分析资料和风险分析资料,没有按照成本性态反映并分析成本信息,所以不利于成本控制和加强内部管理。

二、沃尔评分法

沃尔评分法是通过对选定的多项财务比率进行评分,然后计算综合得分,并据此评价企业综合财务状况。由于这种方法的创造者之一是亚历山大·沃尔,因此被称为沃尔评分法。

在进行财务分析时,人们遇到的一个主要困难就是计算出财务比率之后,无法判断它是偏高还是偏低。与本企业历史比较,也只能看出自身变化,却难以评价其在市场竞争中的优劣地位。沃尔评分法的基本原理是将选定的具有代表性的财务指标(流动比率、产权比率、固定资产比率、存货周转率、应收账款周转率、固定资产周转率、自有资金周转率七项财务比率)用线性关系结合起来,与行业平均值(或标准值)进行比较,以确定公司各项指标占标准值的比重,并结合标准分值来确定公司实际得分值。其评价标准是公司某项财务指标的实际得分值高于标准分值,则表明该指标较好;反之,若某项财务指标的实际得分值低于标准分值,则表明该指标较差。公司的总得分值表示公司财务状况在同行业中所处位置。

沃尔评分法的计算方法如表 10-7 所示。

表 10-7

财务比率	权重 (1)	标准值 (2)	实际值 (3)	相对值 4 = (3)/2	评分 (5) = (1) × (4)
流动比率	25				
产权比率	25				
固定资产比率	15				
存货周转率	10				
应收账款周转率	10				
固定资产周转率	10				
自有资金周转率	5				
合计	100				

原始意义上的沃尔分析法存在缺陷:没有能说明为什么选择这 7 个指标,而不是更多或者更少,或者选择其他财务比率;未能证明各个财务比率所占

权重的合理性;也未能说明比率的标准值是如何确定的。

尽管沃尔评分法存在上述缺陷,但它在实践中仍被广泛应用并得到不断改进和发展。沃尔比重评分法解决了在分析公司各项财务指标时如何评价其指标的好坏以及公司整体财务状况在同行业中的地位等问题。但在采用此方法进行财务状况综合分析和评价时,应注意以下几个方面问题:①同行业的标准值必须准确无误;②标准分值的规定应根据指标的重要程度合理确定;③分析指标应尽可能全面,采用指标越多,分析的结果越接近现实。

三、财务分析的局限性

财务分析的起点是财务报表,分析使用的数据大部分来源于企业公开发布的财务报表。因此,正确理解财务报表是财务分析的前提。然而,我们也应该清醒地认识到,财务分析的结果并非绝对准确。由于各种因素的限制,企业财务报表、财务分析指标和财务分析方法往往存在一定的局限性,从而对财务报表分析产生不利影响,使分析结果与预期产生差距。其局限性具体表现为:

10-5
平衡计分卡

1. 会计政策与会计处理方法的多种选择

根据《企业会计准则》的规定,对于相同或类似的经济业务,可以有不同的会计政策或会计处理方法可供选择,如企业存货计价方法、固定资产折旧方法、所得税会计的核算方法、外币报表折算汇率等,都可以有不同的选择,即便是两家企业的经营情况完全相同,不同的会计处理方法也会导致相关数据在财务会计报表的披露会有所不同,从而使企业的财务分析结果会有所不同。

2. 会计估计的存在

财务报表中的有些项目数据是允许财务人员根据经验和实际情况加以估计计量的,如固定资产的折旧年限、无形资产的摊销年限的确定都不同程度地含有主观估计的因素;再如坏账准备的计提比例可以由企业自行掌握;固定资产的净残值率的估计等,确需超出相关范围,只要经过税务部门批准即可。因此,财务报表所提供的数据质量必然会受到人为估计准确程度的影响。企业的每一项会计估计都与企业利润或资产负债表相关数据有直接联系,都会不同程度地影响财务指标的计算与分析。

3. 会计假设与会计原则的限制

会计假设和会计原则虽然可以为会计工作提供规范和基础,但是他们也同样限制了财务报表功能的表达。例如在货币计量的假设下,财务报表所能表达的信息仅仅限于可以用货币表达的项目,而许多影响企业活动的因素,如企业职工的技术水平、企业产品的质量水平以及市场竞争能力等,都无法用货币进行衡量和表达。企业的某些重要资源,例如人力资源、知识产权等,在技术含量较高的企业是企业的巨大财富,却没有在财务报表上得到充分的计量和反映。另外,会计的真实性在很大程度上依赖于货币的真实性,如果币值不稳定，财务报表所表达的信息就会显得毫无意义。在通货膨胀的情况下，在以历史成本为原则编制的财务报表中，企业的存货和长期资产的价值将被低估，折旧和销售成本将同时受到影响，这就严重歪曲了企业的财务状况和盈利能力。

4. 财务报表的粉饰

公司的管理当局有时为了特定的目的，往往采用一些技术手段粉饰财务报表，蒙骗或误导财务报表使用者。比如，企业为了反映良好的偿债能力和营运能力，会选择在报表日前期放宽信用条件，扩大销售，增加销售收入；抛售短期有价证券；期末压缩或延缓进货等。这些技术手段使企业的财务状况看上去非常乐观，其目的只是在于蒙骗或误导财务报表使用者预决策行为等。

5. 财务分析方法的局限性

进行财务分析所使用的主要方法其本身也有局限性。如比率分析法往往是针对单个指标进行的，综合程度较低，在某些情况下无法得出令人满意的结论；再如对于因素分析法来说，需要主观假定各因素的变化顺序，否则就会得出不同的结论等。同时，所有的分析方法都是基于财务报表对过去经济事项的反映，而经济活动处于不断变化的经济环境之中，财务数据也会随之不断变化，所以会导致财务分析的结论是不全面的。

项目总结

财务分析是以财务报表等资料为依据，运用一定的分析方法和技术，对企业的经营和财务状况进行分析，评价企业以往的经营业绩，衡量企业现在的财务状况，预测企业未来的发展趋势，为企业正确的经营和财务决策提供依据的过程。

财务分析的方法主要有比率分析法、比较分析法、因素分析法和趋势分析法等。

财务分析常用的财务比率有评价企业偿债能力的比率，评价资产营运能力的比率、评价企业盈利能力的比率等方面的比率。偿债能力又分为短期偿债能力和长期偿债能力，评价短期偿债能力的比率包括流动比率、速动比率、现金比率等；评价长期偿债能力的比率包括资产负债率、产权比率、利息保障倍数等；评价资产营运能力的比率包括营业周期、存货周转率、应收账款周转率、资产周转率等；评价盈利能力比率包括净资产收益率、总资产报酬率、销售净利率等。

财务状况的综合分析方法主要有杜邦分析体系、沃尔比重评分法。杜邦财务分析体系是利用各种财务比率之间的内在连续构建的一个综合评价指标体系，净资产收益率是杜邦财务分析体系的核心，是一个综合性最强的指标；沃尔评分法是通过对选定的多项财务比率进行评分，然后计算综合得分，并据此评价企业综合的财务状况。

财务分析使用的数据大部分来源于企业公开发布的财务报表,由于各种因素的限制,企业的财务报表、财务分析指标和财务分析方法往往存在一定的局限,从而对财务报表分析产生不利影响,导致财务分析的结果不一定绝对准确。

拓展阅读

10-6
战略财务报表分析

课堂内外

1. 万江:《你就是下一个百万富翁》,企业管理出版社 2004 年版。
2. 王棣华:《财务管理案例精选第二版》中国市场出版社 2014 年版。
3. 张新民:《从报表看企业——数字背后的秘密》,中国人民大学出版社 2012 年版。
4. 迈克尔·波特著,陈小悦译:《竞争优势》,华夏出版社 2007 年版。
5. 观看网易公开课:捕捉投资机会的重要工具——财务报表分析。

职业能力训练

一、职业选择能力训练(单选,每小题只有一个正确答案)

1. 根据财务分析目的和要求不同,流动比率属于( )。
   A. 动态比率   B. 相关比率
   C. 构成比率   D. 效率比率

2. 产权比率越高,通常反映的信息是( )。
   A. 股东权益的保障程度越高   B. 财务结构越稳健
   C. 长期偿债能力越强   D. 财务杠杆效应越强

3. 下列指标中,其数值大小与偿债能力大小同方向变动的是( )。
   A. 产权比率   B. 资产负债率
   C. 利息保障倍数   D. 权益乘数

4. 某企业库存现金 2 万元,银行存款 75 万元,交易性金融资产 78 万元,应收账款 53 万元,存货 98 万元,流动负债 740 万元。据此,计算出该企业的速动比率为( )。
   A. 0.95   B. 0.76
   C. 0.28   D. 0.41

5. 假定其他条件不变,下列各项经济业务中,会导致公司总资产净利率上升的是（　　）。
　　A. 收回应收账款　　　　　　　　B. 用资本公积转增股本
　　C. 用银行存款购入生产设备　　　　D. 用银行存款归还银行借款
6. 下列财务比率反映营运能力的是（　　）。
　　A. 资产负债率　　　　　　　　　　B. 流动比率
　　C. 存货周转率　　　　　　　　　　D. 资产报酬率
7. 下列既是企业获利能力指标的核心，又是整个财务指标体系核心的指标是（　　）。
　　A. 销售毛利率　　　　　　　　　　B. 销售净利率
　　C. 总资产报酬率　　　　　　　　　D. 净资产收益率
8. 企业的所有者作为投资人，关心其资本的保值和增值状况，因此较为重视企业的（　　）。
　　A. 偿债能力　　　　　　　　　　　B. 营运能力
　　C. 盈利能力　　　　　　　　　　　D. 发展能力
9. 假定其他条件不变，下列各项经济业务中，会导致公司总资产净利率上升的是（　　）。
　　A. 收回应收账款　　　　　　　　　B. 用资本公积转增股本
　　C. 用银行存款购入生产设备　　　　D. 用银行存款归还借款
10. 产权比率越高，通常反映的信息是（　　）。
　　A. 财务结构越稳健　　　　　　　　B. 长期偿债能力越强
　　C. 财务杠杆效应越强　　　　　　　D. 股东权益的保障程度越高
11. 在下列关于资产负债率、权益乘数和产权比率之间关系的表达式中，正确的是（　　）。
　　A. 资产负债率 + 权益乘数 = 产权比率
　　B. 资产负债率 - 权益乘数 = 产权比率
　　C. 资产负债率 × 权益乘数 = 产权比率
　　D. 资产负债率 ÷ 权益乘数 = 产权比率
12. 在短期偿债能力指标中，（　　）不宜用于不同规模企业间的比较。
　　A. 流动比率　　　　　　　　　　　B. 营运资金
　　C. 速动比率　　　　　　　　　　　D. 现金比率

二、职业选择能力训练（多选，每小题答案至少有两个选项）

1. 比率分析法是通过计算各种比率指标来确定财务活动变动程度的方法，比率指标的类型主要有（　　）。
　　A. 构成比率　　　　　　　　　　　B. 效率比率
　　C. 相关比率　　　　　　　　　　　D. 动态比率
2. 下列各项指标中，可用来衡量企业长期偿债能力的有（　　）。
　　A. 产权比率　　　　　　　　　　　B. 资产负债率

C. 流动比率　　D. 利息保障倍数

3. 下列各项中，属于速动资产的是（　　）。

A. 交易性金融资产　　　　　　　B. 库存商品

C. 库存现金　　　　　　　　　　D. 应收账款

4. 一般而言，存货周转次数增加，其所反映的信息有（　　）。

A. 盈利能力下降　　　　　　　　B. 存货流动性增强

C. 存货周转期延长　　　　　　　D. 资产管理效率提高

5. 在一定时期内，应收账款周转次数多、周转天数少表明（　　）。

A. 信用管理政策宽松　　　　　　B. 应收账款流动性强

C. 应收账款管理效率高　　　　　D. 收账速度快

6. 下列权益乘数的表述正确的是（　　）。

A. 权益乘数 = 1 + 产权比率

B. 权益乘数 = 资产总额/股东权益

C. 权益乘数 = 股东权益/资产总额

D. 权益乘数 = 1/（1 – 资产负债率）

7. 下列各项经济业务活动会影响流动比率的是（　　）。

A. 从银行取得长期借款　　　　　B. 用现金购买短期债券

C. 用现金购买固定资产　　　　　D. 用存货进行对外投资

8. 下列各项中，在其他因素不变的情况下，可以减少总资产周转率的有（　　）。

A. 用银行存款购置固定资产　　　B. 平均应收账款余额增加

C. 现金多余时用其购买有价证券　D. 销售收入减少

9. 下列指标中数值越高，表明企业获利能力越强的有（　　）。

A. 营业利润率　　　　　　　　　B. 资产负债率

C. 净资产利润率　　　　　　　　D. 速动比率

10. 依据杜邦财务分析体系可知，提高净资产收益率的途径在于（　　）。

A. 加强成本管理，降低成本费用

B. 提高资产周转速度，降低资金占用

C. 适当提高权益乘数

D. 加强销售管理，提高销售净利率

11. 公司当年的经营利润很多，却不能偿还到期债务。为查清其原因，应检查的财务比率包括（　　）。

A. 销售净利率　　　　　　　　　B. 流动比率

C. 存货周转率　　　　　　　　　D. 应收账款周转率

12. 反映企业营运能力的指标包括（　　）。

A. 净资产收益率　　　　　　　　B. 流动资产周转率

C. 存货周转率　　　　　　　　　D. 应收账款周转率

三、职业判断能力训练（判断题，正确的打"√"，错误的打"×"）

1. 在财务分析中，企业经营者应对企业财务状况进行全面综合分析，并关注企业财务风险和经营风险。（   ）
2. 财务分析中的效率指标，是某项财务活动中所费与所得的比率，反映投入与产出的关系。（   ）
3. 在采用因素分析法时，既可以按照各因素的依存关系排列成一定的顺序并依次替代，也可以任意颠倒顺序，其结果是相同的。（   ）
4. 一般来讲，存货周转速度越快，存货流动性越强，会增加企业的短期偿债能力及盈利能力。（   ）
5. 负债比率越高，则权益乘数越低，财务风险越大。（   ）
6. 计算已获利息倍数时分母的利息费用，指的是计入财务费用的各项利息。（   ）
7. 权益乘数的高低取决于企业的资本结构：资产负债率越高，权益乘数越高，财务风险越大。（   ）
8. 速动比率较之流动比率更能反映出流动负债偿还的安全性和稳定性，速动比率低的企业无法偿还到期的流动负债。（   ）
9. 对债权人而言，企业的资产负债率越低越好。（   ）
10. 总资产周转率越高，说明企业的销售能力越强，资产投资效益越好。（   ）

四、计算分析题

（一）某企业库存现金3万元，银行存款105万元，交易性金融资产150万元，应收票据6万元，应收账款70万元，存货160万元，流动负债240万元。

要求：根据上述资料，计算该企业的流动比率、速动比率和现金比率。

（二）甲公司2017年12月31日的资产负债表显示，资产总额年初数和年末数分别为4 800万元和5 000万元，负债总额年初数和年末数分别为2 400万元和2 500万元，甲公司2017年度的营业收入为7 350元，净利润为294万元。

要求：

(1) 根据年初、年末平均值、计算权益乘数；
(2) 计算总资产周转率；
(3) 计算销售净利率；
(4) 计算总资产净利率和权益净利率。

五、职业实践能力训练

（一）任务目标：上市公司财务报表分析
1. 资产负债表分析

(1) 资产规模和资产结构分析；
(2) 短期偿债能力指标分析；
(3) 长期偿债能力指标分析。

2. 利润表分析

(1) 利润表结构分析；
(2) 利润表构成比重分析；
(3) 收入盈利能力分析；
(4) 成本费用盈利能力分析；
(5) 资产盈利能力分析。

(二) 实践形式及要求

将班级同学进行分组，确定每小组负责人。由各小组讨论并确定自己感兴趣或熟悉的上市公司，在此基础上查阅网络资料，下载该公司财务报表年报或半年报，选取该公司资产负债表或利润表进行分析，并形成一定的分析结论。

(三) 实践内容

1. 各小组学习任务目标和任务描述，确定研究方向；
2. 全面复习财务报表分析相关指标的含义、计算公式及应用分析；
3. 查阅并下载所研究上市公司的财务报表，并通过其他相关途径对该公司进行全面的分析与调查研究；
4. 每组组长组内分工，明确各自的任务；
5. 各小组针对其财务报表分析，由各小组组长汇总组内分析材料，形成各组财务报表分析研究报告，并在班级内部交流。

附　录

1. 复利终值系数表

i\n	1%	2%	3%	4%	5%	6%	7%	8%	9%	10%
1	1.0100	1.0200	1.0300	1.0400	1.0500	1.0600	1.0700	1.0800	1.0900	1.1000
2	1.0201	1.0404	1.0609	1.0816	1.1025	1.1236	1.1449	1.1664	1.1881	1.2100
3	1.0303	1.0612	1.0927	1.1249	1.1576	1.1910	1.2250	1.2597	1.2950	1.3310
4	1.0406	1.0824	1.1255	1.1699	1.2155	1.2625	1.3108	1.3605	1.4116	1.4641
5	1.0510	1.1041	1.1593	1.2167	1.2763	1.3382	1.4026	1.4693	1.5386	1.6105
6	1.0615	1.1262	1.1941	1.2653	1.3401	1.4185	1.5007	1.5869	1.6771	1.7716
7	1.0721	1.1487	1.2299	1.3159	1.4071	1.5036	1.6058	1.7138	1.8280	1.9487
8	1.0829	1.1717	1.2668	1.3686	1.4775	1.5938	1.7182	1.8509	1.9926	2.1436
9	1.0937	1.1951	1.3048	1.4233	1.5513	1.6895	1.8385	1.9990	2.1719	2.3579
10	1.1046	1.2190	1.3439	1.4802	1.6289	1.7908	1.9672	2.1589	2.3674	2.5937
11	1.1157	1.2434	1.3842	1.5395	1.7103	1.8983	2.1049	2.3316	2.5804	2.8531
12	1.1268	1.2682	1.4258	1.6010	1.7959	2.0122	2.2522	2.5182	2.8127	3.1384
13	1.1381	1.2936	1.4685	1.6651	1.8856	2.1329	2.4098	2.7196	3.0658	3.4523
14	1.1495	1.3195	1.5126	1.7317	1.9799	2.2609	2.5785	2.9372	3.3417	3.7975
15	1.1610	1.3459	1.5580	1.8009	2.0789	2.3966	2.7590	3.1722	3.6425	4.1772
16	1.1726	1.3728	1.6047	1.8730	2.1829	2.5404	2.9522	3.4259	3.9703	4.5950
17	1.1843	1.4002	1.6528	1.9479	2.2920	2.6928	3.1588	3.7000	4.3276	5.0545
18	1.1961	1.4282	1.7024	2.0258	2.4066	2.8543	3.3799	3.9960	4.7171	5.5599
19	1.2081	1.4568	1.7535	2.1068	2.5270	3.0256	3.6165	4.3157	5.1417	6.1159
20	1.2202	1.4859	1.8061	2.1911	2.6533	3.2071	3.8697	4.6610	5.6044	6.7275
21	1.2324	1.5157	1.8603	2.2788	2.7860	3.3996	4.1406	5.0338	6.1088	7.4002
22	1.2447	1.5460	1.9161	2.3699	2.9253	3.6035	4.4304	5.4365	6.6586	8.1403
23	1.2572	1.5769	1.9736	2.4647	3.0715	3.8197	4.7405	5.8715	7.2579	8.9543
24	1.2697	1.6084	2.0328	2.5633	3.2251	4.0489	5.0724	6.3412	7.9111	9.8497
25	1.2824	1.6406	2.0938	2.6658	3.3864	4.2919	5.4274	6.8485	8.6231	10.835
26	1.2953	1.6734	2.1566	2.7725	3.5557	4.5494	5.8074	7.3964	9.3992	11.918
27	1.3082	1.7069	2.2213	2.8834	3.7335	4.8223	6.2139	7.9881	10.245	13.110
28	1.3213	1.7410	2.2879	2.9987	3.9201	5.1117	6.6488	8.6271	11.167	14.421
29	1.3345	1.7758	2.3566	3.1187	4.1161	5.4184	7.1143	9.3173	12.172	15.863
30	1.3478	1.8114	2.4273	3.2434	4.3219	5.7435	7.6123	10.063	13.268	17.449
40	1.4889	2.2080	3.2620	4.8010	7.0400	10.286	14.975	21.725	31.409	45.259
50	1.6446	2.6916	4.3839	7.1067	11.467	18.420	29.457	46.902	74.358	117.39
60	1.8167	3.2810	5.8916	10.520	18.679	32.988	57.946	101.26	176.03	304.48

续表

n \ i	12%	14%	15%	16%	18%	20%	24%	28%	32%	36%
1	1.1200	1.1400	1.1500	1.1600	1.1800	1.2000	1.2400	1.2800	1.3200	1.3600
2	1.2544	1.2996	1.3225	1.3456	1.3924	1.4400	1.5376	1.6384	1.7424	1.8496
3	1.4049	1.4815	1.5209	1.5609	1.6430	1.7280	1.9066	2.0972	2.3000	2.5155
4	1.5735	1.6890	1.7490	1.8106	1.9388	2.0736	2.3642	2.6844	3.0360	3.4210
5	1.7623	1.9254	2.0114	2.1003	2.2878	2.4883	2.9316	3.4360	4.0075	4.6526
6	1.9738	2.1950	2.3131	2.4364	2.6996	2.9860	3.6352	4.3980	5.2899	6.3275
7	2.2107	2.5023	2.6600	2.8262	3.1855	3.532	4.5077	5.6295	6.9826	8.6054
8	2.4760	2.8526	3.0590	3.2784	3.7589	4.2998	5.5895	7.2058	9.2170	11.703
9	2.7731	3.2519	3.5179	3.8030	4.4355	5.1598	6.9310	9.2234	12.167	15.917
10	3.1058	3.7072	4.0456	4.4114	5.2338	6.1917	8.5944	11.806	16.060	21.647
11	3.4785	4.2262	4.6524	5.1173	6.1759	7.4301	10.657	15.112	21.199	29.439
12	3.8960	4.8179	5.3503	5.9360	7.2876	8.9161	13.215	19.343	27.983	40.038
13	4.3635	5.4924	6.1528	6.8858	8.5994	10.699	16.386	24.759	36.937	54.451
14	4.8871	6.2613	7.0757	7.9875	10.147	12.839	20.319	31.691	48.757	74.053
15	5.4736	7.1379	8.1371	9.2655	11.974	15.407	25.196	40.565	64.359	100.71
16	6.1304	8.1372	9.3576	10.748	14.129	18.488	31.243	51.923	84.954	136.97
17	6.8660	9.2765	10.761	12.468	16.672	22.186	38.741	66.461	112.14	186.28
18	7.6900	10.575	12.376	14.463	19.673	26.623	48.039	85.071	148.02	253.34
19	8.6128	12.056	14.232	16.777	23.214	31.948	59.568	108.89	195.39	344.54
20	9.6463	13.744	16.367	19.461	27.393	38.338	73.864	139.38	257.92	468.57
21	10.804	15.668	18.822	22.575	32.324	46.005	91.592	178.41	340.45	637.26
22	12.100	17.861	21.645	26.186	38.142	55.206	113.57	228.36	449.39	866.67
23	13.552	20.362	24.892	30.376	45.008	66.247	140.83	292.30	593.20	1 178.7
24	15.179	23.212	28.625	35.236	53.109	79.497	174.63	374.14	783.02	1 603.0
25	17.000	26.462	32.919	40.874	62.669	95.396	216.54	478.90	1 033.6	2 180.1
26	19.040	30.167	37.857	47.414	73.949	114.48	268.51	613.00	1 364.3	2 964.9
27	21.325	34.390	43.535	55.000	87.260	137.37	332.96	784.64	1 800.9	4 032.3
28	23.884	39.205	50.066	63.800	102.97	164.84	412.86	1 004.3	2 377.2	5 483.9
29	26.750	44.693	57.576	74.009	121.50	197.81	511.95	1 285.6	3 137.9	7 458.1
30	29.960	50.950	66.212	85.850	143.37	237.38	634.82	1 645.5	4 142.1	10 143
40	93.051	188.88	267.86	378.72	750.38	1 469.8	5 455.9	19 427	66 521	*
50	289.00	700.23	1 083.7	1 670.7	3 927.4	9 100.4	46 890	*	*	*
60	897.60	2 595.9	4 384.0	7 370.2	20 555	56 348	*	*	*	*

* >99 999

2. 复利现值系数表

n \ i	1%	2%	3%	4%	5%	6%	7%	8%	9%	10%
1	0.9901	0.9804	0.9709	0.9615	0.9524	0.9434	0.9346	0.9259	0.9174	0.9091
2	0.9803	0.9612	0.9426	0.9246	0.9070	0.8900	0.8734	0.8573	0.8417	0.8264
3	0.9706	0.9423	0.9151	0.8890	0.8638	0.8396	0.8163	0.7938	0.7722	0.7513
4	0.9610	0.9238	0.8885	0.8548	0.8227	0.7921	0.7629	0.7350	0.7084	0.6830
5	0.9515	0.9057	0.8626	0.8219	0.7835	0.7473	0.7130	0.6806	0.6499	0.6209
6	0.9420	0.8880	0.8375	0.7903	0.7462	0.7050	0.6663	0.6302	0.5963	0.5645
7	0.9327	0.8706	0.8131	0.7599	0.7107	0.6651	0.6227	0.5835	0.5470	0.5132
8	0.9235	0.8535	0.7894	0.7307	0.6768	0.6274	0.5820	0.5403	0.5019	0.4665
9	0.9143	0.8368	0.7664	0.7026	0.6446	0.5919	0.5439	0.5002	0.4604	0.4241
10	0.9053	0.8203	0.7441	0.6756	0.6139	0.5584	0.5083	0.4632	0.4224	0.3855
11	0.8963	0.8043	0.7224	0.6496	0.5847	0.5268	0.4751	0.4289	0.3875	0.3505
12	0.8874	0.7885	0.7014	0.6246	0.5568	0.4970	0.4440	0.3971	0.3555	0.3186
13	0.8787	0.7730	0.6810	0.6006	0.5303	0.4688	0.4150	0.3677	0.3262	0.2897
14	0.8700	0.7579	0.6611	0.5775	0.5051	0.4423	0.3878	0.3405	0.2992	0.2633
15	0.8613	0.7430	0.6419	0.5553	0.4810	0.4173	0.3624	0.3152	0.2745	0.2394
16	0.8528	0.7284	0.6232	0.5339	0.4581	0.3936	0.3387	0.2919	0.2519	0.2176
17	0.8444	0.7142	0.6050	0.5134	0.4363	0.3714	0.3166	0.2703	0.2311	0.1978
18	0.8360	0.7002	0.5874	0.4936	0.4155	0.3503	0.2959	0.2502	0.2120	0.1799
19	0.8277	0.6864	0.5703	0.4746	0.3957	0.3305	0.2765	0.2317	0.1945	0.1635
20	0.8195	0.6730	0.5537	0.4564	0.3769	0.3118	0.2584	0.2145	0.1784	0.1486
21	0.8114	0.6598	0.5375	0.4388	0.3589	0.2942	0.2415	0.1987	0.1637	0.1351
22	0.8034	0.6468	0.5219	0.4220	0.3418	0.2775	0.2257	0.1839	0.1502	0.1228
23	0.7954	0.6342	0.5067	0.4057	0.3256	0.2618	0.2109	0.1703	0.1378	0.1117
24	0.7876	0.6217	0.4919	0.3901	0.3101	0.2470	0.1971	0.1577	0.1264	0.1015
25	0.7798	0.6095	0.4776	0.3751	0.2953	0.2330	0.1842	0.1460	0.1160	0.0923
26	0.7720	0.5976	0.4637	0.3607	0.2812	0.2198	0.1722	0.1352	0.1064	0.0839
27	0.7644	0.5859	0.4502	0.3468	0.2678	0.2074	0.1609	0.1252	0.0976	0.0763
28	0.7568	0.5744	0.4371	0.3335	0.2551	0.1956	0.1504	0.1159	0.0895	0.0693
29	0.7493	0.5631	0.4243	0.3207	0.2429	0.1846	0.1406	0.1073	0.0822	0.0630
30	0.7419	0.5521	0.4120	0.3083	0.2314	0.1741	0.1314	0.0994	0.0754	0.0573
35	0.7059	0.5000	0.3554	0.2534	0.1813	0.1301	0.0937	0.0676	0.0490	0.0356
40	0.6717	0.4529	0.3066	0.2083	0.1420	0.0972	0.0668	0.0460	0.0318	0.0221
45	0.6391	0.4102	0.2644	0.1712	0.1113	0.0727	0.0476	0.0313	0.0207	0.0137
50	0.6080	0.3715	0.2281	0.1407	0.0872	0.0543	0.0339	0.0213	0.0134	0.0085
55	0.5785	0.3365	0.1968	0.1157	0.0683	0.0406	0.0242	0.0145	0.0087	0.0053

续表

i\n	12%	14%	15%	16%	18%	20%	24%	28%	32%	36%
1	0.8929	0.8772	0.8696	0.8621	0.8475	0.8333	0.8065	0.7813	0.7576	0.7353
2	0.7972	0.7695	0.7561	0.7432	0.7182	0.6944	0.6504	0.6104	0.5739	0.5407
3	0.7118	0.6750	0.6575	0.6407	0.6086	0.5787	0.5245	0.4768	0.4348	0.3975
4	0.6355	0.5921	0.5718	0.5523	0.5158	0.4823	0.4230	0.3725	0.3294	0.2923
5	0.5674	0.5194	0.4972	0.4761	0.4371	0.4019	0.3411	0.2910	0.2495	0.2149
6	0.5066	0.4556	0.4323	0.4104	0.3704	0.3349	0.2751	0.2274	0.1890	0.1580
7	0.4523	0.3996	0.3759	0.3538	0.3139	0.2791	0.2218	0.1776	0.1432	0.1162
8	0.4039	0.3506	0.3269	0.3050	0.2660	0.2326	0.1789	0.1388	0.1085	0.0854
9	0.3606	0.3075	0.2843	0.2630	0.2255	0.1938	0.1443	0.1084	0.0822	0.0628
10	0.3220	0.2697	0.2472	0.2267	0.1911	0.1615	0.1164	0.0847	0.0623	0.0462
11	0.2875	0.2366	0.2149	0.1954	0.1619	0.1346	0.0938	0.0662	0.0472	0.0340
12	0.2567	0.2076	0.1869	0.1685	0.1372	0.1122	0.0757	0.0517	0.0357	0.0250
13	0.2292	0.1821	0.1625	0.1452	0.1163	0.0935	0.0610	0.0404	0.0271	0.0184
14	0.2046	0.1597	0.1413	0.1252	0.0985	0.0779	0.0492	0.0316	0.0205	0.0135
15	0.1827	0.1401	0.1229	0.1079	0.0835	0.0649	0.0397	0.0247	0.0155	0.0099
16	0.1631	0.1229	0.1069	0.0930	0.0708	0.0541	0.0320	0.0193	0.0118	0.0073
17	0.1456	0.1078	0.0929	0.0802	0.0600	0.0451	0.0258	0.0150	0.0089	0.0054
18	0.1300	0.0946	0.0808	0.0691	0.0508	0.0376	0.0208	0.0118	0.0068	0.0039
19	0.1161	0.0829	0.0703	0.0596	0.0431	0.0313	0.0168	0.0092	0.0051	0.0029
20	0.1037	0.0728	0.0611	0.0514	0.0365	0.0261	0.0135	0.0072	0.0039	0.0021
21	0.0926	0.0638	0.0531	0.0443	0.0309	0.0217	0.0109	0.0056	0.0029	0.0016
22	0.0826	0.0560	0.0462	0.0382	0.0262	0.0181	0.0088	0.0044	0.0022	0.0012
23	0.0738	0.0491	0.0402	0.0329	0.0222	0.0151	0.0071	0.0034	0.0017	0.0008
24	0.0659	0.0431	0.0349	0.0284	0.0188	0.0126	0.0057	0.0027	0.0013	0.0006
25	0.0588	0.0378	0.0304	0.0245	0.0160	0.0105	0.0046	0.0021	0.0010	0.0005
26	0.0525	0.0331	0.0264	0.0211	0.0135	0.0087	0.0037	0.0016	0.0007	0.0003
27	0.0469	0.0291	0.0230	0.0182	0.0115	0.0073	0.0030	0.0013	0.0006	0.0002
28	0.0419	0.0255	0.0200	0.0157	0.0097	0.0061	0.0024	0.0010	0.0004	0.0002
29	0.0374	0.0224	0.0174	0.0135	0.0082	0.0051	0.0020	0.0008	0.0003	0.0001
30	0.0334	0.0196	0.0151	0.0116	0.0070	0.0042	0.0016	0.0006	0.0002	0.0001
35	0.0189	0.0102	0.0075	0.0055	0.0030	0.0017	0.0005	0.0002	0.0001	*
40	0.0107	0.0053	0.0037	0.0026	0.0013	0.0007	0.0002	0.0001	*	*
45	0.0061	0.0027	0.0019	0.0013	0.0006	0.0003	0.0001	*	*	*
50	0.0035	0.0014	0.0009	0.0006	0.0003	0.0001	*	*	*	*
55	0.0020	0.0007	0.0005	0.0003	0.0001	*	*	*	*	*

* <0.0001

3. 年金终值系数表

n \ i	1%	2%	3%	4%	5%	6%	7%	8%	9%	10%
1	1.0000	1.0000	1.0000	1.0000	1.0000	1.0000	1.0000	1.0000	1.0000	1.0000
2	2.0100	2.0200	2.0300	2.0400	2.0500	2.0600	2.0700	2.0800	2.0900	2.1000
3	3.0301	3.0604	3.0909	3.1216	3.1525	3.1836	3.2149	3.2464	3.2781	3.3100
4	4.0604	4.1216	4.1836	4.2465	4.3101	4.3746	4.4399	4.5061	4.5731	4.6410
5	5.1010	5.2040	5.3091	5.4163	5.5256	5.6371	5.7507	5.8666	5.9847	6.1051
6	6.1520	6.3081	6.4684	6.6330	6.8019	6.9753	7.1533	7.3359	7.5233	7.7156
7	7.2135	7.4343	7.6625	7.8983	8.1420	8.3938	8.6540	8.9228	9.2004	9.4872
8	8.2857	8.5830	8.8923	9.2142	9.5491	9.8975	10.260	10.637	11.029	11.436
9	9.3685	9.7546	10.159	10.583	11.027	11.491	11.978	12.488	13.021	13.580
10	10.462	10.950	11.464	12.006	12.578	13.181	13.816	14.487	15.193	15.937
11	11.567	12.169	12.808	13.486	14.207	14.972	15.784	16.646	17.560	18.531
12	12.683	13.412	14.192	15.026	15.917	16.870	17.889	18.977	20.141	21.384
13	13.809	14.680	15.618	16.627	17.713	18.882	20.141	21.495	22.953	24.523
14	14.947	15.974	17.086	18.292	19.599	21.015	22.551	24.215	26.019	27.975
15	16.097	17.293	18.599	20.024	21.579	23.276	25.129	27.152	29.361	31.773
16	17.258	18.639	20.157	21.825	23.658	25.673	27.888	30.324	33.003	35.950
17	18.430	20.012	21.762	23.698	25.840	28.213	30.840	33.750	36.974	40.545
18	19.615	21.412	23.414	25.645	28.132	30.906	33.999	37.450	41.301	45.599
19	20.811	22.841	25.117	27.671	30.539	33.760	37.379	41.446	46.019	51.159
20	22.019	24.297	26.870	29.778	33.066	36.786	40.996	45.762	51.160	57.275
21	23.239	25.783	28.677	31.969	35.719	39.993	44.865	50.423	56.765	64.003
22	24.472	27.299	30.537	34.248	38.505	43.392	49.006	55.457	62.873	71.403
23	25.716	28.845	32.453	36.618	41.431	46.996	53.436	60.893	69.532	79.543
24	26.974	30.422	34.427	39.083	44.502	50.816	58.177	66.765	76.790	88.497
25	28.243	32.030	36.459	41.646	47.727	54.865	63.249	73.106	84.701	98.347
26	29.526	33.671	38.553	44.312	51.114	59.156	68.677	79.954	93.324	109.18
27	30.821	35.344	40.710	47.084	54.669	63.706	74.484	87.351	102.72	121.10
28	32.129	37.051	42.931	49.968	58.403	68.528	80.698	95.339	112.97	134.21
29	33.450	38.792	45.219	52.966	62.323	73.640	87.347	103.97	124.14	148.63
30	34.785	40.568	47.575	56.085	66.439	79.058	94.461	113.28	136.31	164.49
40	48.886	60.402	75.401	95.026	120.80	154.76	199.64	259.06	337.88	442.59
50	64.463	84.579	112.80	152.67	209.35	290.34	406.53	573.77	815.08	1 163.9
60	81.670	114.05	163.05	237.99	353.58	533.13	813.52	1 253.2	1 944.8	3 034.8

续表

n \ i	12%	14%	15%	16%	18%	20%	24%	28%	32%	36%
1	1.0000	1.0000	1.0000	1.0000	1.0000	1.0000	1.0000	1.0000	1.0000	1.0000
2	2.1200	2.1400	2.1500	2.1600	2.1800	2.2000	2.2400	2.2800	2.3200	2.3600
3	3.3744	3.4396	3.4725	3.5056	3.5724	3.6400	3.7776	3.9184	4.0624	4.2096
4	4.7793	4.9211	4.9934	5.0665	5.2154	5.3680	5.6842	6.0156	6.3624	6.7251
5	6.3528	6.6101	6.7424	6.8771	7.1542	7.4416	8.0484	8.6999	9.3983	10.146
6	8.1152	8.5355	8.7537	8.9775	9.4420	9.9299	10.980	12.136	13.406	14.799
7	10.089	10.731	11.067	11.414	12.142	12.916	14.615	16.534	18.696	21.126
8	12.300	13.233	13.727	14.240	15.327	16.499	19.123	22.163	25.678	29.732
9	14.776	16.085	16.786	17.519	19.086	20.799	24.713	29.369	34.895	41.435
10	17.549	19.337	20.304	21.322	23.521	25.959	31.643	38.593	47.062	57.352
11	20.655	23.045	24.349	25.733	28.755	32.150	40.238	50.399	63.122	78.998
12	24.133	27.271	29.002	30.850	34.931	39.581	50.895	65.510	84.320	108.44
13	28.029	32.089	34.352	36.786	42.219	48.497	64.110	84.853	112.30	148.48
14	32.393	37.581	40.505	43.672	50.818	59.196	80.496	109.61	149.24	202.93
15	37.280	43.842	47.580	51.660	60.965	72.035	100.82	141.30	198.00	276.98
16	42.753	50.980	55.718	60.925	72.939	87.442	126.01	181.87	262.36	377.69
17	48.884	59.118	65.075	71.673	87.068	105.93	157.25	233.79	347.31	514.66
18	55.750	68.394	75.836	84.141	103.74	128.12	195.99	300.25	459.45	700.94
19	63.440	78.969	88.212	98.603	123.41	154.74	244.03	385.32	607.47	954.28
20	72.052	91.025	102.44	115.38	146.63	186.69	303.60	494.21	802.86	1 298.8
21	81.699	104.77	118.81	134.84	174.02	225.03	377.46	633.59	1 060.8	1 767.4
22	92.503	120.44	137.63	157.42	206.34	271.03	469.06	812.00	1 401.2	2 404.7
23	104.60	138.30	159.28	183.60	244.49	326.24	582.63	1 040.4	1 850.6	3 271.3
24	118.16	158.66	184.17	213.98	289.49	392.48	723.46	1 332.7	2 443.8	4 450.0
25	133.33	181.87	212.79	249.21	342.60	471.98	898.09	1 706.8	3 226.8	6 053.0
26	150.33	208.33	245.71	290.09	405.27	567.38	1 114.6	2 185.7	4 260.4	8 233.1
27	169.37	238.50	283.57	337.50	479.22	681.85	1 383.1	2 798.7	5 624.8	11 198
28	190.70	272.89	327.10	392.50	566.48	819.22	1 716.1	3 583.3	7 425.7	15 230
29	214.58	312.09	377.17	456.30	669.45	984.07	2 129.0	4 587.7	9 802.9	20 714
30	241.33	356.79	434.75	530.31	790.95	1 181.9	2 640.9	5 873.2	12 941	28 172
40	767.09	1 342.0	1 779.1	2 360.8	4 163.2	7 343.9	22 729	69 377	207 874	609 890
50	2 400.0	4 994.5	7 217.7	10 436	21 813	45 497	195 373	819 103	*	*
60	7 471.6	18 535	29 220	46 058	114 190	281 733	*	*	*	*

* >99 999

4. 年金现值系数表

n＼i	1%	2%	3%	4%	5%	6%	7%	8%	9%	10%
1	0.9901	0.9804	0.9709	0.9615	0.9524	0.9434	0.9346	0.9259	0.9174	0.9091
2	1.9704	1.9416	1.9135	1.8861	1.8594	1.8334	1.8080	1.7833	1.7591	1.7355
3	2.9410	2.8839	2.8286	2.7751	2.7232	2.6730	2.6243	2.5771	2.5313	2.4869
4	3.9020	3.8077	3.7171	3.6299	3.5460	3.4651	3.3872	3.3121	3.2397	3.1699
5	4.8534	4.7135	4.5797	4.4518	4.3295	4.2124	4.1002	3.9927	3.8897	3.7908
6	5.7955	5.6014	5.4172	5.2421	5.0757	4.9173	4.7665	4.6229	4.4859	4.3553
7	6.7282	6.4720	6.2303	6.0021	5.7864	5.5824	5.3893	5.2064	5.0330	4.8684
8	7.6517	7.3255	7.0197	6.7327	6.4632	6.2098	5.9713	5.7466	5.5348	5.3349
9	8.5660	8.1622	7.7861	7.4353	7.1078	6.8017	6.5152	6.2469	5.9952	5.7590
10	9.4713	8.9826	8.5302	8.1109	7.7217	7.3601	7.0236	6.7101	6.4177	6.1446
11	10.3676	9.7868	9.2526	8.7605	8.3064	7.8869	7.4987	7.1390	6.8052	6.4951
12	11.2551	10.5753	9.9540	9.3851	8.8633	8.3838	7.9427	7.5361	7.1607	6.8137
13	12.1337	11.3484	10.6350	9.9856	9.3936	8.8527	8.3577	7.9038	7.4869	7.1034
14	13.0037	12.1062	11.2961	10.5631	9.8986	9.2950	8.7455	8.2442	7.7862	7.3667
15	13.8651	12.8493	11.9379	11.1184	10.3797	9.7122	9.1079	8.5595	8.0607	7.6061
16	14.7179	13.5777	12.5611	11.6523	10.8378	10.1059	9.4466	8.8514	8.3126	7.8237
17	15.5623	14.2919	13.1661	12.1657	11.2741	10.4773	9.7632	9.1216	8.5436	8.0216
18	16.3983	14.9920	13.7535	12.6593	11.6896	10.8276	10.0591	9.3719	8.7556	8.2014
19	17.2260	15.6785	14.3238	13.1339	12.0853	11.1581	10.3356	9.6036	8.9501	8.3649
20	18.0456	16.3514	14.8775	13.5903	12.4622	11.4699	10.5940	9.8181	9.1285	8.5136
21	18.8570	17.0112	15.4150	14.0292	12.8212	11.7641	10.8355	10.0168	9.2922	8.6487
22	19.6604	17.6580	15.9369	14.4511	13.1630	12.0416	11.0612	10.2007	9.4424	8.7715
23	20.4558	18.2922	16.4436	14.8568	13.4886	12.3034	11.2722	10.3711	9.5802	8.8832
24	21.2434	18.9139	16.9355	15.2470	13.7986	12.5504	11.4693	10.5288	9.7066	8.9847
25	22.0232	19.5235	17.4131	15.6221	14.0939	12.7834	11.6536	10.6748	9.8226	9.0770
26	22.7952	20.1210	17.8768	15.9828	14.3752	13.0032	11.8258	10.8100	9.9290	9.1609
27	23.5596	20.7069	18.3270	16.3296	14.6430	13.2105	11.9867	10.9352	10.0266	9.2372
28	24.3164	21.2813	18.7641	16.6631	14.8981	13.4062	12.1371	11.0511	10.1161	9.3066
29	25.0658	21.8444	19.1885	16.9837	15.1411	13.5907	12.2777	11.1584	10.1983	9.3696
30	25.8077	22.3965	19.6004	17.2920	15.3725	13.7648	12.4090	11.2578	10.2737	9.4269
35	29.4086	24.9986	21.4872	18.6646	16.3742	14.4982	12.9477	11.6546	10.5668	9.6442
40	32.8347	27.3555	23.1148	19.7928	17.1591	15.0463	13.3317	11.9246	10.7574	9.7791
45	36.0945	29.4902	24.5187	20.7200	17.7741	15.4558	13.6055	12.1084	10.8812	9.8628
50	39.1961	31.4236	25.7298	21.4822	18.2559	15.7619	13.8007	12.2335	10.9617	9.9148
55	42.1472	33.1748	26.7744	22.1086	18.6335	15.9905	13.9399	12.3186	11.0140	9.9471

续表

i\n	12%	14%	15%	16%	18%	20%	24%	28%	32%	36%
1	0.8929	0.8772	0.8696	0.8621	0.8475	0.8333	0.8065	0.7813	0.7576	0.7353
2	1.6901	1.6467	1.6257	1.6052	1.5656	1.5278	1.4568	1.3916	1.3315	1.2760
3	2.4018	2.3216	2.2832	2.2459	2.1743	2.1065	1.9813	1.8684	1.7663	1.6735
4	3.0373	2.9137	2.8550	2.7982	2.6901	2.5887	2.4043	2.2410	2.0957	1.9658
5	3.6048	3.4331	3.3522	3.2743	3.1272	2.9906	2.7454	2.5320	2.3452	2.1807
6	4.1114	3.8887	3.7845	3.6847	3.4976	3.3255	3.0205	2.7594	2.5342	2.3388
7	4.5638	4.2883	4.1604	4.0386	3.8115	3.6046	3.2423	2.9370	2.6775	2.4550
8	4.9676	4.6389	4.4873	4.3436	4.0776	3.8372	3.4212	3.0758	2.7860	2.5404
9	5.3282	4.9464	4.7716	4.6065	4.3030	4.0310	3.5655	3.1842	2.8681	2.6033
10	5.6502	5.2161	5.0188	4.8332	4.4941	4.1925	3.6819	3.2689	2.9304	2.6495
11	5.9377	5.4527	5.2337	5.0286	4.6560	4.3271	3.7757	3.3351	2.9776	2.6834
12	6.1944	5.6603	5.4206	5.1971	4.7932	4.4392	3.8514	3.3868	3.0133	2.7084
13	6.4235	5.8424	5.5831	5.3423	4.9095	4.5327	3.9124	3.4272	3.0404	2.7268
14	6.6282	6.0021	5.7245	5.4675	5.0081	4.6106	3.9616	3.4587	3.0609	2.7403
15	6.8109	6.1422	5.8474	5.5755	5.0916	4.6755	4.0013	3.4834	3.0764	2.7502
16	6.9740	6.2651	5.9542	5.6685	5.1624	4.7296	4.0333	3.5026	3.0882	2.7575
17	7.1196	6.3729	6.0472	5.7487	5.2223	4.7746	4.0591	3.5177	3.0971	2.7629
18	7.2497	6.4674	6.1280	5.8178	5.2732	4.8122	4.0799	3.5294	3.1039	2.7668
19	7.3658	6.5504	6.1982	5.8775	5.3162	4.8435	4.0967	3.5386	3.1090	2.7697
20	7.4694	6.6231	6.2593	5.9288	5.3527	4.8696	4.1103	3.5458	3.1129	2.7718
21	7.5620	6.6870	6.3125	5.9731	5.3837	4.8913	4.1212	3.5514	3.1158	2.7734
22	7.6446	6.7429	6.3587	6.0113	5.4099	4.9094	4.1300	3.5558	3.1180	2.7746
23	7.7184	6.7921	6.3988	6.0442	5.4321	4.9245	4.1371	3.5592	3.1197	2.7754
24	7.7843	6.8351	6.4338	6.0726	5.4509	4.9371	4.1428	3.5619	3.1210	2.7760
25	7.8431	6.8729	6.4641	6.0971	5.4669	4.9476	4.1474	3.5640	3.1220	2.7765
26	7.8957	6.9061	6.4906	6.1182	5.4804	4.9563	4.1511	3.5656	3.1227	2.7768
27	7.9426	6.9352	6.5135	6.1364	5.4919	4.9636	4.1542	3.5669	3.1233	2.7771
28	7.9844	6.9607	6.5335	6.1520	5.5016	4.9697	4.1566	3.5679	3.1237	2.7773
29	8.0218	6.9830	6.5509	6.1656	5.5098	4.9747	4.1585	3.5687	3.1240	2.7774
30	8.0552	7.0027	6.5660	6.1772	5.5168	4.9789	4.1601	3.5693	3.1242	2.7775
35	8.1755	7.0700	6.6166	6.2153	5.5386	4.9915	4.1644	3.5708	3.1248	2.7777
40	8.2438	7.1050	6.6418	6.2335	5.5482	4.9966	4.1659	3.5712	3.1250	2.7778
45	8.2825	7.1232	6.6543	6.2421	5.5523	4.9986	4.1664	3.5714	3.1250	2.7778
50	8.3045	7.1327	6.6605	6.2463	5.5541	4.9995	4.1666	3.5714	3.1250	2.7778
55	8.3170	7.1376	6.6636	6.2482	5.5549	4.9998	4.1666	3.5714	3.1250	2.7778

参考文献

1. 中国注册会计师协会：《财务成本管理》，中国财政经济出版社 2017 年版。
2. 财政部会计资格评价中心：《财务管理》，经济科学出版社 2017 年版。
3. 中国总会计师协会：《中国管理会计案例选辑》，经济科学出版社 2016 年版。
4. 徐光华、刘世平：《财务管理——理论·实务·案例》，高等教育出版社 2016 年版。
5. 王招志：《新编财务管理学理论与实训》，经济管理出版社 2016 年版。
6. 闫华红：《财务管理教程与案例》，中国财政经济出版社 2016 年版。
7. 马元兴：《企业财务管理》，高等教育出版社 2017 年 3 版。
8. 杨丹：《中级财务管理》，东北财经大学出版社 2016 年 3 版。